속담 먹고 경제 잡고

김상규

KNOWLEDGE COMMUNITY 공동체

머리말

경제는 선택이 아니라 필수다.

경제! 정말 쉽고, 재미있고, 실생활에서 유용하게 활용할 수 있도록 속시원하게 풀어줄 수 있는 방법이 없을까? 이 질문은 30여 년간 경제학을 가르쳐 온 필자를 줄곧 고민하게 만들었다. 경제는 모든 인간의 출생에서부터 의식주 문제, 고도의 문화생활, 한 차원 높은 예술활동, 심지어는 죽음에 이르기까지 인간의 일상사와 불가분의 관계를 맺고 있다. 특히 무한경쟁 · 무국경의 지구촌 시대, 경제전쟁의 시대가 전개되면서 경제에 대한 무지와 어설픈 지식은 개인과 기업, 국가 모두에게 경제적 곤란을 가져다 준다.

현대인에게 경제는 이미 '선택'이 아니라 '필수'가 되었다. 문제는 경제의 '난이도'이다. 경제라고 하면 사람들은 대부분 복잡한 이론을 떠올리며 고개를 돌리고 외면하니 말이다. 이에 필자는 누구에게나 친숙한 속담을 통해 그 해결방안을 모색해 보았다.

속담은 오랜 기간 사회구성원의 지지를 받아 오늘날까지 타당성을 인정받아 온 살아 있는 민족문화의 지혜이다. 지식은 밖으로부터 얻게 되지만 지혜는 안으로부터 우러나오므로 지혜의 중요성은 더욱 강조된다. 속담은 촌철살인寸鐵殺人의 언어로, 과거 조상의 모든 생활을 담고 있는 백과사전이고, 현재 우리의 일거일동을 들여다볼 수 있는 모니터이기도 하며, 미래 우리의 모습을 비춰볼 수 있는 거울이기도 하다. 속담에는 특수하고 구체적인 개개인의 '경험'과 시공을 초월하여 누구에게나 보편적으로 받아들여질 수 있는 '과학'이 담겨 있기 때문에 속담이야말로 삶과 지식이 조화를 이루는 결정체라고 할 수 있다.

필자는 이 책에서 지난 몇 년 동안 진행했던 라디오 및 텔레비전 방송에서 「속담으로 배우는 경제학」, 「속담으로 풀어보는 생활경제」 등의 제목으로 방송한 것을 재구성하고, 관련 경제원리 및 구체적인 경제사례들을 접목시켜 경제학도는 물론 일반인들도 쉽게 경제원리를 이해할 수 있도록 경제흐름 따라잡기를 시도했다. 또 누구나 알기 쉽게 입체적으로 이해할 수 있도록 식물의 생태계 구조에 비유하여 책의 전체 틀을 구성했다.

우리가 앞을 내다볼 때 뿌리를 보고, 나무를 바라본다면, 다음으로 숲과 정글을 볼 수 있는 안목이 생긴다고 판단한다. 이러한 관점으로 제1장 〈뿌리의 경제〉에서는 희소성, 기회비용, 경제적 유인, 사유재산 제도, 경쟁, 교환, 경제원칙, 상호의존 등 경제 기초개념을 살펴보았다. 뿌리는 모든 식물을 건강하게 자라도록 하는 기본이다. 본격적인 경제학 입문에 앞서 반드시 짚고 넘어가야 할 기본 개념부터 알아보았다.

제2장 〈나무의 경제〉에서는 뿌리의 경제를 기반으로 펼쳐지는 개인과 기업의 경제활동에 대해 살펴보았다. 개인이나 기업이 어떤 원리에 의해 행동하는가를 개별경제 수준의 관점에서 분석한 '미시경제학'이 여기에 해당한다. 첫째, 가계의 경제에서는 습관 소비, 합리적 소비, 비합리적 소비, 한계효용체감의 법칙, 한계효용균등의 법칙, 수요의 가격탄력성, 대체재, 소비자 주권, 소비행위의 상호의존성, 사치와 낭비,

절약, 저축, 절약의 역설을 살펴보았다. 둘째, 기업의 경제에서는 기업가, 기업가정신, 장인정신, 영리추구, 생산성, 비생산성, 근면성, 기업합병, 합리적 투자, 기회, 비합리적 투자, 매몰비용, 고유 브랜드 등을 살펴보았다. 셋째, 시장의 경제에서는 시장질서, 수요, 공급, 균형가격, 완전경쟁시장, 독점시장 등을 살펴보았다. 넷째, 조절의 경제에서는 외부경제, 외부불경제, 공공재, 도덕적 해이, 불완전한 지식과 정보, 주인과 대리인 문제, 정부 규제 등 작으면서 강한 정부라는 관점에서 시장실패와 정부실패 및 그 해결방안을 모색해 보았다.

제3장 〈숲의 경제〉에서는 국가재정과 금융, 분배, 경제성장 관련 내용을 살펴보았다. 국민경제 전체의 견지에서 국민소득, 저축, 투자, 물가, 실업, 경제성장 등이 어떻게 전개되어야 하는가를 균형의 관점에서 분석하는 '거시경제학'이 여기에 해당한다. 첫째, 국가의 경제에서는 GDP, 재정, 조세, 공적자금, 사회보장, 실업, 보험 등을 살펴보았다. 둘째, 화폐의 경제에서는 화폐의 기능, 자본, 부채, 이자, 황금만능주의, 인플레이션, 거품경제, 스태그플레이션을 살펴보았다. 셋째, 나눔의 경제에서는 절대적 빈곤, 상대적 빈곤, 공정분배, 불공정분배, 사회적 이동, 행복을 살펴보았다. 넷째, 성장의 경제에서는 경제성장, 경제발전, 지속가능한 성장, 경제변동, 신뢰성, 전문화, 기술진보, 인적자본투자, 지식자본 등을 살펴보았다.

제4장 〈정글의 경제〉에서는 무한경쟁·무국경의 지구촌 경제에 대해 알아보았다. 그 구체적인 내용으로 불확실성, 위기, 비교우위, 자유

무역, 보호무역, 환율, 국제수지, 환율, 경제통합을 살펴보았다.

나아가 본 책은 경쟁력 강화와 창의성 증대라는 시대적 요청에 부응하기 위해 가장 한국적인 것이 가장 세계적인 것이라는 관점에서 우리 전통 고유의 속담을 통하여 경제전쟁 시대에 대응하는 세방화 전략glocalization strategy을 추구했으며, 또 속담과 경제의 전혀 다른 성향의 두 학문을 서로 융합하는 학제 간 연구interdisciplinary approach를 통하여 창의성 증대를 적극 모색했음을 밝혀둔다.

끝으로 이 책의 출판을 흔쾌히 승낙해 주신 '도서출판 공동체' 김동훈 사장님께 감사드리며, 집필 및 교정 과정에서 원고를 꼼꼼히 읽고 조언해 주신 공동체 가족 여러분과, 그 외에도 이 책이 나오도록 도와주신 모든 분께 진심으로 감사드린다.

2018년 1월
김상규

차례

CHAPTER 1 뿌리의 경제

CHAPTER 2 나무의 경제

Contents

차례

CHAPTER 3 숲의 경제

뿌리의 경제

CHAPTER

1

바다는 메워도 사람 욕심은 못 메운다

희소성

끝없는 욕망과 제한된 자원

사람은 태어날 때부터 무한한 욕망을 채워가면서 살아간다. 배고픔을 달래기 위해 먹고 싶은 욕망, 추위를 이기기 위해 입고 싶은 욕망, 좀 더 안락하게 생활하기 위해 좋은 집에서 살고 싶은 욕망이 그렇다. 사람들은 차츰 나이가 들어감에 따라 남보다 더 많이 갖고 싶은 물욕, 좀 더 많이 사랑받고 싶어 하는 애정욕, 다른 사람보다 더 많이 알고 싶은 지식욕, 이름을 날리고 싶은 명예욕, 천하의 모든 사람을 마음대로 부리고 싶은 권력욕, 더 건강하게 오래도록 살고 싶은 무병장수욕…… 정말 인간의 욕망은 끝이 없다. 그렇지만 인간의 무한한 욕망에 비해 그 욕심을 채워줄 수 있는 지구상의 자원은 한정되어 있기 때문에 인간은 이러한 문제를 합리적으로 해결하기 위해 끊임없이 고민하면서 살아왔고, 앞으로도 그렇게 살아갈 것이다.

우리 속담에 '바다는 메워도 사람 욕심은 못 메운다'는 말이 있다. 이 속담은 인간의 욕망이 바다보다 더 넓고 깊음을 뜻한다. 반면에 이 속담 속에는 인간의 욕망을 채워줄 수 있는 자원은 상대적으로 한정되어 있다는 의미가 강하게 함축되어 있다.

유사 속담으로 '가진 놈이 더 가지려 한다', '아흡 가진 놈이 하나 가진 놈 부러워한다', '말 타면 경마 잡히고 싶다', '많이 가질수록 더 가지길 원한다The more you get, the more you want.', '인간은 많이 가질수록 더 많이 가지고 싶어 한다The more a man has, the more he desires.'가 있다. 이들 속담 역시 제한된 자원과 인간의 끝없는 욕망을 함축적으로 표현한 것이다. 이와 같이 인간의 욕망은 끝이 없는데 그 욕망을 채워줄 자원은 한정되어 있는 것을 경제학에서는 희소성scarcity이라고 한다.

인간이 자원을 절약하거나 더 좋은 생산방법을 찾고자 노력하는 이유는 바로 희소성 문제를 해결하기 위해서이다. 인간의 경제행위는 자신의 욕망에 비해 자원이 한정되어 있기 때문에 발생한다. 모든 경제문제는 이 희소성 문제를 어떻게 합리적으로 해결하는가에서 시작된다.

희소성 문제를 해결하기 위한 인류의 노력

인간의 끝없는 욕망과 제한된 자원 사이에서 생기는 갈등은 이것을 극복하기 위한 인류의 노력으로 결집되어 나타났다. 희소성 문제는 많은 변화를 추구하게 만들었는데, 인간의 욕망을 채우기 위해 단기적으로는 무한한 시기, 질투, 전쟁이 일어났다. 그렇지만 장기적으로는 그 갈등을 해결하고야 말겠다는 강렬한 욕구가 불행을 발전의 씨앗으로 승화시켰다. 그것이 오늘날까지 발전을 거듭하고 있는 인간의 삶의 모습이다.

원시시대에는 희소성 문제가 그리 심각하지 않았다. 그러다가 인간이 점점 많아지면서 주어진 자원으로는 인간의 욕구를 모두 만족시킬 수 없기 때문에 단순 수렵이나 채취보다 더 많은 자원을 제공해 줄 수 있는 생산방법이 고안되어야 했다. 그리하여 일어난 것이 바로 농업혁명이다. 그 후 인간은 의류와 같은 물적자원에 희소성을 느꼈고, 그로 인해 산업혁명이 일어났다. 지금 우리 시대에는 정보와 지식에 대한 욕구가 분출하고 있다. 이것은 바로 정보혁명과 지식혁명을 탄생시켰다. 이러한 점에서 볼 때 희소성은 문명탄생의 궁극적 계기이며, 문명발달의 원동력이라 할 수 있다.

상대적 희소성

희소성 문제는 상대적인 것으로, 실제 경제생활 속에서 나타나기도 한다. '가을철 부채는 시세가 없다'는 속담을 보자. 이 속담은 '쓰는 시기가 지난 것'은 가치가 없다는 뜻이다. 어떤 자원의 양이 절대적으로 적어도 그 자원에 대한 욕구가 없다면 자원은 희소한 것이 아니다. 동일한 예식장이라도 주말이나 공휴일에는 최소한 몇 달 전에 예약을 해 놓지 않으면 이용할 수 없을 만큼 붐비고 가격도 높다. 그렇지만 평일에는 한산하고 가격도 낮다. 야구장, 도심의 주차장, 기차표 등에는 모두 이와 같은 원리가 그대로 적용된다. '내가 중이 되니 고기가 천하다'는 속담처럼 자신에게 어떤 물건이 필요해 구할 때는 몹시 귀하게 여겨지지만 필요 없게 되면 그 물건은 더 이상 가치가 없다. 한마디로 희소성이 없어졌다는 말이다. 이러한 희소성 원리를 잘 이해하면 실제 경제생활에서 대단히 편리할 뿐만 아니라 살림도 상당히 윤택해질 수 있다.

'바다는 메워도 사람 욕심은 못 메운다', '가지면 더 가지고 싶다', '아홉 가진 놈이 하나 가진 놈 부러워한다'는 조상들의 예지는 오늘날 우리에게 많은 것을 시사해 준다. 노력이 수반되지 않은 욕망은 불행을 가져올 수도 있으므로 적절히 절제해야 한다는 뜻과 함께, 노력이 수반되는 욕망은 경쟁을 통한 발전을 가져온다는 뜻을 함축하고 있다.

끝없는 욕망에 비해 상대적으로 부족한 재화나 용역을 더 많이 얻기 위해 끊임없이 경쟁하고 있는 인간의 모습은 곳곳에서 볼 수 있다. 인간은 희소성 때문에 울기도 하고 웃기도 한다. 물욕, 애정욕, 지식욕, 명예욕, 권력욕, 무병장수욕 등 희소성 문제는 우리로 하여금 주어진 예산이나 자신의 능력범위 내에서 문제를 해결하도록 합리적 선택을 요구한다. 얻고자 하는 욕망에 대한 희소성이 클수록 인간은 더욱 큰 모험을 하고 치열한 경쟁을 한다. 이러한 관점을 종합해 볼 때 희소성은 사회발전 및 문명발달의 원동력이며, 희소성 문제를 해결하는 과정은 인간이 행복을 추구하는 길이라고도 할 수 있다.

산토끼 잡으려다 집토끼 놓친다

기회비용

어떤 선택을 하는 게 좋을까?

인간의 삶은 무수한 선택choice의 과정이다. 선택이란 A와 B 둘 다가 아니라, A와 B 둘 중의 하나이다. A와 B 모두를 가질 수 있으면 좋겠지만 A 아니면 B 하나만을 가질 수밖에 없다. 우리의 삶은 무수한 선택의 연속이므로 경제학은 바로 우리가 살아가면서 합리적으로 선택할 수 있도록 도와주는 학문이다. 우리는 매일 사소한 일부터 큰일까지 선택을 하지 않으면 안된다. 사소한 소비제품을 선택하는 일부터 학교, 전공, 배우자, 직장, 주택의 형태 등은 물론, 국가의 예산 중 국방비를 늘릴지 교육비를 늘릴지, 환경을 보존할지 에너지 개발을 할지 등 끊임없는 상황변화에 대응하여 선택을 해야 한다.

우리 속담에 '산토끼 잡으려다 집토끼 놓친다'는 말이 있다. 이 속담은 산토끼를 잡으려면 집토끼는 반드시 포기해야 하고, 토끼 두 마리를 동시에 잡을 수는 없다는 뜻이다. '멧돼지 잡으려다 집돼지 놓친다', '달아나는 사슴 보고 얻은 토끼 잃는다', '세상에 공짜 점심은 없다There's no such thing as a free lunch.', '토끼 두 마리를 잡으려다, 한 마리도 못 잡는다He that grasps too much, holds nothing.', '두 마리 토끼를 동시에 잡을 수는 없다Don't run after two hares.'는 속담들 역시 마찬가지다. '멧돼지'나 '달아나는 사슴'을 잡으려면, 그 대가로 '집돼지'나 '얻은 토끼'를 잃는 희생을 치러야 하며, '공짜 점심을 얻어먹으면 반드시 그에 상응하는 대가를 갚아야 하는 것'이 세상을 살아가는 이치라는 말이다. 인어공주가 꿈에 그리던 왕자님을 만나기 위해 두 다리를 얻는 대가로 아름다운 목소리를 기꺼이 포기하는 경우라든지, 효녀 심청이 아버지의 눈을 뜨게 하기 위해 기꺼이 목숨을 바치는 경우처럼 어떤 하나를 선택함으로써 포기하지 않으면 안 되는 기회의 가치를 경제학에서는 기회비용opportunity cost이라 한다. 이러한 선택의 상황에는 자동적으로 포기가 따르기 마련인데, 선택과 포기가 함께 수반되는 현상을 경제학에서는 상충trade-off이라고 한다.

외팔이 경제학자의 일화

상충 및 기회비용과 관련해서 트루먼(H. S. Truman, 미국 제33대 대통령)의 '외팔이 경제학자' 일화가 유명하다. 트루먼의 경제보좌관은 경제문제에 대해 의견을 제시할 때 항상 두 팔을 사용하여 대통령으로 하여금 선택을 하도록 했다.

예를 들면, 물가와 실업 문제에서 물가를 잡으려면 긴축정책을 해야 하므로 그 결과 생산위축으로 인한 실업의 증가를 감수하지 않으면 안 되고, 또 실업을 줄이려면 확장정책을 해야 하므로 그 결과 물가상승으로 인한 인플레이션을 감수해야 한다. 이때 트루먼의 경제보좌관은 한쪽 팔로는 물가를 잡을 것을, 다른 한쪽 팔로는 실업을 잡을 것을 요구했다. 이에 트루먼은 선택의 어려움을 피하기 위해 경제보좌관에게 다음에 올 때는 한쪽 팔을 떼어놓고 오라고 농담을 했다고 한다.

경제적 삶이란?

산토끼 잡으려다 집토끼를 놓치는 경우에는 어떤 것이 있을까? 몇 가지 사례를 통해 알아보자. A씨가 공모한 엽서가 운이 좋게 당첨되어 해외여행을 공짜로 다녀왔다고 하자. 여행은 100% 공짜로 했지만 가만히 생각해 보면 여기에도 많은 비용이 따른다. 한 달 동안 여행하지 않고 열심히 일했다면 그는 돈을 벌었을 것이다. 한 달 동안에 100만 원을 벌 수 있다면 그는 여행함으로써 결과적으로 100만 원을 잃은 셈이다. 또 다른 예로 돈을 많이 벌고 싶은 한 가정주부가 이자를 10% 주는 은행에 돈을 저축하려다가 주식에 투자하라는 남편의 말에 그 돈을 주식에 투자했다고 하자. 그러나 투자시기가 좋지 않아서 수익률이 5%였다고 할 때, 눈에 보이는 손해는 없지만 가만히 따져보면 은행에 저축했을 경우에 비해 수익률을 5%나 손해본 셈이다. 이 밖에도 공직에 있으면서 민원인들에게서 금품이나 뇌물(산토끼)을 받음으로써 평생 쌓아온 신뢰(집토끼)를 하루아침에 무너뜨리는 경우도 있다.

취업을 원하는 수험생의 '상실소득'도 기회비용에 포함해야 하나?

공부에 별다른 흥미나 목적도 없이 무조건 대학에 가려는 사람이 대학 진학으로 치러야 하는 기회비용을 알아보자. 우선 금전적인 비용부터 계산해 보면, 무엇보다 비싼 등록금을 내야 하고 책도 사봐야 한다. 지방에 사는 학생은 서울의 대학에 진학할 경우 등록금과 책값뿐만 아니라 하숙비까지 지불해야 한다. 또 대학에 진학하는 대신 취업을 할 경우 받을 수 있는 '상실소득'도 기회비용에 포함해야 한다. 만일 고등학교를 마치고 바로 취업하여 매달 100만 원을 벌 수 있다면, 대학 진학에 따른 기회비용에 연간 1,200만 원의 상실소득을 포함해야 한다. 이렇게 비싼 기회비용을 치르면서도 학생들이 대부분 대학에 진학하려는 것은 대학교육으로 인한 미래의 투자효과가 기회비용보다 더 클 것이라는 판단 때문이다.

기회비용을 계산할 때 자칫 오류를 범할 수 있는 구체적인 예를 보자. '만약 A 씨가 2시간짜리 영화(1만 원)를 보려고 한다. 영화를 보면 시급 9,000원 아르바이트를 못하게 되는데 A 씨가 영화를 보면 A 씨의 기회비용은 얼마일까?' 영화를 보면 '9,000원 × 2 = 1만 8천 원'이라고 답할 수 있는데, 이는 틀린 답이다. 왜냐하면 기회비용은 명시적 비용에다 암묵적 비용을 더한 금액이기 때문이다. 즉, 1만 8천 원 + 영화값 1만 원 = 2만 8천 원이나.

사람마다 치러야 하는 기회비용은 다르다. 최근 스포츠 분야에서 대학을 거치지 않고 바로 프로팀에 입단하여 큰 활약을 펼치는 선수들이 늘어나고 있다. 프로의 세계에서 대학 졸업장은 특별한 의미를 지니지 못하며, 대학에 진학할 경우 졸업할 때까지 엄청난 기회비용이 발생한다는 사실이 이러한 추세를 부추기고 있다.

스포츠뿐만 아니라 다른 분야에서도 반드시 대학교육이 필요하지 않은 경우, 재능이 남다를수록 대학생활의 기회비용은 더 커질 수밖에 없다. 젊은 나이에 세계 최고의 갑부가 된 컴퓨터의 황제 빌 게이츠Bill Gates가 대학을 중퇴한 이유도 대학생으로서 그가 치러야 했던 기회비용과 무관하지 않다. 그가 명문대학 졸업생이기를 포기하고 마이크로소프트사를 설립한 것은 소프트웨어 개발이라는 자신의 뛰어난 재능을 통해 더 가치 있고 보람찬 미래를 설계할 수 있다고 판단했기 때문이다.

기회비용에 대한 잘못된 의사결정은 기업의 운명을 바꿔놓기도 한다. '코닥'은 기회비용을 아끼려다 '쇠퇴의 길'을 걷게 되었다. 코닥은 1975년 세계 최초로 디지털 카메라를 개발하는 데 성공했음에도 기존 필름시장을 버리지 못해 쇠퇴의 길로 접어든 것으로 유명하다. 당시 코닥 경영진이 디지털 카메라라는 신기술을 쉽게 받아들일 수 없었던 가장 큰 이유 역시 신기술 도입으로 인해 포기해야 할 필름시장에서의 기회비용이 너무 컸기 때문이었을 것이다.[1)]

이에 반해 기회비용을 고려한 합리적 생활사례도 있다. 기회비용을 고려한 '자동차 리스 증가'가 그것이다. 지속되는 경기침체와 저성장 시대의 도래는 알뜰·현명한 소비자를 증가시킨다. 구매와 동시에 가치가 급격하게 하락하는 자동차의 경우, 소유하기보다는 이용의 개념으로 전환하는 트렌드가 대세로 자리 잡고 있다.[2)]

우리의 일상생활은 무수한 선택의 연속이다. 하고 싶은 것도 많고 가지고 싶은 것도 많다. 하지만 시간과 자원, 능력은 한정되어 있기 때문에 어떤 것이 중요하고 바람직한가를 신중히 판단해서 선택해야 한다. 사람이라면 누구나 얻는 것 없이 비용이나 희생만 치르려고는 하지 않는다. 기꺼이 일정 비용cost을 치르면 거기에 상응하는 일정 편익benefit이 돌아오기를 바라기 마련이다. 학자들 간의 견해가 다양하기는 하지만 경제학적 사고방식이란 비용과 편익의 관점에서 비교, 분석하여 유리한 것을 선택하는 것이라 할 수 있다.

김 매는 주인이 놉 일꾼 아흔아홉 몫을 한다

경제적 유인

경제 아이디어를 어디서 찾나?

사람들이 경제활동을 하는 원동력은 무엇인가? 사람들은 어디서 동기를 얻어 경제활동을 하는가? 어떤 문화나 사회는 항상 새롭게 제기되는 문제를 해결할 수 있는 활력을 가질 때 가장 능동적으로 움직이기 마련이다. 자본주의사회에서는 주로 경제적 자유, 민주주의 체제, 개인주의 및 경쟁 등에서 그와 같은 활력을 얻는다. 자본주의사회에서 자기 노력에 상응하는 사회경제적 보상체계의 성립은 필수적이다.

모든 사람이 합리적이고 지혜롭게 일했는 데도 노력에 대한 보상체계가 비합리적이고 왜곡되어 있다면, 근면과 절약의 미덕은 성립하기 힘들다. 사적 소유권 제도하에서 공정한 보상체계는 시장이 자유경쟁 상태에 있을 때 성립할 수 있다.

이와 같은 사회환경 속에서는 기업의 이윤추구와 개인의 효용극대화가 보장될 수 있다. 기업이 이윤을 추구하고, 개인이 효용을 추구하는 과정에서 항상 새로운 아이디어가 나와 새로운 방식으로 기존의 방식을 개선하고 극복해 나가며, 이것이 경제발전의 원동력이 된다. 어떤 기업이 이윤을 많이 올렸다는 것은 적어도 그 기업에 종사하는 사람들이 다른 사람들에 비해 새로운 방식으로 생산이나 경영을 쇄신하였거나, 적어도 좀 더 미래를 잘 예견했다는 것을 의미한다. 이윤의 크기는 그 기업의 성적표로서, 자본주의사회의 체제적 특징인 경제적 자유와 개인주의적 경쟁에 의해 뒷받침되고 있으며, 매우 강력하고 효율적인 유인으로 작용한다.

경제적 유인에 따라 움직이는 주체들

'김매는 주인이 놉 일꾼 아흔아홉 몫을 한다', '날일에는 장승, 도급都給에는 귀신'이라는 속담은 이런 뜻을 잘 압축하고 있다. 재산권의 사적 소유는 '김 매는 주인'으로 하여금 최선을 다하여 일을 하게 함으로써 엄청난 성과를 끌어올리도록 할 수 있다. 주인의 몸은 하나뿐인데 어떻게 아흔아홉 사람 몫의 일을 할 수 있을까? 상식으로는 불가능한 일이지만 현실에서는 비일비재한 일이다. 이는 다름 아닌 인센티브incentive 문제에 그 핵심이 있다. '놉'이란 식사를 제공하고 날삯으로 시키는 품꾼을 말하는데, 어쩔 수 없이 '놉' 일꾼으로 와서 일하는, 일의 성과와는 상관없이 의무적으로 시간을 때우는 사람과 맡은 일의 성과가 바로 자신에게 돌아오는 '주인'이 하는 일과는 인센티브 구조가 근본적으로 다르기 때문에 이러한 결과가 빚어지는 것이다. 인센티브incentive란 사람을 어떤 행동을 취하도록 부추기는 것을 목적으로 하는 자극으로, 특히 종업원의 근로의욕이나 소비자의 구매의욕을 높이는 것을 말하며, 우리나라에서 통용되는 의미는 주로 '성과나 능력에 따라 지급하는 보상 혹은 수당'이다.

어떤 작용을 일으키는 직접적인 원인인 유인誘因과 관련된 속담은 이 외에도 많다. '벌 나비도 꽃이 좋아야 찾아간다'는 속담에서 꽃은 벌 나비를 쫓아다니게 하는 유인책이다. 우리는 매일 TV 화면에서 여러 종류의 광고를 접한다. 광고주들은 이왕이면 소비자에게 익숙한 연예인을 내세워 제품을 선전하며 효과의 극대화를 기하려 한다. 모 프린터 광고에서 미모의 탤런트가 나와서 현란하게 춤췄던 것을 기억할 것이다. 그 광고에 미모의 탤런트가 아닌 얼굴이 덜 예쁘고 몸매가 풍만한 아주머니가 나와서 춤을 췄다고 생각해 보자. 그 프린터를 사고 싶은 생각이 들겠는가? 미모의 탤런트가 춤을 추도록 한 것 자체가 일단은 그 상품을 사고 싶도록 동기를 유발하는 데 성공했다고 볼 수 있다.

'미끼가 커야 큰 고기를 잡는다'는 속담도 있다. 큰 것을 얻고 싶으면 그만큼 큰 투자를 해야 한다는 뜻으로, 큰 미끼가 큰 고기를 잡기 위한 유인으로 사용된 것이다. 이에 대한 실제 경제의 예로는 모 스포츠의류 광고에서 인기절정의 가수를 광고모델로 기용한 일을 들 수 있다. 그 가수의 출연료가 몇억 원이었다고 하니 사업주에게도 큰돈임이 분명하다. 그렇지만 사업주는 출연료 이상의 광고효과가 있으리라고 기대하고 기꺼이 그 큰돈을 투자했다. 이 경우 사업주는 더 큰돈을 벌어들이기 위한 유인으로 가수를 활용한 것이다.

'전어 굽는 냄새에 집 나갔던 며느리가 돌아온다'는 속담도 있다. 구운 전어의 냄새는 도저히 그냥 지나치지 못할 만큼 입맛을 돋구어 준다. 그 때문에 전어 굽는 냄새를 풍겨 전어처럼 맛이 나는 옛 시댁을 생각나게 하여 토라졌던 며느리를 다시 돌아오게 한다는 뜻이다. 며느리의 마음을 돌릴 수 있게 하는 강력한 유인책으로 전어 굽는 냄새가 사용된 것이다.

이와 관련된 실제 경제의 예에는 어떤 것이 있을까? 우리는 길을 가다가 발길을 끌어당기는 것에 스스로 놀랄 때가 있다. 바로 백화점이나 대형매장에 붙은 '할인판매', '파격세일', '폭탄세일' 등의 문구다. 특별히 필요하거나 마땅하게 사고 싶은 물건이 없는데도 그런 문구를 보면 지나치지 못하고 발길을 옮긴다. 대체로 처음엔 그냥 다른 사람들이 물건을 사는 모습을 구경하지만, 조금 시간이 흐르면 아무래도 이 때를 놓치면 큰 손해를 볼 것 같고 나중에 후회할 것 같아 이것저것 만지고, 결국에는 여러 가지 물건을 산다. 나중에는 양손 가득 물건을 사고 나서야 자리를 뜨는 경우를 자주 경험한다. 이때 '할인판매', '파격세일', '폭탄세일' 같은 문구는 소비자에 대한 강력한 유인책이 분명하다.

사람들은 실제 경제상황에 직면하여 이득과 비용을 비교해서 결정을 내리기 때문에, 이득이나 비용의 크기가 변화하면 사람들의 행동도 변화하게 된다. '날일에는 장승'이란 일당을 주는 날일에는 장승 같이 서 있고 꾀를 피우며 빈둥빈둥 시간만 가기를 바라는 사람들의 모습이 나타나 있다. 자기가 한 일의 성과와는 전혀 관계없는 일에 누가 신명을 바쳐 일하겠는가. 사회주의 국가에서 꾸준한 경제성장이 이루어지지 않는 이유와 잘 들어맞는 말이다. 또 '도급 일에는 귀신'이라는 말은 도급 일의 경우 여기까지 하면 얼마를 주겠다고 약속한 일이므로 빨리 끝낼 경우 또다른 일감을 구할 수가 있다. 때문에 사람들은 자기가 맡은 일을 서둘러 마치기 마련인데, 이 말은 사람들의 그런 모습과 심리를 꼬집고 있으며, 경제적 유인에 따라 움직이는 사람들의 강렬한 소유의식을 날카롭게 지적하고 있다.

건성으로 일하며 시간만 지나면 월급이나 그 시간에 상당하는 대가를 받을 수 있다는 소극적인 자세의 '나그네 의식'은 우리 사회에서 빨리 사라져야 하고, 매사에 최선을 다하며 책임을 다하려는 능동적인 '주인의식'이 빨리 정착되어야 한다. 사람들을 움직이려면 거창한 명분이나 애절한 호소보다 경제적 유인이 더 효과적이다. 교육의 질을 높이려고 할 때, 교사들에게 연수에 몰두하라거나 겨레의 사표師表로서 몸가짐을 바로 하라는 도덕적 설교보다는 교사의 처우를 크게 개선하면 자연히 우수한 인적자원이 교직으로 몰리게 마련이다. 사회의 물적 자원 배분을 다루는 경제에서 자원흐름의 방향과 그 양은 경제적 유인을 제공함으로써 자연히 해결된다.

남의 집 금송아지가 내 집 송아지만 못하다

사유재산제도

개인의 신성하고도 양도할 수 없는 권리

인간은 누구나 자기 것에 대해 강한 애착을 가지고 있다. 작고 값이 싼 생활필수품부터 옷, 피아노, 자동차, 집에 이르기까지 사람들마다 필요로 하는 것과 갖고 싶은 것이 엄청나게 많을 것이다. 이러한 물질에 대한 욕망은 어린아이, 어른, 노인, 부자, 빈자 어느 누구에게도 예외일 수 없다. 획득하는 것, 소유하는 것, 그리고 이윤을 남기는 것은 산업정보사회에서 살고 있는 개인의 신성하고도 양도할 수 없는 권리이다.

우리 속담에 '남의 집 금송아지가 내 집 송아지만 못하다'는 말이 있다. 이 말은 남의 집 금송아지가 대단히 좋고 탐이 나지만 내 맘대로 관리하거나 처분할 수 있는 물건이 아님을 뜻한다. 유사 속담으로는 '남의 돈 천 냥이 내 돈 한 푼만 못하다', '내 돈 서 푼이 남의 돈 사백 냥보다 낫다', '아버지 주머니의 돈도 제 주머니의 돈만 못하다', '손 안의 새 한 마리는 덤불 속의 두 마리 새보다 가치가 있다A bird in the hands is worth two in the bush.'가 있다.

위 속담에서 금송아지에 비하면 내 집 송아지는 하찮아 보일지 모른다. 그렇지만 내 집 송아지는 마음대로 처분할 수 있기 때문에 대단히 매력적이다. 결국 내 집 송아지에 대한 내 권리는, 내가 법을 어기지 않는 한 제한받지 않고 절대적이다. 내 집 송아지는 내 노력으로 산 것이므로 남에게 주지 않아도 된다. 내가 내 것으로 무엇을 하든 다른 사람은 전혀 상관할 바가 아니며 독자적으로 소유권이 인정되는 것이다. 물건은 소유하는 사람이 유일한 주인이며 물건 주인은 다른 사람에게서 내 물건을 쓰지 못하게 하는 완전한 권한을 지니고 있다. 예를 들어, 아무리 허름하고 오래된 차일지라도 내 소유라면 내 마음대로 운전하고 내가 가고 싶은 곳에 갈 수가 있다. 그러나 내 소유가 아니라면 아무리 고급 차라도 별 의미가 없다. 오히려 고급 차는 공해를 유발하고, 상대적 박탈감을 느끼게 하는 대상일 뿐이다.

이러한 사유재산제도는 인류의 역사적 발전의 소산이다. 현대 자본주의의 사유재산제도는 18~19세기에 자본주의의 탄생과 함께 발생했다. 이 제도는 개인주의적이어서 재산권의 주체가 민족과 종족이 아니라 개인이라는 특성을 지닌다. 그리고 소유권은 완전히 절대적이고, 소유권의 목적물은 향락재든 자본재든 어떠한 제한도 받지 않는다. 오늘날 자본주의사회에서는 사유재산이 분업처럼 경제활동과 사회조직의 근본을 이룬다. 사유재산제도란 자본주의사회 조직의 기초로서 법률에 의해 재산의 사유가 인정되는 사회제도이다. 재산의 소유권이 개인에게 인정되고, 개인은 자신에게 속한 재산을 자유롭게 처분할 수 있다.

이와 같은 사유재산제도는 분업과 함께 근대 자본주의사회의 성립에 불가피한 전제였다. 따라서 근대사회의 성립과 함께 사유재산을 옹호하는 학설이 자연법학자에 의해서 제기되었다. 존 로크J. Locke는 개인의 재산권은 자연권의 하나이며, 재산은 노동의 성과이기 때문에 그 사유는 신성한 것이고, 침해할 수 없다고 했다.

'내 집 송아지'라는 사유재산에 대한 욕망은 각 소유자들에게 그 재산에 대해 다른 사람에게 간섭받지 않고 처분할 수 있는 권한을 가지면서 개인들에게 강력한 유인을 제공한다. 그 소유에 대한 유인이 크면 클수록 개인들의 소유욕은 더욱 강해질 것이며, 개인들로 하여금 더욱 열심히 일하게 만들고, 더욱 경쟁적이게 만든다.

강렬한 소유의식에 따라 더욱 발전하는 경제구조

소유를 향한 강한 집착은 사회를 더 발전적으로 이끌기도 한다. 밤낮없이 일하여 한 푼이라도 더 벌어보겠다는 노동자, 한 가지 물건이라도 더 팔아보겠다고 여러 가지 판매전략을 내세워 열심히 뛰어다니는 상인, 더 경쟁력 있는 제품을 만들기 위해 기술개발에 모든 정열을 쏟는 기술자들, 더 좋은 학교에 들어가기 위해 밤늦도록 공부하는 학생들, 수백 미터 갱 속에서 위험을 무릅쓰고 석탄을 캐는 광부들, 세계를 누비며 기업을 발전시키기 위해 자신의 에너지를 불태우는 기업가들.

이처럼 경제주체들의 활발한 경제활동은 '내 집 송아지'를 가지기 위한 소유욕에서 비롯된 것이다. 이와 관련해서는 남북한의 경제력 차이가 분명히 드러내고 있다. 대한민국이 빈곤과 죽음으로부터 위대한 탈출을 할 수 있었던 것은 자신의 삶은 자신이 책임져야 한다는 인식과 이를 바탕으로 한 시장경제체제를 선택했기 때문이다. 1960년대까지 북한의 1인당 국내 총생산액이 남한보다 높았지만, 1970년대부터 차이가 벌어져 이젠 비교 자체가 의미가 없을 정도이다.[3] 이를 구체적으로 살펴보면, 불과 40여 년 전인 1970년에는 대한민국이 북한보다 더 낮았다. 1970년 대한민국의 1인당 GDP는 275달러였으며, 북한은 636달러로 북한의 1인당 GDP가 남한보다 2.31배나 더 높았다. 그러던 것이

1976년 대한민국이 807달러, 북한이 772달러로 대한민국이 북한을 추월하였다. 그 뒤 대한민국은 지속적으로 성장하여 1995년에는 처음으로 1만 달러를 돌파하였고, 2007년에는 2만 달러를 돌파하였다. 현대경제연구원이 발표한 남북한 1인당 명목 GDP를 살펴보면, 2015년 북한의 1인당 명목 GDP는 1,013달러로, 1977년 남한 1인당 명목 GDP의 1,018달러 수준이다. 이는 2015년 남한의 1인당 명목 GDP인 2만 7,195달러에 비해 남한의 1인당 명목 GDP의 3.7% 수준이고, 남한 경제력이 북한 경제력의 약 27배 정도 됨을 알 수 있다.[4] 결국 남한은 빈곤에서 탈출했지만, 북한은 아직도 많은 사람들이 빈곤층으로 고생하고 있다. 유전자가 같았던 한 민족이 이렇게 경제적 격차를 가지게 된 유일한 원인은 바로 경제체제 때문이다. 북한은 사회주의 경제체제로 운영됨에 따라 빈곤층은 더 증가했지만, 남한은 자본주의 경제체제로 운영됨으로써 거의 모든 국민이 빈곤으로부터 탈출하게 된 것이다. 결국 '금송아지'에 비교해 하찮아 보이는 '내 집 송아지'를 더 가치가 높은 '금송아지'로 발전시키기 위해 갖은 노력을 다한 결과 이와 같은 엄청난 결과를 가져온 것이다.

많은 모순에도 불구하고 공동소유를 전제로 한 사회주의 국가들이 모두 쇠퇴의 길을 걷고 있는 반면, 사적 소유를 전제로 한 자본주의 국가들은 발전의 길로 치닫고 있다. 그 중요한 이유는 다름 아닌 사유재산의 매력 때문이다. 결국 많은 사람들은 '남의 집 금송아지가 내 집 송아지만 못하다'는 것을 잘 알기 때문에 '내 집 송아지'를 가지기 위해서, 또 더 호감이 가는 '금송아지'를 가지기 위해서 자신이 가진 능력과 노력을 아끼지 않는 것이다. 자본주의가 끊임없이 발전하는 이유는 인간은 누구나 '내 집 송아지'를 가지려 한다는 사유재산이 갖는 매력을 잘 운용함에 따른 결과라고 볼 수 있다.

뛰는 놈 위에 나는 놈 있다

경쟁

경쟁의 참모습

오늘날 우리는 끊임없이 경쟁하면서 살아간다. 경쟁은 우리에게 선택사항이 아니라 필수사항이다. 우리가 이 세상에 태어났다는 사실 자체가 엄청난 경쟁에서 이겼다는 것이다. 하나의 생명체가 탄생하기 위해서는 난자와 결합하기 위해 수많은 정자들이 치열한 경쟁을 벌이기 때문이다. 우리는 성장하면서 더 좋은 학교에 들어가기 위해, 더 좋은 직업을 갖기 위해, 더 많은 돈을 벌기 위해 날마다 경쟁하며 살아간다. 우리는 일상 경제생활에서 경매나 입찰에 참여한 사람들에게서 계약을 형성하는 과정을 볼 수 있고 거기에서 경쟁의 참모습을 보게 된다.

따라잡기 모델

우리 속담에 '뛰는 놈 위에 나는 놈 있다There may be blue and better blue.'는 말이 있다. 이는 경쟁세계가 얼마나 치열한지를 잘 묘사하고 있다. 분명 경쟁의 최후 승자 자리는 뛰는 놈이 자만하는 동안 나는 놈이 차지하게 될 것이다. 남에게 뒤지지 않으려는 인간의 경쟁욕구는 경제발전의 동기가 된다. 경쟁에서 낙오되지 않고 이기고 싶다면 아이디어를 강구하고, 더 참신한 방법으로 문제에 접근해야 한다. 유사 속담으로 '경쟁은 인생의 법칙이다', '좋은 것은 노력 없이는 얻을 수 없다', '꿀은 달아도 벌은 쏜다'가 있다.

기업이 경쟁우위성을 확립한다는 것은 자기의 전략을 확립하고, 이에 의해 기업의 활동영역과 목표를 정하여 경쟁기업에 대해 주도권을 확보함을 뜻한다. 경쟁의 승자에게는 영광이, 패자에게는 좌절과 재기의 기회가 주어진다. 그러기에 '뛰는' 자를 이기기 위해 '나는' 기술을 개발하여 경쟁의 승자가 되는 것이다. 1960년대 이후 우리는 선진국을 따라잡기 위해 국가적으로 발걸음을 더욱 재촉하여 경쟁의식을 불태웠다. 그러한 강렬한 경쟁의식은 '따라잡기 모델catch-up model'로 승화되었고, 압축경제성장의 성과를 이룩할 수 있었다.

상생적 경쟁

경쟁은 사람들을 합리적으로 행동하도록 유도한다. 경쟁의 합리성은 구체적인 지식과 정보를 획득하는 과정에서 더욱 잘 나타난다. 경쟁이 없는 상태에서 노력하지 않은 사람이라도, 시장에서 다른 사람과 경쟁상태에 놓이게 되면 자신이 모을 수 있는 최대한의 지식과 정보를 모으고 활용하려고 노력할 것이다. 경쟁이 없다면 게으름과 나태가 만연할 것이다. 서로 이기기 위해서라도 경쟁이 존재하기 때문에 시장경제에 참여한 사람들은 저마다 더 나은 생산방법이나 제품을 개발하기 위해 노력하게 된다.

적절한 경쟁은 단기적으로는 뼈를 깎는 괴로움이 수반되겠지만 이를 극복했을 경우 자기발전은 물론, 사회와 국가 발전도 기약할 수 있다. 자연생태계 속의 생물들 간에도 경쟁은 존재한다.

메기와 미꾸라지의 경쟁적으로 살아가는 모습을 통해 경쟁의 성과가 어떻게 나타나는지를 알아보자. 벼를 심은 논에 메기와 미꾸라지를 함께 넣으면 단기적으로 메기의 먹이인 미꾸라지에게 엄청난 충격과 위협이 될 것이다. 그렇지만 가을 수확기가 되었을 때 메기의 먹이로 모두 없어졌을 것이라고 생각했던 미꾸라지가 메기에게 먹히지 않기 위해 더 활발히 움직이고 체력을 단련한 결과 더 굵고 튼튼한 미꾸라지로 성장하게 된 것을 볼 수 있다. 이것은 바로 경쟁의 소산이다. 미꾸라지와 메기가 열심히 경쟁한 결과 병충해가 줄어들고 논매기도 활발하게 이루어져 풍작이라는 성과를 얻게 되는 것이다.

모두가 승자가 될 수 있나? 마음먹기에 달렸다!

경쟁의 세계에서는, 경쟁을 위해 자신의 정열을 얼마나 쏟아 부었느냐에 따라 그 성과가 달라진다. 아예 경쟁에 참여하지 않거나 중도에 포기하는 사람에게는 실패의 쓴잔만 돌아온다. 그렇지만 잘난 사람은 잘난 대로 경쟁하고, 못난 사람은 못난 대로 경쟁하여 주어진 여건에서 최선을 다했을 경우에는 모두가 승자가 될 수 있다.

메기와 미꾸라지를 좁은 용기에 넣어두면 얼마 후 미꾸라지가 메기에게 모두 잡아먹히고 만다. 그렇지만 넓은 논에 이들을 넣어서 벼농사를 지을 경우 가을 수확기에 이들을 잡아보면, 메기는 메기대로 튼튼해지고 미꾸라지는 미꾸라지대로 충실해진 것을 발견하게 된다. 이것은 생존을 위해 그들끼리 최선의 경쟁을 했기 때문이다. 이처럼 최선을 다하는 경쟁은 아름다우며, 이 경쟁에 쏟은 축적물들은 또 다른 경쟁을 위한 밑거름이 될 수가 있다. 전쟁에서는 승자와 패자만 있지만, 경쟁에서는 쌍방이 모두 정의의 법law of justice에 입각하여 최선을 다할 경우 모두가 승자가 될 수 있다. 이것이 바로 상생相生시대의 경쟁원리이다.

최선을 다하는 경쟁은 이 사회를 더욱 풍요롭게 한다. '기는 놈'이 '뛰는 놈'이 되기 위한 경쟁, '뛰는 놈'이 '나는 놈'이 되기 위한 경쟁, '나는 놈'은 '더욱 잘 나는 놈'이 되기 위한 경쟁은 분명 개인의 생산성은 물론, 사회와 국가 전체의 생산성을 높일 수 있을 것이다. 너 죽고 내가 사는 '적자생존適者生存의 경쟁'이 아니라 다 함께 살 수 있는 '화자생존和者生存[5]의 상생적인 경쟁'이 사회에 충만할 때 지구촌 경제는 더욱 풍요로워질 수 있다.

나라와 시대 및 주어진 경제상황에 따라 경쟁력은 모두 다를 수 있지만 혁신innovation, 기술개발, 경영합리화, 원가절감, 가격파괴 전략 등은 기존의 '뛰는 놈'에서 변화를 추구하는 '나는 놈'으로의 변신과정에서 이루어진 소산물이다. 경쟁에서 이기기 위해서는 어떤 것이 가장 경쟁적인 요소인가를 간파하여 적자생존의 자세로 모두가 풍요로운 화자생존의 상생시대를 도모해 나가야 한다.

가는 떡이 두꺼워야 오는 떡도 두껍다

교환

세상에는 공짜가 없다

시장경제란 수요와 공급에 의해 가격이 결정되고 이 가격으로 소비자와 생산자가 경제행위에 참여하는 제도이다. 소비자와 생산자는 외부의 힘, 특히 정부의 지시나 간섭을 받지 않고 오직 가격의 움직임에 따라 경제활동을 한다. '무엇을 얼마만큼 생산하고, 얼마만큼 구매할 것인가'는 오직 가격의 움직임을 보고 소비자와 생산자의 자발적 교환 voluntary exchange 활동에 의해 이루어진다.

우리 속담에 '가는 떡이 두꺼워야 오는 떡도 두껍다'는 말이 있다. 이 속담은 세상살이에는 공짜가 없으며, 상대방에게 제공하는 재화의 크기만큼 나에게 재화가 돌아오고, 또 나에게 들어온 재화만큼 상대방에게 제공해야 한다는 경험법칙을 뜻한다. '가는 정이 있어야 오는 정도 있다', '가는 말이 고와야 오는 말도 곱다', '엑 하면 떽 한다', '덕은 덕으로 대하고 원수는 원수로 대한다' 등도 같은 맥락이다. 이들 속담에서 볼 수 있듯이, 조상들은 교환조건으로 '가는 떡=오는 떡', '가는 정=오는 정', '가는 말=오는 말', '엑=떽', '덕=덕', '원수=원수' 등 등가조건을 제시하고 있다.

자유롭게 결정된 교환은 균형가격을 이룬다

시장은 냉정하다. 인간들에게 서로 간의 인정도, 서로 간의 말도 완전한 균형조건을 갖출 때 오가게 된다. 하물며 물건의 실체가 확연히 드러나는 '가는 떡'과 '오는 떡'의 교환관계에서야 떡의 크기가 균형을 이루지 못하면 교환이 이루어질 수가 없다.

이렇게 볼 때 교환이란 어떠한 재물을 타인에게 주고 그 보수로서 타인에게서 같은 가치의 다른 재물을 얻는 것으로서, 교환관계는 매매자 상호 간의 이익을 쫓아 자발적으로 이루어진다. 자기에게 필요하지 않은 재물을 다른 사람에게 주고 그 대가로 자신이 필요한 물건을 얻는 것도 이러한 과정을 거치게 된다.

이와 같은 관점에서 볼 때 시장의 교환질서는 어떤 특정인들이 구체적으로 의도해서 만들어 낸 질서가 아니다. 사람들의 행동이 자발적인 한 교환의 당사자들이 상호이익을 얻지 못한다면 어떠한 교환도 이루어지지 않는다. 경제사회에서 교환은 자발적으로 이루어지며, 이 경우 교환은 일정량의 물품을 다른 종류의 물품과 얼마만큼 교환할 수 있는가의 상대적인 가치인 교환가치에 의해 결정된다. 시장에서 매매자의 자발적 상호작용에 의해 자유롭게 결정되는 교환의 결과는 균형가격을 이룬다.

교환제도의 발달

근대 이전의 가내경제 단계에서는 생산에서 소비에 이르는 과정이 가족이나 마을 주민 같이 작은 범위의 집단사회에서 완결되었다. 이때는 화폐의 매개 없이 직접 재화와 재화를 맞바꾸는 물물교환이 이루어졌다. 원시시대에는 교통이 불편해서 다른 집단과의 교류가 적을 수밖에 없었고 자급자족을 위한 자기생산이 주를 이루었다. 그 후 이러한 자급자족경제는 기술이 진보하고 생산량이 많아짐에 따라 점차 붕괴하여 영리경제로 전환됐다. 또 소금, 면포, 쌀, 조개껍데기 등 공통의 가치가 있는 실물화폐가 교환수단으로 사용되며 오늘날의 화폐로 발달하였다. 이후에 다른 집단과의 교환에 의해 생산물을 처분할 수 있게 되자 가장이나 족장 사이에 점차 교환을 위한 생산과 영리추구가 발생했다. 그 영향은 사유재산과 사회분업의 성립을 촉진하였고, 결과적으로 교환 내지 영리추구의 발전을 촉진하였다.

교환가치는 상품의 일정량이 다른 상품과 교환될 수 있는 능력이다. 재화가 욕망을 채우고 사용가치를 발휘하려면 그 재화는 타인의 재화와 교환될 능력을 가져야 한다. 타인의 재화와 교환될 능력의 크고 작음에 따라서 재화의 가치가 판단되며, 다른 물건을 획득할 수단으로서 평가된다. 이러한 재화를 '상품'이라 하고, 교환에 의해 다른 물건의 획득수단으로서 갖는 가치를 '교환가치'라 한다.

시장에서 재화의 교환은 가격을 통해서 이루어진다. 시장가격은 일정한 시간에, 일정한 시장에서 실제로 상품이 거래되는 가격을 말한다. 이 가격은 그때마다 상품의 수요와 공급의 관계에 따라서 변화한다. 가격의 결정은 수요와 공급의 상호관계에 의존한다.

일반적으로 수요가 공급을 초과할 때 수요자들끼리의 경쟁에 의해 가격이 인상되는 경향이 있고, 반대로 공급이 수요를 초과할 때는 공급자들끼리의 경쟁에 의해 가격이 인하되는 경향이 있다. 시장가격은 시장의 상황에 따라 높거나 낮게 결정되므로 경우에 따라서는 막대한 이윤이 생기거나 큰 손실이 발생하기도 한다.

같은 값이면 다홍치마

경제원칙

물건을 살 때 같은 조건이라면 나는 뭘 고를까?

일반적으로 소비자들은 자신에게 주어진 소득 안에서 어떻게 하면 최대한 만족스러운 소비생활을 할 것인가에 대해 늘 고민하며 살아간다. 어린아이가 과자를 사먹으려고 돈을 들고 동네 가게에 갈 때도, 학생들이 문방구에서 학용품을 살 때도, 가정주부가 시장에 가서 장을 볼 때도, 텔레비전, 냉장고, 세탁기 등 가전제품을 살 때도, 피아노, 자동차, 집을 살 때도…… 우리는 주어진 예산이 한정되어 있을 때 '돈이 조금만 더 있으면 참 좋겠는데' 하고 아쉬움을 드러내면서 살아갈 때가 많다. 이 경우 어쩔 수 없이 주어진 예산범위 안에서 자신에게 가장 큰 만족을 줄 수 있는 물건이 어떤 것인가를 지금까지의 경험과 여러 정보수집 과정을 통하여 최선의 결정을 내리게 된다.

'같은 값이면 다홍치마'라는 말이 있다. 이 속담은 물건을 고를 때 가격조건이 같다면 자기에게 좀 더 이익이 되는 것을 선택한다는 말이다. 사자성어로는 '동가홍상同價紅裳'이라고 한다. 이처럼 최소의 비용으로 최대한 만족할 수 있는 조건을 선택하는 것을 경제학에서는 '경제원칙principle of economy에 입각한 합리적 경제활동'이라고 한다.

제약조건하에서 최소비용 조건으로서의 '같은 값'

'같은 값이면 다홍치마' 속담에서 '같은 값이면'이란 주어진 예산이 제한되어 있거나 소비자가 그 물건을 사는 데 지불할 의사가 있는 가격 자체가 정해져 있다는 의미가 담겨 있다. 이는 주어진 소득액 또는 예산을 모두 사용해서 최대로 구입할 수 있는 두 가지 재화의 여러 가지 구입조합을 나타내는 직선으로 표기할 수 있다.

예를 들어, 1,000원을 가진 소비자가 개당 100원 하는 X재화와 개당 200원 하는 Y재화를 구입한다고 가정하자. 이때 1,000원을 다 사용할 경우 X재화와 Y재화의 조합은 X재화를 10개 살 때 Y재화는 0개, X재화를 8개 살 때 Y재화는 1개, X재화를 6개 살 때 Y재화는 2개, X재화를 4개 살 때 Y재화는 3개 등 여러 가지 조합을 구성할 수 있다. 이 조합들을 연결해 하나의 직선으로 표시하면 |그림 1-1|에서 볼 수 있는 것처럼 직선이 된다. 이 직선을 가격선price line이라 한다. 이 가격선

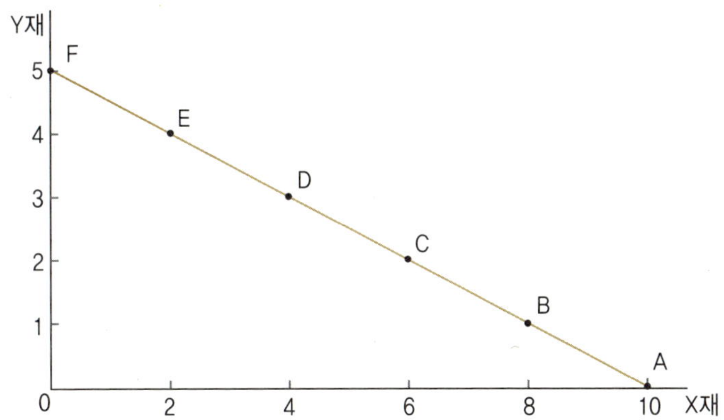

| 그림 1-1 | 제약조건하의 '같은 값'과 가격선

상의 각 점은 '같은 값이면'의 1,000원으로 구입할 수 있는 두 가지 재화 X재, Y재의 여러 구입 가능한 조합을 표시한다.

제약조건하의 최대효용 조건으로서의 '다홍치마'

일반적으로 소비자들은 시장에서 자신의 주어진 예산으로 자신의 원하는 재화소비를 통하여 극대의 만족을 추구하려고 한다. 이 소비자들의 재화소비에 대한 만족은 무차별곡선indifference curve으로 나타낼 수가 있다. 이 곡선은 소비자에게 동일한 만족을 주는 두 재화의 여러 가지의 결합을 나타내는 조합의 점들을 연결한 선으로서, 합리적인 소비자라면 원점에서 가장 먼 무차별곡선을 선택하게 된다. 그 이유는 무차별곡선의 특성상 동일한 무차별곡선에서는 동일한 만족을 얻게 되겠지만, 원점에서 멀어질수록 더 많은 재화를 구매할 수 있는 조합의 점들을 연결한 선이기 때문이다.

위의 속담에서 '다홍치마'에는 진열되어 있는 치마가 붉은색, 흰색, 검정색, 노란색 등 여러 가지이고, 거기에서 마음에 드는 치마를 마음대로 고를 수 있지만, '같은 값'이란 제약조건에서는 만족을 가장 크게 줄 수 있는 '다홍치마'를 선택하겠다는 의미가 포함되어 있다. 바로 소비자가 구입하려는 여러 치마 중 제한된 조건에서 가장 크게 만족할 수 있는 '다홍치마'를 구입할 수 있는 재화소비라는 뜻이다.

예쁜 '다홍치마'를 입고 다니면 흩날리는 봄바람에 기분이 상쾌할 뿐 아니라 지나가는 사람들이 한마디씩 말을 건네면서 부러워할 것 같기 때문에 그 재화에 대한 효용가치가 대단히 높게 나타날 것이다. 그렇기 때문에 '다홍치마'를 구입한 소비자의 경우 제한된 예산으로 최대의 만족을 얻게 된다. 이른바 최소의 비용으로 최대의 만족을 얻게 되는,

경제원칙에 입각한 재화의 소비가 가능해지는 것이다. 일반적으로 소비자들은 시장에서 자신에게 주어진 예산으로 자신이 원하는 재화소비를 통해 극대의 만족을 추구하려고 하기 때문이다.

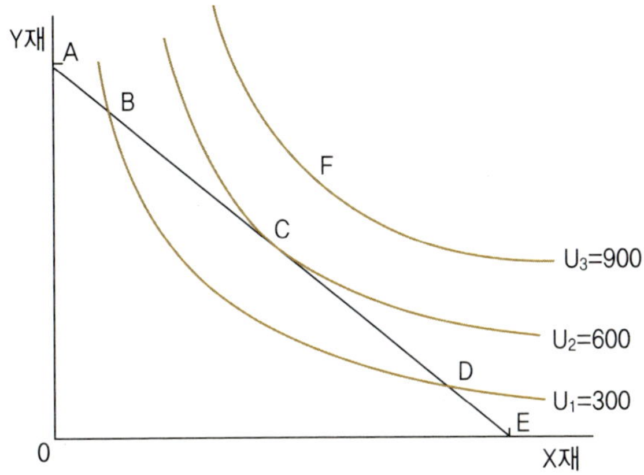

| 그림 1-2 | '같은 값이면 다홍치마'와 소비자 균형

| 그림 1-2 | 에서 합리적인 소비자의 경우 1,000원의 소득으로 조합 B 또는 조합 D를 선택하지 않을 것이다. 무차별곡선의 특성상 조합 C를 선택하면 동일한 소득, 1,000원의 지출로 조합 B 또는 D보다 더 큰 만족을 얻을 수 있기 때문에 합리적 소비자는 300의 효용을 얻는 조합 B 또는 D 대신에, 600의 효용을 얻는 조합 C를 선택한다. 조합 C는 조합 B 또는 조합 D보다 원점에서 멀리 떨어진 무차별곡선상에 있으므로 소비자에게 더 큰 만족을 주기 때문이다. 한편 조합 F는 조합 C보다 원점에서 멀리 떨어진 무차별곡선상에 있기 때문에 조합 F가 조합 C보다 더 높은 만족을 가져다 줄 수 있다. 그렇지만 가격선 AE 밖

에 있으므로 주어진 소득으로는 도저히 구입이 불가능한 조합이다. 따라서 조합 C가 주어진 소득과 시장의 제약조건하에서 최대의 만족을 가져다 주는 두 가지 재화의 배합이라고 결론지을 수 있다.

'같은 값이면 다홍치마'와 소비자균형

|그림 1-2|에서 조합 C는 소비자균형을 성립시키는 점이다. 이 점은 '같은 값'이라는 최소비용 조건과 '다홍치마'란 최대효용 조건을 동시에 만족시키고 있다. 그러므로 이 점은 가격선의 기울기인 Px/Py와 무차별곡선의 기울기인 -△X/△Y가 일치하는 점으로서 소비자균형점이 된다.

따라서 '같은 값이면 다홍치마'라는 속담 속에는 경제원칙에 입각한 합리적인 소비라는 생활경제 원리가 함축되어 있음을 알 수 있다. 이 속담의 '같은 값'은 |그림 1-2|의 1,000원이라는 주어진 예산이다. 이 1,000원의 예산으로 소비자가 구입할 수 있는 조합들로는 조합 B점, 조합 D점, 조합 C점이 있다. 여기에서 조합 B점, 조합 D점은 조합 C점에 비하여 더 낮은 만족수준을 나타내는 무차별곡선인 U_1상에 있기 때문에 최적 균형점은 될 수가 없다. 그렇지만 조합 C점은 U_1보다 더 효용수준이 높은 U_2의 곡선상에 있기 때문에 주어진 예산의 범위 내에서는 가장 극대만족을 제공해 주는 재화구입점이다. 그것은 바로 소비자가 구입하려고 하는 여러 가지 치마 중 제한된 조건하에서 가장 극대만족을 제공해 주는 '다홍치마'를 선택한다는 의미이다.

경제원칙 관련 사례는 여러 곳에서 나타난다. 애플의 브랜드 사례가 그것이다. 현대사회에서 디자인의 중요성이 갈수록 커지고 있다. 좋은 디자인은 매출 증대에 기여하는 것을 넘어, 브랜드 자체의 이미지를 결정하기도 한다. 소비자들은 상품의 가격과 품질에 큰 차이가 없다면 보기에 좋고 아름다운 것을 선택한다. …… 가장 대표적인 예가 애플이다. 세련되고 절제된 제품 디자인은 애플의 상징이 되었고, 이를 통해 전 세계에 마니아 소비층을 만들어 냈다. 실제로 상당수의 애플 마니아들은 제품의 기능보다는 디자인에 열광해 구매를 결정한다.[6] '1+1 행사상품' 사례도 마찬가지다. 편의점 CU가 연도별 '+1' 행사상품의 매출 동향을 분석한 결과 최근 3년간 '1+1', '2+1' 관련 상품들의 매출이 매년 20%씩 꾸준히 증가한 것으로 나타났다.[7]

결국 '같은 값이면 다홍치마'라는 속담 속에는 '같은 값'이라는 가격조건과 극대만족을 얻을 수 있는 '다홍치마'의 효용조건이 일치하는 소비가 이루어진다는 경제원칙에 입각한 재화소비의 원리가 담겨져 있음을 알 수 있다. 이러한 가격조건과 효용조건의 둘 다를 만족시키는 소비를 경제학에서는 소비자균형consumer's equilibrium이라고 한다. 이 소비자균형에서는 가격선의 기울기와 무차별곡선의 기울기가 일치하게 되며, 이때 이루어지는 접점인 C점은 소비자균형점point of consumer equilibrium이 된다. 이 소비자균형점에서는 어떤 것을 도모할 때 최소의 비용으로 이룰 수 있는 것, 또는 동일한 비용을 가지고 최대의 효과를 거둘 수 있는 것, 제약이 없는 상태에서는 효과와 비용의 차이를 극대화하는 것이 목표가 될 것을 선택하는 경제원칙이 성립하게 된다. 조상들의 이러한 합리성 추구과정을 유추해 볼 때 '같은 값이면 다홍치마'라는 속담은 단순한 경험의 산물만은 분명히 아니며, 충분히 과학적 사고방식에 근거하고 있음을 알 수 있다.

독불장군獨不將軍

상호의존

인간은 사회적 동물이다

인간은 사회적 동물로서 상호 간에 서로 영향을 주고받으면서 살아간다. 원시사회의 수렵채취 상태에서나 자급자족사회에서 서로 간에 영향을 주고 또 영향을 받는 것이 대단히 작을 수 있지만, 오늘날 산업·정보화사회에 있어서 그렇게 살아간다는 것은 거의 불가능한 일이다.

'독불장군獨不將軍'이라는 속담이 있다. 이 속담은 남의 말에 귀를 기울이지 않고 자기 고집대로 일을 처리하는 융통성이 부족한 독선적인 사람을 지칭하여 비판하여 이르는 말로, 인간들은 상호의존하지 않고서는 살아가기가 대단히 곤란할 뿐만 아니라 혼자서는 무슨 일을 이룩해 내기가 매우 어렵다는 것을 잘 함축하고 있다. 유사 속담으로 '인정도 품앗이다', '힘과 마음을 합치면 하늘을 이긴다', '상부상조Scratch my back and I'll scratch yours.', '혼자서는 탱고를 추지 못한다It takes two to tango.' 등이 있다.

사람들은 자신의 욕망을 충족시키기 위하여 필요한 재화와 용역을 다른 생산자들에게 의존하고, 또 그들이 소비하는 재화와 용역의 생산에 참여함으로써 그들의 욕망을 충족시키도록 도와주어 밀접한 상호의존 관계를 맺고 있다. 고도의 기술사회에서의 노동자들은 매우 전문화되었기 때문에 대부분의 가족들은 다른 노동자들이 생산한 재화와 용역에 의존해야만 생존해 갈 수 있다. 모든 인간들은 상호의존하면서 살아가고 있고, 서로 상대에게 영향을 주고 도움을 받게 될 때 가장 행복한 삶을 살아가게 된다.

모든 사물에는 원인과 결과가 있다

상호의존과 관련하여서는 로빈슨 크루소의 이야기를 빼놓을 수 없다. 대니엘 디포Daniel Defoe의 소설 『로빈슨 크루소(Robinson Crusoe)』의 주인공은 무인도에 표류한 선원이었다. 크루소는 혼자 살았기 때문에 스스로 낚시하고 채소를 재배하고 옷도 손수 지어 입었다. 이러한 크루소의 생산과 소비 활동은 단순한 경제였으며, 그에게 더 이상의 발전적인 경제활동을 기대하는 것은 무리였다. 애덤 스미스Adam Smith도 이에 대하여 다음과 같이 지적했다.

음식을 받아먹는 도자기 그릇과 양은 그릇, 빵과 맥주, 유리창문과 지구의 북부를 매우 안락한 거주지로 만드는 발명품들, 이러한 모든 것들을 만드는 데 종사하는 각종 노동자들과 그들의 지식기술들, 그리고 그들의 도구들, 이러한 모든 것들을 검토하고 각각에 얼마나 다양한 노동이 개입되어 있는가를 고찰한다면, 수천 명의 도움과 협력 없이는 문명국의 가장 초라한 사람들까지도 그의 일상의 단순한 생활을 영위할 수밖에 없다. …… 한 가정을 유지해 본 사람이라면 누구나 알고 있는 진리가 있다. 밖에서 더 싸게 살 수 있는 물건은 절대로 집에서 만들지 말라는 것이다. 양복점 주인은 스스로 신발을 만들지 않고 신발가게에서 사서 신는다. 신발가게 주인은 자기 옷을 만들지 않고 양복점에서 맞추어 입는다. 농부는 옷이나 신발 어느 것도 만들지 않고 이 물건을 만드는 사람들을 이용한다. 사람들은 자신들이 이웃에 비해 우위에 있는 생산활동에 전념해서 자신들의 생산물이나 그 생산물의 가격으로 자신들이 필요한 것을 구입하는 편이 더 이익이 된다는 것을 알고 있다.[8)]

상호의존의 이익

지구촌 시대에 있어서 상호의존은 필수적이다. 이렇게 국가 간에도 상호의존이 활발하게 이루어지게 된 것은 다음과 같은 기대이익이 크다는 판단 때문이다. 즉, 기후 · 환경 · 부존자원이 다른 세계 각국의 다양한 재화를 소비할 수 있게 되는 것, 값이 싼 원자재를 구입할 수 있고 기술도입이 쉬워지는 것, 규모의 경제economics of scale의 이득을 획득할 수 있게 되는 것이 있다. 또 초과수요로 인한 물가상승에 대하여 수입을 증가시킬 경우 물가안정에 기여할 수 있게 되는 것, 수출을 통해 획득된 외화로 자본재를 수입하여 시설을 확장하고 투자를 늘림으로써 국가의 경제규모가 확대되는 것, 무역을 통하여 단순 재화교류 및 문화교류가 확대되는 것 등이 그것들이다. 오늘의 세계는 고립으로 체제와 번영을 유지할 수 없는, 더불어 사는 지구촌을 이루고 있다. 농경사회, 산업사회를 지나 디지털 문명의 혜택을 절감하는 지식 · 정보화사회에서 상호의존의 필요성은 두 말할 필요가 없다.

국가 간의 이익은 어떤가?

국가 간에도 교역을 통해 이득을 볼 수 있다. 미국과 한국 두 나라 사이에 식량과 자동차 두 재화만이 존재한다고 가정하자. 두 나라 모두 자동차를 똑같이 잘 만든다. 미국이나 한국이나 근로자 한 사람이 한 달에 만들 수 있는 자동차는 한 대다. 그러나 식량생산에서는 미국이 비옥한 토지를 더 많이 소유하고 있기 때문에 미국의 식량생산량이 더 많다. 미국 농민은 매달 식량을 2톤씩 생산하지만, 한국 농민은 매달 1톤밖에 생산하지 못한다.

비교우위 원리에 따르면, 각 재화는 그 재화의 기회비용이 더 작은 나라에서 생산되어야 한다. 미국에서 자동차 한 대의 기회비용은 식량 2톤이지만, 한국에서는 1톤이기 때문에 한국은 자동차 생산에서 비교우위가 있다. 따라서 한국은 자동차를 국내에서 필요한 수량보다 더 많이 생산하여 미국에 수출해야 한다. 마찬가지로 한국에서 식량 1톤의 기회비용은 자동차 한 대이지만 미국에서는 1/2대이므로, 미국이 식량생산에서 비교우위가 있다. 따라서 미국은 식량을 자국민들에게 필요한 양보다 더 많이 생산하여 이를 한국에 수출해야 한다.

비교우위를 통한 자유거래

이 세상을 풍요롭게 살아가기 위해서는 다른 사람들과 적극 협조하면서 슬기롭게 살아갈 필요가 있다. 사람들은 서로 간에 비교우위를 통한 자유거래에서 서로 이익을 보게 되는 것을 잘 알고 있다. 그리하여 오늘날 사람들은 모두 국내는 물론 전 세계에서 생산된 재화와 서비스를 소비하면서 살아간다. 경제적 상호의존 관계와 거래는 모든 사람에게 더 다양하고 많은 재화와 서비스를 소비할 수 있게 한다.

거래는 사람들에게 그들이 비교우위가 있는 생산활동을 특화할 수 있도록 해주기 때문에 모든 사람에게 이득을 준다. 서로 거래할 수 있는 것은 그 일이 농사든, 옷을 만드는 일이든, 집을 짓는 일이든, 자동차를 만드는 일이든 각자가 가장 잘하는 일을 특화할 수 있다.

사람들은 서로 거래를 통해 더 다양한 상품과 서비스를 가장 낮은 가격에 구입할 수 있다. 비교우위 원리는 개인 간의 관계뿐만 아니라 국가 간의 관계에서도 성립한다. 오늘날 자유무역을 옹호하는 근거가 바로 여기에 있다.

다양한 교류를 통해 더욱 좁아지고 있는 지구촌 경제시대에, 자신이 타인에게 어떤 영향을 받고 있는지, 또는 자신이 내린 결정이나 생활양식에 의해 타인이 어떤 영향을 받는지를 아는 것은 대단히 중요하다. 예를 들어, 종종 일어나는 의료파업이나 금융파업 등에서 볼 수 있듯이 전문화된 사회에서 많은 공공근로자가 파업을 일으켰을 때 소비자들이 피해를 입는 것은 상호의존도가 높아졌기 때문이다.

공존공영을 위해서는 서로 마주 보고 상대방의 처지를 이해해야 한다. 나아가 세계경제의 헌법 구실을 하는 WTO세계무역기구와 사랑방의 역할을 맡고 있는 OECD경제협력개발기구 등 국제경제 관련 기구를 통해 국제경제 질서를 구축하기 위한 논의에 적극 참여해야 한다. 공평하고 개방적인 지구촌 경제질서를 이루기 위해서는 다각적인 노력이 필요하다.

나무의 경제

CHAPTER

2

1. 가계의 경제

세 살 버릇 여든까지 간다

습관 소비

'세 살 버릇 여든까지 간다The child is the father of the man./ A leopard cannot change its spots.'라는 말이 있다. 이는 어렸을 때 생긴 버릇은 나이가 들어도 좀처럼 고쳐지지 않는다는 말이다. 유사 속담으로 '세 살 적 마음이 여든까지 간다', '제 버릇 개 주랴', '성격은 좀처럼 고치기 힘들다', '오래된 습관은 고치기 힘들다Old habits die hard.', '요람에서 배운 것은 무덤까지 간다What is learned in the cradle is carried to the tomb.'가 있다.

우리가 생각의 씨앗을 뿌리면 행동의 열매를 맺게 되고, 행동의 씨앗은 습관의 열매를 얻게 한다. 습관의 씨앗은 성품을 얻게 하고, 성품은 우리의 운명을 결정짓는다. 습관은 인생에서 개인의 성공 혹은 실패를 결정하는 데 매우 중요한 역할을 한다. 습관은 지식, 기술, 욕망의 혼합체이다. 지식이란 우리가 무엇을 해야 하고, 또 왜 하는지에 대한 패러다임이다. 기술은 어떻게 해야 하는가의 방법을 말한다. 욕망이란 하고 싶은 것, 즉 동기를 말한다. 우리가 생활하면서 무엇인가를 습관화하기 위해서는 이러한 세 가지를 반드시 모두 가져야 한다. 우리가 지식, 기술, 욕망을 중점적으로 다루면 개인 및 대인관계의 효과성을 새로운 차원으로 이끌어 갈 수 있다. 이는 우리가 오랫동안 가지고 있는, 가짜 안정감의 원천이었던 낡은 패러다임을 타파하는 것과 마찬가지다. 변화란 때로는 고통스러운 과정이기도 하다. 변화란 더 훌륭한 목적과 미래를 위해 현재 생각하고 원하는 것들을 포기할 수 있을 때에야 비로소 가능하다. 그러나 이러한 과정은 우리가 존재하는 목적이자 얻기 위해 설계된 행복을 가져다 준다. 행복을 부분적으로나마 정의한다면, 행복이란 궁극적으로 원하는 것을 위해 현재 우리가 원하는 것을 희생할 수 있는 욕망과 능력의 열매라고 할 수 있다.[9)]

습관은 제2의 천성

우리는 태어나 어린 시절에는 대체로 부모님이나 다른 사람으로부터 지시받고 양육되고 보호를 받으면서 살아간다. 이때 부모님들의 습관은 개인이 효과적으로 문제를 해결하고 기회를 극대화하고 지속적으로 학습하며 상향적 성장과 올바른 성품 함양의 바탕이 된다. 그런데 일부 부모님들은 아이들이 어렸을 때 자식들을 훈련시키고, 이들과 대화하고, 그들의 말에 귀를 기울이는 것과 같이 생산능력을 돌보는 일을 등한시하는 경우가 있다. 지금 당장 부모님의 원하는 것을 얻기 위해 '조용히 해라', '쓸데없는 잔소리 말고 공부나 해라', '아이가 무슨 돈 걱정……' 하면서 명령하고 고함치고 위협하고 부모님의 주장을 고집한다. 또 반대로 자녀들이 원하는 대로 해주기도 한다. '뭐 먹을래?', '뭐가 필요해? 인형? 학용품? 또 뭐?' 하면서 아이들을 기쁘게 해주고 허용해 주고 인기를 얻으려 한다. 이러한 부모의 행동은 자녀가 내적 기준이나 목표 없이 성장하게 하고, 절제 없고 책임감 없는 성인으로 자라게 한다. 한번 형성된 습관은 좀처럼 고쳐지지 않는다. 그래서 '습관은 제2의 천성'이라고 하지 않는가.

잘못 길들여진 습관 때문에 빚어진 불행

오늘날 우리 사회에는 잘못 길들여진 습관 때문에 많은 사회 · 경제 문제가 나타나고 있다. 그중 하나가 신용불량자 문제다. 400만여 명에 이르는 신용불량자의 숫자가 이를 잘 대변한다. 청소년 신용불량도 매우 중요한 문제로 떠오르고 있다. 각종 광고, 주변 환경들이 아이들에게 엄청난 인내심을 시험하고 있다. 한번 길들여진 높아진 소비수준은 소득의 감소에도 불구하고 좀처럼 줄어들지 않는다. 한풀이식 소비도 한몫을 한다. 카드회사의 상술에 지갑이 가득하도록 신용카드를 발급받아 별 고민 없이 사용하다 낭패를 보는 개인, 파탄하는 가정을 흔하게 본다.

경제적으로 여유가 있을 때 돈을 함부로 쓰던 버릇은 경제적 어려움이 닥칠 때도 그대로 이어지는 것이 보통이다. 맞물려 돌아가는 톱니바퀴가 한쪽이 돌면 다른 한쪽 톱니바퀴는 어쩔 수 없이 도는 것과 같은 이치다. 결국 어릴 때부터 좋은 소비 습관, 올바른 경제생활 습관을 익혀야 한다. 효과적으로 문제를 해결하고, 기회를 극대화하고, 상향적으로 성장할 수 있는 올바른 성품 형성은 개인은 물론 사회, 국가 발전을 위해 매우 중요한 요소임을 명심할 필요가 있다.

열 번 재고 가위질은 한번 하라

합리적 소비

이익을 향한 저울질

하루라도 무언가 사지 않는 날이 없을 만큼 우리의 일상은 소비의 연속이다. 이는 어떤 물건을 소비함으로써 우리의 욕구를 충족할 수 있기 때문이다. 따라서 소비란 주어진 소득으로 생활에 필요한 상품이나 서비스를 구입하여 효용을 창출하는 경제행위로서, 궁극적으로 인간의 만족을 극대화하는 과정이라고 할 수 있다. 이러한 소비는 생활의 편리와 편익은 물론, 국민경제에도 깊은 영향을 미치기 때문에 소비자는 소비생활을 하면서 어느 정도 책임의식이 필요하다. 더욱이 다양하고 많은 욕구에 비해 소득은 제한되어 있으므로 주어진 소득으로 최대의 만족을 얻는 소비선택은 대단히 중요한 일이다.

속담에 '열 번 재고 가위질은 한번 하라'는 말이 있다. 포목 같은 것을 매매할 때 한번 잘라버리면 다시 되돌릴 수 없으므로 자르기 전에 열 번이나 재어본다는 말이다. 이것은 무엇을 의미하는가? 파는 사람은 혹시나 더 잘라주면 자신에게 손해가 되고, 사는 사람은 혹시나 잘못 재서 덜 잘라가면 자신에게 손해가 되므로 정확하게 재야 한다는 뜻이다. '삼 년 경작하던 전답도 세 번 둘러보고 산다', '물건값은 세 군데를 알아보고 사라'는 속담 역시 자신이 익숙하게 잘 아는 상품이나 재화를 구매할 경우라 할지라도 최종적으로 구매를 결정을 할 때에는 최대한 신중하고 꼼꼼하게 잘 따져서 의사결정을 하라는 교훈이다. 인간은 자신의 이익에 따라 충실하게 행동한다는 전제에서 볼 때 경제학에서 합리성rationality이란 자신의 기호가 명확하고 거기에는 모순이 없고 항상 불변하며, 그 기호를 토대로 자신의 효용이 커질 수 있는 대안을 선택하는 것을 말한다.

합리적 소비의 가상사례

자동차 구입과정을 예로 들어 합리적 소비가 어떤 것인지, 어떠한 과정을 거치는지 알아보도록 하자.

모 기업의 K 씨는 오랫동안 만년 차장으로 근무해 오다 최근에야 비로소 부장대열에 끼게 되었다. 그가 부장으로 승진하자 그의 아내와 아이들, 그리고 동생은 기다렸다는 듯이 예전에 타고 다니던 소형차 대신 중형차로 바꾸자고 성화였다. 그도 부장쯤 되면 남의 이목도 있으므로 중형차를 타고 다녀야 한다고 생각했기 때문에 새 차를 구입하기로 결심했다. 하지만 막상 구입하려니 어떤 차종으로 할 것인지 고민이 되었다. 자동차는 고가에다 한 번 구입하면 몇 년을 두고 써야 하므로 신중하게 결정해야 했다.

물론 K 씨는 그동안 '갑 자동차회사'의 A 모델 자동차가 중후하고 안전성도 우수하다고 생각했다. 그러나 그의 아내와 딸이 추천하거나 동생이 권유하는 것과는 달라 선뜻 결정할 수 없었다. K 씨는 안전성에 최고의 우선순위를 두었지만, 그의 아내와 딸은 디자인과 색상, 그의 동생은 경제성에 우선순위를 두었기 때문에 가족 모두를 만족시키기가 어려웠다. K 씨는 협상과 설득으로 가족의 만족을 이끌기로 했다. 먼저 가족 각자가 그들이 선호하는 자동차 모델을 제시하고 K 씨는 거기서 제품과 관련된 정보를 얻기로 했다. 안전성을 우선으로 생각하는 K 씨는 친구의 조언을 참고하고, 지금까지 그가 이용해 온 차도 '갑 자동차회사'의 것이었기 때문에 같은 회사의 검정색 A 모델 자동차를 구매대상으로 삼았다.

그러나 그의 아내와 딸은 디자인이 산뜻한 '을 자동차회사'의 백색 B 모델 자동차를 강력하게 지지했고, 동생은 경제적인 면을 내세워 그가 이용해 오던 C 모델 자동차를 권유했다. 이렇게 자동차를 사기 위한 첫 번째 과정은 자신의 흥미와 욕구에 맞는 제품들을 찾아 선택 가능한 집합으로 만드는 것이다.

다음 과정은 정보수집이었다. K 씨는 우선 각사의 자동차에 대한 일반적인 이미지는 접어두고 외부에서 정보를 수십하기로 했다. 텔레비전, 신문, 잡지의 홍수 같은 광고 세례에서 어느 정도 정보를 수집한 뒤, 편견이 적은 객관적인 조언자로서 친구, 후배, 친척을 통해서도 정보를 수집했다. 그의 딸은 자동차 대리점을 찾아다니면서 직접 시승해보기도 했다. 그 결과 자동차의 가격, 성능, 디자인뿐만 아니라 후속 모델 출시계획, 중고차 가격, 연비, 유지비 등의 상세한 정보까지 모을 수 있었다.

K 씨는 이와 같은 정보를 바탕으로 대안비교와 평가과정을 거치기로 했다. 우선 K 씨는 비교대상을 줄이기 위해 결합전략을 이용했다. 결합전략이란 선택 가능한 집합의 요소들 가운데 조건을 충족시키지 못하는 한 가지를 제외시키는 것을 말한다. 이 과정에서 동생이 권유한 '병 자동차회사'의 C 모델이 비교대상에서 제외되었다. C 모델은 탐

색과정에서 견고하면서 안전성은 있지만 내부공간이 동급의 자동차에 비해 떨어진다고 판단했기 때문이다. K 씨는 우선순위에 두고 있던 갑 자동차회사의 A 모델과 그의 아내와 딸이 추천하는 '을 자동차회사'의 B 모델을 비교평가 대상으로 선정하고, 비교평가 작업에 들어갔다. 자동차의 외형적 크기에서는 두 차 모두 장단점이 있었다. 내부공간은 B 모델이 넓고, 엔진의 형식과 배기량은 거의 같았다.

결론적으로 성능에서는 뚜렷한 차이가 없었고, 안전성에 대해서는 주변 친구나 동료들 사이에서도 의견이 분분했다. 이런 상황이 되자 그의 아내와 딸은 의기양양해졌다. 그들은 다른 모델의 성능이 엇비슷하면 디자인에 가중치를 줘야 한다고 강하게 주장했다. 사실 K 씨도 B 모델의 디자인이 A 모델보다 산뜻하다는 것에는 마음속으로 동의하고 있었다. 그는 '같은 값이면 다홍치마'라고 이왕 성능이 비슷하다면 디자인이 더 좋은 B 모델을 구입하기로 했다.

이 이야기에서 우리는 최대의 만족을 줄 수 있는 자동차를 사기 위해 철저하게 따져보는 소비자의 모습을 볼 수 있다. 지금 당장 가시적으로 보이는 가격, 성능, 디자인뿐만 아니라 사용하면서 드는 연비, 유지비 또 그 후의 일을 생각한 후속 모델 출시계획, 중고차 가격까지 정보를 수집하는 꼼꼼함이 엿보인다. 소비자는 최소의 비용으로 최대의 편익을 추구하려고 하기 때문에 합리적으로 소비하려는 경향이 있다.

일상생활 속의 합리성

그러나 인간의 일상생활이 반드시 합리적이지만은 않다. 친구들이 많이 가지고 있어 덩달아 사게 되는 옷이나 신발, 휴대폰, 인기 탤런트가 가지고 있는 것이 너무 멋있어 보여서 따라 산 물건, 유혹에 이끌려 필요하지도 않은 물건을 사는 충동구매, 얄팍한 자존심 때문에 자기분수를 넘게 되는 무리한 소비, 남에게 보이기 위한 과시적 소비 등 열거할 수 없을 만큼 비합리적으로 소비하는 경우가 허다하다. 지나친 과소비가 개인을 파탄으로 몰고, 가정을 파산시키는 경우를 자주 본다. '남의 장단에 춤춘다', '숭어가 뛰니까 망둥이도 뛴다'는 속담도 이런 경우를 잘 대변한다.

따라서 '열 번 재고 가위질은 한번 하라'는 속담이 뜻하는 소비생활의 절제, 신중, '가성비價性比', 예산제약을 충분히 따져서 행동하도록 한 조상들의 예지는 오늘날에도 역시 중요하다. 이 중 가성비는 '가격대비 성능'의 준말로, 소비자가 지급한 가격에 비해 제품성능이 소비자에게 얼마나 큰 효용을 주는지를 따지는 것으로 매우 중요한 기준이 된다. 예산제약 또한 '내가 번 돈의 한도 내에서 써야 한다'는 세상살이 법칙임을 명심해야 한다. 결국 합리적인 소비행위는 기업에게 싼값에 좋은 품실의 제품을 생산하게 하고, 기술개발에 힘쓰며, 정직한 광고를 하게 만든다. 가정에서는 현명한 소비를 통해 예기하지 않은 일에 대처할 수 있게 하고, 많은 저축을 유도하며, 안정된 가정생활로 이끌어주는 것은 물론, 사회와 국민경제 발전에도 적극 기여하게 된다.

싼 게 비지떡

비합리적 소비

단지 싸다는 이유로, 충동구매?

우리는 일반적인 소비상황에서 자기의 소득이나 호주머니 사정은 생각지도 않고 순간적인 기분에 의해 많은 물건을 덜컥 사버리는 경우가 자주 있다. 깊이 생각해 보지 않고 예전에 그 물건을 비싸게 산 기억 때문에 약간 싸다는 생각이 들면 지금 당장 필요하지도 않은 물건을 앞으로 필요할 것에 대비해 몇 박스씩 한꺼번에 산다. 그러나 단지 싸다는 이유 때문에 구매한 물건들은 알뜰하게 소비하기는커녕, 싸게 구매한 것 이상으로 낭비를 하게 되는 역설적인 결과를 가져온다.

'싼 게 비지떡Buy cheap and waste your money./ Penny wise and pound foolish.' 이란 말이 있다. 처음부터 그 물건을 구매할 계획이 없었는데, 그 상황에서 순간적으로 생각해 보니 가격이 싸다는 이유로 충동적으로 구매하게 된다는 뜻이다. 충동적 구매란 구매목적은 없었지만, 실제로 가게 안팎에서 상품을 보거나 광고를 보고 나서 사고 싶은 생각이 들어 구매하는 행동을 말한다. 어린이들이 용돈기입장을 쓰고 주부가 가계부를 쓰는 가장 큰 이유는 충동적 구매를 자제하고, 자신의 형편에 맞추어 꼭 필요한 물건인가를 따져 합리적인 소비생활을 해 나가는 데 있다.

합리적인 소비생활이란?

합리적인 소비생활을 위해서는 물건을 살 때 전부터 꼭 필요했던 물건을 사는 것인지, 가격은 적당하지, 품질은 우수한지, 디자인은 좋은지, 사용하기에는 편리하고 위생적인지, 사후관리A/S는 잘 해 주는지, 사지 않고도 활용하거나 대치해서 쓸만한 것은 없는지, 겉모양보다 쓰임새를 더 우선하는 것인지, 일회용인지 장기용인지, 환경오염에는 문제가 없는지 등을 검토해 사용하는 것이 중요하다. 이와 같이 가격, 품질, 디자인, 편리성, 활용성, 환경평가 등을 종합적으로 고려해 물건을 사고 쓰는 소비자야말로 21세기의 환경친화적 소비자라고 할 수 있다. 물건을 버릴 때도 다시 한 번 쓸 방법이 없을지 생각해 보고, 이것이나마 필요로 하는 사람은 없을지, 쓰레기의 양은 최소한 줄여주고, 유독물질과 오염원에 대해서는 폐기방법을 알아 처리하는 것이 합리적인 소비방법이다.

물자가 절대적으로 부족했던 시절에는 값이 싼 상품은 그 이유만으로도 분명 매력적이었다. 그러나 이미 우리의 소득수준이 3만 달러에 육박하는 오늘날, 실속 없이 싼 물건들은 그야말로 '비지떡'일 따름이다. 비지떡은 두부가 될 물을 짜내고 남은 찌꺼기에다 쌀가루나 밀가루를 넣고 빈대떡처럼 부친 떡이어서 가격이 쌀 수밖에 없다. 필요하지도 않고 별맛도 없는 비지떡을 값이 싸다고 한꺼번에 사놓았으니 알뜰하게 소비할 리도 없거니와 상당 부분은 그냥 버리게 된다.

오늘날 이와 같은 비지떡 신세의 상품들은 수도 없이 많다. 음식물 찌꺼기로 버려지는 비용이 10조 원에 달하고 아직 입을 만한 옷은 물론, 쓸만한 내구 소비재를 버리는 경우가 허다하다. 고급 아파트는 말할 필요도 없거니와 중저급 아파트에서도 이와 같은 현상은 흔히 볼 수 있다.

가격파괴가 결코 싼 게 아니라고?

가격파괴가 소비시장으로 일반화되면서 소비자들이 물건을 소비하는 데 혼란을 안겨주고 있다. 일반적으로 싼 가격은 상품소비에서 가장 매력적인 요소지만, 오히려 소비자에게 부담을 안겨준다면 그 가격은 결코 싼 게 아니다. 이렇게 볼 때 '싼 게 비지떡'이라는 속담은 자기에게 필요한 물건을 자기의 소득범위 내에서 여러 가지 면을 충분히 따져 합리적으로 소비하라는 뜻으로 해석할 수 있다. 싼값에 산 비지떡을 제대로 먹지도 못하고 쓰레기로 내버리는 소비는 지양해야 한다. 그 물건의 쓸모, 품질, 내구성, 디자인, 환경오염 문제 등은 구매할 물건에서 중요한 요건이 될 것이다. '싼 게 비지떡'이라는 말을 명심하여 예산과 효용가치를 잘 따져 합리적인 소비생활을 해 나가는 자세가 중요하다.

맛있는 음식도 늘 먹으면 싫다

한계효용체감의 법칙

얼마를 먹는 게 경제적일까?

소비자가 주어진 소득 안에서 만족도를 최대한 높이려 할 때 어떤 방식으로 소득을 나누어 써야 할까? 소비를 통해 얻는 만족감은 재화의 소비량이 많을수록 증가하겠지만, 그 재화의 소비량이 증가함에 따라 무한히 증가하는 것은 아니다. 재화소비를 늘릴수록 그 재화에 대한 만족도는 점점 줄어들기 때문에 무슨 재화든지 무조건 많이 소비하는 것이 최상은 아니다. 따라서 주어진 소득을 가지고 적당히 나눠 써서 만족감을 최대화하는 것이 합리적인 소비이다.

실제 경제상황에서는 어떤 소비선택이 합리적일까? 이와 관련해서는 '맛있는 음식도 늘 먹으면 싫다'는 속담을 살펴보자. 한국 사람이 많이 먹는 음식에는 어떤 것이 있을까? 그야 한국 고유의 음식이며, 세계인이 즐겨 찾는 김치가 아닐까? 김치는 종류만 해도 배추김치, 열무김치, 오이김치, 갓김치, 백김치 등 셀 수 없이 많다. 김치로 만든 식품 가운데서는 김치찌개가 제일 인기가 있다. 한 가정주부가 이 '김치찌개'를 동일한 내용물, 동일한 솜씨로 끼니 때마다 끓여서 내놓을 경우 어떻게 될까? 아마 처음 몇 끼니까지는 아주 맛있게 먹겠지만 이 김치찌개가 사나흘 이어질 경우 가족은 '또또……' 하면서 투정할 것이다.

이것은 가정주부가 이른바 '한계김치찌개맛체감의 법칙'을 이해하지 못한 데서 비롯된 것이다. 이 원리는 젊은 층에서 즐겨 먹는 피자, 아이스크림, 햄버거, 핫도그 등에서도 똑같이 작용한다. '한계피자맛체감', '한계햄버거맛체감', '한계아이스크림맛체감', '한계핫도그맛체감' 등의 원리도 가능하다.

한계효용체감의 법칙law of diminishing marginal utility이란 한 재화의 소비량이 일정 단위를 넘어서면, 소비량이 증가할수록 그 재화의 한계효용이 지속적으로 감소하는 것을 뜻한다. 다시 말해, 이 법칙은 어떤 사람이 동일한 재화나 서비스를 소비함에 따라 느끼는 주관적인 만족도(혹은 필요도)가 점차 감소한다는 것이다.

어떠한 재화를 소비함에 있어 추가적으로 얻는 효용을 한계효용marginal utility이라고 한다. 이는 어떤 상품을 한 단위 더 추가적으로 소비함으로써 소비자가 얼마만큼 더 만족을 느낄 수 있는가를 말한다. 한계효용이 체감한다는 사실은 우리가 주변의 여러 가지 현상을 이해하는 데 큰 도움을 준다. 예를 들어, 우리가 다른 집을 방문해 보면 집집마다 거의 냉장고를 갖추고 있다. 그런데 대개 1대씩이며 2대 이상인 집은 거의 없다. 그 이유는 냉장고가 없을 때 냉장고를 1대 사면 그로부터 얻는 한계효용은 매우 크다. 하지만 일단 하나가 있으면 그 다음은 자리만 차지할 뿐 거의 소용이 없으므로 한계효용이 매우 작거나 마이너스가 된다. 따라서 한계효용이 매우 낮거나 마이너스인데 수십만 원을 들여 1대 더 구입한다는 것은 합리적이지 않다. 그래서 집집마다 냉장고는 1대씩만 갖추고 있는 것이다.

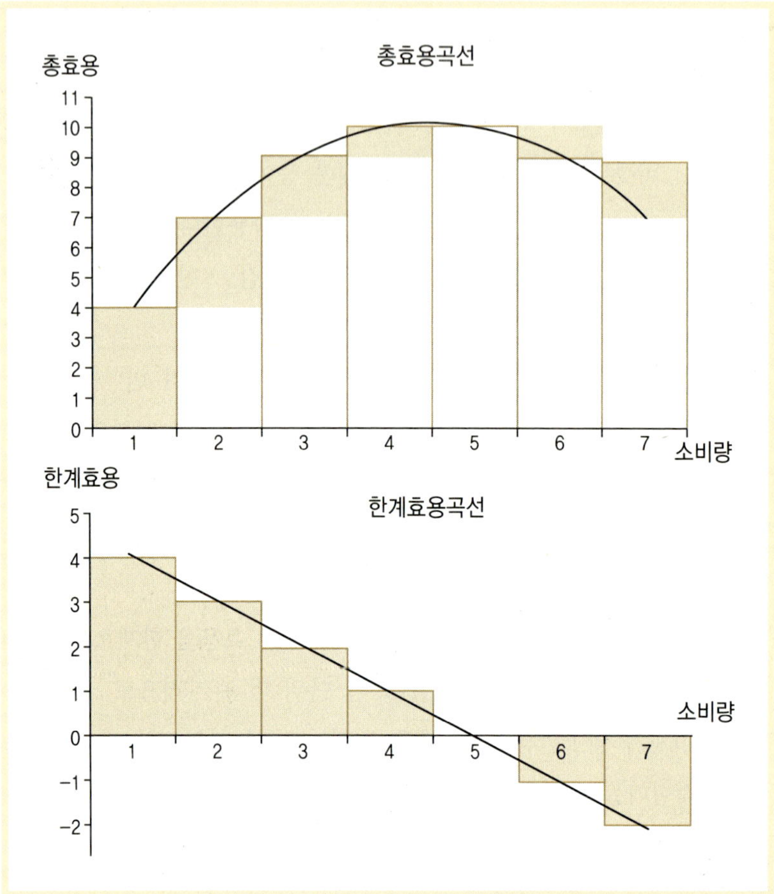

| 그림 2-1 | 총효용과 한계효용의 관계

| 그림 2-1 | 은 한계효용체감의 법칙을 잘 나타내 주고 있다. 재화소비량이 5개일 때까지는 추가단위의 만족 정도에 대한 한계효용이 양(+)의 상태를 보이지만 그 이상으로 재화소비량이 늘어날 때는 오히려 추가단위의 만족 정도에 대한 한계효용이 음(−)의 상태로 떨어짐을 나타낸다. 이에 따라 총효용 역시 재화소비량이 5개일 때까지 계속

해서 증가하다가 극대만족의 상태에 도달한 후부터는 오히려 감소하고 있음을 보여준다. 이를 통해 재화의 소비량이 계속해서 증가할수록 오히려 만족감은 감소한다는 것을 알 수 있다.

이와 같은 사람들의 행복감 또는 만족감이라는 주관적인 느낌을 효용utility이라는 구체적인 개념으로 측정이 가능하다는 것을 처음으로 제기한 사람은 벤담J. Bentham이었다. '최대 다수의 최대 행복the greatest happiness of the greatest number'이라는 그의 유명한 경구警句는 개인의 행복감이 효용의 구체적인 단위로 측정될 수 있을 뿐더러, 모든 사람의 효용이 동등한 차원에서 비교 가능하다는 그의 생각을 단적으로 표현해 주는 것이었다.

인조 대왕과 도루묵

이와는 달리 아무리 맛없는 음식이라도 상황에 따라서 엄청나게 맛있는 음식으로 바뀌게 되는 경우를 경험할 수 있다. 이는 '시장이 반찬'인 경우로, 이와 관련해서는 '인조 대왕과 도루묵' 일화가 유명하다.

인조 대왕이 남한산성으로 피난을 갔을 때다. 난리 중이었으므로 물자가 부족한 것은 당연했다. 궁궐에 있을 때는 거들떠 보지도 않던 음식도 먹어야 했다. 그 와중에 인조 대왕은 생선을 몹시 먹고 싶어 했다. 이를 보다 못한 신하 한 사람이 성 밖으로 몰래 빠져나가 '묵'이라는 생선을 구해와서 요리한 후 임금님의 수라상에 올렸다. 묵은 크기가 15~20센티미터이고 등쪽이 황갈색을 띤 작은 바닷물고기로, 별맛이 없고 잘 알려지지 않았다.

'시장이 반찬'인지라 인조 대왕은 순식간에 '묵'을 다 드신 후 "이 고기 맛이야말로 천하에 제일이로다! 이 고기의 이름이 무엇인고?" 하고 물었다. 신하가 "묵이라고 하옵니다"고 대답하자 "이 맛있는 고기를 그냥 묵이라고 하면 되겠느냐? 다른 이름을 짓도록 하라"고 명했다. 신하들은 궁리 끝에 맛이 좋아 임금님을 기쁘게 했다는 뜻을 담아 '충미어忠美魚'라고 지어 올렸다. 그러자 임금님은 "그 고기에 그 이름이로다" 하시며 크게 기뻐하셨다.

난리가 끝난 후 인조 대왕은 궁궐로 돌아왔고, 맛있는 음식을 마음껏 먹을 수 있게 되었다. 그러던 중 피난 때 먹었던 충미어의 맛을 잊을 수가 없어 그 고기를 잡아오도록 명했다. 충미어를 잔뜩 구해온 신하들은 온갖 양념을 넣어 정성껏 요리해 임금님의 수라상에 올렸다.

그런데 그 요리를 한 점 들고 난 인조 대왕은 이맛살을 찌푸리면서 피난 시절에 맛본 고기 맛이 아니라고 신하를 나무랐다. 그러면서 "이렇게 맛도 없는 고기를 충미어라고 부르기 아깝구나! 옛날 이름 그대로 묵이라고 부르도록 하라!"고 명했다. 그래서 '충미어'는 오늘날의 '도루묵'이 된 것이다.

한계원리를 맥주에 적용시킨다면?

이러한 한계원리를 일반인이 마시는 맥주에 적용할 경우 어떻게 나타날까? 친구들과 어울려 맥주를 마실 때 몇 병을 마시는 것이 좋을까? 대체적으로 사람들은 처음부터 마실 양을 미리 정해놓고 한꺼번에 주문하는 것이 아니라 일단 몇 병을 마셔보고 더 마시고 싶으면 더 주문한다. 왜냐하면 적절한 술의 양은 정해져 있는 것이 아니라 몸 상태나 그때그때의 분위기에 따라 달라질 수 있기 때문이다. 추가적인 술의 소비에서 얻는 편익이 추가적인 술의 소비에서 잃게 되는 비용보다 클 경우에는 술의 추가 주문이 계속 이어지겠지만, 반대의 경우에는 더 이상의 술 소비를 멈추고 그 술자리를 끝내게 된다.

이에 대하여 조상들은 '술 취한 후에 한잔을 더함은 마시지 않은 것보다 못하다'는 속담을 만들어 냈다. 대체로 사람들은 '한계술맛체감의 원리'를 좇아 술의 소비에서 얻는 편익이 술의 소비에서 잃는 비용보다 큰 수준에서 합리적으로 술을 소비하는 것이다.

'맛있는 음식도 늘 먹으면 싫다', '흉년의 떡도 많이 나면 싸다', '듣기 좋은 노래도 오래 들으면 싫다', '듣기 좋은 꽃노래도 한두 번', '말 많으면 쓸 말이 적다', '말 많으면 장맛도 쓰다', '술 취한 후에 한잔을 더함은 마시지 않은 것보다 못하다', '비짓국 잔뜩 먹은 배는 약과도 싫다고 한다' 등의 속담에 담겨 있는 의미는 무엇일까? '맛있는 음식', '흉년의 떡', '듣기 좋은 노래', '말', '약과' 등은 일반적으로 효용가치가 대단히 높은 재화이지만, 욕망이 일정 수준을 초과했을 경우에는 효용가치가 체감하게 마련이다. 이 속담들은 그 점을 명백히 제시해 주고 있다.

따라서 '추가적으로 듣는 말', '술 취한 후에 더하는 한잔' 등은 추가적 비용(=한계비용)이 추가적 편익(=한계편익)을 초과한 것으로 나타남을 알 수 있다. 이를 경제학에서는 한계효용체감의 법칙law of diminishing marginal utility이라고 한다.

시험 전날에는 애인과 데이트를 하지 않는 게 경제적일까?

사람들은 대부분 자신의 한계 내에서 생각하며 최선의 결정을 내린다. 학생들이 왜 시험 전날 밤에 데이트를 거의 하지 않는지 생각해 보자. 이는 학생들이 데이트의 한계비용이 한계편익을 초과한다고 판단했기 때문이다. 데이트의 편익이란 데이트를 할 때의 즐거움이다. 데이트의 한계편익은 데이트 일반의 편익이 아니라 이전의 데이트에 새로이 추가해서 하는 오늘의 해당 데이트의 편익이다. 시험 전날은 시험에 대한 부담이 크고 시험공부를 소홀히 함에 따른 'F 학점' 등의 기회비용이 수반될 수도 있으므로 다른 날에 비해 데이트의 한계편익(즐거움)이 적어진다.

이와 같이 경제적 사고란 한계분석에 기초하며, 한계편익과 한계비용은 고정불변하는 것이 아니라 상황에 따라 변하기 때문에 주어진 상황에 맞게 대응하는 것이다. 결국 그 재화의 가격에 영향을 주는 요인은 과거나 미래가 아닌 현재 시점의 한계효용이다. 경제적으로 살아가는 비결은 과거나 미래에 집착하지 않고 현재 시점의 한계효용을 따져가며 합리적으로 사는 데 있다는 것을 명심해야 한다.

적게 먹으면 약주요, 많이 먹으면 망주다

한계효용균등의 법칙

합리적인 소비란 무얼까?

사람들은 무엇인가를 소비할 때 합리적이기를 원한다. 매일, 매 순간의 소비선택 과정에서 합리적 소비란 자신의 풍요로운 삶과 직결된 것이므로, 이를 합리적으로 해결해 나간다는 것은 대단히 중요한 과제이다.

우리 속담에 '적게 먹으면 약주藥酒요, 많이 먹으면 망주亡酒다'라는 말이 있다. 여기에서 '적게 먹으면'이란 '실제 적게 소비한다는 뜻이 아니라 문맥상 적당히 기분 좋을 정도로 술을 마셔라'는 의미로 해석할 수 있다. 일정한 정도를 넘어 술을 너무 많이 마시면 몸을 상하게 되고, 또 여러 사람에게 피해를 주게 되면, 술이 한 사람을 망하게 하는 망주가 되는 셈이다. 예를 들어, 주량이 소주 한 병인 사람이 있다고 하자. 그에게는 술을 소비하면서 얻어지는 효과가 두 가지 있다. 첫째, 기분이 좋아지고, 둘째, 몸이 상하거나 술주정을 부리는 것이다. 이때 그 사람의 적당한 주량인 소주 한 병은 바로 술을 한 잔씩 마시면서 기분이 좋아지는 정도와 몸이 상하거나 추태를 부리게 되는 정도 사이에 균형이 이루어지며 한계효용이 균등해지는 것을 뜻한다. 따라서 이 속담에서는 한 재화에 대한 여러 긍정적 효과와 부정적 효과가 존재할 때 이것을 균형점에 도달시켜 소비하는 것이 현명하다고 역설하는 셈이 된다.

'많아도 탈이요, 적어도 병이다Too much spoils, too little does not satisfy.'도 마찬가지 뜻이다. 소비재의 양이 욕구에 미치지 못한다면 병이 될 수도 있고, 감당하지 못할 만큼 많다면 그 때문에 스트레스를 받을 것이다. 이 속담에서는 여러 가지 재화들 간의 관계에 대해서 설명이 가능하다. 가령 서로 다른 품목이 여러 가지가 있다고 하자. 이런 상황일 때 '어떤 물건을 몇 개나 살까?' 하고 고민하게 된다. 이럴 때 적용되는 것으로 수많은 품목들 가운데서 꼭 필요한 수량만큼만 구입하라는 뜻이다. 다시 말하면, 구입해야 할 재화들의 품목이 여러 가지일 때 각각의 재화의 소비에 따르는 한계효용들이 동일점에 이르도록 소비하라는 것이다. '이불깃 봐가며 발 편다'는 속담 역시 이불은 작은데 발을 넓게 뻗으면 안 되듯이, 자신이 가진 것을 고려해 경제활동을 해야 한다는 뜻이다. 『논어』에 보면 지나치는 것은 모자라는 것보다 못하다는 뜻의 '과유불급過猶不及'이 나오는데, 이를 두고 한 말이다.

한계효용균등의 법칙

이제부터는 속담의 풀이과정에서 도출된 경제학적 의미를 자세히 살펴보기로 하자. 효용이란 재화goods 내지 상품이 갖는 유용한 성질에 대해 사람들이 주관적으로 부여하는 심리적 평가 혹은 만족도다. 한계효용은 재화의 한 단위를 추가적으로 소비한 결과 얻어지는 추가적인 만족도를 뜻한다. 술을 마실 때 한잔 마시면 기분이 좋아지는 정도가

4이고 두 잔째 마셨을 때는 그 정도가 3이라고 하면, 이때 총효용은 7이 된다. 그러므로 재화 한 단위에 대한 값은 한계효용의 크기에 의해 결정된다. 이와 같은 한계효용은 소비자가 갖는 욕망의 강도에 정비례하고, 가진 재화의 존재량에 반비례함을 알 수 있다. 곧 재화에 대해 소비자가 갖는 욕망이 강하고 재화의 존재량이 적으면 한계효용은 높고 이를 화폐가치로 환산한 가격도 높아진다. 반대의 경우에는 한계효용이나 가격이 낮아진다.

그런데 이때 소비자가 일정한 소득을 가지고 가장 효과적으로 지출하여 극대효용을 얻을 수 있는 조건을 밝혀주는 것이 한계효용균등의 법칙law of equi-marginal utility이다. 한계효용균등의 법칙은 소비자가 일정한 소득을 가지고 A, B, C, D 네 가지 재화를 구입할 때 최종적인 화폐 1단위가 모두 동일한 한계효용을 갖게끔 소비해야 함을 뜻한다. 만약 이러한 한계효용균등의 법칙이 성립되지 않으면 사람들은 극대만족을 얻을 수 없다.

예를 들어, 예산이 고정된 상태에서 두 가지의 재화를 구매해야 하는 경우, 두 재화 중 1원 어치의 한계효용이 더 큰 재화의 구입량을 늘려 두 재화의 1원 어치의 한계효용이 같아지는 상품 조합을 구입할 때 총효용이 극대화된다. 이를 간단한 수식으로 나타내보자.

한계효용marginal utility을 MU로 표시하고, X재화의 MU는 MUx, Y재화의 MU는 MUy로 표시하며, X재의 가격은 Px, Y재의 가격은 Py로 나타낸다. 한계효용균등법칙을 수식으로 나타내면,

MUx/Px = MUy/Py이다.

이때 MUx/Px는 1원(화폐 한 단위)당 X재화 소비로 얻을 수 있는 한계효용이다. 만약 MUx/Px > MUy/Py이라면, Y재에 대한 추가적 한 단위

소비 대신 X재에 대한 한 단위 소비를 증가시키면 효용이 올라갈 것이다. X재 1원당 한계효용이 Y재 1원당 한계효용보다 크므로 당연히 소비자는 Y재 소비를 줄이고 X재의 소비를 증가시킬 것이다. 이것이 더 합리적이기 때문이다.

MUx/Px < MUy/Py일 때는 반대가 된다. 화폐 한 단위당 한계효용이 Y재가 더 크므로 X재 소비를 줄이고 Y재 소비를 늘린다. 위의 두 경우는 효용을 극대화시킬 수 없는 조건이고, 오로지 MUx/Px = MUy/Py인 경우, 즉 화폐 1단위당(1원당) 한계효용이 두 재화 간에 동일하게 될 때 효용이 극대화된다. 따라서 한계효용이 높은 재화를 더 많이 소비하고 한계효용이 낮은 재화를 더 적게 구입할 것이다. 그러면 더 많이 구입한 재화의 한계효용은 낮아지고, 더 적게 구입한 재화의 한계효용은 높아져서 결국 양쪽이 동일하게 되는 한계효용균등의 법칙이 최종적으로 성립되면 극대 만족을 얻을 수 있게 된다.

'적게 마시면 약주요, 많이 마시면 망주다'를 보면 술을 한잔씩 더 소비할 때마다 개인에게 돌아오는 부정적 효과의 효용이 더 커지므로 한계효용균등의 법칙에 따라 술을 더 적게 소비하면 긍정적 효과의 한계효용이 더 높아지고, 부정적 효과의 한계효용이 더 낮아진다. 따라서 이 속담 속의 의미는 합리적 술 소비 형태라고 결론 내릴 수 있다.

'많아도 탈이요, 적어도 병이다'를 통해서는 한계효용균등의 법칙 중 각 재화 A, B, C, D의 가격이 서로 다를 때 어떻게 소비해야 하는가에 적용될 수 있다. 가격이 서로 다른 여러 상품을 일정한 소득 안에서 구입하려면 각 상품의 가격과 한계효용의 비율이 같도록 소득을 배분하여 지출해야 한다. 그때 한계효용균등의 법칙이 성립된다. 이 속담 안에는 일정 소득으로 여러 가지 재화를 구입할 때 어느 것을 몇 개나 구입할까 하는 고민에 대한 답이 한계효용균등의 법칙에 제시되어 있다. 곧 여러 재화들의 한계효용이 균등하도록 소비하면 된다.

이상에서 살펴보았듯이 우리는 대체로 제한된 예산 안에서 짜임새 있는 소비생활을 해 나가기를 바란다. 그렇지만 짜임새 있고 합리적인 소비란 말처럼 간단하지도 않거니와 쉽지도 않다. 앞에서 제시한 속담들은 합리적인 소비의 구체적인 사례를 압축하여 잘 나타내고 있다. '자신의 소득수준을 지나치게 초과하는 것은' 합리적인 소비가 될 수 없기 때문에, 분수에 맞는 균형 잡힌 소비를 해 나가는 것이 가장 합리적인 소비임을 다시 한 번 강조한다.

아주머니 떡도 싸야 사먹지

수요의 가격탄력성

왜 가격파괴를 할까?

우리는 파괴의 시대에 살고 있다. 가격파괴, 인사파괴, 시장파괴, 조직파괴…… 언젠가 이정현의 '바꿔'라는 노래가 유행한 것도 같은 맥락에서 이해할 수 있다. 그 가운데 가격파괴는 셀 수 없이 많은 곳에서 벌어지고 있거니와, 할인율 또한 엄청나서 도저히 지나칠 수 없게끔 한다. 사정이 이렇다 보니 하나만 사고 말 물건을 두세 개씩 사는 것은 예사고, 가끔은 싼맛에 몇 보따리씩 사기도 한다. 더욱 가관인 것은 대형 할인매장에 아예 가족과 함께 승용차를 타고 가서 공짜로 얻어오기라도 하듯이 카드로 물품대금을 지불하고, 한 차 가득 싣고 오는 풍경을 흔하게 볼 수 있다. 이는 모두 수요의 가격탄력성을 나타내는 기업들의 판매전략에 소비자들이 함께 춤을 추는 경우다.

이러한 예를 통해 '아주머니 떡도 싸야 사먹지'라는 속담을 떠올릴 수 있다. 이는 수요의 가격탄력성을 잘 나타내는 말이다. 이 속담은 떡을 사먹는 중요한 이유가 아주머니이기 때문이 아니라 값이 싸기 때문이라는 것을 명백히 밝히고 있다. 아주머니는 소비자들의 심리에 맞춰 떡을 많이 팔기 위해 값을 싸게 받는다. 하지만 단지 떡을 팔기 위해 이득이 안 되는 일을 하지는 않는다. '모든 인간은 자기이익을 위해서 행동한다'는 관점에서 본다면 아주머니에게는 떡값을 싸게 받는 게 더 이익이 되기 때문에 떡을 싸게 파는 것이다.

수요의 가격탄력성

떡값을 싸게 받는 것이 어떻게 아주머니에게 더 이익이 될까? 떡값을 올리면 그로 인한 수입증가분보다 떡의 수요량 감소로 인한 수입감소분이 더 크고, 거꾸로 떡값을 내리면 그로 인한 수입감소분보다 떡의 수요량 증가로 인한 수입증가분이 더 크기 때문이다. 만일 그렇지 않고 떡값을 내릴 때 떡 가격의 하락률보다 수요증가율이 적어진다면 수입은 줄어들게 될 것이다. 이와 같이 수요의 가격탄력성price elasticity of demand이란 가격변동률에 대한 수요변동률의 절댓값이다. 이 탄력성의 지수는 1을 기준으로 1보다 크면 탄력적이라 하고, 1보다 작으면 비탄력적이라고 한다. 탄력성이 2라는 것은 가격이 10% 변할 때 수요량이 20% 변한다는 뜻이다.

수요의 가격탄력성 관련 실생활 사례로는 어떤 것이 있을까? '얼리버드 효과' 사례이다. '얼리버드 효과'는 '일찍 구매하는 소비자가 좋은 물건을 싸게 산다'는 신조어에 맞춰 분양시장에서도 먼저 분양하는 물량에 수요자들이 관심이 증가하고 있는 것이다. 일반적으로 시리즈로 분양되는 아파트나, 신도시, 택지지구에 먼저 분양하는 아파트의 경우 효과적인 분양을 위해서 분양이 진행될수록 분양가가 높아지는 경향이 있다. 이러한 건설사들의 가격 산정 패턴을 읽는 똑똑한 수요자들이 늘어나면서 어차피 구매할 것이라면 빠른 의사결정을 통해 비용을 절감할 수 있는 '얼리버드 효과'를 누리려는 실속파 수요자들이 증가하고 있는 것이다.[10] 샤오미의 역습 사례도 있다. 샤오미는 60인치 초고화질UHD TV '미TV3'를 시장에 내놓았다. 반응은 폭발적이었다. 온라인 판매 개시 5초 만에 준비 물량이 모두 완판됐다. 가장 큰 유인책은 '가성비(가격 대비 성능)'다. 미TV3의 가격은 4,999위안(약 89만 원)으로 동일한 크기 국내 제품의 절반 수준이다. 이 같은 방식으로 샤오미는 지난해 매출 14조 원, 영업이익 1조 원을 올린 것으로 알려진다. 창업 5년 만에 중국 스마트폰 시장에서 1위로 오른 비결이다.[11]

수요의 가격탄력성에 따라 나타나는 행동들

수요의 가격탄력성은 가격변동에 대해 수요량 변동이 얼마나 민감한지 파악하는 데 유용하다. 한 예로 조금이라도 싸게 사려고 가격인하 때만 되면 백화점에 달려가 내린 가격 폭보다 더 많은 물건을 사는 알뜰파는 탄력적인 사람이고, 가격인하 때는 붐빈다고 백화점에 가지 않는 거만파는 비탄력적인 사람이다.

탄력적인 상품으로는 사지 않아도 별문제가 없는 사치품을 들 수 있다. 또 자기 소득에서 차지하는 지출비중이 클수록 탄력적인 것으로 나타나며, 이 경우 가격변화에 민감하게 반응한다. 비탄력적인 상품으로는 농산물이나 생필품을 들 수 있다. 이들은 가격이 오르더라도 울며 겨자 먹기 식으로 사지 않을 수 없고, 가격이 내린다고 하더라도 필요 이상으로 물건을 구입하지 않기 때문에 탄력성이 낮다. 또 시간이 길어질수록 가격변동에 적응할 여지가 많아지기 때문에 가격탄력성이 높아진다. 예를 들면, 제1차 석유파동에서 석유가격이 오른 후 한동안 석유 소비를 줄이지 못했다. 그러나 그 후 10여 년이 흐르면서 사람들은 형편에 따라 석유보일러를 연탄보일러로 대체했고, 휘발유 자동차를 경유나, LPG 자동차로 대체하여 석유 소비를 크게 줄였다. 결국 석유의 가격인상 요인에 대해 다른 물품으로 대체하거나 소비량을 감소하여 합리성을 추구한 것이다.

조상들의 지혜를 월마트에서 활용하다니?

이상에서 알 수 있듯이 '아주머니 떡도 싸야 사먹지'는 수요의 가격탄력성을 잘 활용한 선조들의 생활예지이다. 이와 같은 조상들의 번득이는 지혜를 서구식 대형 할인점에서 판매전략으로 활용하는 것은 아이러니한 일이다. 세계 최대의 유통할인업체인 미국의 월마트는 물품을 가장 싸고 많이 팔면서도 수익을 챙기기로 유명하며, 유통혁명의 선도자로 불리고 있다. 월마트의 경쟁력은 '매일 저비용 운영과 매일 저가격 판매'라고 할 수 있다.

'아주머니 떡도 싸야 사먹지'에 나타난 수요의 가격탄력성 개념은 한 나라의 경제정책, 한 기업의 판매전략, 한 개인의 소비전략에 이르기까지 간과해서는 안 될 중요한 개념이다. 경제적으로 어려움을 겪고 있는 요즘에는 '아주머니 떡도 싸야 사먹지'에 담긴 지혜가 더욱 아쉽다.

꿩 대신 닭

대체재

꿩 대신 닭

우리는 일상생활에서 끊임없이 많은 재화를 소비하며 살아간다. 이 경우 어떤 한 가지 재화만을 소비하는 경우도 있지만 대체적으로 여러 재화를 결합하여 소비하는 경우가 많다. 이때 재화에 대한 수요와 그 수요에 영향을 주는 요인의 함수관계를 '수요함수'라고 한다.

특히 수요는 다른 재화의 가격에 의존한다. 다른 재화의 가격이 상승할 때 직접적으로 영향을 받는 재화가 있는가 하면, 전혀 영향을 받지 않는 재화도 있다.

속담에 '꿩 대신 닭'이라는 말이 있다. 이 속담은 원래 본인이 원하는 적당한 물건이나 상품이 없을 때 비슷한 물건이나 상품으로 대신함을 뜻한다. 여기에서 꿩과 닭은 서로 바꿔 쓸 수 있는 재화이다.

왜 꿩과 닭이 대체재일까? 거기엔 다음과 같은 속사정이 있다. 꿩은 우리나라 텃새로서, 수컷은 장끼, 암컷은 까투리, 새끼는 꺼병이라 부른다. 생김새는 닭과 비슷하지만 꼬리가 훨씬 더 길고 깃털 색깔도 화려하다. 취향에 따라 다르겠지만, 꿩고기 맛이 닭고기 맛보다 월등히 좋다고 평가한다. 민간에서도 '꿩김치'를 먹었고, 맑은 장국을 낼 때도 꿩고기를 썼다. 특히 꿩고기는 맑고 감칠 맛 나는 국물을 내는 데 쓰였고, 떡국 국물을 내는 데에는 이보다 나은 것이 없다. 그렇기 때문에 설날에 먹는 떡국에는 꿩고기를 넣어 끓인 맑은 장국을 사용했다. 그리하여 옛날 귀한 집에서는 설이나 추석이 되면, 포수를 풀어 꿩을 잡아 떡국 국물을 만들었다. 맛이 좋고 인기가 높다 보니 꿩고기 가격이 만만치 않아 형편이 어려운 집에서는 해마다 명절마다 그럴 엄두를 못 냈다. 그러니 꿩보다는 맛은 좀 떨어지지만 가격도 싸고 국물 맛도 그 비슷한 닭고기를 썼다. 닭은 시골의 웬만한 집에서 많이 사육했으므로 공급량이 많아 가격도 꿩고기에 비해 조금 쌌기 때문에 꿩고기 대신 닭고기를 사용했다. 그래서 생긴 말이 '꿩 대신 닭'이다. 이러한 재화를 대체재substitute goods라고 한다.

대체재는 한 재화의 가격이 하락함에 따라 다른 재화의 수요량이 감소하는 경우 두 재화의 관계를 말하기도 한다. 대체재는 재화 중에서 동일한 효용을 얻을 수 있는 재화로서 '경쟁재'라고도 한다. 두 재화 중 하나의 수요가 증가하면 다른 하나의 수요가 감소한다. 다른 재화의 가격변동에 대한 해당 재화의 수요변동의 민감도를 뜻하는 교차탄력성이 양(+)이면 대체재이다.

실제 경제에서는 이와 같은 현상이 자주 일어난다. 커피와 홍차, 콜라와 사이다, 짬뽕과 자장면, 우유와 요구르트, 핫도그와 햄버거, 영화와 비디오테이프가 대표적인 대체재이다. 최근에는 '삼겹살 대신 돼지 갈비살' 같은 대체재도 등장한다. 삼겹살이 100g당 2,500~3,500원으로 1년 전보다 60~70% 뜀박질하며 '금겹살'이 되자 대형마트에서 저마다의 대체재를 내놓고 있다. 이러한 대체재의 경우 어떤 재화에 대한 수요는 다른 재화의 가격에 영향을 받는다. 예를 들면, 커피값이 오르면 상대적으로 값이 싸게 느껴지는 홍차에 대해 수요가 증가할 수 있다. 커피

전문점 주인은 홍차의 가격에, 콜라회사는 사이다의 가격에, 우유회사는 요구르트의 가격에 신경을 곤두세우는 것은 이러한 이유 때문이다.

한편 우리 속담에 '바늘 가는 데 실이 간다Where the needle goes, the thread follows.'는 말이 있다. 이는 밀접한 관계가 있는 것끼리는 서로 떨어지지 않고 항상 따라다닌다는 뜻이다. 전통사회에서 바늘과 실은 부녀자들의 생활필수품이었다. 물자가 넉넉하지 못했던 시절에 부녀자들은 바늘과 실을 챙겨 다니면서 옷이나 양말이 떨어지면 단정하게 꿰매어 입고 다녔다. 가족의 옷을 깔끔하게 꿰매주는 것도 중요한 일과의 하나였다. 그런데 떨어진 옷은 바늘과 실 가운데 하나만 가지고는 꿰맬 수가 없다. 이와 같이 상호 보완하여 한 가지 용도로 쓰이는 재화를 보완재complementary goods라 한다. 일상생활에서 이러한 재화들은 대단히 많다. 커피와 설탕, 버터와 빵, 연필과 지우개, 펜과 잉크, 골프공과 골프채, 핫도그와 머스터드, 맥주와 치킨, 자동차와 기름, 바늘과 실 등이 보완재의 구체적인 예다.

이들의 경우 한 가지 재화를 독립적으로 사용하기보다는 두 재화를 결합하여 사용함으로써 만족수준을 더 높일 수 있다. 보완재는 어느 하나의 재화의 가격이 오르면 상대되는 재화의 수요는 감소한다. 다른 재화의 가격변동에 대한 해당 재화의 수요변동의 민감도를 뜻하는 교차탄력성이 음(−)이면 보완재이다. 예를 들면, 커피값이 오르면 설탕에 대한 수요가 감소할 것이다. 가격인상으로 커피에 대한 수요가 감소하는 데 비례하여 커피와 함께 사용되는 설탕에 대한 수요도 줄어들 것이기 때문이다.

나아가 대체관계나 보완관계에 있지 않은 재화도 있다. 한 재화의 가격변화가 다른 재화의 수요에 아무런 영향을 미치지 않을 때 이들 두 재화는 독립관계에 있다고 하며, 이러한 관계에 있는 재화를 독립재independent goods라고 한다. 텔레비전, 피아노, 맥주, 자동차, 구두 등이 독립재의 예이다.

손님이 왕이다

소비자 주권

경제활동의 궁극적 목표는 소비다

경제생활은 생산과 소비의 연속적인 순환과정이다. 생산이 경제생활의 출발점이라면 소비는 종착점이라 할 수 있다. 모든 경제활동은 소비를 궁극적인 목표로 하여 이루어진다. 그리고 소비는 인간의 욕망을 충족시켜 스스로 재생산하는 기본적인 경제활동이 된다. 아무리 좋은 재화가 생산되었다 하더라도 소비자에 의해 소비되지 않는다면 재화로서의 존재가치를 발휘할 수 없다. 시장경제에서는 자유경쟁에 의한 영리추구가 이루어지기 때문에 기업은 기술개발, 품질 높이기, 경영합리화, 시장조사 등을 통해 끊임없이 창의력을 발휘하여 소비자를 만족시킬 수 있는 더욱 우수한 제품을 생산하기 위해 최선을 다하게 된다. 따라서 소비는 투자의 근원이며 생산유발을 촉진한다.

소비자 주권

'손님이 왕이다'는 말이 있다. 이 속담은 모든 경제생활은 생산에서 출발하여 소비에서 종착하기 때문에, 소비자가 구매하지 않는 물품은 생산해 봤자 재고만 쌓일 뿐이며, 경제가 활성화되느냐 활성화되지 못하느냐는 소비자의 손에 달려 있다는 뜻이다.

자유경쟁을 원칙으로 하는 자본주의 경제에서 경제구조 및 생산구조, 산업유형을 결정하는 최종적인 권한은 소비자에게 있다고 할 수 있다. 이때 소비자가 원하는 상품을 원하는 시기에 원하는 만큼 마음대로 선택해서 구매할 수 있는 것을 소비자 주권consumer's sovereignty이라고 한다. 이와 관련해서 일찍이 공자는 '자기가 하고자 아니하는 바를 남에게 베풀지 말라'[12]고 함으로써 수요자 만족 내지 수요자 감동을 강조한 바 있다.

손님이 왕

요즘은 어느 업종에서나 고객을 왕으로 모시는 것을 자주 볼 수 있다. 고객들에게는 은행에 가고 시장에 가고 백화점에 가는 것이 여간 신나는 일이 아니다. 소비자들이 이러한 분위기에 점점 더 익숙해지다 보니 생산자들은 더욱 강도 높은 전략으로 소비자를 모시지 않으면 생존 자체를 위협받게 된다. 소비자들은 만족을 넘어서 감동을 원하고 있다. 생산자는 시장을 통해 제품을 상품화하며, 상품화된 제품은 소비자에 의해 구매되어 그들의 욕망을 충족시켜 줌으로써 그 목적을 달성하고 이윤을 획득하게 된다. 모든 생산자는 소비자가 원하는 물품을 소비자가 지불하고자 하는 가격에 공급하면서 스스로 번영을 유지할 수가 있다.

기업이 소비자의 필요와 고통에 공감하면, 그 기업은 자연스럽게 시장에서 각광받는다. 소비자의 공감을 이끌어 낼 수 있는 신제품이 늘어나고, 서비스의 고객만족도도 높아진다. 기업의 경우 소비자 공감능력을 키우기 위해서는 소비자에 대한 눈높이 조절이 매우 중요하다. 소비자에게 사랑받는 기업이 되려면 소비자를 사랑하고 겸손해야 한다. 기술 자랑, 브랜드 자랑을 그만두고 소비자의 눈높이에 맞추어 제품과 서비스를 만들고, 그들을 찾아가야 한다. 세상이 하루가 다르게 변하고 있어서 시장에서 물건을 파는 일도 날이 갈수록 어려워지고 있다. 동종업체들은 제품을 개발하고, 판매전략에 동분서주하면서 치열한 전쟁을 치르고 있다. 소비자의 취향도 날로 까다로워지고 있어 늘 새로운 수법을 생각해 내지 않으면 안 된다. 제휴판매, 끼워팔기, 미끼판매, 스타판매, 틈새시장 메우기, 베팅판매, 경품판매……. 웬만한 소비자들은 이와 같은 다양한 판매전략에 단련되어 있어서 갈수록 강도 높은 전략이 요구된다.

사람들이 모이는 곳이라면 어디든지 나서라

생산자와 판매자는 소비자를 왕으로 모시기 위해 고민해야만 하는 상황이다. 생산자는 소비자가 스스로 선택할 때까지 기다려서는 안된다. 거리에서, 시장에서, 백화점에서, 사람들이 모이는 곳이면 어디에서나 소비자의 환심을 사기 위해 PCS를 홍보하는 예쁜 도우미를 만날 수 있다. 신문과 TV, 잡지 등 사람들이 눈길을 돌릴만한 곳이면 어디에서나 소비자에게 환심을 사려는 광고가 쏟아진다. 소비자로 하여금 자사제품을 구매하도록 하기 위해 어떤 방법이 가장 효과적인지 끊임없이 연구해야 한다. 비용 때문에 가입을 망설이고 있는 잠재 소비자에게 보조금을 통해 비싼 단말기를 공짜로 주다시피 하는 것도 그 방법 가운데 하나이다. PCS라는 새로운 휴대통신 매체가 등장하자 개인휴대통신 서비스업체들이 통신료 특전은 물론 단말기 액세서리 등 특별보너스를 제공하면서 공격적으로 시장을 확대하는 것도 같은 맥락으로 이해할 수 있다. 신규고객을 뺏기지 않기 위해 경쟁업종인 PCS 서비스업체들이 하는 것처럼 단말기 보조금을 올려 신규가입자들의 단말기 구입 부담을 낮춰주지 않을 수 없다.

나의 생존은 손님에게 달려 있다?

무한경쟁과 무국경의 지구촌 시대를 맞아 생산자와 판매자는 죽을 맛이지만, 소비자는 정말 살맛이 난다. 은행에 가나, 백화점에 가나, 시장에 가나, 거리를 걸어가나 미소를 짓는 얼굴들이 90도로 인사하고 서비스를 제공해 주니 얼마나 신나는 일인가? 죽을 맛을 참고 견디며 서비스를 아끼지 않는 생산자와 판매자에게는 그만한 이유가 있다. 왜냐하면 그들의 생존이 소비자에게 달려 있기 때문이다.

자본주의 시장구조에서 신하의 처지에 놓인 생산자는 왕인 소비자가 유능한지 무능한지 주시하게 된다. 생산자는 소비자가 상품의 유용성, 내구성, 유행성, 적정 가격성, 사기성, 환경친화성 등을 판단하고 선택할 수 있는 능력이 있는지 따진다. 신하가 왕을 모셔도 왕이 제구실을 못한다고 판단하면 신하는 돌변한다. 왕으로부터 얻을 것이 많으면 많을수록 신하는 왕을 더욱 깍듯이 모시지만, 왕에게서 얻을 것이 별로 없다고 판단하면 신하는 서서히 떠나고 태도도 바뀌게 된다. 특히 서로의 이해관계로 얽힌 신하와 왕에게 그 관계가 큰 의미를 가지지 못한다면 그 관계를 청산하는 것은 당연하다.

남이 장에 간다고 하니 거름 지고 나선다

소비행위의 상호의존성

친구나 동료들이 배우 송중기에 대해 한 마디씩 하는 걸 보면 나도 꼭 참여해야 될 것만 같다. 애 어른 할 것 없이 유행하는 '말춤'을 보고 나도 한두 번쯤 따라 할 줄 알아야만 될 것 같다. 왜 이런 '따라 하기' 심리가 생길까? 내 친구가 어떤 물건을 사면 나도 꼭 사야 할 것 같은 생각이 든다. 이처럼 타인의 행동이나 생각으로부터 심각한 압박을 받는다면 유행에 편승하려는 심리적 압박이 그 주된 원인이다. 유행을 채택함으로써 자신도 주변 사람들과 똑같은 행동을 하고 있다는 안도감을 얻으려는 동조심리와 아직 보편화되지 않은 유행을 채택함으로써 그것을 채택하지 않은 다른 사람들과 구별되는 만족감인 차별화 심리가 복합되어 있다는 의미이다.

인간생활과 시장

우리 속담에 '남이 장에 간다고 하니 거름 지고 나선다'는 말이 있다. 이 속담은 자신의 주관 없이 남이 행동하는 대로 따라 한다는 뜻이다. 이를 경제적 관점에서 해석하면, 특별히 시장에 가서 팔거나 사고자 하는 물건이 없으면서 남들이 시장에 가니까 따라갔다가, 시장 분위기에 젖어 꼭 필요한 물건이 아닌데도 남들이 많이 사니까 따라서 사는 경우를 가리킨다. 남이 사니까 그 물건이 괜찮을 것이라고 생각하여 자신의 필요성이나 소득수준과는 상관없이 덜컥 사게 된다. 유사 속담으로 '숭어가 뛰니까 망둥이도 뛴다', '친구 따라 강남 간다'가 있다. 이들 속담도 충동구매의 비합리성을 잘 지적한다.

인간은 사회적 동물로서 많은 이들과 더불어 생활한다. 그 속에서 사람들은 다른 이를 의식하며 살아가지 않을 수 없고, 다른 이들에게서 많은 영향을 받는다. 그러한 영향을 가장 많이 받을 수 있는 곳이 다름 아닌 시장이다. 시장은 수요와 공급에 따라 형성된 가격에 의해 매매자들 사이에 이루어지는 거래과정 또는 그것이 행해지는 장소이다. 시장은 시간과 공간의 일치를 통해 인간과 인간, 인간과 물자가 만나는 곳이며 이것들이 유통되는 중심지이다.

전통적인 시장의 모습은 농촌사회에서 일반적으로 볼 수 있는 정기시장에서 찾을 수 있다. 대개 5일마다 열리는 정기시장은 지역사회를 공간적으로, 또는 시간적으로 한데 묶는다. 전통사회에서 시장은 분열되어 있는 것처럼 보이는 개개의 촌락을 서로 연결하고 사회와 닿게 하는 구실을 했다. 그래서 농민들은 사거나 팔 물건이 없더라도 구경삼아 시장에 나오곤 했고, 견물생심見物生心이라고 물건을 보니 갑자기 사고 싶은 마음이 들어서 충동구매를 하기도 했다. 이는 전통사회에서는 흔히 볼 수 있는 농촌 풍경이며 인간의 삶의 모습이다. 오늘날에도 이와 같은 소비행위는 여전히 존재한다.

밴드왜건 효과

한 소비자가 어떤 재화를 소비할 때, 다른 소비자들이 그 재화를 많이 소비하는 데서 영향을 받아 소비하는 경우가 많다. 이런 소비를 '밴드왜건 효과bandwagon effect에 의한 소비행위'라고 말한다. 밴드왜건은 선두행렬에 있는 악대차, 우세한 세력, 사람의 눈길을 끄는 것, 유행 등을 뜻한다. 단순소비재든 내구소비재든 신제품을 출하해 시장을 개척할 때 상품에 대한 인지도를 높이기 위해 사람들의 시선을 끄는 다양한 방식으로 광고하고 홍보하는 것을 흔히 볼 수 있는데, 이는 밴드왜건 효과에 의한 소비의 기대 때문이다.

실제로 많은 사람이 다른 이들의 소비행위에 크게 영향을 받는 경우가 많다. 자기가 좋아하는 사람이 어떤 재화를 소비하고 있기 때문에 자기도 그 재화를 소비한다든가, 많은 소비자들이 소비하고 있기 때문에 그 재화는 틀림없이 고급 재화일 것이라고 생각하여 자기도 그 재화를 소비하는 경우가 있다. 드라마나 영화 등에서 제품을 은연중에 등장시키는 간접광고의 한 방식인 PPL도 밴드왜건 효과를 유발하는 사례 중 하나로, E.T.라는 영화에 나왔던 'M & M 초콜릿'이나, '최지우 머리핀', '신사의 품격'에 장동건이 선물해 준 '분홍색 구두' 등이 대표적 예이다. 모두 밴드왜건 효과에 의한 소비이다.

특히 여자들의 경우 좋아하는 탤런트나 유명 배우가 입은 옷이 맘에 들어 그 옷이 자신에게 어울리든 안 어울리든 간에 사 입는 일이 많다. 마찬가지로 밴드왜건 효과에 의한 소비행위이다. 기업에서는 상품의 가치를 극대화시키기 위한 최후의 수단으로 밴드왜건 효과에 의한 소비행위를 적극적으로 활용하고 있다. 대표적인 사례로 유명 연예인이 해당 상품을 이용하고 있다는 식의 마케팅이나 입소문 마케팅, 상품

광고나 홍보 등이 그것이다. SBS 드라마 '별에서 온 그대'에서 배우 전지현이 바르고 나왔던 브랜드 입생로랑 립스틱은 '천송이 립스틱'이라는 별칭까지 얻으며 완판되었다. 또 전지현이 브랜드 헤라 모델로 나서면서 일명 '전지현 립스틱'으로 불린 제품은 100억 이상의 매출을 올리기도 했다.[13] 밴드왜건 효과는 상품뿐만 아니라, 주식이나 부동산 매입, 자산관리 등 투자를 결정하는 데 있어서도 사용된다. 애널리스트가 우량주로 지목한 종목의 주가가 상한가를 보이거나 매수주문이 집중되어 있는 주식에 또 다른 매수가 집중되는 것 또한 대표적인 사례라고 볼 수 있다.

또 다른 예로 우리나라의 자동차 교체주기는 평균 4년이고, 폐차주기가 7.6년인 것에 반해 미국과 일본은 자동차 교체주기가 약 8~9.5년, 폐차주기가 18년인 것을 통해 알 수 있듯이, 우리의 약 2배 수준이다. 퓨리서치센터가 최근 발표한 2015년 전 세계 스마트폰 보급률 조사에 따르면 우리나라가 88%로 세계 1위를 차지했다. 우리나라의 뒤를 이어 호주가 77%, 이스라엘 74%, 미국 72%, 스페인 71%, 캐나다 67% 등의 보급률을 나타냈다. 우리나라는 스마트폰뿐 아니라 초고속 인터넷에서도 94%의 보급률을 기록하며 가장 높은 보급률을 기록했다. 우리나라에 이어 호주93%, 캐나다90%, 미국89%, 영국88% 등의 순이었다.[14] 또한 고급 외제 골프채 등의 소비가 급격히 증가하고 있다. 모두 밴드왜건 효과에 따른 소비행위의 단적인 예다. 밴드왜건 효과가 있을 때는 없을 때에 비해서 한 재화를 더욱 많이 소비한다. 생산자는 소비자들의 이러한 소비심리를 잘 이용하면 엄청난 매상고를 올릴 수 있다.

스놉 효과

스놉 효과snob effect는 밴드왜건 효과와는 정반대로 나타난다. 스놉이란 지위와 재산만을 중요시하여 윗사람에게 아첨하고 아랫사람에게 교만한 사람을 일컫는다. 이런 사람은 남이 어떤 재화를 많이 소비하고 있으면 그 재화의 소비를 그만둔다. 이러한 경우의 소비를 '스놉 효과에 의한 소비행위'라고 말한다. '스놉 효과에 의한 소비행위'는 자기가 남과 다르다는 것을 과시할 때 나타나는 소비이다. 제품을 구매할 때 남과 다른 자신만의 주관이나 개성을 추구하는 방식으로 의사결정을 내리기 때문에 타인의 사용 여부에 따라 구매의도가 감소하는 현상을 나타낸다. 이러한 사람은 남이 어떤 재화를 많이 소비하고 있으면 그 재화의 소비를 그만둔다. 스놉 효과가 있으면 그것이 없을 때에 비해 한 재화를 더 적게 소비하게 된다. 스놉 현상을 역이용한 대표적인 마케팅 사례로 VVIP 마케팅이나 고가의 스페셜 상품을 별도로 내놓는 경우를 들 수 있다. 98%의 일반소비자들이 따라올 수 없는 상위 2%만을 위한 마케팅이다.

베블런 효과

남보다 돋보이고 싶어서 하는 소비도 있다. 상류층 소비자들에 의해 이루어지는 소비형태로 가격이 오르는 데도 수요가 줄어들지 않고, 오히려 증가하는 현상이다. 값비싼 귀금속류, 고가의 가전제품, 고급 자동차 등은 경제상황이 악화되어도 수요가 줄어들지 않는 경향이 있는데, 이는 베블런 효과의 소비행위에서 비롯된 것이다. 그들의 소비행위는 꼭 필요해서 구입하기보다는 자신의 부를 과시하거나 허영심을 채우기 위해 구입하는 데 몰두한다. 가격이 높고 튀는 재화일수록 소비가 더 많은 것은 '베블런 효과Veblen effect에 의한 소비'에 영향받은 것이라 할 수 있다.

베블런T. Veblen은 과시적 소비가 가장 빈곤한 계층을 포함해서 사회의 모든 계층 간에 존재하고 있다고 주장했다. 그들은 비록 자기의 재력을 넘는 것이라도 훌륭한 재화를 구입함으로써 그 이웃사람들의 부러움의 대상이 되려 한다. 베블런에 의하면, 가장 무도회와 같이 사치스럽고 낭비적인 오락은 과시적 소비를 함에 있어서는 가장 좋은 방법이다. '베블런 효과'는 가격이 상승한 재화의 소비가 오히려 증가하는 것을 말한다. 이러한 과시적 소비에는 허영심 표현으로서의 소비, 부의 증거를 나타내고 싶은 소비, 업적 과시 수단으로서의 소비, 조직 과시 수단으로서의 소비 등이 있다. 캐딜락, 다이아몬드 반지, 샴페인, 외제 승용차, 외제 골프채, 유명 브랜드의 옷, 수십억 원씩 하는 고급 주택 등 값비싼 재화를 소비할 수 있는 능력을 가졌다는 것을 과시하고 싶어서 소비하는 경우가 여기에 속한다. 이러한 소비는 사치스럽고 허영심 많은 사람에게서 주로 나타나는데, 베블런 효과가 있을 때는 일반적으로 가격이 높은 재화일수록 소비가 더 많아진다. 최근 캠핑 열풍 속에 국내 소비자들이 값비싼 브랜드를 선호하는 탓에 캠핑용품 값이 미국, 일본은 물론 호주보다 대략 19~37%가량 비싸게 팔리고 있는 것은 이를 잘 대변한다.

이러한 과시적 소비형태는 언제부터 두드러지게 나타났을까? 이는 르네상스 시대로 거슬러 올라간다. 그때 이후 많은 화가들의 작품은 주 소비계층인 귀족, 왕족 또는 교회 성직자들로부터 주문받은 그림이었다. 이 값비싼 그림을 주문한 귀족들은 그것을 거실에 걸어둠으로써 방문자들에게 자신의 부를 과시하는 수단으로 사용하곤 했다. 필요에 의해서 소비 여부를 결정하기보다는 다분히 자신의 부와 명성을 자랑하기 위한 소비행위였던 것이다. 자신보다는 타인의 시선을 고려함으로써 비싸야 명품이라는 편견이 생겨나게 된 것이다. 이러한 사회현상이야말로 베블런이 『유한계급론(The Theory of the Leisure Class : An Economic Study in the Evolution of Institutions, 1899)』에서 언급한 지각없이 행해지는 상류계층의 '과시적 소비'의 한 행태라고 할 수 있다. 유한계급은 생산적 노동을 멀리하고 예술, 오락 등 비생산적인 일에만 탐닉하는 사람들을 가리키며, 이 책은 자본주의 사회에서 유한계급의 성격을 신랄하게 비평한 사회경제학 비평서이다.

'티파니에서 아침을' 통해서 본 소비효과

추억의 명화 '티파니에서 아침을At Tiffany's Breakfast'이란 영화에서 홀리(여 주인공)가 올림머리에 진주 목걸이, 검정색 점퍼슈트를 차려 입고 보석가게 티파니의 쇼윈도 앞에 선다. 영락없는 파티복 차림이다. 벨벳장갑을 낀 손에는 크루아상과 커피가 들려 있다. 영롱한 다이아몬드에 경외의 눈빛을 보내며 아침을 들고 있는 것이다. 그녀에게 값비싼 주얼리는 그림의 떡. 그러나 우울할 때마다 택시를 잡아타고 티파니로 달려온다. 티파니는 홀리에게 '결코 어떤 나쁜 일도 일어날 수 없는 안식처'다. 홀리의 영혼을 앗은 보석은 가격이 오를수록 더 선망의 대상이 된다. 이는 내가 산 물건을 통해 내가 어떤 사람인지를 드러내고자 하는 과시적 소비의 결과인 '베블런 효과'가 잘 드러난다. 가격이 오르면 수요가 줄고 가격이 내리면 수요가 늘어난다는 고전경제학의 가정에 반기를 들며, 가격이 오르는 데도 수요가 줄지 않고 되레 늘어나는 당시 상류층의 몰지각한 소비형태를 보여준다. 또 홀리는 농부의 아내라는 자신의 '소속집단'을 벗어나, 부유하고 지적인 도시여성이라는 '준

거집단'을 지향하고 있다. 한 개인이 어떤 사회의 일원이 되는 '사회화'의 과정에서 교육을 받거나 사람을 사귀는 것 못지않게 어떤 물건을 소비하느냐가 핵심요소가 된 '밴드왜건 효과'가 잘 드러난다. 홀리는 티파니의 다이아몬드를 소유하면 상류층이 됨과 동시에 자신의 과거를 세탁할 수 있다고 믿기 때문이다.

당장 월세 내기도 빠듯한 처지에 사치품을 탐내는 이런 비합리적인 소비욕구는 우리가 상품을 구매하는 이유가 반드시 '사용가치' 때문만은 아니라는 점에서 이해할 수 있다. '사치재'인 보석은 어떤 면에서 하등의 쓸모가 없지만 '자아정체성'과 사회적 지위를 드러내는 하나의 '상징'으로선 매우 효과적이다. 물건은 확장된 자아extended self이기 때문이다. 만약 많은 사람들이 티파니를 가지고 있다면 홀리는 티파니를 소유하고자 하는 욕구가 있었을까? 답은 'NO'이다. 티파니는 홀리에게 보석 이상의 가치를 가진다. 티파니는 많은 사람들이 소유할 수 없는 가치를 지녔기에 매력을 가지는 '스놉 효과'가 잘 드러난다. 티파니는 홀리가 자기는 남들과 다르다는 것을 과시하기 위한 도구일 뿐이다.

조리에 옻칠한다

사치와 낭비

보릿고개가 엊그젠데

우리 조상은 사치와 낭비를 경제의 큰 해악으로 생각했다. 오늘날에도 이와 같은 생각은 전혀 예외가 될 수 없으며, 동서고금을 막론한 공통사항일 것이다. 제한된 자원 안에서 필요에 맞게 물건을 어울리도록 잘 사용하는 것은 자원의 낭비를 없앨 뿐만 아니라, 그 물건의 본래 쓰임새를 극대화할 수 있도록 해준다.

그런데 오늘날 우리의 경제생활은 어떠한가? '보릿고개'와 '초근목피 생활'이 불과 한 세대도 지나지 않았는데, 음식물 찌꺼기로 버리는 쓰레기가 연간 10조 원에 이르고 아직 쓸만한 내구 소비재를 폐기처분함으로써 엄청난 경제적 손실을 입고 있다. 국토는 쓰레기로 자정능력을 잃을 지경이다. 특히 신혼부부의 결혼 관련 비용은 모두를 경악하게 한다. 총 결혼비용은 보통 월급 생활자들이 엄두도 내기 어려운 사치와 낭비의 대표성을 보여준다. 웨딩컨설팅 듀오웨드가 조사한 '2016 결혼비용 실태 보고서'에 따르면, 우리나라 신혼부부의 평균 결혼 비용은 약 2억 7,400만 원으로 2015년 같은 조사 당시보다 15.2%(3,622만 원)

증가한 것으로 밝혀졌다. 결혼자금을 용도별로 보면 주택에 드는 비용이 1억 9천 174만 원으로 총 결혼비용의 70%가량을 차지했고, 예식장(2,081만 원)과 예물(1,826만 원) · 예단(1,832만 원) · 혼수용품(1,628만 원)에도 1,000만 원 이상을 쓰는 것으로 나타났다. 신혼여행에는 평균 535만 원, 스튜디오 촬영과 드레스 · 메이크업 비용 등 웨딩패키지에는 344만 원을 지출하는 것으로 조사됐다. 특히 주택자금은 지난해 조사(1억 6,835만 원)보다 13.9%(2,339만 원) 늘어나며 전체 결혼비용 상승을 이끌었다.[15)]

돼지우리에 주석 자물쇠

'조리에 옻칠한다'는 말이 있다. 조리는 가는 대오리나 철사로 만든 작은 삼태기 모양에, 위에 제물자루가 길게 달려 있는 것으로 쌀을 이는 데 쓰는 도구이다. 조리에 비싸고 좋은 옻을 칠해봤자 본래 기능에는 아무 보탬도 주지 못하며, 아까운 돈만 낭비하게 된다. 이 속담은 의미 없는 일에 재물을 함부로 낭비하지 말 것을 빗댄 말이다. 지금은 도정공장이 많고, 집 안에서 타작을 하는 경우가 흔치 않아 쌀에 돌이 섞이는 경우가 드물다. 시멘트가 보급되기 이전 시골에서는 마당에서 벼타작을 했다. 아무리 조심스럽게 갈무리해도 벼에 돌이 섞이는 일이 다반사였기 때문에 벼를 싣고 정미소에 가서 방아를 찧었을 때 쌀에 돌이 많이 섞여 들어갈 수밖에 없었다. 그러므로 조리는 그 시절 밥을 지을 때 돌을 골라내는 필수적인 생활도구였다. 그렇게 유용하던 조리가 도정공장이 곳곳에 생기고 타작기술이 급격히 발전하자 이제는 구경하기조차 힘들게 되었다. 그나마 다행인 것은 사라질 위기에 처한 조리가 생활 속에 미풍양속의 하나로서 정착하고 있는 것이다. 그 밖에 사치와 낭비를 경계한 속담으로 '돼지우리에 주석 자물쇠'가 있다. 격에 맞지 않는 치장을 지적하고 사치와 낭비를 경계하는 말이다.

소득생활과 무관한 소비형태는 피해라

생활 속에서 '조리에 옻칠하는' 예로는 어떤 것들이 있을까? 한때 우리나라의 문화와 이슈를 이끌었던 원조 강남스타일, '오렌지족'의 소비행태가 있다. 자신의 소득수준과는 별개로 무리하게 이루어지는 소비행태도 마찬가지다. 금방 분양받은 아파트를 뜯어내어 새 자재로 채우는 것, 아직 쓸만한 고급 가구를 단지 유행이 지났다는 이유로 폐기처분하고 새 가구로 교체하는 것, 얼마 타지 않은 차를 금세 새 차로 바꾸는 것도 같은 맥락에서 이해할 수 있다. 이러한 소비행태의 공통점은 용도보다는 외양에 더 치중하고 있으며, 가격이 비싸고 남의 눈에 띌수록 그러한 소비를 더 즐기고 있다는 데 문제가 있다.

사치와 허영은 대체로 매우 비싼 기회비용을 요구한다. 어차피 희소가치가 가격을 결정하므로 사치품의 가격이 비싼 것은 당연하다. 이동전화 단말기의 개발경쟁이 본격화되면서 휴대폰의 수명이 훨씬 짧아졌다. 신제품이 나온 지 한 달만 지나도 가격이 절반으로 하락하는데, 한 달 만에 거의 두 배에 해당하는 기회비용을 치르게 되는 경우도 같은 유형이다. 최신 유행에 맞춰 옷을 사 입게 될 때도, 최신 유행하는 전자제품을 가장 빨리 구매하는 것도, 그 분야를 전공하는 사람들이야 어쩔 수 없겠지만 상대적으로 필요성이 적은 비전문가가 과시용으로 최신 전문서적을 서둘러 구매하는 것도 마찬가지이다. 그들은 모두 사치와 허영의 대가로 엄청나게 비싼 기회비용을 치르게 된다. 소비자의 취향이 각각 다를 수 있겠지만 어떤 특수한 위치에 있지도 않으면서 남들보다 빨리, 매우 비싼 가격의 신제품을 손에 넣기 위해 엄청난 기회비용을 치르는 경우를 우리는 흔히 본다.

지혜로운 삶이란 간단하다

어떻게 세상을 살아가는 것이 지혜로운 삶일까? 세상을 지혜롭게 살아가는 방법은 그렇게 어렵지 않다. 남보다 소비의 눈높이를 약간만 낮추면 된다. 남보다 조금 빨리 최신형 물건을 소유하면서 얻는 허영의 즐거움과 이를 위해 지불하지 않으면 안 되는 기회비용을 생각해보라. 의외로 지혜롭게 살아가는 방법은 간단하다. 물건을 살 때마다 항상 지금 당장 나에게 꼭 필요한 물건인지, 평소에도 갖고 싶어 하던 물건인지, 다른 대체품은 없는지 등을 따져보고 구매해야 한다. 그러면 '조리에 옻칠하듯이' 지불하는 기회비용을 엄청나게 절감하게 된다.

한 시대의 사치품은 다음 시대에 반드시 생활필수품으로 이어진다. 이러한 사치품과 생필품이 오늘날에는 몇 년에서 몇 달, 몇 시간 단위로 바뀌고 있다. 시대의 흐름을 잘 파악하고 소비에 대한 눈높이를 조절하면서 살아나갈 경우 우리의 경제생활은 윤택해질 것이다.

마른 수건도 다시 짠다

절약

샴페인을 너무 일찍 터뜨린 나라?

'마른 수건도 다시 짠다'는 속담이 있다. 물기가 없는 수건에서 다시 물을 짜낸다는 말이니 얼마나 힘을 들이고 노력해야 하는가를 함축하고 있다. 절약이란 절용節用과 검약儉約의 복합어로서 '아껴 씀'이라는 뜻이다. 절약은 사물을 귀중히 여겨 함부로 쓰지 않을 뿐만 아니라, 손실을 입지 않도록 힘쓰는 알뜰한 행위까지를 포괄한다. 결국 이 속담은 돈을 지출하고 물건을 소비하면서 꼭 필요한 부문에 필요한 만큼의 지출인가를 철저하게 따져서 낭비가 없이 알맞게 지출하라는 뜻이다. 유사 속담으로 '절약은 첫 번째 수입이다Sparing is the first gaining.'가 있다.

지난 세대 동안 한국경제는 성장제일주의와 수출제일주의를 성공리에 수행하여 압축경제성장을 이룩했다. 이러한 성과가 있기 전 우리는 아끼지 않으면 살아갈 수 없었고, 실제로 아낄래야 아낄 것도 없는 경제형편이 대단히 딱한 물질빈곤의 시대를 살았다. 그런 과거를 잊고 빈곤의 악순환에서 벗어나기가 무섭게 한풀이식 소비를 하고 있으니 안타까운 일이다. 그러니 국제사회에서 '샴페인을 너무 일찍 터뜨린 나라', '한해 동안에 음식물 찌꺼기로 내버리는 쓰레기가 10조 원에 이르는 나라', '호화외유가 끊이지 않는 나라' 같은 비아냥을 받는 것은 당연하다.

그와 같이 압축성장의 추억에 빠져서 흥청거리다가 1997년 말 외환위기, 2008년 글로벌 금융위기, 2010년 유럽발 재정위기 등을 겪으면서 상황이 조금 달라지기는 했지만 아직도 사회 분위기는 옛 추억에서 좀처럼 헤어나지 못하고 있다. 한번 풀어진 허리띠는 좀처럼 죄어지지 않는다. 살을 깎는 다이어트는 하지 않으면서 허리띠만 자꾸 탓하는 경우가 허다하다.

외국에 나가려는 여행객들이 공항 대합실을 메우고 있고, 아직 쓸만한 각종 내구 소비재를 처리하느라 국토는 몸살을 앓고 있다. 술집 등 야간업소는 불야성을 이루고 고급 외제품을 판매하는 백화점에서는 물건이 없어서 판매하지 못할 정도이고, 몇 백만 원대의 고급 외제 양주들이 세관에 체류되어 있고, 연휴에는 고속도로가 주차장이 되고, 공항에는 여행객들로 만원을 이루는 등 아직 우리나라의 소비수준은 IMF 외환위기, 세계적 금융위기 이전과 별 차이가 없다는 비판도 만만치 않다.

한풀이식 소비가 주춤한다!

그러던 우리나라가 변하고 있다. '마른 수건도 다시 짜는' 풍토가 전개되고 있다. 그동안 언론에 보도됐던 우량기업들의 원가절감 방안도 다양하다. 불황에 대비해 불필요한 경비지출을 최소화함으로써 기업체질을 바꿔놓겠다는 전략을 내놓은 것이다. LG전자는 각 사업본부를 중심으로 경영환경 악화에 따른 다양한 원가절감 노력을 펼친 바 있다. 대표적인 예로 구미공장의 경우 IMF 외환위기 때 벌였던 '아나바다 운동'을 재개했으며, 실내온도도 섭씨 20도 이하로 유지해 불필요한 에너지 소모를 줄여나갔다. 대한항공의 경우는 비행기 관리비용을 줄이기 위해 여덟 가지이던 항공기 기종을 네 가지로 단순화하기도 했다. 또 울산 북구에서는 오토밸리복지센터 담당직원들의 관심과 노력으로 에너지 절약 및 공공요금 절감 모범 사례를 만들었다. 오토밸리복지센터는 전기요금 4.5%, 도시가스요금 8%, 상수도요금 18.5% 등 전년 대비 총 7,500만 원의 공공요금을 절감하는 성과를 올렸다.[16)]

일상생활에서 '마른 수건을 다시 짜는' 예로는 어떤 것이 있을까? 가정에서 사용하는 가전기기의 경우 습기나 먼지가 적으면서 바닥이 수평으로 안정된 곳에 설치하면 전기를 절약할 수 있다. 특히 냉장고나 전자레인지의 경우 불안정한 장소에 설치하면 진동과 소음이 발생하고 전력도 많이 소모된다. 안 쓰는 가전기기는 플러그를 빼서 전력손실을 방지하는 것이 좋다. 냉장고도 벽에 바짝 붙이면 효율이 떨어지고, 햇볕이 들거나 열기가 있는 곳에 가까이 두면 20~25%의 전력이 손실된다. 냉장고는 전체 용량에서 60% 정도가 채워졌을 때 가장 효율적이다. 120만 가구가 이 원칙을 지켰을 때 연간 절약되는 에너지 절감액은 372억 원에 달한다고 한다. 며칠씩 여행을 할 경우에는 냉장고 안의 음식을 미리 꺼내서 정리하고 전원 플러그를 뽑아둔다. 뜨거운 식품은 식힌 다음에 넣고, 냉장고 문은 자주 열지 않는 것이 경제적이다.

통계청이 발표한 '2014년 생활시간조사'에 따르면, 국민 평균 TV 시청시간은 평일 1시간 53분, 토요일 2시간 31분, 일요일 2시간 51분이었다. 5년 전보다 4~9분 늘었다. 시청한 국민 비율은 평일 80.0%, 토요일 87.1%, 일요일 90.2%였다. 5년 전과 비교하면 시청비율이 2.0~2.2%가량 줄었다. TV를 본 사람만 따로 평균 시청시간을 계산해 보면 평일 2시간 22분, 토요일 2시간 53분, 일요일 3시간 9분이다. 5년 전보다 3~13분 늘었다. 평일에는 여자가 남자보다 15분 더 시청하지만 일요일에는 반대로 남자가 16분 더 시청하는 것으로 나타났다. 만일 TV 시청 시간을 하루에 한 시간씩 단축할 경우 연간 410억 원의 비용을 절감하는 효과가 발생한다.[17)]

세탁기의 경우는 어떨까?

한 번에 너무 많은 세탁물을 빨면 무리가 생기고 잘 빨리지 않는다. 거꾸로 너무 적어도 전력과 물에 낭비가 생겨 손해다. 옷의 종류에 따라 세탁하는 시간과 세제 및 탈수시간도 달라지므로 세탁물을 종류별로 분리하여 세탁하는 것이 경제적이다. 에어컨도 한 대의 전력소모량이 선풍기 30대의 전력량과 맞먹으므로 사용을 가급적 자제해야 한다. 에어컨을 '약'에 놓고 선풍기를 함께 사용하면 '강'의 효과를 얻을 수 있으므로 경제적이다. 그 밖에도 다리미, 가스레인지, 청소기, 전기담요 등 '마른 수건도 다시 짤 수 있는 지혜'는 대단히 많다.

수돗물의 경우도 살펴보자. 지구에는 천문학적인 양의 물이 있다. 그러나 그 가운데 97%는 바닷물이고 담수는 3%밖에 안 된다. 음료수나 생활용수로 쓸 수 있는 것은 강물, 냇물, 호숫물, 지하수 등인데, 모두 합해도 0.8%에 지나지 않는다. 그것도 손쉽게 쓸 수 있는 것이 아니고 정수과정, 양수과정, 송수과정을 거치면서 많은 에너지와 설치비를 들여서 마침내 가정까지 도달하게 된다. '돈을 물 쓰듯 한다'의 물은 이미 오늘날 우리 시대의 물이 아니다. 물은 곧 돈이고, 물을 돈처럼 아껴 쓰지 않으면 안 되는 시대에 살고 있음을 명심하자.

티끌 모아 태산

저축

저축을 하는 이유

저축이란 장래의 소비에 대비하는 행동으로 소득을 모두 소비하지 않고 그 일부를 적립하는 것을 말한다. 애덤 스미스Adam Smith는 절약을 자본축적과 결부시켰다. 그의 말에 따르면 절검은 자본증가의 직접적 원인으로 자본은 절검에 의해 증가하고, 낭비와 비행prodigality and misconduct에 의해 감소한다. 이 말대로 사경제의 미덕인 절약과 국민경제 현상인 자본축적의 결합은 지금까지 진리로 이어져 오고 있다.

속담에 '티끌 모아 태산Many a little makes mickle.'이라는 말이 있다. 아주 작은 먼지나 티끌이 모여 작은 언덕을 이루고, 이러한 작은 언덕들에 티끌이나 돌, 나무들이 어울려 큰 산을 이룬다는 뜻이다. 큰 부富도 결국은 푼돈에서 시작한다는 말이다. 적은 돈이지만 한 푼이라도 꾸준히 모으면 큰돈이 되고, 이렇게 모여진 목돈은 한 푼으로는 도저히 상상할 수 없었던 일을 해낸다. 작게는 개인 재산을 늘리는 것은 물론 지방자치단체나 국가에서 필요로 하는 대규모의 사업까지 가능하게 한다. 유사 속담으로 '개미 금탑 모으듯 한다', '굳은 땅에 물이 괸다

Saving is getting.', '가을 식은 밥이 봄 양식이다', '소같이 벌어서 쥐같이 먹어라', '한 방울 한 방울이 통을 채운다Drop by drop fills the tub.'가 있다.

사람들은 왜 현재의 소비를 포기하고 저축을 할까? 그 이유는 다음의 세 가지로 요약할 수 있다. 첫째, 자기가 필요로 하는 거래를 좀 더 원활하게 하기 위해서 저축을 한다. 사람들은 다른 이들과 어울리며 그들에게서 자기가 필요로 하는 것을 도움받고, 다른 사람이 필요로 하는 것을 도와주며 살아간다. 그러기 위해서는 모든 경제관계에서 다름 아닌 돈이 중요한 매개체로 작용한다. 자기가 필요한 부분에 다른 사람에게서 공짜로 도움을 받을 수는 없다. 도움을 받는 대가로 일정한 금전을 지불해야 한다. 노후를 위하거나 자손을 위한 저축이 그렇다. 자손에게 유산으로 남겨주기 위해 저축하는 경우도 마찬가지다. 이 경우에 필요한 돈은 대부분 순식간에 마련될 수 있는 것이 아니므로 사람들은 이를 위해 필요한 돈을 한 푼씩 은행 등의 예금기관에 저축한다. 기업에서 하는 법인저축corporate saving도 마찬가지다. 기업이 차입에 따르는 이자비용의 부담을 줄이고, 사업을 확장하기 위해 자기자본을 준비하려는 목적으로 행하는 저축이다. 법인저축은 기업이 자기금융을 예상하는 저축이다. 마찬가지로 기업을 경영하는 법인에서도 그때그때 필요한 원재료나 기자재 등을 사기 위해 한 푼씩 저축한다.

둘째, 불의의 사태에 대비하기 위해 저축을 한다. 사람들은 일생 동안 언제, 어디에서, 어떤 일이 일어날지 정확하게 예측하기란 거의 불가능하다. 따라서 갑작스러운 불행이 닥쳤을 때를 대비해 놓지 않으면 비참한 상황에 처하게 될지도 모른다. 지금 저축을 하지 않으면 나중에 하기 싫은 일도 기꺼이 하지 않으면 안 되므로, 이때를 대비해 저축함으로써 불행을 어느 정도 예방하는 것이다.

셋째, 더 많은 돈을 벌기 위한 기회를 포착하기 위해 목돈 마련의 수단으로 저축을 한다. 사람들은 경제생활을 하면서 어느 쪽이 더 유리할지 계산하면서 살아간다. 특히 여유 돈이 있으면 주식을 살지, 부동산을 살지, 채권을 살지, 은행에 예금을 할지 고민한다. 이때 중요한 기준이 되는 것이 금리와 수익률이다. 주식이나 부동산, 채권사업을 할 때 생기는 수익률에 비해 은행의 예금금리가 상대적으로 높을 경우 당연히 은행에 예금하는 것이 합리적인 경제행위다. 그렇지만 그 반대의 경우 사람들은 모험을 무릅쓰고 투기를 하게 된다.

이러한 저축은 자본주의 발전과정과 연관하여 생각해 볼 필요가 있다. 자본주의가 발전하는 시기에 저축은 곧 투자에 반영되어 자본축적을 촉진시켰으므로 미덕이었다. 그러나 자본주의가 정체기에 들어서면서 저축은 투자되지 않고 보장hoarding되어 그만큼 생산을 저해하므로 악덕으로 간주되었다. 결국 자본이 풍부한 선진자본주의 국가에서는 정체화의 원인이 될 수 있으므로 저축이 악덕이 되는 경향이 있지만, 후진국에서는 오히려 자본축적의 전제가 되므로 미덕이 분명하다.

절약만 하고 쓸 줄 모르면 친척도 배반한다

절약의 역설

박제가의 '우물론'

경제는 생산과 소비의 상호작용 속에서 끊임없이 발전할 수 있다. 소비가 뒷받침되지 않는 생산은 곧장 상품의 재고를 낳고 실업을 유발하며 불경기와 공황으로 이어진다. 낭비와 사치는 배제되어야겠지만 필요한 소비마저 억제하는 것은 오히려 경제를 더욱 어렵고 곤란하게 만든다.

속담에 '절약만 하고 쓸 줄 모르면 친척도 배반한다'는 말이 있다. 돈은 버는 것도 중요하지만 적절하게 쓰여질 때 진정한 가치를 발휘함을 지적한다. 생산과 소비가 균형을 이룰 때 경제발전이 촉진되는 것이다.

유사 속담으로 '아끼는 것이 찌로 간다', '아끼다 똥 된다', '한 푼 아끼다 백 냥 잃는다', '기와 한 장 아끼다가 대들보 썩힌다', '중의 망건 값 안 모인다', '술 담배 참아 소 샀더니 호랑이가 물어 갔다'가 있다.

실학자 박제가는 『북학의(北學議)』에서 "무릇 재물은 우물과 같다. 우물물은 퍼서 쓸수록 자꾸 채워지는 것이고, 이용하지 않으면 말라버리는 것이다. 비단을 입지 않으니 나라 안에 비단 짜는 사람이 없고, 그릇이 비뚤어지든 어떻든 간에 개의치 않으므로 예술의 교묘함을 알지 못하니, 나라에 공장과 도야(陶冶, 질그릇을 굽는 곳과 대장간)가 없어지고, 기예도 없어지는 것이다"[18]라고 했다. 필요한 소비가 이루어지지 않는 데서 생기는 경제적 문제점을 예리하게 지적한 말이다. 박제가는 '우물물은 퍼 쓸수록 맛이 있다'는 '우물론'을 통해 경제회복책을 주장했다.

그의 말처럼 우물물은 일정한 속도로 계속 퍼 쓰지 않으면 물이 고이고, 오랜 시간이 지나면 썩기 마련이다. 샘이 솟는 곳에 우물을 만들었으므로 우물물은 계속 퍼 써야만 다시 깨끗한 물이 차오르고 맛도 좋아진다. 재물도 이와 같다. 소비가 없는 생산은 상품의 재고를 가져오고 실업을 일으키며 궁극적으로는 경기침체와 공황을 가져온다. 이른바 '절약의 역설paradox of thrift'이다. 절약은 분명 권장되어야 할 미덕이지만 소비가 위축되어 경기침체와 공황을 불러올 경우, 절약이 오히려 악덕이 되는 것이다.

유효수요

한 나라의 부富는 마치 우물물과 같아서 어떤 물건이라도 사용하는 사람이 늘어나야 그 물건을 만드는 사람도 늘고, 따라서 소비가 생산을 촉진하게 된다. 이러한 구매력을 수반한 소비인 유효수요는 경제발전을 위해 절대적으로 필요하다. '유효수요effective demand'란 물건을 살 때 돈을 가지고 물건을 살 수 있는 확실한 구매력이 뒷받침되는 수요를 말한다. 한 상품을 생산하기 위해서는 반드시 수요가 있어야 하며, 그런 점에서 유효수요는 중요할 수밖에 없다.

유효수요이론은 영국의 경제학자 케인스J. M. Keynes가 1930년대 대공황의 타개책으로 제기했다. 이 이론에 따르면 산출량의 크기와 고용수준은 투자와 소비로 이루어지는 유효수요의 크기에 의해 결정된다.

당시 고전파 경제학자들은 실업이나 공황은 일시적 현상에 지나지 않으며 경제의 자동조절작용으로 경기불안이 해소되면서 완전고용 상태가 될 것이라고 가정하였다. 공급이 수요를 창출한다는 세이J. B. Say의 법칙을 따르고 있었던 것이다. 이 법칙을 부정하고 케인스는 유효수요 이론이라는 새로운 법칙을 만들어 냈다.

박제가의 우물론은 검소함에 대한 왜곡을 극복하고 소비의 원리를 정확히 운영하는 것이야말로 경제를 발전시키는 원동력임을 강조하고 있다. 여기서 우물물을 퍼낸다는 것은 소비를 뜻한다. 계속해서 물을 사용하면 물은 마르지 않고 계속 차오른다. 이는 곧 새로운 경제질서가 실현됨을 뜻한다. 우물물을 아예 쓰지 않는 것은 검소가 아니다. 우물물은 적절하게 퍼내어 써야만 다시 깨끗한 물이 차오른다. 샘에서 일정하게 솟아오르는 물을 아깝다고 퍼내지 않고 그냥 내버려 두면 그 물은 고여서 썩으며 궁극적으로는 말라버리게 된다. 경제질서에서 새로운 기술, 우수한 상품 생산이 중단되는 것이다.

박제가 왈, 조선의 폐쇄성과 검소함이 소비를 위축시켰다?

적절하게 우물물을 퍼주는 것이 필요하듯, 꼭 필요한 재화에 대한 소비는 국민의 경제생활을 더욱 윤택하게 해준다. 『북학의』에서 박제가는 중국과 조선을 비교하면서 조선이 선진문물을 받아들이는 데 보였던 폐쇄성과 지나친 검소함이 소비를 억제하도록 조장하여 결국 경제활동을 위축시켰다고 신랄하게 비판했다. 그의 말을 들어보자.

사람들은 지금 쌀밥을 먹고 비단옷만 입으면 그 밖의 것은 필요 없다고 생각한다. 그러나 사용하지 않는 물건을 활용하도록 하기 위해서는 사용하는 물건과 서로 교환하게 해야 한다. 그렇지 않으면 활용되는 물건도 장차 모두 한곳으로 치우쳐 제대로 유통되지 못한 채 한쪽에서만 이용되면서 모자라기 쉽다. 이제 우리나라도 영토가 수 천리나 되고 백성이 적지 않으며 물자도 구비되어 있건만, 산과 물에서 생산되는 물자도 다 이용하지 못하고 있는 것은 경제의 이치를 모르기 때문이다. 날마다 쓰이는 것에 대한 일은 아예 생각지도 않고 연구하지도 않으면서 중국의 가옥, 가마, 단청, 비단 등이 훌륭한 것을 보고 '사치가 심하다'고 비웃고만 있다. 중국 역대 왕조에서는 사실 사치하다가 망한 적도 있다. 그렇지만 우리나라는 검소한 데도 쇠퇴하고 있다. 이는 무슨 까닭일까? 검소하다는 것은 물건이 있어도 남용하지 않음을 말하는 것이지, 자신에게 물건이 없다 하여 스스로 단념하는 것을 말하는 것은 아니다. 지금 온 나라 안에 구슬을 캐는 집이 없고 시장에는 산호 같은 보배가 없다. 또 금과 은을 가지고 가게에 들어가도 떡을 못 사는 형편이다. 이것이 참으로 검소한 풍속 때문이라고 할 수 있겠는가? 이것은 물건을 이용하는 방법을 모르기 때문이다. 이용할 줄 모르니 생산할 줄도 모르고, 생산할 줄 모르니 백성의 생활은 나날이 궁핍해지는 것이다.[19)]

형편에 알맞은 소비는 개개인의 처지에 따라 사치스럽게 보일지는 몰라도 오히려 유효수요이고 한 나라의 경제력을 창출하는 원동력이다. 어차피 한 시대의 사치품은 다음 시대에는 반드시 생활필수품이 되기 마련이다. 상대적 박탈감을 초래하는 과시적 소비는 지양되어야 하지만 소비가 비난의 대상이나 지탄의 대상이 되는 것은 오히려 경제 전반의 흐름을 잘못 파악하는 것이다.

그런데 절약의 역설현상이 오늘날에도 반복되고 있으니 큰 걱정이지 않을 수 없다. 통계청이 발표한 '2016년 2분기 가계동향'에 따르면 평균 소비성향은 전년 동기 대비 0.7%포인트 낮은 70.9%를 기록했다.

관련 통계를 집계하기 시작한 2003년 이후 가장 낮은 수치다. 평균 소비성향이란 가처분소득 중 소비지출액이 차지하는 비중이다. 평균 소비성향은 2006~2011년까지 77% 전후를 유지했지만, 2012년 74.7%로 급감했고, 2013년과 2014년엔 각각 73.7%, 73.6%를 기록했다. 그만큼 소비자들이 지갑을 닫았다는 뜻이다.[20)]

균형적 소비는 즐겨라

인류가 진보해 왔다는 것은 결과적으로 무엇을 뜻하는가? 문명의 진보는 한때 극소수의 사람들만이 즐겼던 사치재가 점점 대중의 손으로 옮겨지는 역사라 할 수 있다. 어느 시대든지 그때마다 사치스러운 재화를 즐기는 사람이 있어야 물건의 질이 점점 좋아지고 이에 대한 대량생산이 이루어지면서 생활의 질이 날로 나아진다. 오늘날 쉽게 접할 수 있는 TV, 냉장고, 스마트폰, 컴퓨터, 자동차 등 우리의 삶을 편리하게 해주는 상품은 대부분 일반인들이 범접하지 못하는 사치재에서 시작했다.

문명의 역사란 이런 사치품들이 대중의 손에 이전되면서 생활필수품으로 전환된 역사라고 할 수 있다. 당시 조선 사람들은 중국인들이 지나치게 사치에만 몰두한다고 비난할 뿐 정작 자신들의 경제사정을 해결하는 데는 관심이 없었다. 사치는 금해야 하고 인간은 근검절약해야 한다는 도덕률에서 벗어나지 못했던 것이다.

IMF 외환위기, 글로벌 금융위기, 유럽발 재정위기 등 경제위기가 계속되는 시기에는 당연히 검소하게 살아야 할 것이다. 하지만 너무 검소하여 필요한 소비마저 하지 않게 된다면 생산이 줄게 되고 상업도 부진해질 것이다. 따라서 경제는 더욱더 위축될 것이다. 사치와 낭비는 배제되어야 하겠지만, 필요한 소비마저 억제하는 지나친 검소 또한 경제위축을 가져오므로 균형적 소비는 오히려 권장되어야 한다.

2. 기업의 경제

부자는 여러 사람의 밥상이다

기업가

물질적 삶을 바꾸는 기업가

오늘날 세계 대부분의 나라들은 자본주의 시장경제를 지향한다. 이러한 시장경제에서 핵심적인 역할을 하는 사람은 바로 기업가이다. 기업가는 새로운 기술 개발로 인류의 삶을 안락하게 하고 국부國富도 쌓으며 사회를 빛나게 하는 보석 같은 존재이다. 그는 튼실한 기업 운영으로 세상을 바꾸며 새로운 역사를 쓰기도 한다. 의사가 죽어가는 인간을 살려내는 직업이듯이, 기업가는 사람들이 따뜻하고 편리하게 살도록 재화나 서비스를 생산하는 사람이다. 종교가 인간의 정신적 삶을 바꾸듯이, 기업가는 지상의 물질적 삶을 바꾸며, 돈벌이에 국한된 이익만을 내는 것이 아니라 부를 민주화하기도 한다.

우리 속담에 '부자는 여러 사람의 밥상이다'라는 말이 있다. 이는 부자가 많은 사람을 먹여 살린다는 뜻이다. 자본주의사회에서 부자의 역할을 하는 것은 누구일까? 그것은 바로 기업가entrepreneur이다. 생산의 주체로서 기업가는 토지, 노동, 자본 등의 생산요소를 결합하여 새로운 물건이나 서비스를 만들어 소비자들에게 제공하는 역할을 수행한다. 창조와 혁신을 본질로 하는 기업가적 경쟁은 성장을 촉진하고, 불평등의 개선에도 결정적 역할을 한다. 컴퓨터를 공급해 떼돈을 버는 백만장자의 경우 새로운 기술 개발로 기존 것보다 값싸고 우수한 제품을 생산해 파는 혁신자로 등장한다. 인공지능 같은 새로운 산업을 개발한 혁신기업도 마찬가지이다. 대체상품을 개발하거나 생산비용을 낮추는 기술 개발을 통해 싼값으로 공급하는 혁신적 경쟁은 원래 컴퓨터 생산업자의 삶을 쉽지 않게 만든다. 기업가적 경쟁은 경쟁자들이 기존의 부자를 추격·추월하는 과정이다. 그런 과정에서 기존의 부자가 누리던 이윤의 일부 또는 전부가 경쟁자들에게로 이전된다. 이와 같은 도전적 경쟁과정에서 기업가는 여러 사람들에게 풍요로운 '밥상'을 베풀어 준다. 첫째, 임금제공자로서의 역할이다. 그는 만 15세 이상 65세 이하의 일할 의욕과 능력을 가진 사람들을 뽑아 쓰고 그들에게 봉급을 준다. 둘째, 지대지불자로서의 역할이다. 그는 자연상태에서 주어진 땅을 공장 용지나 사무실 용지로 사용하고 그 대가로 땅 소유자에게 일정한 사용료를 지불한다. 셋째, 이자지불자로서의 역할이다. 그는 시설·장비·원자재 등을 사들이기 위하여 은행 등의 금융기관이나 사채 등을 이용하고 그 대가를 지불한다. 넷째, 세금납부자로서의 역할이다. 그는 영리 추구 활동을 통하여 얻은 사업소득에 대하여 기꺼이 국가에 납세의무를 다한다. 다섯째, 배당제공자로서의 역할이다. 그는 상품이나 서비스를 생산하여 이윤을 추구하고, 그 이윤 중 일정 부분은 그들 기업에게 투자한 주주들에게 기업경영의 성과에 따른 배당을 제공한다.

더 구체적인 사례로는 어떤 것들이 있을까? “아마존 본사 들어오고 7년…… 시애틀, 이젠 뉴욕보다 잘 산다” 경우이다. ‘일자리 4만 개, 임금 257억 달러(7년 6개월간), 연간 바이어 등 방문객 23만 명, 연관 고용 창출 5만 3,000명, 연관 직간접 투자 380억 달러.’ 2010년 세계 최대 전자상거래 기업 아마존이 미국 워싱턴주 벨뷰에서 시애틀시 도심으로 본사를 옮긴 뒤 시애틀에서 발생한 경제효과다. 시애틀은 이후 인구가 11만 명(18%) 증가하며 미국에서 가장 잘사는 도시 중 하나가 됐다. 기업이 성장하면 도시도 덩달아 발전한다는 게 확인된 대표적 사례다. 미국과 캐나다의 수십 개 도시가 아마존이 짓겠다는 제2본사를 유치하겠다며 ‘전쟁’을 벌이는 이유다.[21)]

자본주의는 기업을 통해 생산활동을 도모하는 제도이다. 기업가는 자동차, 철강, 반도체, 조선 등을 생산 · 판매하기 위해서는 수많은 사람과 넓은 공장 용지, 자본 등을 잘 조직해야 한다. 이윤추구를 목적으로 기업가는 여러 형태의 기업을 경영한다. 자본주의사회에서 기업가는 재화나 서비스의 생산과정 또는 유통과정에서 ‘여러 사람의 밥상’ 역할을 충실히 수행한다. 새로운 상품의 생산, 새로운 자원의 획득, 새로운 기술의 개발, 새로운 시장의 개척, 새로운 조직의 결성 등 새로움과 적절성의 요건을 갖춘 창의적인 혁신활동은 ‘영리추구의 인정’, ‘사유재산 보장’이라는 전제하에서 많은 사람에게 풍요로운 밥상을 제공하는 것이다.

호랑이를 잡으려면 호랑이 굴에 들어가라

기업가정신

21세기 기업경영에서 핵심적인 키워드는 혁신이다. 기술개발 노하우가 빠르게 전파되고 경쟁은 치열해졌다. 소비자들은 더 쉽게 싫증을 낸다. 이런 환경에서 혁신하지 않는 기업은 지속적으로 생존하기 어렵다. 혁신의 본질은 창조적 파괴다. 기존의 경영방식과 전혀 다른 새로운 방법을 고안해 내야 한다. 성공적인 혁신을 위해 뛰어난 고객 통찰과 빠르고 탁월한 실행역량은 대단히 중요하다.

위험과 수익은 비례한다

우리 속담에 '호랑이의 굴에 들어가야 호랑이를 잡는다Nothing ventured, nothing gained./ If you do not enter a tiger's den, you cannot get his cubs.'라는 말이 있다. 이는 어떤 목적을 달성하려면 직접 그 위험한 곳에 기꺼이 들어가야 한다는 뜻이다. 곧 큰 목적을 이루려면 그만한 위험과 수고를 겪지 않으면 안 된다. 호랑이를 잡으러 굴속으로 들어간다는 것은 자신의 목숨을 걸어야 할만큼 위험한 일이다. 그러나 호랑이를 잡을 수만 있다면 가죽을 팔아 큰돈을 벌 수 있다. 호랑이 굴로 들어가는 것과 토끼를 잡으러 토끼 굴로 들어가는 것은 위험과 수익 면에서 비교할 수 없다. 위험이 크면 클수록 기대할 수 있는 수익도 커진다는 얘기이다.

변화를 모색하며 위험에 뛰어드는 모험정신

미래의 불확실성 속에서도 장래를 정확하게 예측하고 변화를 모색하며 위험에 기꺼이 뛰어드는 자는 바로 기업가이다. 그는 새로운 사업에서 야기될 수 있는 위험을 부담하고 어려운 환경을 헤쳐 나가면서 기업을 키우려는 뚜렷한 의지를 가진 자로서, 새로운 상품의 생산, 새로운 생산방법 내지 새로운 수송기관의 도입, 새로운 시장의 개척, 새로운 산업조직의 형성 등의 창조적 파괴의 과정을 기꺼이 수행해 나간다. 이것이 바로 기업가정신entrepreneurship이다.[22)]

역사 속 뚜렷한 기업가정신의 사례

18세기의 제1차 산업혁명인 증기기관 기반의 기계화 혁명에 이어, 19~20세기 초의 제2차 산업혁명인 전기에너지 기반의 대량생산혁명, 20세기 후반의 제3차 산업혁명인 컴퓨터와 인터넷 기반의 지식정보혁명, 그리고 2015년 이후의 제4차 산업혁명인 빅데이터 · 인공지능AI · 사물인터넷IoT · 클라우드 컴퓨팅 · 3D 프린터 기반의 만물초지능혁명 등이 그것이다. 4차 산업혁명은 세계가 인터넷 네트워크로 연결되면서 공장과 제품이 지능화되고 있다. 결국 기업가는 실패를 두려워하지 않는 도전, 문제해결을 위한 혁신의지, 새로운 가치창조, 한계를 뛰어넘는 시도, 열악한 환경을 뚫고 새로운 기회를 포착할 줄 아는 정신의 소유자여야 한다.

기업가정신의 구체적 사례

일본의 소니와 도시바의 사례이다. 이들은 거의 같은 시대에 컬러 TV를 만들었고, 마쓰시타는 절대 세일즈가 불가능할 것이라 보였던 가난한 농부의 집을 방문, 텔레비전 세트 판매에 성공한 것이다. 마쓰시타는 농부들에게 텔레비전을 팔아서 돈을 번 것인가, 아니면 농부들의 삶을 바꾼 것인가? 마쓰시타는 모든 사람들에게 행복을 누리게 하자는 정신이 있었다. 사이러스 멕코믹의 사례도 있다. 농기구 콤바인을 만든 사이러스 멕코믹이라는 사람이 농부의 생산성을 높이기 위해 콤바인의 사용을 권했다. 콤바인이 꼭 필요한데 돈이 부족하면 가을에 수확을 한 뒤 3분의 1씩 3년 동안 갚을 것을 권했다. 당장 구매력이 없는 고객들에게 할부제도를 실시하면서 구매력을 창출한 것이다. 미래의 소득으로 미래의 구매자를 창출한 것이다. 사이러스 멕코믹은 고객창출을 하는 전 과정의 패러다임을 바꾸며 제품이 없는 사람에게는 제품을 갖다주고 돈이 없는 사람에게는 할부제도를 통해 구매력을 창출한 것이다. 레이 크록Ray Kroc의 햄버거 제품 표준화도 마찬가지다. 레이 크록이라는 사람은 햄버거 빵 회사를 인수해서 큰 체인점으로 만들었다. 햄버거라는 제품을 표준화한 것이다. 레이 크록은 미국에서 체인망을 통해 맛과 품질을 표준화함으로써 전 세계 어디에서나 맥도날드에서는 자신이 생각한 음식을 주문할 수 있게 됐고 똑같은 햄버거가 나오게 된 것이다. 이처럼 아무도 모르는 것을 필요로 하는 것을 발명하는 것이 혁신이자 개혁이다. “이봐, 해봤어?”는 정주영 전 현대그룹 명예회장의 사례도 빼놓을 수 없다. 이 짧은 말에는 스스로의 능력에 한계를 짓지 않는 불굴의 도전정신이 담겨 있다. 그의 이런 신념은 학교 공부도 부족하고, 가진 돈도 없었던 가출소년을 세계적인 기업의 총수로 만들어 준 원동력이었다. 1970년 겨울 공사도 시작하지 않은 조선소 부지를 찍은 항공사진과 거북선이 그려진 500원짜리 지폐 한 장만으로 선박을 수주한 일화는 배짱과 뚝심으로 상징되던 '한국형 기업가정신'의 대표적 사례로 꼽힌다. 그의 배짱이 초석이 된 현대중공업 울산조선소는 오늘날 세계 1위 조선강국을 만드는 결정적 디딤돌이었다. 폐유조선을 가라앉혀 물을 막아 간척지를 만들고, 중동에서 글로벌 기업들과 경쟁해 공사를 수주하고, 현대·기아차를 세계 톱 5의 자동차기업으로 성장시킨 것도 끊임없이 혁신하고 실패를 두려워하지 않는 도전정신이 있기에 가능했다.

변화와 혁신은 부와 명예를 가져다 준다. 우리나라에서 1950년대에 잘 살던 사람은 연탄공장에 있었지만 지금은 연탄공장이 모두 사라졌다. 1960년대에는 잘 사는 사람이 섬유공장에 있었고, 그 섬유공장이 1980년대엔 한 지역에 3,500개가 있었지만 지금은 300개도 남지 않았다. 1990년대의 경우에는 건설회사와 자동차 부품이었다. 이렇게 기업은 시대의 변화와 필요에 따라 끊임없이 장르와 변화를 거듭해야만 살아남을 수 있었다.

혁신의 아이콘, 스티브 잡스

혁신의 아이콘, 스티브 잡스Steven Paul Jobs의 "Think Different!", "Stay Hungry, Stay Foolish!"라는 그의 외침은 그가 어떤 사람인가를 짐작하기에 충분하다. 누구나 그를 따라오게 하는 힘의 원천은 현실에 안주하지 않고 상대방에게 꿈, 가치, 비전 등을 바라보게 하며, 사물을 자세히 바라보는 세심, 꼼꼼함, 판을 읽는 냉철함, 원칙을 지키는 철두철미함이라고 할 수 있다. 그는 사업을 하면서 여러 가지 어려운 역경에 부딪혔지만 이런 환경에 굴복하지 않고 자신의 비전을 열정적으로 설득해 나가는 데 몰두하였다. 회로기판만 있는 퍼스널 컴퓨터 '애플 I'을 만들어 발표했으며, 당시 퍼스널 컴퓨터 시장이 주목받게 되자 곧 새로운 컴퓨터 플랫폼인 '애플Ⅱ'를 만들어 냈다. …… 그 후 그는 새로운 미디어인 인터넷과 접목한 새로운 제품 개발에 눈을 돌렸으며 그 대상은 음악이었다. 그는 항상 제품의 모양과 색깔을 결정하는 디자인을 매우 중시했다. 아이튠즈 개발에 이어 아이포드라는 MP3플레이어를 개발하여 세계적인 히트상품 반열에 올려놓았다. 2007년 맥월드에서 아이폰이 발표되고 전 세계적으로 선풍적 인기를 끌었으며 애플은 약 500억 달러의 수익을 올렸다. 특히 아이폰은 통신업계 전반을 뒤흔들어 놓았고 문화적 파급효과도 지대했다. 또한 2010년 발표된 아이패드라는 태블릿 컴퓨터를 발표하면서 스티브 잡스가 주도하는 변화는 가속화되었다. 이 외에도 발명왕 및 제너럴 일렉트릭(GE)사의 창립자 에디슨, 세계 최대 칩 메이커이고 퍼스널 컴퓨터 · 네트워크 및 통신장비 제조 분야에서도 선도적인 위치를 점하고 있는 인텔사의 앤드루 그로브 회장, 또 PC용 소프트웨어 분야에서 전 세계적 선두업체인 마이크로소프트사의 최고 소프트웨어 설계자인 빌 게이츠Bill Gates, 1896년 다우존스 산업지수가 발표한 미국의 12개 우량기업 중 현재까지 생존하고 있는 유일한 기업이며 현재 100여 개 나라에 진출하여 활동하고 있는 제너럴 일렉트릭GE의 잭 웰치John Welch 회장, 세계적 자동차 회사 크라이슬러의 아이아코카Iacocca 회장 등을 들 수 있다. 이들은 수많은 새로운 일자리 마련, 엄청난 부가가치 창출 및 더 발전적인 경제 · 사회적인 변화를 추구하여 개인의 부의 축적은 물론 그 국가와 인류에게 커다란 영향을 끼쳤다. 이들은 실로 기업가정신의 실천자들이라 할 수 있다.

장사꾼은 오 리五厘 보고 십 리十里 간다

영리추구

사업의 궁극적 목적

인간은 모두 이 세상을 살아가면서 무엇인가 성취하는 기쁨에 자신의 정열을 더욱 불태운다. 노력한 결과가 바로 자신에게 돌아올 경우 성취욕구는 더 강해진다. 이와 같은 성취지향적인 인간들의 욕구를 가장 잘 승화, 발전시켜 놓은 것이 근대자본주의 경제의 영리추구 욕구라고 할 수 있다.

자본주의 경제에서 가계와 기업은 전형적인 개별경제인데, 기업은 이윤추구를 목적으로 운영된다. 가계가 자본주의 이전부터 존재해 온데 비해, 기업은 자본주의에서 발생한 것이다. 자본주의 경제에서 기업을 경영하는 자는 그의 노력에 따라 큰 이윤을 얻을 수 있다. 수많은 기업가들은 이윤을 얻는 데서 자극받아 기업경영에 최선을 다한다.

위험부담을 기꺼이 감수하려는 기업가의 속뜻은?

'장사꾼은 오 리五厘 보고 십 리十里 간다'는 속담에는 장사꾼의 목적과 심리상태가 분명히 드러나 있다. 오 리五厘는 0.005, 곧 5/1,000에 불과하다. 1,000원짜리 물건을 팔아서 고작 5원밖에 남기지 못하니 이익이 아주 적은 장사라는 말이다. 십 리는 4킬로미터나 되는 거리여서 걸어서 가기에는 대단히 멀다. 십 리를 가는 데는 많은 위험부담이 따를 수도 있다. 오 리의 이윤을 쫓아다니는 주체는 다름 아닌 기업이다.

기업의 영리목적은 자본을 운용하여 순환시킴으로써 실현될 수 있지만, 이 목적을 위한 자본의 운용은 신중하고 계획적으로 이루어져야 한다. 기업활동에는 항상 위험이 뒤따르므로 그렇지 못할 경우 기업은 소기의 이윤획득에 실패할 뿐만 아니라 손실을 얻는다. 기업은 이윤의 극대화를 목표로 일정한 계획을 세워 경영방침을 결정하고, 그에 따라 신중하게 자본을 운용해야 한다. 기업은 자본을 운용하면서 사회가 필요로 하는 모든 재화와 용역을 생산하고 공급하기 때문에 목적으로 삼는 이윤을 획득할 수 있다.

생활 속의 영리추구 행위

'장사꾼은 오 리 보고 십 리 간다'는 영리추구 행위가 실제 경제생활에서는 어떻게 나타나는지 살펴보자. 각 금융기관에서 다양한 금융상품이 쏟아지는 것도, 소비자의 기호에 맞춰 자동차 모델을 계속 개발하는 것도, 수개월 단위로 새로운 전자제품을 생산해 내는 것도 모두 오 리의 작은 이윤을 쫓아 십 리라는 먼 길까지 기꺼이 발길을 내딛는 기업들의 실천결과라고 할 수 있다. 기업들 사이에는 이윤획득 때문에 경쟁이 끊임없이 일어나고 있다. 기업은 각기 최대의 이윤이라는 목표를 실현하기 위해 활동에 필요한 자본을 조달하거나 생산품을 판매하는 데서 상호 간에 경쟁한다. 기업이 이와 같은 경쟁에서 승리하려면 무엇보다도 상품의 질을 높이고, 생산비를 낮추어 판매가격을 싸게 매기는 것이 필요하다. 요새 흔히 볼 수 있는 '가격파괴 전략'은 바로 이를 입증해 주는 한 예다. 각 기업이 이윤추구 활동에 적극적일수록, 또 기업 상호 간의 경쟁이 치열할수록, 판매상품은 좋아지고 저렴해진다. 기업이 이윤을 얻지 못한다면, 도산위기에 처하고 기업은 더 이상 일자리 창출과 같은 사회적 공헌을 할 수 없게 된다. 기업이 이윤을 추구하는 것은 보다 나은 기술의 개발과 소비자를 만족시키기 위한 신제품 개발 등 경제의 성장과 시대의 발전을 이루는 것임이 틀림없다. 또한 자유로운 기업의 경쟁은 자기혁신을 통해 더 좋은 상품이라는 결과와 경제발전이라는 결과를 낳는다. 그리고 소비자는 그에 따른 혜택을 받는다. 이윤을 허용하지 않을 경우 이러한 경제발전과 기술의 발전을 통한 시대의 발전은 이루어지지 않을 것이다. 또 경쟁을 제한하게 된다면 이 역시 노력을 게을리 하여 경제발전을 방해하는 원인이 되고, 소비자는 효율적 소비를 할 수 없게 된다. 기업의 이윤추구는 현재 사회에서 없어서는 안 될 경제발전의 주요한 하나의 요소이다.

상품의 질이 더욱 좋아지고 가격이 더욱 싸지며 강력한 시장지배력을 가지기 위해서는 끊임없는 혁신이 이루어져야 한다. 이러한 창조적 파괴과정이 끊임없이 이루어지는 것은 오 리의 이윤을 좇아 십 리의 먼 길을 기꺼이 가는 장사꾼의 영리추구 활동이 있기 때문이다.

이윤을 향한 혁신innovation과 경쟁competition은 경영을 합리화하고 진보시키는 원동력이기도 하다. 이윤획득을 위한 혁신과 경쟁은 사회공공의 이익을 늘리는 결과가 된다. 이 때문에 완전경쟁이 이루어지는 사회에서는 기업가 개인의 욕망실현과 생산경제 단위로서의 기업의 임무달성이 모순됨 없이 이루어진다. 기업은 원래 기업가의 이윤획득을 위한 수단이며 경영시설이다. 그러나 사회와 국민경제의 견지에서 고찰한다면, 기업은 사회에서 필요로 하는 공공복지의 달성을 모두 만족시킬 수 있다.

그러므로 기업가 간의 자유경쟁을 방해하려는 국가의 간섭은 원칙적으로 피해야 한다. 단지 불가피한 경우에만 최소한의 제한이 인정될 것이다. 애덤 스미스가 자유방임을 말하고, 정부의 간섭이 유해무익하다는 것을 주장한 것도 이 때문이다. 애덤 스미스는 개별경제 주체의 영리추구 행위와 공공복지는 서로 대립하지 않으며 보이지 않는 손invisible hand에 의해 잘 조화된다고 주장했다. 그 결과 개별경제 주체의 영리추구가 극대화하고 국가도 부강해진다는 것이다.

고유 브랜드를 가져라

오늘날 우리는 '장사꾼은 오 리 보고 십 리 간다'는 속담에 담긴 영리추구의 세계가 현실세계에서는 이떻게 구체화하는지를 실감하면서 살아간다. 이윤이 남지 않는 기업은 이미 죽은 기업이다. 기업이 실제 경제에서 이윤을 남기기 위해서는 상품의 품질을 높이고 생산비를 절감하여 가격을 낮추는 것이 가장 바람직하다. 소비자가 원하는 시기에 상품을 공급해 주는 순발력이 필요하고, 소비자의 입맛을 맞출 수 있는 취향분석 및 고유 브랜드 갖추기가 선행되어야 한다.

21세기에는 많은 기업이 단기이윤을 높이기보다는 장기이윤을 극대화하는 데 경영의 초점을 맞추는 것이 전체적인 추세이다. '장사꾼은 오 리 보고 십 리 간다'는 영리추구 전략은 오늘날의 세계 경제 곳곳에서 활발하게 확대 · 적용되고 있으며, 이는 기업 생존 및 발전의 길이기도 하다.

보리밥알로 잉어 낚는다

생산성

인간 욕망은 생산활동으로 이뤄진다

인간들의 끝없는 욕망에 대한 근본적인 해결책은 결국 생산활동을 통하여 이루어진다. 생산이란 인간의 욕망을 충족시키기 위하여 재화나 효용을 증가시키는 인간의 모든 행위로서, 생산자들은 한정된 생산자원을 가지고 제품을 얼마나 생산해야 하고, 각 생산요소들을 어느 정도 배급해야 하는 것이 유리한가와 같은 합리적인 생산의 문제에 끊임없이 부딪히게 된다.

우리 속담에 '보리밥알로 잉어 낚는다'는 말이 있다. 이 속담이 의미하는 바는 조그마한 보리밥알 몇 개를 낚싯바늘에 꿰어서 저수지나 강물에 던져두면 그 미끼를 따먹기 위해서 커다란 잉어가 걸려들어 큰 산출량을 얻게 된다는 뜻이다. 적은 투자로 큰 성과를 얻게 된 것이다. 이때 미끼로 넣은 보리밥알이 적을수록, 또 낚싯바늘에 걸린 잉어가 클수록 보리밥알의 생산성이 높다고 한다.

생산을 위하여 투입input된 생산요소의 양에 대한 생산물의 산출량output의 비율인 생산성productivity은 각종 자원을 얼마나 효과적으로 이용하였는가를 잴 때 사용되는 개념이다. 생산성은 실제 경제에 있어서 한 사람의 근로자가 한 시간 동안 일해서 만들어 낼 수 있는 재화와 서비스의 수량으로 표시된다. 이때 생산요소 한 단위의 투입물이 만들어 내는 생산물의 산출량을 의미하는 생산성은 소득증가와 경제발전의 중요한 기준이 된다. 나아가 생산성의 증가는 국민들의 소득증가와 직결되므로 경제운영에 있어서 최선의 목표가 된다.

적은 투자로 큰 성과를 올리다

'보리밥알로 잉어 낚는다'는 속담의 제약조건하에서 최소 생산요소 조건으로서의 '보리밥알'을 보자. '보리밥알'이란 생산을 위하여 투입되는 생산요소를 의미한다. '낚이는 잉어'가 일정할 경우 '보리밥알'을 적게 투입하면 적게 투입할수록 효율적이다. 실제 경제에서 이러한 생산요소로는 노동, 자본, 토지, 기술 등을 들 수 있다. 생산의 주체인 기업에게 있어서 산출물이 일정하게 고정되어 있을 경우, 투입되는 생산요소가 적게 투입되면 적게 투입될수록 생산성은 높아지게 된다. 이러한 생산성은 실제 경제에서 근로자 한 명이 한 시간 동안 일해서 만들어 낼 수 있는 재화와 서비스의 수량으로 표시할 수 있다.

노동과 자본의 두 가지 생산요소의 시장가격이 일정하게 주어져 있고 또 생산요소구입에 투입될 예산이 일정하게 주어져 있을 경우, 주어진 예산으로 최대한 구입할 수 있는 여러 가지 생산요소의 여러 가지 결합을 보여 주는 것이 등비용선iso-cost curve이다. 소비에서의 가격선과 그 성격은 동일하다.

제약조건하에서 최대 산출량 조건으로서의 '잉어'

|그림 2-2|에서 볼 수 있듯이 '보리밥알'이라는 일정한 생산요소인 노동 Oa, 자본 Ob가 투입되어 등비선 ab상에서는 모두 150이라는 비용이 들어갈 경우, 동일한 등비선상에 있는 Q점이나 R점에서는 Y_1의 산출량인 300만큼의 잉어를 잡을 수 있다. 그렇지만 P점에서는 Y_2의 산출량인 600만큼의 '잉어'를 잡을 수 있게 된다. 그러므로 P점은 제약조건하에서 최대 산출량점이 된다. 이 600만큼의 '잉어'를 잡을 수 있는, 즉 일정 생산량을 생산하는 데 필요로 하는 두 가지 생산요소의 여러 가지 조합을 연결한 하나의 곡선이 바로 등량선iso-quant curve이다. 그러므로 하나의 등량선상에서 생산은 어떤 위치에서 생산하든지 간에 동등한 생산량을 가져오게 한다. 등량선은 소비에서 무차별곡선의 성질과 동일하다.

|그림 2-2|에서 600이라는 '잉어'의 산출량을 얻기 위해서는 어떤 결정요인과 노력이 수반되어야 할까? 아마 잉어의 생산성을 극대화하기 위해서는 다음 네 가지의 결정요인들, 즉 낚싯대를 더 많이 보유하고 있어야 하고, 잉어를 잡는 기술에 관한 훈련을 받아야 하며, 잉어가 많이 있는 곳에 자리를 잡아야 하고, 잉어가 잘 잡히는 곳을 알고 있어야 할 것이 요구된다. 다시 말하면, 잉어 낚기의 생산성을 극대화하기 위해서는 물적자본, 인적자본, 자연자원, 기술지식의 네 가지 결정요인이 갖추어져야 한다.

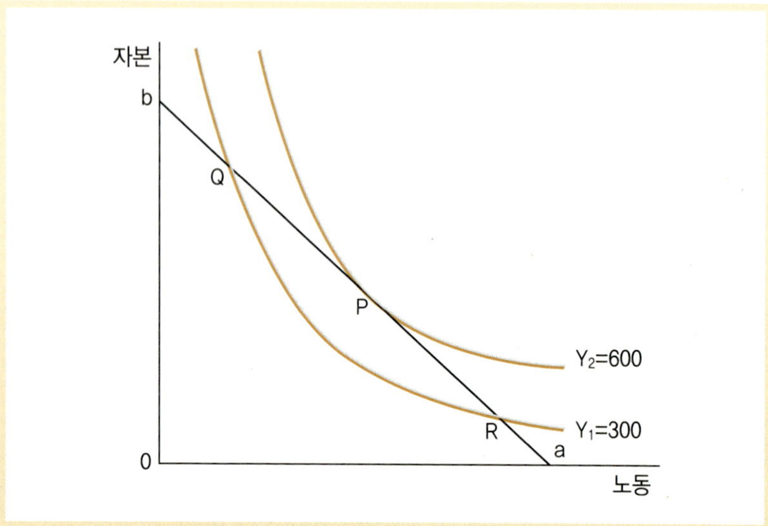

| 그림 2-2 | 최소 생산요소인 '보리밥알'과 최대 산출량인 '잉어'의 균형

'보리밥알로 잉어 낚는다'는 말을 구체적으로 분석해 보자. 여기서 가장 큰 관심사는 어떻게 하면 잉어를 더 많이 낚을 수 있을 것인가이다. 생산성을 극대화하기 위해 낚시꾼은 다음 네 가지 결정요인을 어떻게 활용하는가가 중요한 과제이다. 첫째, 물적자본이다. 이는 재화와 서비스의 생산에 투입되는 장비나 건물을 말한다. 근로자들이 도구를 사용하면 생산성은 높아지게 마련이다. 목수가 가구를 만들 때 톱, 선반기계, 압축기 등 도구를 사용하는데, 도구가 좋고 많을수록 목수는 일을 더 빠르고 정확하게 할 수 있다. 곧 기본적인 도구만을 사용하는 목수보다 정교한 장비를 갖춘 목수가 같은 시간 동안에 더 많은 가구를 만들 수 있는 것이다.

둘째, 인적자본이다. 이는 근로자들이 교육, 훈련, 경험을 통해 체득하는 지식과 기술을 뜻한다. 여기에는 유아교육, 초등교육, 중등교육,

대학교육을 비롯해 성인 노동인구들이 현장 직업훈련을 통해 얻는 모든 기술이 포함된다. 물적자본처럼 인적자본도 한 국가의 재화와 서비스를 생산하는 능력을 높여준다.

셋째, 자연자원이다. 토지, 강물, 광물, 산림자원 등 자연에서 제공되는 생산요소를 말한다. 자연자원 부존량의 차이는 세계 여러 나라의 생활수준 격차와 어느 정도 관계가 있다. 역사적으로 미국경제가 발전할 수 있었던 이유 가운데 하나는 농사 짓기 좋은 토지가 많았기 때문이다. 쿠웨이트나 사우디아라비아 같은 중동의 일부 나라는 단지 다량의 원유가 매장되어 있는 땅 위에 자리 잡고 있기 때문에 부자가 되었다.

넷째, 기술지식이다. 이는 재화와 서비스를 생산하는 최선의 방법에 대한 사회의 이해를 말한다. 과거에는 농업기술이 부족하여 전체 인구가 먹을 식량을 생산하기 위해 많은 노동력이 필요했지만, 오늘날에는 영농기술이 발달하여 소수의 농업인구만으로도 필요한 식량을 충분히 생산할 수 있게 되었다. 기술진보로 과거에는 노동에 투입되던 인력을 다른 재화나 서비스를 생산하는 데 활용할 수 있게 된 것이다. 최근에는 컴퓨터 및 정보통신의 혁명으로 기술지식이 한층 더 발전하고, 생산성도 더 높아졌다.

'보리밥알로 잉어 낚는다'와 생산자 균형

|그림 2-3|에서 생산자는 E점에 해당하는 자본 4단위와 노동 1.5단위를 총비용 150을 들여서 300단위의 생산물을 생산해 낼 수 있다. 반면에 B점은 자본 2단위와 노동 3단위를 투입하여 총비용 120을 들여서 300단위를 생산할 수 있다. 그러나 120 이하의 생산비로서는 300단위의 생산물을 산출할 수 없다는 것을 알 수 있다. 그러므로 300단

위를 생산할 경우 B점에 대응하는 요소결합의 방법이 최소비용의 방법임을 알 수 있다.

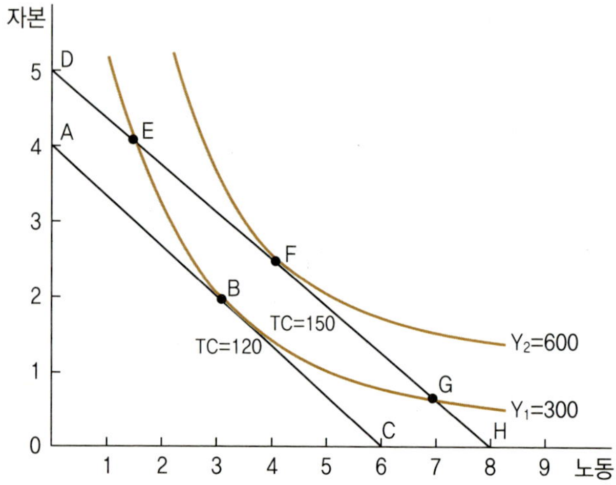

| 그림 2-3 | 보리밥알로 잉어를 낚을 때의 생산자 균형

등생산량곡선에 대해서 등비용선에 접하게 되는 점에 대응하는 요소결합이 바로 최소비용을 이룩하는 결합, 즉 생산자 균형을 가져오는 결합이다. 이 점에서는 등비용선과 등생산량곡선이 접하고 있으므로 두 선의 기울기는 같아지게 된다.

등생산량곡선의 기울기는 노동과 자본의 두 생산요소 간의 기술적 한계대체율marginal rate of substitution이다. 또 등비곡선의 기울기는 두 생산요소의 가격의 비율(노동의 가격/ 자본의 가격)과 같다. 그러므로 생산자 균형이 달성되는 B점에서는 다음의 등식이 성립한다.

등생산량곡선의 기울기 = 등비곡선의 기울기

이상에서와 같이 일정 생산량을 최소비용으로 생산하는 소위 생산자 균형은 두 생산요소의 기술적 한계대체율과 두 생산요소의 가격의 비율이 균등한 데서 달성된다. 다시 말하면, 생산자 균형은 두 생산요소의 한계생산력의 비율과 두 생산요소의 가격의 비율이 균등하게 될 때 달성된다. 결국 생산자 균형점에서는 기술적 효율technical efficiency과 경제적 효율economic efficiency이 모두 충족되게 된다. 생산의 기술적 효율이란 생산요소의 여러 가지 결합을 통해서 최소한의 요소투입으로 최대한의 산출량을 얻는 것을 말한다. 또 생산의 경제적 효율이란 이윤극대화를 추구하는 기업이 최소비용에 의한 일정량의 생산 또는 일정 생산비에 의한 최대의 생산량을 얻는 방법을 말한다. 따라서 B점은 최소의 생산요소 투입으로 최대의 산출량을 얻게 됨으로써 가장 합리적인 생산이 이루어지게 되는 점이며, 이때를 우리는 생산자 균형producer's equilibrium이 달성되었다고 말한다.

생산성 향상의 사례로

테일러Frederick Winslow Taylor는 과학적 관리법을 통해 생산성을 향상시켰다. 그는 근로자의 근로의욕을 높이고 능률을 증진하는 합리적인 작업관리의 방법인 과학적 관리법을 통해 노동자와 사용자 모두를 만족시켰다. 그는 '작업 표준시간'을 정해 100년 전 제강소의 '상생실험'을 실행하였다. 거기에서 그는 노동자와 사용자가 '객관적 하루 생산량'을 결정하고, 목표수준에 맞춰 임금을 차등 지급함으로써, '생산성 향상과 임금 상승'을 동시에 달성하였다. 그는 표준시간을 기초로 하루 목표를 설정하고 목표를 초과한 작업자에게는 높은 임금을, 미달한 작업자에게는 낮은 임금을 적용하는 차별적 성과급제를 도입했는데, 이것이 바로 '과학적 관리법'이다. 이 방법의 도입으로 선철 운반 작업량은 종전 1인당 하루 16톤이었는데 59톤으로 네 배 가까이 생산성이 향상되었다. 작업자의 하루 임금도 1.15달러에서 1.88달러로 1.6배가 됐으며, 톤당 노무비는 0.072달러에서 0.033달러로 절감됐다. 생산성 향상이란 파이를 키워 '고高임금-저低노무비'를 실천하여 노사가 윈윈하는 결과를 가져온 것이다. 노조의 반발에도 불구하고 테일러의 과학적 관리법은 미국 전역으로 퍼져 미국 기업들의 생산력이 유럽을 앞서는 데 크게 기여했다. 후에 등장하는 포드자동차의 대량생산 시스템 도입과 함께 미국의 세계를 열어 나가는 데 결정적 공헌을 한 것이다.[23]

생산성을 극대화하기 위한 결정요인

과연 무엇이 이렇게 국가 간에 또는 시간상으로 국민소득의 차이를 일으켰을까? 해답은 의외로 간단하다. 국민 생활수준의 변화는 대부분 국가 간의 생산성 차이 때문이다. 곧 한 사람이 한 시간 동안 일해서 만들어 낼 수 있는 재화와 서비스 양의 차이에 달린 셈이다. 시간당 근로자가 생산해 낼 수 있는 재화와 서비스 양이 많은 나라에서는 국민 대부분이 높은 생활수준을 누리고, 근로자의 생산성이 낮은 나라에서는 국민이 궁핍한 생활을 견뎌야 한다. 전 세계에서 국가 간의 생활수준은 엄청나게 차이가 난다. 고소득 국가의 국민은 자동차, 스마트폰, TV 등의 이용률도 더 높고 영양상태도 좋다. 주택도 훨씬 호화롭고 훌륭한 의료서비스를 누리며 평균수명도 더 길다. 시간에 따른 생활수준도 매우 크게 변화한다. 이들 모두는 생산성 향상에 따른 성과물이라 할 수 있다.

그런데 경제협력개발기구OECD는 한국 경제의 '낮은 노동생산성'을 큰 문제점으로 지적했다. 한국의 시간당 노동생산성은 2013년 기준 29.9달러로 OECD 35개 회원국 가운데 25위다. OECD는 한국의 노동생산성을 높이기 위해서는 각종 산업규제 철폐와 고착화된 정규직 과보호 문화 개선 등이 필요하다고 지적했다. 근로시간은 OECD 국가 중 두 번째로 길지만 생산성은 OECD 상위 17개국 평균의 50%에 불과하다.[24)]

생산성 향상과 소득증가에 대한 조상의 깊은 관심은 여러 속담에서 구체적으로 드러난다. '곤지(곤쟁이, 새우새끼) 주고 잉어 낚는다', '버린 밥으로 잉어 낚는다', '바늘 넣고 도끼 낚는다', '박토薄土 팔아 옥토沃土 산다', '한 되 주고 한 섬 받는다', '되로 주고 말로 받는다', '되 글을 가지고 말 글로 써먹는다' 등이 그렇다. 이들 속담에서 알 수 있듯이 조상들은 최소의 비용이라고 할 수 있는 '곤지', '곤쟁이', '새우 미끼', '버린 밥', '바늘', '박토', '한 되', '되 글' 등을 투입하여 단위생산에서 최대의 산출량이라고 할 수 있는 '잉어', '도끼', '옥토', '한 섬', '한 말', '말글' 등을 산출해 내어 생산성 극대화를 지향했음을 알 수 있다.

생산성과 국민 생활수준과의 관계는 정부가 경제정책을 수립하는 데에도 중요한 요소로 작용한다. 정부의 정책이 국민 생활수준에 어떠한 영향을 미칠 것인가를 알려면 먼저 그 정책이 재화와 서비스의 생산능력에 어떤 영향을 미칠 것인가 생각해 봐야 한다. 생활수준을 향상시키는 가장 확실한 정책은 생산성 향상이고, 수준 높은 교육을 받은 근로자들이 좋은 장비와 최고의 기술로 생산활동에 임하도록 보장해 주면 생산성은 더욱 좋아진다.

한 푼짜리 푸닥거리에 두부가 오 푼

비생산성

손해보는 장사

경제생활에서 우리는 적은 노력, 적은 돈, 적은 생산요소의 투입으로 더 큰 성과, 더 많은 돈, 더 많은 산출량을 얻는 경제활동을 기대한다. 이때 생산을 위해 들어가는 투입량보다 생산의 결과에서 얻어지는 산출량이 더 많은 경우 생산성이 높다고 한다. 거꾸로 더 많은 노력, 더 많은 돈, 더 많은 생산요소를 투입했지만 성과가 미미하다거나 산출량이 기대에 못 미칠 경우, '생산성이 낮다' 또는 '비생산성non-productivity의 경제가 전개되었다'고 말한다.

'한 푼짜리 푸닥거리에 두부가 오 푼'이라는 속담이 있다. 무당이 푸닥거리를 해서 얻는 기대수익이 '한 푼'인 데 비해, 그 푸닥거리를 위해 들어가는 비용이 '오 푼'이나 되니 이익을 기대하며 치른 푸닥거리에서 이익은커녕 오히려 '네 푼'의 손해를 보았다는 뜻이다. 산업정보화사회에서는 푸닥거리를 찾아보기가 힘들지만 농경사회에서는 흔히 볼 수 있는, 흥미로운 구경거리였다. 전통사회에서는 사업이 안 되거나 사람이 아플 때 혹은 아이를 낳지 못할 때 웬만한 일에 푸닥거리를 했다.

무당에게 푸닥거리는 수익을 전제로 하는 사업이다. 수익이 남아야 할 사업에서 손해를 본다는 것은 무당이 푸닥거리에서 원가계산을 잘못 했음을 뜻한다. 이때 무당에게는 사업가로서 자질이 없으니 빨리 푸닥거리를 그만두고 다른 사업으로 전환하는 것이 합리적이라는 뜻이다. 위의 속담에서 투입비용에 비해 산출물은 1/5 수준밖에 못 미치니 기대수익의 네 배에 이르는 '네 푼'의 순손실이 발생한 것이다. 무당의 푸닥거리 사업에서 비생산성이 극에 달했다고 볼 수 있다.

비생산성과 관련된 또 다른 속담

비생산성과 관련한 속담으로는 '기름 엎지르고 깨 줍는다', '노적가리에 불 붙이고 튀각 주워 먹는다', '헌 분지 깨고 새 요강 물어준다', '콩 볶아 먹다가 가마솥 깨뜨린다', '집 태우고 못 줍기', '집 태우고 바늘 줍기', '한 냥짜리 굿하다가 백냥짜리 징 깨뜨린다', '헌 분지 깨고 새 요강 물어준다', '재산을 잃고 쌀알을 줍는다', '계契 타고 집 판다', '돼지 값은 칠 푼이요, 나무 값은 서 돈이다', '기와 한 장 아끼다가 대들보 썩힌다', '소탐대실小貪大失' 등이 있다. 이들 속담은 공통적으로 작은 것을 아끼다가 큰 손해를 입고, 배보다 배꼽이 더 큰 경우로, 주된 비용보다 부차비용이 더 드는 경우를 비판한 것이다.

비생산성 관련 사례

'핀테크' 비용 아끼다가 큰돈을 벌 기회를 놓친 증권업계의 사례가 있다. 핀테크(Fin-tech : Finance와 Technology의 합성어)가 부각되면서 금융 및 산업 전반에 '핀테크 광풍'이 불고 있다. 은행권이 핀테크를 이용한 새로운 사업 육성에 박차를 가하는 것과 달리 증권사와 자산운용사를 비롯한 금융투자업계의 운신의 폭은 생각보다 넓지 않다는 게 업계 관계자들의 공통된 시각이다. 우리나라에서만 요구되는 공인인증제도가 해외진출에 걸림돌이 되고 있다.[25)]

비생산성과 관련한 속담의 면면을 살펴보면 한번 실수는 병가상사兵家常事라고 하듯이, 실수를 거울삼아 다음에 일어날지도 모르는 일에 대해 시행착오를 최소화한다는 뜻을 담고 있다. 이것은 반어적인 수사법을 사용한 효과적인 생활경제교육이라 할 수 있다. 또 극심한 손실에 대해서도 최소한의 여유와 낭만을 가지고 재기하려는 조상의 예지를 엿볼 수 있다.

한편 생산성의 관점에서 보면 일고의 가치도 없고 오히려 손해만 본 경우에 대해서도 다음과 같은 재치 있는 속담들이 있다. 한 가지 손해를 막으려다가 두 가지 손해를 보는 경우에 대하여 '개구멍에 망건 치기', 애써서 한 일이 무용지물이 되었을 때 '게 잡아 물에 놓았다', 작은 이익에 몰두하다가 더 큰 손해를 보게 되었을 때 '계 타고 집 판다', 남에게 잘해주고 자신의 실속은 전혀 챙기지 못할 때 '빚 주고 뺨 맞는다', '내 것 주고 뺨 맞는다', 너무 큰 이익만 좇다가 오히려 실속이나 소득을 못 차리는 상황에 대해 '떼 꿩에 매 놓기', 실속이나 소득이 전혀 없는 일에서 손해만 보는 것에 대해 '못 먹는 잔치에 갓만 부순다', '밑 빠진 독에 물 붓기' 등이 있다.

이러한 속담들은 생산성 극대화를 무리하게 강권하지 않고 오히려 누구나 흔히 접할 수 있는 생활경험들을 꾸밈없이 제시하여 반복된 실수나 손해를 방지하도록 하고, 그 결과 생산성 극대화를 달성할 수 있는 생활경제를 강조하고 있다.

공든 탑이 무너지랴

근면성

부의 축척의 기본은 부지런함이다

생산수단과 생산자원이 제한된 농경사회에서 윤택한 경제생활을 위한 최선의 방법은 근면성이었다. 지식정보화사회에서도 근면성은 목적하는 일에 대한 성공을 위해서나 부의 축적을 위해 가장 기본적인 덕목이 될 수밖에 없다. 한 나라의 경제는 그 나라 사람들이 창의력을 발휘하고 부지런히 일할 때 더욱 성장한다. 시간이나 때우며 건성으로 일하는 경우와 창의성을 발휘하여 온갖 정열을 쏟아 일하는 경우는 분명히 성과가 다르게 나타난다.

'공든 탑이 무너지랴'는 속담이 있다. 지극한 정성으로 공을 들인 일은 쉽사리 실패하지 않으며, 말없이 꾸준히 일하는 사람은 마침내 큰 일을 해낸다는 뜻이다. 사실 이 세상에서 노력을 들이지 않고 그냥 이루어지는 일은 거의 없다. 남들이 보기에는 쉽게 이루어진 것처럼 보이는 일도 내막을 구체적으로 들여다보고 분석하면 그 일이 클수록 엄청난 노력과 정성을 쏟았음을 알 수 있다.

유사 속담으로 '거지도 부지런해야 더운밥을 얻어먹는다', '거미도 줄을 쳐야 벌레를 잡는다', '낙숫물이 바위를 뚫는다', '부뚜막의 소금도 집어넣어야 짜다', '로마는 하루아침에 이루어지지 않았다'가 있다. 근면성은 세상살이의 가장 기본이 되는 덕목이다. 근면성이 뒤따라야 주어진 상품의 효용가치를 극대화할 수 있고, 아무리 손쉬운 일이라도 노력해야 성과를 얻을 수 있는 것이다.

허준과 『동의보감』

근면성으로 성공한 대표적인 인물로는 허준을 들 수 있다. 그는 조선 선조 때의 명의로 궁중의 전의典醫로 있으면서 선조의 명을 받아 의학서적을 편찬했는데, 그것이 바로 『동의보감(東醫寶鑑)』이다. 이 책은 우리나라와 중국의 의학서적을 모아 저술한 것으로 동양에서 가장 우수한 의학서로 꼽힌다. 허준에 얽힌 이야기를 소개해 보자.

그는 처음에 의술을 배우기 위해 당시 명의로 이름을 떨치고 있던 유의태의 집에서 약초를 캐기 시작했다. 그는 항상 약초의 잔뿌리를 다칠세라 조심스럽게 땅을 파고 정성을 다하여 보관했다. 허준이 일에 임하는 태도는 너무나 진지했으며, 그가 의술에 쏟아붓는 열정은 다른 사람들이 도저히 흉내를 내지 못할 정도였다. 허준의 스승 유의태는 제자의 강한 집념과 성실성을 높이 평가했다. 그는 자기 아들을 제쳐두고 허준에게 의술을 전수한 것은 물론, 자기 몸까지 의학실험용으로 제공하여 허준이 천하의 명의로 이름을 떨치게끔 했다. 유의태의 행동은 허준의 성실성에 대한 깊은 신뢰 때문이었다.

최고를 향한 집념

근면성을 애기할 때 빼놓을 수 없는 사람은 바로 에디슨T. Edison이다. 에디슨은 오직 근면성과 집념으로 미국의 대발명가가 되었다. 자동중계기, 투표기록기 등을 발명한 이래 끊임없는 노력의 결과로 전신기, 전송기, 축음기, 백열전등, 영화촬영기 등 1,000여 종에 이르는 물건을 발명해 특허를 받았다. '모든 일은 99%의 노력과 1%의 영감으로 이루어진다'는 말은 에디슨의 근면성을 대변한다. 스코틀랜드에서 태어난 철강왕 카네기A. Carnegie 역시 끈질긴 근면성으로 사업에 성공했다.

성공한 사람, 거부가 된 기업가, 한 분야에서 최고의 경지에 이른 사람은 가만히 앉아서 영화로움을 선물받은 것이 아니다. 부유한 나라 역시 마찬가지다. 공든 탑을 쌓기란 쉬운 일이 아니지만 그만큼 쉽게 무너지지도 않는다. 최고를 향한 집념과 근면성이 있을 때 반드시 최고를 이룰 수 있다. 이러한 사항은 부강한 나라의 필수조건임을 명심하자. 결국 탑이 무너지느냐 아니냐는 탑을 향한 집념과 근면성에 달려 있다.

누이 좋고 매부 좋다

기업합병

화자생존의 상생원리

요사이 기업과 은행 사이에 짝짓기가 유행이다. 서로가 살기 위한 전략 차원에서 생긴 자구책이라 볼 수 있다. 이처럼 생존 패러다임이 적자생존의 경쟁원리에서 화자생존和者生存의 상생원리로 바뀜에 따라 행동원리도 모두 바뀌어야 한다. 기업의 존재양식도 상생이 최고의 목표가 되고 있음이 요즘의 추세이다.

미래의 기업성패는 주변의 이해당사자 집단과의 연관성에 달려 있다. 소비자와 근로자, 주주, 협력업체, 정부 등 각 주체들과 윈윈win-win의 우호관계를 유지하지 못하면 생존하기 어렵다. 경쟁기업끼리 메가 머저mega meger로 뭉치는 시대에는 경쟁자도 적敵이 아니라 융합의 상대다. 외형이 거대한 '큰 기업big company'보다 주주와 고객, 근로자를 감동시키는 '좋은 기업good company'이 미래의 경제를 주도하는 기업이 될 것이다.

미래에는 상생개념에 입각한 소비자 친화, 사회 친화, 환경 친화가 기업의 목표여야 한다. 이제 21세기 문화의 시대에는 산업사회를 지탱해 온 적자생존의 대립과 투쟁은 화자생존의 융합과 포용으로의 전환을 요구하고 있다. 자신이 살아남기 위해서는 다른 생명체군群도 살려야 하는 것이 생태계의 원리다. 상생은 현상유지의 협조관계인 소극적 의미의 공생共生보다 한 차원 높은 개념이다. 상생을 통해 생태계는 종족유지를 넘어 진화와 발전의 모티브를 얻는다.

빅딜Big-deal

속담에 '누이 좋고 매부 좋다'는 말이 있다. 나이 든 누이는 매부를 만나 시집을 가니 좋고, 장가를 못 간 매부는 누이를 만나 장가를 드니 양쪽 다 좋다는 것이다. 흔히 쓰는 말로 대규모 거래활동인 빅딜big-deal이 이루어진 셈이다.

요새 기업이나 금융기관들 사이에도 '누이 좋고 매부 좋다'는 빅딜과 관련한 일이 비일비재하게 이루어지고 있다. 기업합병이란 두 개 이상의 기업이 시장지배력을 강화하기 위해 기업활동을 함께하거나 대자본과 제휴하는 일 등을 말한다. 이는 '너 죽고 내가 사는' 적자생존이 아니라 '너도 살고 나도 사는' 화자생존의 상생원리라 할 수 있다. 이 시대를 경쟁시대와 구별 짓는 가장 큰 특징은 '시너지 효과의 일반화'이다. 오늘날은 사회의 분화와 기술의 융합화가 가세해 시너지 효과를 가속화하고 있다.

기업의 짝짓기 전략

'누이 좋고 매부 좋다'는 기업의 짝짓기 전략이 실제 경제에서 어떻게 이루어지는지 살펴보자. 기업의 짝짓기 전략은 기업집중이라는 형태로 이루어진다. 기업집중concentration이란 개별기업이 더 큰 경제단위로 결합하여 경영의 경제적 지배범위를 넓히는 것으로, 시장독점 및 경쟁배제를 목적으로 이루어진다. 이때 시장점유율을 확대하고 독점화하기 위해 같은 계열의 기업을 합병하는 경우와, 경영부진에 빠진 기업이 유력기업과 합병하는 경우 등 여러 가지가 있다. 이 가운데 가장 두드러진 것이 트러스트trust다. 트러스트는 같은 분야의 생산에 종사하는 기업가가 자유경쟁의 결과로 인해 생산과잉이나 가격이 낮아지는 것을 피하고, 나아가 시장과 이윤을 독점할 목적으로 합병하는 것을 말한다.

기업합병 가운데 가장 강력한 형태는 기업통합integration이다. 기업통합에는 수평적 통합, 수직적 통합, 다각적 통합이 있다. 먼저 동일한 산업이나 유사업종끼리 짝짓기를 하여 '누이 좋고 매부 좋은' 관계를 유지하는 수평적 통합을 살펴보자. 수평적 통합이란 동일한 생산물을 생산하는 기업통합으로, 특정 업종에서 생산규모를 늘리기 위해 결합하는 형태이다. 예를 들면, 자동차회사가 대량생산으로 이익을 얻기 위해 서로 병합, 흡수하는 경우이다. 현대자동차가 기아자동차를 흡수, 통합한 예가 여기에 해당한다.

또 다른 예로 우리 금융그룹은 대형화, 겸업화를 지향하고 있는 금융의 세계적인 발전추세에 부응하여 한빛 · 평화 · 광주 · 경남은행 및 하나로종금을 중심으로 국내 최초 순수금융지주회사를 발족시켰다. 이와 같은 금융지주회사의 설립은 자금력이 약한 지방은행들의 경우 기업구조가 튼튼해서 좋고, 자금력은 좋지만 지방 연고가 없는 일반 시중은행은 지방 연고를 통한 영업전략에서 그만큼 덕을 볼 수 있기 때문에 이른바 '누이 좋고 매부 좋다'는 속담이 그대로 적중되는 셈이다.

수직적 통합이란 어떤 특정 산업의 전후 단계에 걸친 결합이다. 수직적 통합은 다시 후방통합과 전방통합으로 나뉜다. 후방통합은 원재료의 공급원을 확보하기 위한 통합이다. 예를 들면, 자동차회사가 자동차 생산에 필요한 특수강을 만드는 공장을 자사의 계열에 통합하는 경우다. 전방통합은 생산물 시장을 확보하기 위한 통합이다. 예를 들어, 어떤 화학회사가 자사제품인 카바이드를 원료로 하는 염화비닐회사를 통합하는 경우이다.

끝으로 최근에 주목받고 있는 다각적 통합을 살펴보자. 다각적 통합은 경영다각화를 목적으로 업종을 달리하는 인접기업을 통합하는 경우이다. 다각적 통합을 하는 목적은 쇠퇴해 가는 시장과 성장하고 있는 시장 사이에서 생산량을 적당히 배분하고, 이익률은 높으나 계절변동이 큰 시장과 판매는 확실하나 이익이 적은 시장 사이에 생산량을 배분함으로써 경기변동의 영향을 극복하려는 데 있다. 이런 통합 형태는 기술혁신이 심한 때에 두드러지게 일어난다.

윈윈Win-win 게임

이제 우리 사회는 '1+1=2'라는 등식은 무너지고, '1+1>2'라는 부등식이 보편화하는 사회로 급변하고 있다. 합치면 더 커지는 사회로, 시너지 효과의 극대화가 사회 전체의 활력소로 작용하고 있다. 과거 경쟁시대의 행동준칙이 '제로섬(zero-sum, 합하면 영이 되어 처음 상태로 돌아가는 원리)'이었다면 상생시대의 행동강령은 '윈윈(win-win, 경쟁이나 전투에서 지는 쪽이 없이 서로 이기는 원리)'이다. 이제는 투쟁과 대결이 아닌 융화와 협력을 통한 화합이 중요한 행동원리가 되었다. 누이와 매부가 따로따로 짝이 없는 상태로 외롭게 살면서 서로가 불행해지기보다, 짝을 지어 행복한 가정을 이루고 자녀를 많이 낳아 훌륭히 기르는 것이 개인이나 사회, 나아가 국가를 위해서도 바람직한 일이다.

꿩 먹고 알 먹는다

합리적 투자

여유 돈을 어떻게 굴리지?

현대사회를 살아가는 사람에게 약간의 돈으로 더 많은 돈을 벌고자 하는 욕망은 공통심리일 것이다. 은행에 예금을 할지, 주식을 살지, 부동산을 살지, 이러한 여러 상품 중에서 어떤 상품을 선택하느냐는 대단히 중요한 문제이다. 여기에서 안전성과 수익성은 중요한 선택기준이 된다. 은행에 예금을 하거나 채권을 사는 경우는 좀처럼 돈을 떼일 염려가 없으므로 안전성은 보장되지만 이자율이 낮기 때문에 수익성이 낮다는 문제점이 있다. 반면에 주식이나 부동산을 살 경우 수익성은 높지만 그만큼 위험부담률이 높기 때문에 안전성이 떨어지는 것이 문제가 된다. 낮은 이자에 모든 것을 맡기자니 아쉽고, 그렇다고 잘 알지도 못하는 주식이나 부동산 투자에 뛰어들자니 불확실성이 너무 커서 선뜻 내키지 않는다. 두 가지 요구를 모두 충족시킬 수 있는 상품이 있다면 서민에게는 정말 반가운 소식일 것이다.

세액공제로 꿩 먹고, 배당수익으로 알 먹는다?

우리 속담에 '꿩 먹고 알 먹는다'는 말이 있다. 이는 한 가지 일에서 두 가지 이상의 이익을 본다는 뜻으로 일의 성과가 매우 크다는 말이다. 유사 속담으로 '도랑 치고 가재 잡는다', '누이 좋고 매부 좋다', '님도 보고 뽕도 딴다', '마당 쓸고 돈 줍는다', '일석이조一石二鳥, Killing two birds with one stone.', '일거양득一擧兩得'이 있다.

먹거리가 적었던 농경시대에 꿩은 몸집이 아주 작은 뱁새나 참새와는 비교가 안될 만큼 크고 먹음직스러운 대표적인 먹거리였다. 꿩을 한 마리 또는 그 이상 잡아오는 날은 그 집안의 잔칫날이 됨은 물론 동네잔치로 확산되는 경우가 종종 있었다. 살림은 넉넉하지 않았지만 음식 인심은 후했던 것이 그 시대의 풍속도였다. 한적한 시골에서 생활해 온 사람들은 물론, 사람들 대부분에게 꿩은 대단히 친숙한 새다. 꿩은 산과 들, 밭에서 떠돌아다니며 사는데, 크기는 닭과 비슷하고 4~7월에 나무 밑이나 풀숲에 집을 짓고 6~12개의 알을 낳아 품는다. 먹거리가 신통치 않던 농경시대에 꿩을 잡는 날이면 갑부가 부럽지 않았다. 여기에 알까지 얻는다면 엄청난 횡재라 여겼다. 사람들은 그 시절의 추억을 실제 경제 속에서 찾고 있다.

'꿩 먹고 알 먹는'의 최근 사례

'주택마련저축납입액 소득공제' 사례이다. 본 상품의 경우 공제요건은 총급여액이 7천만 원 이하이며, 과세연도 중 주택을 소유하지 않은 세대의 세대주인 근로자로, 청약저축은 국민주택 규모의 주택(가입 당시 주택 기준시가가 3억 원 이하일 것)을 한 채만 소유한 세대주도 포함한다. 공제금액은 해당 과세연도에 청약저축, 주택청약종합저축에 납입한 금액

240만 원이다. 이 금액을 초과하는 경우 그 초과하는 금액은 없는 것으로 하고, 주택청약종합저축의 경우 무주택확인서를 제출한 과세연도 이후에 납입한 금액의 40%에 상당하는 금액을 공제한다. 개인연금보험의 사례도 있다. 요즘은 절세와 노후대비까지 가능한 개인연금보험 상품이 주목을 받고 있다. 일반적으로 연금저축보험과 연금보험 두 가지로 나뉜다. 연금저축보험은 매달 넣는 금액에 따라 다르지만 최대 400만 원 한도 내에서 납입보험료 전액에 대해 세액공제가 되기 때문에 연말정산을 하는 직장인들에게 유리할 수 있다. 세액공제 혜택이 있는 연금저축보험은 세액공제를 받은 금액과 운용수익에 대해 3.3~5.5%의 연금소득세를 내야 하는 반면, 세액공제 혜택이 없는 연금보험은 불입한 금액 전부에 비과세 혜택을 받는다.[26] 본 제도는 저축예금에서 세금을 합법적으로 적게 낼 수 있는 절세 상품이니 '유리알 지갑'을 가진 월급 생활자들에게는 대단히 매력적인 상품이 아닐 수 없다. 여기다가 배당수익까지 주는 상품이니 금상첨화錦上添花라 할 수 있다. 이른바 세액공제로 꿩을 먹고, 배당수익으로 알을 먹는 것이다.

수익률이 높으면 위험부담률도 높다

'장기집합투자증권저축 소득공제' 상품은 합리적 투자상품이 될 수 있다. 본 상품의 자격요건은 5,000만 원 이하 근로자로, 장기집합투자증권저축 계약기간이 10년 이상이고, 저축가입일로부터 10년 미만의 기간 내에 원금, 이자, 배당, 주식 또는 수익증권 등의 인출이 없으며, 적립식저축으로 1인당 연 600만 원 이내에서 납입할 것, 가입대상 자산총액 40% 이상을 국내주식에 투자하는 장기적립식 펀드에 대해, 2015년 12월 31일까지 가입하는 경우 가입한 날로부터 10년 동안 각 과세기간에 납입한 금액의 100분의 40에 해당하는 금액을 해당 과세기간의 근로소득금액에서 10년간 연납입액의 40% 최고 240만 원 소득을 공제한다.[27)]

그런데 근로자주식저축은 주식이기 때문에 위험부담이 뒤따른다. 주식을 산다는 것은 주식회사가 사업 밑천을 얻기 위해 발행하는 증권을 산다는 뜻이다. 사업 밑천을 대는 사람을 주주株主라고 하는데, 이들은 각자 돈을 내고 주식을 사서 보유한다. 기업의 주식을 투자목적으로 사들이면 그만큼의 자금이 주식회사 수중으로 들어온다.

이런 방식으로 회사는 필요한 자금을 쉽게 마련할 뿐만 아니라 자본금도 늘릴 수 있다. 회사 경영이 잘 되면 주식단위당 값이 오르고, 그만큼 기존 주주들의 주식보유액은 불어난다. 주가가 오르면 주식을 발행한 회사와 그 회사의 주주들이 이익을 본다. 배당을 받거나 회사경영에 참여할 뜻이 없는 일반 투자자라도 경영이 잘되는 튼튼한 회사의 주식을 골라 사면 주가가 올라 이익을 볼 수 있다.

그러나 반대의 경우도 충분히 가능함을 명심해야 한다. 그러므로 위험부담이 적은 종목에 투자하는 것이 중요하다. 자칫 잘못하다가는 '꿩 잃고 매도 잃을' 수 있다. 세금공제와 배당수익을 받으려다 잘못할 경우 원금조차 날릴 수 있기 때문이다. 부채비율이 낮고 자기자본 수익률이 높은 우량기업을 선택하는 것이 좋다. 높은 배당 또한 대단한 매력이 아닐 수 없다. 배당투자에서 재미를 보려면 배당금을 많이 주는 기업을 골라야 한다. 그러나 배당률만 보고 종목을 골랐다가는 낭패를 볼 수가 있다. 배당률은 액면가를 기준으로 계산되기 때문이다. 따라서 배당률이 높은지 낮은지 따지려면 시가도 함께 고려해야 한다.

수익성과 안전성을 동시에 추구하라

투자를 할 때는 투자가치를 잘 따져야 한다. 투자가치란 증권이 실제로 지니고 있는 가치로서, 수익성을 중심으로 투자가치를 측정할 것인지, 자산내용을 중심으로 투자가치를 측정할 것인지는 상황에 따라 달라진다. 중요한 것은 수익성과 안전성을 동시에 추구할 수 있는, 꿩도 먹고 알도 먹는 합리적인 투자선택이다. 이러한 목표를 달성하기 위해서는 각 개인이 가지고 있는 투자성향이 위험추구형인지 위험회피형인지 무차별형인지 잘 따져보고, 자기의 판단과 객관적인 자료를 바탕으로 합리적인 투자를 결정하는 것이 중요하다.

쇠뿔도 단김에 빼랬다

기회

인생의 성공은 기회 포착

인생의 성공은 기회 포착에 달려 있다. 성공하는 사람은 자신에게 다가온 기회를 살리는 사람이다. 그래서 그는 좋은 기회는 물론이고 위기에도 어떤 기회가 아닐까 하고 신중하게 생각하면서 자신의 기회를 살린다. 반면에 실패하는 사람은 좋은 기회가 찾아왔어도 고민만 하다가 기회를 놓치고 나서 후회를 한다. 그래서 그는 자신에게 기회가 왔지만 그것이 기회인지도 모른 체 그냥 흘려보내고 기회를 위기로만 인식하여 유용한 것을 활용하지 아니하고 보관하여 두기만 한다. 기회를 잘 잡는 것은 인생에서 매우 중요하다. 사람들에겐 평생에 최소한 세 번의 기회가 온다고 한다. 대개 공부를 해서 성공할 기회, 좋은 배우자를 만나 결혼할 기회, 적성에 맞고 수입이 높은 직장과 직업을 가질 기회가 그것이다.

우리 속담에 '쇠뿔도 단김에 빼랬다'라는 말이 있다. 어떤 일을 하려고 생각했으면 망설이지 말고 곧 행동으로 옮기라는, 기회의 중요성을 강조한 말이다. 힘이 센 황소의 뿔을 뽑아낸다는 것은 여간 어려운 일이 아니다. 이 쇠뿔을 빼기 위해서는 '어떻게 하면 더 빨리, 더 쉽게 뺄 수 있을까'를 집중적으로 고민하고 여러 가지 해결방법을 찾아내려고 노력해야 한다. 집념과 집중의 정도에 따라 그 비법을 알 수 있는 날이 빨리 올 수도, 늦게 올 수도 있다. 황소의 뿔의 경우 보통 땐 단단한 고체지만 황소끼리 싸움을 한다든지, 소의 뿔이 다른 물체에 계속 충격을 받게 되면 뿔에서 열이 나고 약간 물러져 생각보다 쉽게 뽑힌다. 바로 이 기회를 놓치지 말고 빼야 한다.

유사 속담으로 '매화도 한철, 국화도 한철', '봄도 한철, 꽃도 한철', '메뚜기도 오뉴월 한철Gather ye rosebuds while ye may.', '쇠가 달았을 때 두드려라Strike the iron while it is hot.', '햇볕이 났을 때 건초를 말려라Make hay while the sun shines.', '쇠뿔도 손대었을 때 뽑아버려라'가 있다. 이들 속담은 기회가 중요하니 그때를 놓치지 말고 잘 활용하여 반드시 목표를 달성하라는 것이다.

우리는 '기회가 오지 않는 것을 탓하기보다는 기회가 왔을 때 준비돼 있지 않음을 두려워하라'는 격언을 상기할 필요가 있다. 특히 혁신적 신기술과 새로운 비즈니스 모델이 속출하는 경영환경에서 정확한 미래 예측은 결코 쉽지 않으므로, 변화 속에 숨은 기회를 신속하게 감지하여 새로운 발전의 계기로 창출해 내는 통찰력과 순발력이 요구된다.

'위기 = 기회'

불확실성의 지구촌 경제상황에서는 위기를 오히려 기회로 삼는 방안도 적극 고려할만한 가치가 있다. 투자의 귀재 워렌 버핏Warren Buffett은 '위기 = 기회', '과감한 투자'가 그 열쇠라고 했다. 세계적 갑부였던 카네기A.Carnegie는 "부자가 된 비결이 뭐냐"는 질문을 받을 때마다 그는 "항상 다른 사람들과 반대로 행동했다"라고 말했다. 위기를 두려워해 좌고우면하면 기회를 잡을 수 없다는 것이다. 그는 '가격은 살 때 지불하고, 가치는 팔 때 손에 넣는 것'임을 강조한다. 그는 투자에 대한 생각을 할 때 가격경쟁보다 가치를 생각했다. 같은 액수를 다른 신문사에 했다면 결코 얻지 못했을 가치를 워싱턴포스트에 투자를 함으로써 10년 사이 10배 가까이 되는 차익을 챙겼다. 단편적 정보보다 더 멀고 긴 미래를 바라보면서 투자를 했다. 또한 많은 사람들이 당연히 잘될 거라고 생각하는 새로운 분야라고 해도 버핏은 자신의 투자원칙을 바꾸지 않았다. 다만, 자신이 아는 부분만큼은 담대하게 행동했다. 실제로 섬유회사였던 버크셔해서웨이를 회사 이름만 남기고 다 바꿔 세계 굴지의 투자회사로 변모시켰다. 모르는 부분에 대해서 굳이 리스크를 택하지 않을 뿐, 그는 꾸준한 이익을 쌓고 있다. 그러한 원칙들은 중심지인 월가로 몰리는 부분을 오히려 역발상으로 오마하에서 성공시킴으로써 모든 상식을 뒤엎는 결과를 가져오기도 했다. 버핏은 오히려 월가에서 관행처럼 이루어지는 일종의 "동조화"를 지적하며 집단에 속해있으면 결코 빼어난 실적을 거둘 수 없다고 이야기했다. 그의 원칙은 "상식대로, 교육대로, 하던대로"가 아니라 "배우고 익히고 경험한 대로" 철저한 분석을 통한 성장이었다. 경제의 투자활동은 경제주체들의 위험에 대한 태도에 따라 크게 좌우된다. 위험도가 높은 투자는 높은 위험의 대가로 기대수익률이 높은 반면 위험도가 낮은 투자는 기대수익률이 낮다. 부자들은 많은 사람들이 몰리는 곳에 관심을 갖기보다는 그 반대쪽에 관심을 두는 자신만의 역발상 안목을 기른 사람들이다. 역발상의 사고와 행동은 사람과 기업의 운명을 완전히 바꿔놓는다. '경영의 신'으로 불리는 일본의 마쓰시타 고노스케는 초등학교를 마치지 못하고 남의 집 고용살이에서 출발해 세계적인 가전 왕국 마쓰시타를 일구어 낸 신화적 인물이다. 그는 '가난, 허약한 몸, 못 배움'의 세 가지 은혜를 성공비결로 꼽았다. 가난은 부지런함으로, 허약한 몸은 건강의 중요성으로, 못 배운 것은 세상 모든 이를 나의 스승으로 받아들이는 성공의 코드로 바꿨다.

개인, 가정, 기업, 국가의 경우 각 경제주체들에겐 삶의 과정이나 경영과정에서 번영기와 쇠퇴기가 있다. 번영기가 왔을 땐 확대재생산을 통해 성공의 성과를 최대한 높일 필요가 있다. 또 쇠퇴기엔 몸 관리, 기업 관리, 국가 관리를 절제 있게 하여 시기에 맞게 구조조정이나 혁신을 하는 것이 좋다. 이것이 비용 및 희생의 최소화는 물론 성공의 지름길이 되기 때문이다.

애물단지

비합리적 투자

'애물단지'라는 말이 있다. 애물愛物은 말 그대로 풀면 사랑하여 아끼는 물건이란 뜻이다. 그런데 이 말에 '단지'라는 단어가 붙으면서 그 뜻은 전혀 달라진다. 그냥 가지고 있자니 귀찮기도 하고 비용도 만만찮게 들어가고, 또 버리자니 이미 쏟아부은 비용과 정성 때문에 이러지도 저러지도 못하는 골칫덩어리, 비합리적 투자라는 말이다.

애물단지 관련 사례로는 어떤 것이 있을까? 은행들 간에 치열한 경쟁을 벌였던 인천공항지점 사례이다. 인천공항지점은 높은 환전 수수료 수익과 '한국의 관문'이라는 홍보효과 때문에 은행들이 입점경쟁이 치열한 곳이었지만 최근 들어서는 해외여행객 감소와 공항환전 기피로 인해 적자점포로 위상이 추락했다. 공항지점의 위상이 이처럼 급변한 배경에는 주 수입원인 환전수입이 줄고 있기 때문이다. 그러나 수익원이 줄어드는 상황에서 높은 비용구조는 그대로다. 그럼에도 은행의 입장에서는 공항지점에서 쉽게 손을 떼기가 어렵다. 세계로 향하는 관문이라는 상징성 때문이다.[28] 또 코스닥 기업의 자회사들 사례이다. 2000년 시너지 효과를 기대해 장외 벤처기업을 자회사로 대거 매입한 코스닥 업체들이 경기침체에 따른 자회사의 경영악화로 연대보증, 담보설정, 자금지원 등에 시달리면서 발목을 잡힌 경우가 그 예다. 강남 말춤 동상 사례도 마찬가지다. 강남 말춤 동상, 한강 괴물 동상, 파주 평화의 발 등 기념이나 홍보를 위해 만들어진 조형물이 시민들에게 외면당하고 있다. 조형물을 봐도 그 의미를 쉽게 알아챌 수가 없어 '이해 안 된다'며 세금 낭비란 지적이다.[29)]

애물단지를 보물단지로 만든 사례도 있다. '한국동서발전' 애물단지 온배수, 전복양식 · 원예단지 난방용 에너지원 활용이 그것이다. 한국동서발전은 지역주민과의 갈등요소였던 온배수를 새로운 비즈니스 모델 창출 동력으로 변화시켰다. 전복양식에 활용한 것이 대표적이다. 한국동서발전은 이처럼 다양한 업무를 통해 정부3.0의 핵심전략을 구현해 높은 평가를 받고 있다. 발전소 운영 과정에서 발생하는 온배수가 지역경제 활성화에 한몫하고 있다. 한국동서발전은 지역주민과 갈등을 빚는 요소였던 온배수를 고부가가치 어종인 전복의 양식과 시설 원예단지의 난방용 에너지원으로 활용할 수 있게 했다. 이를 통해 연간 18억 원과 80여 명의 일자리를 창출하는 성과를 거뒀다. 정부3.0의 핵심전략인 서비스 정부를 실현한 사례다.[30)]

그 외에도 생활 속에서 '애물단지'는 심심찮게 목격된다. 애써 모은 돈으로 구입한 중고차가 잦은 고장으로 카센터에 드나들게 되는 경우라든가, 급격한 기술 발달로 성능이 떨어져 애물단지가 된 컴퓨터, 싼 값에 프린터를 구입했더니 소모되는 잉크값이 너무 비싸 배보다 배꼽이 더 큰 경우가 그 예이다. 투자가치가 떨어지는 애물단지는 비용과 편익을 면밀히 분석하여 근본적으로 차단하는 것이 바람직하며, 그것이 바로 경제의 효율성을 높이는 길이다.

놓친 고기가 더 커 보인다

매몰비용

어떻게 하면 돈을 많이 벌 수 있을까?

어떻게 하면 시행착오 없이 본인이 뜻한바 대로 돈을 많이 벌 수 있을까? 이 물음에 대한 답은 많은 사람들의 간절한 소망사항이다. 돈이 삶에서 차지하는 비중을 생각하면 당연한 이치다. 사람들은 저마다 다양한 삶을 추구하지만 그들이 추구하는 바를 실제로 가능하게 하는 공통수단은 역시 돈이다. 어떻게 하면 돈을 많이 벌 수 있을까? 샐러리맨들이 월급만으로 부자가 되는 길은 일정한 목돈을 마련하여 불려나가는 방법밖에 없다. 목돈을 만들자면 일상생활에서 불요불급한 소비를 절약하지 않으면 안된다. 일단 목돈을 만들면 예금, 채권투자, 부동산투자, 주식투자, 사업 등으로 돈을 불릴 수 있다.

'놓친 고기'를 빨리 잊어라

속담에 '놓친 고기가 더 커 보인다The fish that got away.'는 말이 있다. 흔히 잃어버린 것을 애석하게 여기고, 지금보다 먼젓번의 것이 더 좋았다고 생각하는 데서 비롯된 말이다. 여기에서 특히 명심해야 할 것은 과거는 과거일 뿐이므로 집착하지 말라는 것이다. 경제학에서 한번 지불되면 회수할 수 없는 비용을 매몰비용sunk cost이라고 한다. 한번 지불되고 난 비용은 더 이상 기회비용을 반영하지 못하므로 매몰비용이다. 매몰비용이란 '놓친 고기'와 같다. 이미 치러진 비용이라서 앞으로 어찌할 수 없다.

증권투자와 같은 경제의사를 결정할 때 놓친 고기가 커 보이듯 이미 회수할 수 없는 매몰비용에 연연하여 의사결정에 오류를 범할 위험이 있을 때 이 개념은 합리적 의사결정의 중요한 기준이 된다. 예를 들어, 농부가 무언가를 생산하기로 결정할 경우 토지비용, 곧 토지의 기회비용 또는 토지임대료는 농부의 고정비용 가운데 하나이다. 농부가 아무것도 생산하지 않고 토지를 방치한다 하더라도 이 비용은 계속 지출되기 때문이다. 한철 농사일을 중단해야 할지 여부를 결정할 때 토지에 대한 고정비용은 매몰비용이 된다. 한번 매몰비용이 되면 회수할 수 없기 때문에 여러 가지 상황에서 의사를 결정할 때 이미 매몰된 비용을 생각해서는 안 된다. 사업전략에서도 마찬가지다. 일단 지출하고 나면 회수할 수 없는 기업의 광고비용이나 R&D 비용 등이 이에 속한다. '과거가 미래의 발목을 잡아서는 안 된다'는 속담도 같은 맥락으로 이해할 수 있다.

재미없는 영화를 끝까지 보는 게 경제적일까?

매몰비용으로 인해 발생하는 것으로 매몰비용 효과 및 매몰비용 오류가 있다. 이는 돈이나 노력, 시간 등을 투자한 경우 성공 가능성에 관계없이 투자한 대상을 지속적으로 끌고 나가려는 성향으로 매몰비용이 아깝거나, 정당화하기 위해, 속된 말로 '본전을 찾기 위해' 그 일에 몰두하는 것을 말한다. 객관적으로 더 투자할 필요가 없는데도 추진해 왔던 정책이나 프로젝트를 지속적으로 끌고 간다거나 반등할 가능성이 없는데도 손실이 난 주식을 매도하기 꺼려하는 것에서 이를 찾아볼 수 있다. 현명한 경제활동을 위해서는 매몰비용을 과감하게 포기하고 결정하는 태도가 필요하다.

영화가 재미없을 때 영화관에서 나오는 것이 경제적일까, 아니면 끝까지 보는 것이 경제적일까? 영화가 재미없어도 끝까지 보고 나오는 사람은 아마 지불한 영화관람료가 아깝다고 생각해서일 것이다. 과연 그러한 행동이 합리적일까? 영화관에 남아서 영화를 계속 보는 행위는 한계편익이 매우 낮으므로 합리적인 행위라고 할 수 없다. 영화를 계속 보는 한계비용은 영화관에 남아 있으면서 포기하는 기회비용이므로, 영화관에서 나와 할 수 있는 일들의 가치인 셈이다. 영화관에서 나온다면 할 수 있는 유용하고 즐거운 일들은 얼마든지 있으므로 영화의 한계비용은 매우 크다고 할 수 있다. 영화가 재미없다고 영화관람료를 환불받을 수는 없다. 물건이 깊은 물 속에 가라앉아버려 다시 건질 수 없듯이 영화관람료로 지불한 돈은 다시 사용할 수 없다. 매몰비용은 다시 수중에 되돌아오지 않으므로 선택의 기회를 반영하지 않는다. 선택의 기회를 반영하는 것이라야 진정한 비용이다. 매몰비용은 신중해야 한다는 교훈은 될 수 있지만 현재 의사를 결정하는 데는 아무 상관이 없다. 이와 관계 있는 것은 선택의 기회를 반영하는 한계비용으로서의 기회비용이다.

주식에서 종목 선정이 잘못되었다면, 판단기준은 기회비용에 두자

주식투자에서 종목 선정이 잘못되었을 때 어떻게 해야 할까? 1997년 말 IMF 관리체제에 들어가면서 주가가 폭락했다. 1997년 6월 700선이던 종합주가지수가 1년 뒤인 1998년 6월에는 300선 이하로 추락했다. 이 과정에서 일반 개인투자가들은 엄청난 손실을 입었다. 당시 외환위기로 인한 환율 폭등으로 이미 주가가 폭락하고 있었고, IMF가 저성장과 고금리를 비롯하여 주가하락을 가져올 정책을 요구하고 있다는 내용이 언론매체를 통해 보도되었다. 그러나 주가하락이 눈에 뻔히 보였지만 많은 개인투자가들이 주식을 처분하지 않았다. 주식을 처분하면 손에 들어올 돈이 투자원금에도 미치지 못했기 때문이다. 주가는 더욱 하락했고, 그에 따라 더 큰 손실을 입어야만 했다.

2003년과 2004년엔 이와는 대조적인 현상이 벌어졌다. 은행예금금리는 5%대에서 3%대로 하락하고 있었고 서울, 강남 등을 중심으로 한 대도시의 부동산 수익률은 30%에 육박했다. 그 후 정부의 잇따른 부동산 투기 대책과 함께 부동산 가격은 급격히 하락했지만 많은 투자가들은 계속 부동산 매매에 연연하다가 부동산투기꾼이라는 집단에 이름이 올라가고 그것이 언론 등에 공개되는 것은 물론 투기로 인해 받게 된 세제혜택 및 불로소득에 대해 환수조치 등의 불이익을 당하기도 하였다. 바로 매몰비용에 집착한 탓이다.

매몰비용보다 기회비용이 더 중요하다

주식을 처분해 손에 쥘 수 있는 금액이 투자원금보다 적을 때 그 차액인 손실부분은 일단 매몰비용이 된다. 주식을 처분하면 회수되지 않는 금액이기 때문이다. 주가가 올라 원금을 다시 회복할 수 있다면 매몰비용이 되지 않겠지만, 주가가 오르지 않으면 그 비용은 확실한 매몰비용이 된다. 주식을 매도할 것인가 말 것인가를 결정할 때 판단이 되는 기준은 결코 매몰비용이 아니라 기회비용이다. 지금 얼마 손해를 보았는가는 아무런 의미가 없다. 앞으로 주가가 상승할 것인가 아니면 추가 하락할 것인가가 중요하다. 매도하지 않는 행위의 한계비용이 매우 커지므로 주가가 하락할 때는 매몰비용을 잊고 과감히 매도하는 것이 합리적 행동이다.

경제의사 결정에서는 과거의 '놓친 고기'인 매몰비용이 아니라 현재와 미래에 '지금 내지 앞으로 잡을 고기'인 한계비용으로서의 기회비용이 중요하다. 돌이킬 수도 없고 존재하지도 않는 과거의 일에 얽매여 현재의 삶을 희생하는 일은 어리석은 짓이다. 과거는 과거일 뿐이다. '놓친 고기'는 과감하게 잊어버리고, 현재와 미래를 위한 삶을 살도록 하자. 경제적 삶이란 '놓친 고기'인 매몰비용에 집착하지 않고 현재의 기회비용을 충실히 잘 따져서 합리적으로 사는 것이다.

사람은 죽으면 이름을 남긴다

고유 브랜드

브랜드란 무엇일까?

사람들은 멋지고 개성 있는 이름을 가지고 싶어 한다. 기업의 경우 쉽게 기억되면서 개성이 드러나는 브랜드를 갖기 위해 최대한 노력한다. 현대사회는 브랜드의 홍수시대라고 일컬어진다. 그렇다면 브랜드란 무엇일까? 시장판매의 관점에서 볼 때, 브랜드brand란 판매자 또는 한 판매자 집단의 상품 및 서비스를 다른 경쟁자의 것과 구별해서 표시하기 위해 사용되는 단어, 문자, 기호, 디자인 혹은 이들의 조합이라고 할 수 있다. 브랜드의 역사는 고대 그리스와 로마시대로 거슬러 올라가는데, 상점 주인들이 가게 이름 대신 자신이 판매하고 있는 물건을 그림이나 표식으로 만들어 가게 앞에 걸어놓은 게 시초였다. 각 기업은 자사 상품을 더 많이 팔기 위해 여러 가지 방법으로 고유브랜드 전략을 추구하고 있다. 고유 브랜드를 소비자들에게 부각시키는 것은 대단히 중요하다.

'호랑이는 죽으면 가죽을 남기고, 사람은 죽으면 이름을 남긴다'고 한다. 호랑이의 중요성은 가죽에 있고, 사람의 중요성은 이름에 있음을 뜻한다. '이름값을 해라'는 속담도 같은 맥락에서 이해할 수 있다. 그러므로 사람은 이름값을 높이기 위해 온갖 노력을 한다. 기업은 자사의 이름인 고유 브랜드를 알리는 데 사활을 걸고, 이를 위해 과감히 투자한다. 브랜드는 한 회사가 판매하는 제품의 얼굴이고, 소비자들이 그 제품의 이름을 들었을 때 떠오르는 이미지이기 때문이다. 브랜드가 제품의 가격을 결정하는 데 결정적인 영향을 주는 것도 중요한 이유이다.

소비자는 제품이 아닌 브랜드를 산다?!

독특한 이미지를 주는 고유 브랜드들은 무수히 많다. 코카콜라, 샤넬, 프라다, 베네통, 그랜저, 벤츠, 로렉스, 소나타, 하이트, 진로, 게보린, 펜잘, 신라면, 이천쌀 등 헤아릴 수 없이 많은 상표가 있다. '기업은 제품을 팔지만 소비자는 브랜드를 산다', '우리는 상점에서 화장품이 아닌 아름다워질 것이라는 희망을 산다'는 말은 고유 브랜드의 가치가 얼마나 중요한가를 말해준다. 그러므로 소비자는 제품이 아닌 브랜드를 사는 것이다. 평소에 화장품에 관심이 많은 K양 앞에 샤넬에서 나온 향수와 이름이 잘 알려지지 않은 회사에서 나온 향수가 있다면 아마도 세계적인 브랜드인 샤넬의 제품에 손이 갈 것이다. 아무래도 좋고 유명한 향수를 쓰면 '모든 사람이 나의 향기에 반할 것'이라는 기대감이 생기는 것은 당연하다. 게다가 '샤넬 화장품 하나 정도는 가지고 있어야지' 하는 생각에 샤넬 향수를 고를 수도 있다. 물론 이름이 잘 알려져 있지 않더라도 향이 좋을 수 있지만 그 브랜드가 주는 기대수준은 샤넬과 비교할 수 없다. 이렇듯 강력한 힘을 가지는 브랜드는 그 브랜드만으로도 소비자의 기대수준을 높여주며, 동시에 신뢰를 보증하는 구실까지 한다. 소비자는 브랜드를 보고 안심하고 그 제품을 사는 것이므로 제품이 아닌 브랜드를 산다는 말이 통한다.

그렇다면 브랜드가 진짜 좋은 이유는 무엇인가? 간단히 말해서 돈이 되기 때문이다. 미국의 경우 브랜드 애호도를 가진 고객 한 명을 잃을 경우 회사가 입는 손실이 무려 1만 달러에 이른다고 한다. 우리나라에서 브랜드의 금전가치가 중요하게 여겨진 대표적인 경우로는 1998년 로케트전지가 자사의 로케트 브랜드를 외국기업 질레트에 약 660억 원을 받고 국내 영업권을 7년간 임대해 준 예를 들 수 있다. 당시 질레트는 로케트전지에 약 815억 원을 지불했는데 이 가운데 약 660억 원이 로케트라는 브랜드값으로 나간 것이다. 같은 해 미국계 다국적 기업의 한국지사인 한국 존슨에서는 삼성제약의 에프킬라를 387억 원에 사들였다. 당시 삼성제약의 자산가치는 90억 원에 불과했으므로 297억 원은 에프킬라라는 브랜드에 지불한 셈이다. 한국 존슨은 에프킬라와 대등한 품질을 가진 세계적 살충제 브랜드인 레이드를 가지고 있었지만 한국시장에서만은 에프킬라를 이길 수 없어서, 기업자산 가치의 세 배가 넘는 돈을 들여 에프킬라를 매입했다고 한다.

브랜드의 자산가치를 객관적으로 평가하는 곳으로는 미국의 인터브랜드Interbrand가 가장 유명하다. 브랜드 개발업체인 이곳에서는 해마다 세계적으로 가장 가치 있는 브랜드Best Global Brand 100개를 선정해 발표하고 있다. 2015년의 결과를 보면 1위는 애플Apple로 브랜드 가치는 1,703억 달러에 이르는 것으로 평가된다. 2위는 구글Google로 1,203억 달러, 3위 코카콜라Cocacola로 784억 달러, 4위 마이크로소프트Microsoft로 677억 달러, 5위 IBM 651억 달러, 6위 도요타 490억 달러, 7위는 우리나라 삼성이 453억 달러다. 또 현대차는 113억 달러로 39위, 기아차는 57억 달러로 74위를 기록하고 있다.[31] 현대적 관점에서 브랜드는 이미 제품 그 이상의 가치를 지니고 있다. 결혼을 앞둔 신부가 혼수를 장만할 때 냉장고는 무엇, TV는 어느 브랜드 등으로 특정 브랜드를 고집하고, 특정 브랜드의 의상이나 액세서리를 사기 위해 해외여행을 마다하지 않는 것은 이미 브랜드가 구체적인 제품 이상의 의미를 가지고 있음을 잘 보여준다. 지금까지는 생산만 하면 잘 팔리는 시대였기 때문에 브랜드가 별로 중요하지 않았기에 당연히 브랜드에 대한 투자도 부족했지만 경영환경도 바뀌고 경쟁이 치열해지면서 브랜드에 대한 관심과 투자가 더욱 증가하고 있다.

브랜드의 성공 여부가 기업의 성패를 좌우한다!

기업의 성공은 브랜드 마케팅에 달려 있다. 하이터치high touch보다 하이테크high technology가 더 중시되고 고유의 브랜드만이 궁극적으로 국제경쟁력을 가질 수 있다. 브랜드 마케팅 없이는 기업의 성공을 보장할 수 없다. 브랜드 마케팅을 위해서는 브랜드 플랫폼brand platform을 구축해야 한다. 이는 기업의 가치체계인 비전vision과 이를 실현하기 위한 소명의식인 미션mission, 기업의 품위와 품성인 퍼서낼리티personality, 기업이 소비대중의 마음속에 자리매김하는 것을 말하는 포지셔닝positioning, 기업의 핵심영역 범위를 뜻하는 이념idea으로 구성되며, 한국제품에 한국 고유의 브랜드는 필수이다. 특히 치열한 경쟁 속에서 고객에게 선택받기 위해서는 자기 브랜드가 고객 마음속에서 자리매김하는 특별한 위치를 차지하고 있어야 한다. 예컨대 피곤할 때는 '박카스', 머리가 아플 때는 '아스피린', 마음의 안정이 필요할 때는 '우황청심환' 식으로 어떤 브랜드가 특정의 소비상황에서 생기는 고객의 니즈를 해결할 수 있는 솔루션으로 확실히 자리매김하고 있다면 해당 브랜드는 비즈니스 전쟁터에서 유리한 고지를 차지한 것이다.

브랜드 가치의 중요성

브랜드 가치는 시장점유율, 소비자의 브랜드 인지도, 가격결정능력, 매출 및 순이익 추이, 광고 규모, 상표법 보호 여부 등을 기준으로 평가하는데, 중요한 것은 브랜드가 고정자산과 유동자산을 더한 금액의 4~7배에 달한다는 점이다. 이러한 현상은 기업의 가치에서 고정자산이나 유동자산이 차지하는 비중은 갈수록 줄어드는 반면 브랜드 가치의 비중은 급격히 커지고 있는 데서 비롯된다.

고객이 갈증을 느낄 때마다, 코카콜라를!

특히 코카콜라는 전 세계에서 일어났던 코카콜라 파동(벨기에에서 100여 명이 코카콜라를 마시고 두통, 복통 등의 증세를 보임)에도 불구하고 매출은 거의 변하지 않았고 주가도 별 변동이 없었다. 이는 코카콜라라는 브랜드의 힘이 얼마나 엄청난지를 보여주는 예다. 코카콜라의 브랜드 가치가 이처럼 높다는 것은 '고객이 갈증을 느낄 때마다 자동적으로 코카콜라를 집어들도록 만들었다'는 말과 같다.

강력한 브랜드는 소비자가 가격에 상관없이 항상 그 상품을 구매하도록 만드는 애호도를 형성한다. 이는 기업이 '우리 제품을 사달라'고 끊임없이 광고하지 않아도 됨을 뜻한다. 반면 자사의 브랜드 개발에 소홀했던 국내기업은 브랜드 이미지가 낮아 '한국 상품은 싸구려'라는 명예롭지 못한 이미지를 가져왔다. 이것은 제품을 생산하는 기업의 이름보다는 브랜드가 소비자에게 더 잘 인식되며, 브랜드의 성공 여부가 기업의 성패를 좌우할 수 있음을 뜻한다.

브랜드 전쟁

이처럼 막강한 위력 때문에 브랜드는 이제 부동산이나 주식을 뛰어넘는 최고의 기업자산으로 대접받고 있다. 현대사회는 제품의 실체보다는 이미지를 중시하는 경향이 강해지고 있다. 또 제조기술이 대부분 평준화함으로써 제품의 품질을 차별화하기 힘들어지고 있다. 이러한 상황에서 많은 기업이 브랜드 이미지를 차별화하고 브랜드의 힘을 구축하는 것만이 서로 간의 가격경쟁을 피하고 시장점유율을 높이며, 안정된 수익성을 유지할 수 있는 유일한 기반이라고 생각하고 있다. 사람들이 자신의 고유한 이름값 때문에 열심히 뛰고 있는 반면, 기업들은 고유 브랜드를 남기기 위해 전쟁을 한다.

지금까지는 생산만 잘하면 잘 팔렸기 때문에 브랜드가 별로 중요하지 않았다. 따라서 브랜드에 대한 투자도 부족했다. 하지만 이제는 기업환경도 바뀌고 무한경쟁의 시대로 전개되면서 기업들의 고유 브랜드에 대한 관심은 더욱 높아가고 있다. '소비자는 브랜드를 산다'는 말을 깊이 인식하면서 무형재산의 진정한 가치에 눈을 돌려야 한다. 기업의 고유 브랜드는 경쟁력의 원천이며 무한한 자산임을 명심하자.

순리대로 살아라

시장질서

보이지 않는 손의 위력

자연에 존재하는 물리의 법칙처럼 한치의 예외도 없는 법칙이 인간사회에 존재한다고 보기는 어렵다. 그렇지만 인간사회의 여러 복잡한 현상이 아무 원칙이나 경향성 없이 제멋대로 나타나고 변화하는 것은 아니다. 물리의 법칙과는 다르지만 사회 속에도 일정한 질서가 존재하는 법이다. 경제질서란 인간사회의 여러 경제현상 속에 존재하는 일정한 경향성이나 양식을 일컫는다.

'순리順理대로 살아라'는 말이 있다. 순리란 도리道理에 순종하는 것이고, 순조로운 이치를 말한다. 우리는 어려운 문제에 부딪혔을 때 '순리대로 처리하는 것이 가장 좋다'는 말을 자주 한다. 그러면 경제에서 순조로운 이치란 무엇을 뜻할까? 다름 아닌 시장질서일 것이다. 왜냐하면 시장질서란 인간행위의 결과물로 자연스럽게 형성되기 때문이다.

시장질서는 인간의 개별적이고 구체적인 목적의식에서 만들어진 것이 아니라 인간행위의 결과물로 자연스럽게 이루어진다. 시장질서에서 시장은 물건을 사고자 하는 수요자와 물건을 팔고자 하는 공급자가 만나는 장소이며, 시장에서 각자의 욕구충족에 따른 교환질서가 나타나게 된다. 교환질서는 특정인이 구체적으로 의도해서 창출해 낸 질서가 아니다. 사람들의 행동이 자발적으로 이루어질 때 교환의 당사자들인 쌍방이 상호이익을 얻지 못한다면 어떤 교환성향도 나타나지 않게 된다. 인간에게만 고유하게 존재하는 교환질서는 자급자족의 원시경제에서는 드러나지 않다가 생산력이 발전하고 사회경제적 분업이 진전되면서 더욱 형성되고 발전하게 되었다.

시장경제질서가 효율적이라는 것은 언뜻 생각하기에는 다소 놀라운 이야기이다. 시장에는 수많은 수요자와 공급자가 있지만, 이들은 제각각 자기이익만을 추구한다. 그러나 그들의 의사결정이 분산되고 각자의 이익만을 추구하는 것처럼 보이지만, 그 결과는 혼란이 아니라 효율이다. 애덤 스미스Adam Smith는 『국부론』에서 자신의 의지를 좇아 순리대로 행동하는 시장경제질서의 장점을 다음과 같이 피력했다.

인간은 늘 다른 사람에게서 도움을 받아야 한다. 그러나 그 도움을 남의 호의에만 의존하는 것은 헛된 일이다. 남의 이기심을 자기에게 유익한 방향으로 유도할 수 있고, 그가 원하는 것을 해주는 것이 그들에게도 이롭다는 사실을 보여줄 수 있다면, 그 사람은 더 유리한 입장에 서게 될 것이다. …… 푸줏간 주인, 양조장 주인, 빵 굽는 사람들의 호의 때문에 우리가 오늘 저녁을 먹는 것이 아니라, 그들은 자신의 이익을 위해 일하는 것이다. 각 개인은 공공의 이익을 증진할 의도도 없고, 그가 얼마나 공익을 증진하고 있는지도 모른다. …… 각 개인은 자신들의 사적 이익만을 추구하고 있고, 그 과정에서 그들이 의도하지 않은 어떤 목적을 달성하기 위해 다른 많은 경우에서처럼 보이지 않는 손invisible hand에 의해 인도되고 있다. 그렇지만 각 개인이 그 목적달성을 의도하지 않았다고 해서 사회적으로 불리하지도 않다. 각 개인은 자신들이 의도적으로 사회의 공익을 증진하려고 노력하는 경우보다, 자신들이 사적 이익을 추구하는 과정에서 사회적 공익을 더 효과적으로 증진시키는 경우가 많다.

이와 같이 물이 흘러가듯이 '순리를 쫓는 시장경제질서'는 사회구성원들이 자유롭게 각자의 목적을 추구하는 과정에서 이루어진 자연스러운 질서이다. 우리는 매일매일 의식주를 해결하거나 즐거움을 얻기 위해서 수많은 재화와 용역을 사용한다.

그런데 이것들을 마음만 먹으면 얼마든지 살 수 있다고 생각하면서도 얼마나 많은 사람들이 재화와 용역을 마련하기 위해서 애를 썼는지 생각하질 않는다. 우리는 자주 가는 슈퍼마켓, 백화점, 할인점에 우리가 원하는 각종 물건들이 어떤 과정을 거쳐 놓여 있게 되었는가를 알려 하지 않는다. 우리는 연필이나 빵이 누구에 의해 어떻게 생산되었는지 모르면서도 잘 살 수가 있다. 이처럼 시장의 교환질서는 자연스럽게 가격을 형성한다.

이렇게 이루어진 가격은 서로 평화롭고 협력하게 만든다. 생산자와 소비자 간의 교환이 자발적이고, 그 교환에서 이익이 있다고 믿지 않을 경우 두 주체 간의 교환은 이루어지지 않을 것이다. 시장에서 매매자의 자발적 상호작용에서 결정되는 가격이 수백, 수천만 명의 활동을 조정하고, 그 활동을 통해 각 개인이 이익을 추구하고, 결과적으로 모든 사람이 더 부유해질 수 있는 것이다.

이익의 극대화를 추구하라

교환적 시장질서가 지켜지는 사회에서는 자신의 이익을 추구하는 많은 사람들이 스스로 뜻하는 바에 따라 그 결과를 얻게 된다. '순리대로 살아라'는 말은 '사회제도와 법 테두리 안'에서 이익의 극대화를 추구하라는 뜻이다. 인간은 사회적인 동물이기 때문에 재화를 얻고 사용하는 행위는 사회조직과 제도를 통해서 이루어진다. 자유주의 시장질서에서 기업이나 가계의 경제주체는 자유로이 경제활동을 전개하지만 '사회조직과 제도 속'의 자유임을 명심할 필요가 있다. 경제활동에서 자유의 범위는 사회제도에 의해 제한받을 뿐만 아니라, 경제활동이 이룩한 가격구조, 생산, 소비양식 등에 의해서도 제한받는다.

그러므로 생산자는 생산요소를 구입할 때 시장가격 이하로 구입할 수 없고, 생산물을 판매할 때도 시장가격 이상을 받을 수 없다. 소비자도 사회제도의 테두리 안에서 소비활동을 펼친다. 소비자들은 식료품비, 주거비, 광열비, 피복비, 내구소비재 등을 소비하면서 시장가격 이하로는 소비할 수가 없다. 시장의 경제질서는 경제주체가 능동적으로 자유의사를 드러내면서 만들지만, 일단 경제질서로서 확립된 다음에는 모든 경제주체들이 그 질서의 테두리 안에서 경제활동을 전개하는 것이 순리이다.

시장질서의 전제조건

순리대로 살아가면서 이루어지는 시장경제질서는 다음의 전제조건들이 성립할 때 그 힘을 더욱 발휘할 수 있고, 사람들은 모두 이 순리에 따라 살아가려고 노력하게 된다.

첫째, 소유의 안정성이 확립되어야 한다. 누구에게나 열심히 노력해서 일한 만큼 가질 수 있는 기회가 보장되어야 한다. 둘째, 교환의 기회가 확대되어야 한다. 시장에서 이루어지는 모든 거래는 값을 치르고 물건이 교환되는 것을 동의하면서 이루어지는 양도이다. 세계화, 정보화, 민주화 사회가 인류에게 주는 가장 큰 선물은 누구에게나 더 많은 기회를 보장해 주는 것이다. 셋째, 계약이 성실히 수행되도록 보장되어야 한다. 개인과 기업, 정부는 계약을 준수할 의무를 생명처럼 지켜야 한다. 특히 정부의 솔선수범은 필수적이다. 넷째, 순리에 따라 살아갈 수 있는 사회경제적 분위기가 조성되어야 한다. 정치적 혹은 경제적 불안은 사람들을 순리대로 살아가지 못하게 한다. 물가가 폭등하는 인플레이션이 만연하면 가진 자는 더 가지게 되고 못 가진 자는 더 못 가지게 된다. 이 경우 더욱 투기가 판을 치고 한탕주의 경제가 팽배할 것이다.

조화를 이루는 게 합리적이다

이상에서 보았듯이 '순리대로 살아라'는 말은 주어진 경제여건 및 사회제도와 최대한 조화를 이루며 사는 것이 가장 합리적인 태도임을 가르쳐 주는 조상들의 예지라 할 수 있다. 시장경제에 참여하는 사람들이 자신의 사적 이익을 좇는 행동은 순리를 따르는 가장 자연스러운 경제행위라고 볼 수 있다. 놀랍게도 시장에 존재하는 '보이지 않는 손'인 가격의 원리에 따라, 각 경제주체들이 사적 이익의 극대화를 추구한 행위가 공동체 모두의 경제적 후생을 증진하게 되는 것은 바로 '순리의 승리'를 보여주는 좋은 예라 할 수 있다.

결국 가계나 기업은 모두 물건을 사고팔 때 시장가격을 고려하여 자기에게 가장 유리한 방향으로 행동하기 때문에 사적 이익의 극대화를 추구함은 물론, 사회제도나 사회조직을 좇아 순리적으로 행동함으로써 사회적 이익의 극대화도 달성하게 된다. 결국 개인과 사회, 국가의 경제를 가장 효율적으로 만드는 것은 다름 아닌 순리를 좇는 시장질서이다.

가을철 부채는 시세가 없다

수요

같은 조건이라도 요일에 따라 값이 다른 이유는?

동일한 꽃이라도 졸업식이나 입학식 때면 대단히 비싸고 어버이날, 스승의 날 때면 카네이션값이 평소보다 훨씬 비쌀까? 겨울에는 밍크코트나 난로 등이 비싼데도 더 많이 팔리고, 여름이 되면 선풍기, 에어컨디션, 아이스크림 등이 더 비싼데도 더 많이 팔릴까? 주말이면 동일한 예식장, 야구장, 축구장임에도 불구하고 사용료, 입장료가 더 비싸다. 왜 그럴까?

우리 속담에 '가을철 부채는 시세가 없다There is a time for everything.'는 말이 있다. 이 속담은 시기가 지난 것은 가치가 없다는 뜻을 담고 있다. 유사 속담으로 '개똥도 약에 쓰려면 귀하다', '까마귀 똥도 약에 쓰려면 오백 냥이라'가 있다.

가을의 서늘한 기온은 부채, 선풍기, 에어컨의 필요성을 줄인다. 무더운 여름에는 하늘 높은 줄 모르게 치솟던 이들 부채의 값이 가을철의 서늘한 기온과 함께 급격하게 떨어지는데, 이것은 그 재화에 대한 수요가 줄어들었기 때문이다. 하찮은 물건도 그 재화를 꼭 필요로 하는 수요자가 많아지게 되면 희소성의 원리에 따라 그 재화의 값은 급격하게 올라가게 된다. 심지어는 당장 필요하지 않는 사람들도 다른 사람들이 사는 것을 보고 앞으로 필요하지 않겠나 하는 기대심리 때문에 가수요가 발생할 경우 그 재화의 값은 천정부지로 올라가게 되는 경우도 있다.

필요로 하는 사람들은 많은데 수량이 적으면 재화의 값이 올라간다. 물건의 양이나 가격의 변화에 따라 소비가 어떻게 달라지는지 나타낸 것을 '수요'라고 한다. 예를 들어, 연필 한 자루의 가격이 300원에서 400원으로 오르면 소비자들은 소비를 줄일 것이다. 반대로 400원에서 300원으로 가격이 내리면 소비는 늘어날 것이다. 상품의 가격과 소비는 뚜렷한 관계를 맺고 있는데 이를 '수요'라고 한다.

물건을 사는 사람은 누구나 싸게 사고 싶어 한다. 그래서 가격이 떨어지면 물건을 많이 사고 가격이 올라가면 조금만 산다. 사람들이 필요로 하는 물건의 양을 수요demand라 하는데 수요와 가격은 서로 영향을 주고받는다. |그림 2-4|를 보자. 자동차의 가격이 3천만 원일 때 소비자는 자동차를 10대만 사려고 한다(A점). 그런데 자동차의 가격이 1천만 원으로 떨어지면 자동차를 사려는 소비자의 숫자가 3배나 증가하여 30대를 사려고 한다(C점)

|그림 2-4|에서처럼 자동차의 가격이 상승하면 자동차의 수요는 감소하고 자동차의 가격이 하락하면 자동차의 수요는 증가한다. 가격과 수요량이 반대로 움직인다. 이와 같이 상품의 가격이 상승하면 소비자들은 그 상품의 소비를 줄이고, 또 그 상품의 가격이 내리면 그 재화의 소비를 늘리게 된다. 이와 같이 어떤 재화의 가격이 올라가면 그 재화의 수요량은 줄어드는 것을 우리는 수요의 법칙law of demand이라고 한다. 결국 수요곡선은 각 수량단위로부터 구매자들이 얻는 효용

의 크기를 객관적인 숫자로 나타낸 효용곡선이다. 이는 해당 수량을 구매하기 위해 소비자가 '지급할 용의가 있는 최고가격willing to pay maximum price', 즉 구매가격을 의미한다. 수요법칙의 원리를 잘 이용하면 적은 돈으로 큰 이득을 얻을 수 있다.

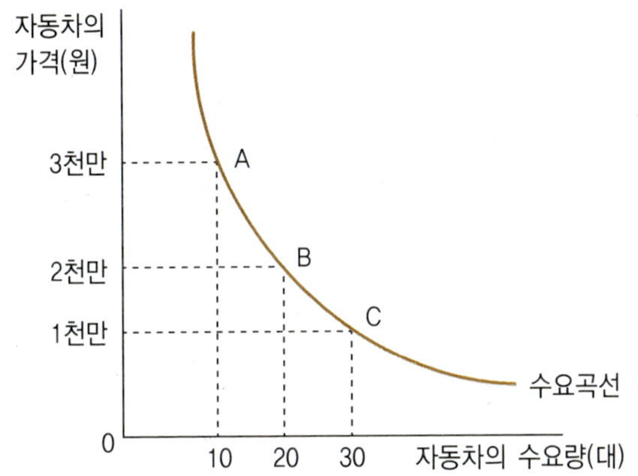

| 그림 2-4 | 자동차의 가격과 자동차의 수요량과의 관계

아이스크림값이 내린다면?

사람들의 아이스크림 수요를 통해 아이스크림의 수요가 무엇에 의해 결정되고, 또 그 결정에 영향을 미치는 것에는 어떤 것들이 있는지를 살펴보자.

첫째, 아이스크림의 가격이다. 아이스크림 한 개의 값이 700원에서 1,000원으로 오른다면 냉장 음료수를 사먹을 것이다. 반대로 아이스크림 값이 500원으로 내린다면 아이스크림을 더 많이 사먹을 것이다. 이와 같이 수요량은 가격이 오르면 감소한 가격이 내리면 수요량이 증가

한다. 그러므로 아이스크림의 수요량은 아이스크림의 가격과 정반대의 관계로 움직인다.

둘째, 연관되는 재화의 가격이다. 이제 냉장 음료수의 가격이 하락한다면 수요의 법칙에 의해 소비자들은 냉장 음료수를 더 많이 사먹게 될 것이다. 마찬가지로 콜라의 가격이 떨어지게 되면 그 재화와 서로 바꿔서 소비할 수 있는 사이다의 수요량이 줄어들게 된다.

셋째, 사람들의 소득이다. 만일 사람들이 직장을 잃게 된다면 매달 받게 되는 소득이 없어지게 되므로 사람들은 아이스크림에 대한 구매를 줄이지 않을 수 없을 것이다. 사람들은 소득이 줄어들면 지출할 수 있는 돈이 적어지므로 대부분의 재화의 구입량을 줄여야 한다.

넷째, 소비자의 취향이다. 예를 들어, 아이스크림을 좋아하면 아이스크림을 더 많이 사게 된다. 사람들이 핫도그나 햄버거, 피자를 좋아하면 그 재화에 대한 수요가 늘어나는 것도 마찬가지이다.

다섯째, 그 재화나 서비스에 대한 소비자의 미래 기대는 현재의 수요에 영향을 미칠 수 있다. 만약 다음 달부터 소득이 증가할 것으로 기대한다면 저축의 일부를 사용하여 아이스크림을 더 살 수 있을 것이다. 또한 내일 아이스크림 가격이 하락할 것으로 기대한다면 오늘 아이스크림을 덜 사먹게 될 것이다.

수요의 법칙 관련 사례로는 어떤 것이 있을까? 휴가철 숙박 '부르는 게 값'의 사례이다. 휴가철 피서지에서 평소보다 몇 배나 비싸게 주차료, 숙박비, 용품 대여료까지 뒤집어쓰는 '바가지요금'이 올해도 기승을 부리고 있다. 송정해수욕장 주변 공영주차장의 하루 주차료는 2만 원에서 많게는 4만 원에 달한다. 평소에는 무료지만 피서객이 몰리는 7월부터 두 달은 민간업자가 임대받아 유료로 운영하기 때문이다. 해운대해수욕장 주변의 숙박비는 비수기 때보다 2~3배나 높은 15~25만 원에 달한다.[32] 또 디젤차 수요 뚝→경유 공급 과잉→수익성 악화 …… 울상 짓는 정유사들 사례이다.[33]

수요를 알면 돈이 보인다!

세상에는 70억 명이 넘는 사람들이 살고 있다. 이들이 필요로 하는 물건은 셀 수 없이 많다. 이때 어떤 물건은 비싸고, 어떤 것은 싸다. 왜 그럴까? 그것은 주로 사람들이 얼마나 갖고 싶어 하느냐에 따라 정해진다. 물건의 양은 적은데 그것을 원하는 사람들이 많다면 값은 비싸진다. 반대로 생산된 물건의 양은 많은데 원하는 사람들이 적으면 물건의 값은 싸진다. 물건의 양과 가격의 관계가 바로 수요이다.

수요를 알면 소비자나 생산자가 어떻게 이익을 얻을지 알 수 있다. 소비자들은 물건이 많이 만들어진 장소나 시기를 잘 선택하려고 한다. 그러면 적은 돈으로 좋은 물건을 많이 살 수 있기 때문이다. 선풍기나 에어컨이 없었던 시절, 부채는 한 여름의 더위를 물리치는 데 없어서는 안 될 소중한 물건이었다. 그렇지만 그러한 소중한 물건도 서늘한 가을바람과 함께 필요성이 줄어들고, 수요가 급격히 감소하여 높은 가격에 거래되기는커녕 오히려 거추장스러운 물건으로 바뀌게 된다. 그러므로 언제, 어떤 물건이, 얼마만큼의 양으로 필요한지를 미리 예측하여 이에 대비하는 생산자는 많은 이익을 챙겨 큰돈을 벌 수 있는 것이다.

자식도 많으면 천하다

공급

사람들이 살고 있는 곳곳에는 많은 물건들이 생산되고 있다. 농촌에서도 어촌에서도 공장에서도 셀 수 없을 정도로 많은 물건들이 쏟아지고 있다. 농사가 풍년이 되면 곡식과 채소가 잘 자란다. 반가운 일일 것 같지만 농부들의 속사정은 다르다. 왜 그럴까? 풍년이 들면 곡식이나 채소 값이 엄청나게 떨어져 떨어진 가격으로 많은 채소와 곡식을 팔아봤자 수고로움만 끼치지 돈벌이엔 큰 도움이 되지 않기 때문이다. 많은 돈을 벌려면 생산자는 시장을 잘 살펴보아야 한다.

공급량이 많아지니 가격이 떨어진다

'자식도 많으면 천하다'는 속담이 있다. 이는 모든 것이 흔하고 많으면 대수롭지 않게 생각하기 쉽다는 뜻이다. 특히 농경사회의 제한된 토지에서 하루하루를 살아가기가 어려운 처지에 있는 근로자들에게 자식들이 많으면 자연스럽게 그들을 먹여 살릴 걱정을 하게 될 수밖에 없으므로 보배가 되어야 할 자식이 오히려 귀찮게 여겨짐을 빗대어 이르던 말이다.

이 세상 부모들에게 자식은 천금을 주고도 바꿀 수 없는 귀한 존재다. 그렇지만 그 자식도 먹고살기가 어려운데 자식 숫자가 많아 그 자녀가 중요한 빈곤의 원인으로 여겨질 경우 부모에게 그 자식은 '천금과도 바꿀 수 없는 자식'에서 '천덕꾸러기 자식'으로 바뀔 수 있다. 경제에서도 사람들이 필요로 하는 물건의 수량(수요량)보다 생산·판매되는 물건의 수량(공급량)이 더 많아지면 그 물건값은 떨어지게 된다. 이와 같이 사람들이 필요로 하는 물건을 생산하여 시장에 보급해 주는 것을 공급supply이라고 한다. 공급은 일정하게 정해져 있지 않다. 생산자가 이익을 최대화하기 위해 시장가격을 살펴보고 거기에 맞춰 공급량을 결정하기 때문이다. '금이 너무 많이 나면 가격이 없다Too many golds have no price.'는 속담도 같은 맥락으로 이해할 수 있다.

공급의 법칙

어떤 종류를, 얼마나 생산하느냐는 누가 시켜서 이뤄지는 것일까? 아무 까닭도 없이 그냥 만들어지는 것일까? 아니다. 그가 누구든 어디서, 무엇을, 얼마나, 값은 얼마로 받을지를 생각해서 물건을 생산한다. 예를 들어, 달걀 한 개의 값이 100원일 때 20개만 공급했는데, 값이 120원으로 오르면 공급자는 달걀 개수를 더 늘릴 것이다. 이익이 한 개에 20원씩 더 늘어나기 때문이다. 이와 같이 재화(물건)나 용역(서비스)은 가격이 오르면 공급량이 늘어나고, 가격이 내려가면 공급이 줄어드는데, 이를 우리는 공급의 법칙law of supply이라고 한다. 결국 공급곡선은 각 수량단위를 생산하는 데 소요되는 비용의 크기를 객관적인 숫자로 나타낸 비용곡선이다. 이는 해당 수량을 판매하기 위해 판매자가 '판매할 용의가 있는 최저가격willing to sell minimum price', 즉 판매가격을 의미한다.

생산된 재화나 서비스의 공급이 그걸 필요로 하는 사람보다 많으면 공급자들끼리 경쟁을 해 가격이 떨어진다. 따라서 공급의 원리를 알면 예를 들어, 농부든, 어부든, 기업을 하는 사람이든 사람들이 필요로 하는 게 무엇이며, 언제 · 얼마나 필요로 하는지를 잘 알아두면 적은 노력으로 많은 돈을 벌 수 있다. 어느 재화나 서비스의 공급량은 판매자가 그 물건을 팔고자 하는 의사와 능력이 있는 수량을 말한다. 다시 말하면, 공급량이란 생산자들이 일정 기간에 주어진 가격에 맞춰 만들고자 하며, 동시에 시장에서 팔고자 하는 상품이나 서비스의 수량이다.

공급의 결정요인에는 어떤 것들이 있을까?

만약 어떤 사람이 빵을 생산, 판매하는 빵집을 운영한다고 해보자. 그가 희망하는 빵의 생산, 판매량을 결정하는 것들에는 무엇이 있을까? 여기에는 다음의 몇 가지 변수들을 생각해 볼 수 있다.

첫째, 빵의 가격이다. 빵의 가격은 빵의 공급량을 결정하는 변수의 하나이다. 빵의 가격이 올라가면 빵의 판매수익이 높아지므로 빵의 판매자는 빵의 공급량을 늘리려 할 것이다. 이를 위하여 근무시간을 연장하고, 빵 기계를 더 사들이고, 종업원도 새로 채용할 것이다. 반대로 빵의 가격이 떨어지면 사업에서 얻어지는 이익이 적어지므로 빵의 생산량도 줄일 것이다. 만일 빵의 가격이 어느 수준 이하로 떨어지면 아예 빵가게의 문을 닫고 빵의 생산을 중단할 수도 있을 것이다. 이처럼 빵의 가격이 올라가면 공급량이 늘고, 가격이 떨어지면 공급량이 줄어들기 때문에 공급량은 가격과 비례의 상관관계가 있다고 할 수 있다.

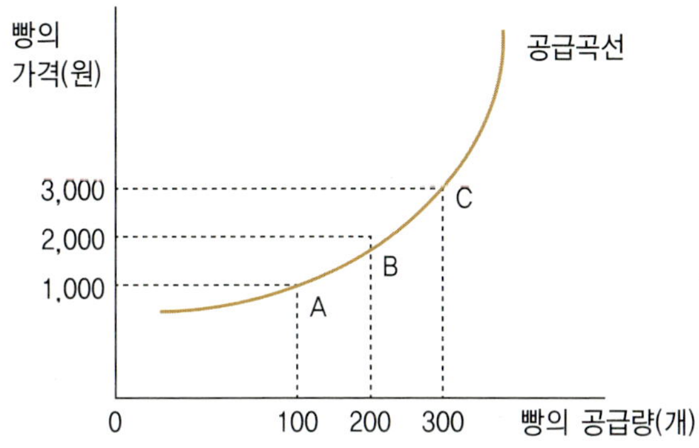

| 그림 2-5 | 가격과 공급량과의 관계

| 그림 2-5 | 에서 볼 수 있듯이 생산자는 빵 1개의 가격이 1,000원일 때는 100개만 공급하려고 하지만(A점), 가격이 3,000원일 경우에는 300개로 공급량을 3배로 늘린다(C점). 그렇게 하는 것이 생산자에게 이익이 되기 때문이다.

| 그림 2-5 | 에서처럼 공급은 가격에 비례한다. 가격의 움직임에 따라 공급도 같은 방향으로 따라서 움직인다. 이처럼 가격이 올라가면 공급량도 같이 늘어나고, 가격이 떨어지면 공급량도 같이 줄어드는 것을 '공급의 법칙law of supply'이라고 한다.

둘째, 빵을 만드는 데 사용되는 생산요소의 가격이다. 빵을 생산하기 위해서는 밀가루, 설탕, 첨가제, 빵기계, 매장 건물, 종업원 등 여러 가지 요소가 필요하다. 이들 요소가격이 올라가면 빵 사업은 수익이 떨어지게 되므로 빵 제조업체를 경영하는 사람은 빵의 생산량을 줄일 것이다. 요소가격이 너무 높아지면 빵 제조업체가 생산을 중단할 수도 있다. 따라서 어느 재화의 공급량은 그 재화의 생산에 투입되는 요소

가격과 반대반향으로 움직이게 된다.

셋째, 빵의 생산기술이다. 빵의 생산기술은 빵의 공급량을 결정하는 또 하나의 변수이다. 예를 들어, 자동화된 빵 제조기가 발명됨에 따라 빵 생산에 투입되는 사람들이 줄어들게 되어 비용이 낮아지고 따라서 빵의 공급량은 늘어나게 된다.

넷째, 빵의 생산에 대한 미래의 기대이다. 오늘의 빵 생산량은 미래에 대한 기대에 의해 영향을 받을 수 있다. 예를 들어, 앞으로 빵 가격이 더 오를 것이라고 예상되면 공급자는 현재 생산량의 일부를 창고에 보관해 두고 현재의 생산량을 더 줄일 것이다. 그 이유는 값이 오른 다음에 많이 파는 게 더 이득이 되기 때문이다.

내 물건이 좋아야 제값을 받을 수 있다

균형가격

무엇이 사람들의 행동을 조정하나?

오늘날 지구촌 경제는 생산자들에게 경쟁력을 강력하게 요구한다. 경쟁력은 저절로 생기는 것이 아니라, 생산자와 소비자가 끊임없이 경쟁하면서 각자의 이익을 쫓아 자발적으로 교환하면서 생긴다. 시장에서 생산자들 사이의 경쟁과 소비자들에게서 받는 감시는 균형에서 벗어났을 경우에도 새로운 균형으로 수렴해 가기 위한 또 다른 도전과 경쟁과정을 통해 새로운 균형에 도달하게끔 한다.

경제행위는 서로 연관된 행위에 종사하는 여러 부류의 개인이 이끌어간다. 그렇다면 이들의 분권화된 의사결정이 혼란을 야기하지 않도록 하는 장치는 무엇인가? 무엇이 능력과 욕구가 다른 수많은 사람들의 행동을 조정하는가? 실행되어야 할 일을 실제로 실행하도록 만드는 것은 무엇인가? 이는 바로 가격기구price mechanism이다. 그럼 이 가격은 어떻게 결정되는가? 시장에서 사고파는 재화의 가격을 일반인들은 생산자가 생산비에 일정한 이윤을 더하여 정한다고 생각하기 쉽다. 그러나 재화의 가격은 기본적으로 수요demand와 공급supply의 상호작용에 의해 결정된다.

물건의 질은 곧 받고 싶은 상품가격이다

우리 속담에 '내 물건이 좋아야 제값을 받을 수 있다'는 말이 있다. 이 속담은 생산자가 원하는 가격을 받으려면 기술개발, 품질향상, 고유 브랜드 전략 등을 통하여 소비자의 마음에 드는 좋은 물건을 만들어야 한다는 뜻이다. 곧 '내 물건이 좋아야 제값을 받을 수 있다'는 균형조건을 이룰 때 거래가 이루어진다는 얘기다. 이 균형조건이 성립할 경우 거래가 이루어지며, 이 거래가 이루어지는 곳이 바로 소비자와 생산자가 만나는 시장이다.

'물건의 질=받고 싶은 상품가격'의 조건이 성립하는 것을 '시장의 균형equilibrium'이라 하고, 이때 이루어지는 가격을 균형가격equilibrium price이라고 한다. 기술개발, 품질향상, 고유 브랜드 전략 등을 통해 질적으로 향상된 상품은 바로 공급자인 판매자가 내놓는 희소하고 가치가 높은 재화가 된다. 생산자가 공들여 만든 물건을 생산자가 원하는 만큼의 가격을 주고 구매하기를 원하는 사람은 수요자인 소비자가 된다. 이들은 생산자의 물건에 대해 강렬한 소비욕구를 가지고, 그리하여 소비자의 수는 증가하게 된다. 공급자는 높은 가격을 주려는 소비자에게 이 재화를 공급할 것이며, 이 재화의 균형가격은 높아진다. 이를 다시 생각해 보면 소비자의 수가 많다는 것은 수요량quantity of demand이 많다는 뜻이다. 수요량이 많으면 균형가격은 높아진다.

같은 물건이라도 생산자가 정성과 관심을 쏟아 소비자의 입맛에 맞게 변화시킨 상품은 그렇지 않은 상품에 비해 그 가격이 매우 높다. 소비자의 마음에 드는 우수한 상품을 만들었을 경우 생산자가 원하는, 또는 그 이상의 가격을 받을 수 있다. 때문에 한 재화에 대해 좀 더 나은 가격을 받기 위해서 공급자는 생산기술을 발달시켜 더 좋은 재화를 만들도록 노력하거나 판매전략을 세워서 소비자들이 선호할 수 있는 재화를 생산해야 한다. 그러면 그 재화의 가격은 높아질 수 있다. 예를 들어, 시장에서 사고파는 농산물의 경우, 시골에서 정성스레 가꾼 농작물은 구매자들이 어떠한 경로를 통해서든 알아보고 좋은 물건을 사기 위해 구름처럼 모여든다. 더욱이 생산자가 생산물을 직접 시장에 가지고 와서 판매할 때 보기 좋게 잘 다듬어진 배추, 파, 우엉, 도라지 등은 그냥 파는 것보다는 더 비싼 가격으로 팔리는 경우를 흔히 본다. 이렇게 잘 다듬어진 농작물들은 보기에도 좋을 뿐 아니라 요리하기에도 편하기 때문에 많은 주부가 구입하기를 원한다. 따라서 잘 다듬어진 농작물은 많은 소비자가 원하는 재화이기 때문에 이 재화에 대한 수요량이 증가할 것이며, 균형가격은 높아진다.

이와 관련해서는 공급과 수요의 그래프를 통하여 살펴보자. 〈표 2-1〉과 | 그림 2-6 | 에서 볼 수 있듯이 사과의 가격이 1개에 3,000원일 때 사람들은 100개만 사려고 한다(A점). 그런데 사과의 가격이 1개에 2,000원으로 떨어지면 소비자들의 사과에 대한 수요는 2배로 늘어나 200개를 사려고 하고(B점), 또 1,000원으로 떨어지면 3배로 늘어나 300개를 사려고 한다(C점). 이와 같이 사람들은 가격이 떨어지면 더 많은 재화를 소비하려고 한다. 그것은 바로 소비자에게 더 이익이 되기 때문이다.

〈표 2-1〉 사과의 수요표

사과의 가격	사과의 수요량
1,000원	300개
2,000원	200개
3,000원	100개

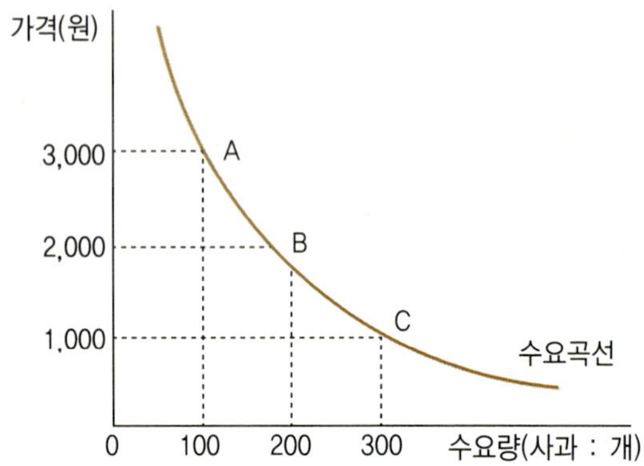

| 그림 2-6 | 사과의 수요곡선

한편 〈표 2-2〉와 | 그림 2-7 | 에서 볼 수 있듯이 사과의 가격이 1개에 1,000원일 때 사람들은 100개만 팔려고 한다(A점). 그런데 사과의 가격이 1개 2,000원으로 올라가면 생산사들의 사과에 대한 공급은 2배로 늘어나 200개를 팔려고 하고(B점), 또 3,000원으로 올라가면 300개로 늘어나 300개를 팔려고 한다(C점). 이와 같이 사람들은 가격이 올라가면 더 많은 재화를 공급하려고 한다. 그것은 바로 생산자에게 더 이익이 되기 때문이다.

〈표 2-2〉 사과의 공급표

사과의 가격	사과의 공급량
1,000원	100개
2,000원	200개
3,000원	300개

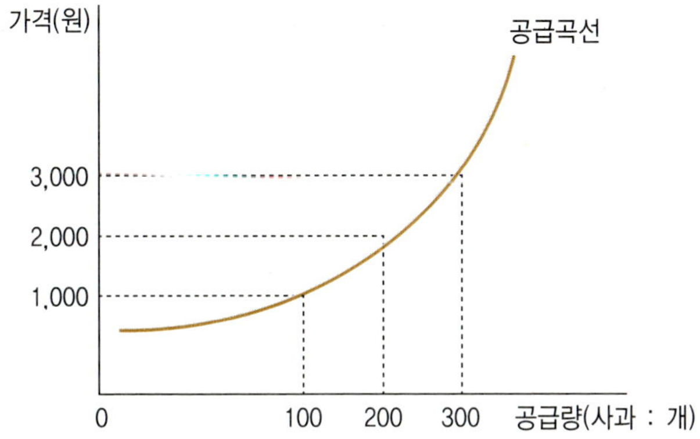

| 그림 2-7 | 사과의 공급곡선

앞에서 보았듯이 소비자에 비해 생산자가 더 많으면 (공급〉수요) 가격은 떨어지고, 반대로 소비자가 더 많으면 (공급〈수요) 값은 올라간다.

| 그림 2-8 | 에서 수요와 공급곡선이 만나는 점 E가 균형가격이다. 여기에서 사과의 균형가격은 2,000원이다. 그런데 만약 2,000원 하던 사과가 1,000원으로 떨어진다면 어떻게 될까? 시장에서는 모두가 자신의 이익을 최우선으로 행동한다. 물건값이 떨어지니 소비자는 신이 나서 더 많은 물건을 사려고 한다. 수요곡선을 보면, 사과가 1,000원일 때 수요는 300개나 되지만 생산자는 손해를 보니까 물건을 내놓지 않는다. 공급곡선을 따라가 보면 사과가 1,000원일 때 공급은 100개뿐이다. 200개의 사과가 모자란다. 이런 상태가 계속되면 수요가 공급보다 많아지니까 물건값은 다시 올라간다. 반대의 경우도 마찬가지이다. 가격이 오르락내리락, 물건이 넘쳐났다가 모자랐다가, 사는 사람이 와글와글 모였다가 썰렁해졌다가……. 이런 과정이 수없이 반복되다가 어느 순간 수요와 공급이 서로 딱 맞아떨어지면 이때의 가격을 '균형가격

equilibrium price'이라고 한다. 사람들은 이 균형가격에 맞춰 무엇을 얼마만큼 생산하고 소비할지 결정한다.

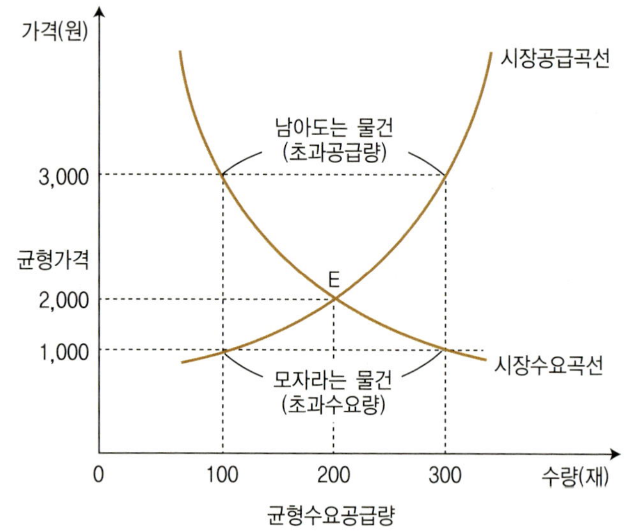

| 그림 2-8 | 사과의 가격과 거래량의 결정

시장에서 좋은 물건이란?

시장은 냉혹한 적자생존의 경쟁원리를 반영한다. 시장은 '좋은 물건'을 만들고 싶은 생산자에게 분업, 전문화, 기술개발, 경영합리화, 시장조사, 고유 브랜드 등을 요구한다. 시장에서 좋은 물건이란 무엇인가? 바로 경쟁력 있는 상품이다. 시장에서의 상품경쟁력이란 '값이 싸고', '품질이 우수하며', '소비자의 구미에 꼭 맞아야 하고', '소비자가 바라는 시간에 맞추어 제때에 공급해야 하며', '고유의 독특한 브랜드를 갖추고 있어야 한다'. 이 다섯 가지 시장경쟁력을 갖춘 물건이 '좋은 물건'

이다. 이 조건들을 모두 갖췄다면 생산자는 감히 내 물건이 좋다고 말할 수 있을 것이며, 자신이 '원하는 상품가격'을 받을 수 있을 것이다.

시장가격은 생산과 소비 활동에 유용한 신호구실을 한다. 경쟁력을 갖춘 적자適者는 계속 발전하고, 그렇지 못한 패자敗者는 시장경제에서 자연스럽게 도태된다. 경제주체들이 시장가격을 지표로 삼아 자유롭게 경제활동을 수행할 때 가격의 자율적인 배급기능에 의해 공급량과 수요량이 일치하는 방향으로 조정이 이루어진다. 상품가격은 수요와 공급의 상호작용에 의한 적절한 조절을 통해 결정된다. 시장에서 소비자와 생산자는 가격과 거래량을 서로 조정하면서 합의를 본다.

이때 서로의 의도가 일치하는 과정은 누가 시켜서 그렇게 되는 것이 아니라 자연스럽게 이루어진다. 시장에서 사고팔리는 모든 상품의 가격은 '물건이 제값에 팔리도록' 우리가 모르는 사이에 조정이 이루어진 결과이다. 이렇게 거래량과 가격이 결정되었을 때 균형이 달성되었다고 하고, 이때의 가격과 거래량을 '균형가격', '균형거래량'이라고 한다.

시장가격은 항상 변화를 꿈꾼다

균형가격은 고정불변의 것이 아니라 끊임없는 변화를 통해 새롭게 형성된다. 새로운 변화에 맞추어 더 좋은 물건을 만들어 내놓을 경우 지구촌 곳곳의 소비자들이 구름처럼 몰리게 될 것이며, 기업은 발전할 것이다. 변화하는 시장의 균형조건을 맞추지 못하고 소비자와 시장을 탓하는 생산자는 가격기구의 기능을 제대로 이해하지 못한 것이다. 거래가 이루어지지 않는다고 소비자와 시장을 탓할 것이 아니라 달라진 시장조건에 맞추어 '경쟁력을 갖춘 좋은 물건'을 만들어 내는 끊임없는 노력이 필요하다. 이러한 생산자가 바로 혁신적인 생산자이다.

혁신적인 생산자는 새로운 상품을 생산하고 새로운 기술을 개발하며 새로운 시장을 끊임없이 개척하는 자이다. 시장에서의 균형가격은 가장 효율적으로 생산할 수 있는 사람들에게 재화를 생산하도록 하고, 그 가격에서 큰 만족을 얻을 수 있는 사람들에게 소비하게 함으로써 경제 전반의 한정된 자원을 효율적으로 배분해 준다. 지구촌 시대에 제값 받기를 원하는 생산자는 다섯 가지 시장경쟁력을 갖춘 '우수한 품질의 상품'을 생산해야만 한다.

이처럼 시장경제란 수요와 공급에 의해 가격이 결정되고 이 가격으로 소비자와 생산자가 경제행위에 참여하는 제도를 말한다. 결국 시장경제에서 제일 중요한 기준은 '가격'이 된다.

시장에서 결정되는 균형가격은 수요와 공급, 생산자와 소비자의 관계 속에서 계속해서 변한다. 그 결과 시장에서의 균형가격은 가장 효율적으로 생산할 수 있는 사람들에게 물건을 생산하도록 하고, 그 가격에서 큰 만족을 얻을 수 있는 사람들에게 소비하게 함으로써 경제 전반의 한정된 자원을 효율적으로 배분해 준다. 사람들은 이 시장가격에 맞춰 어떤 물건을 얼마만큼 생산하고 소비할지 결정한다.

생산자는 물건을 팔아 많은 이익을 얻으려면 소비자가 원하는 물건을, 원하는 시기에 만들어 내야 한다. 물건을 사는 사람들 또한 어떤 물건이 품질이 더 좋고 값도 더 싼지를 잘 따져서 최대의 만족을 얻으려고 한다. 그러므로 시장가격은 가장 효율적으로 생산할 수 있는 사람들에게 물건을 생산하도록 하고, 또 소비자에겐 자신이 가진 예산으로 최대의 만족을 얻도록 해준다. 그 결과 시장가격은 자원의 낭비를 막고 경제가 가장 효율적으로 움직이도록 신호등 역할을 한다. 복잡하긴 하지만 가격이 움직이는 데에는 다 그만한 이유가 있다. 그래서 경제학자들은 가격변화를 미리 예상하고, 거기에 맞춰 경제계획을 세운다. 누구든 시장이 어떻게 돌아가는지 잘 알면 가격변화를 예상할 수 있고 그럼 적은 비용으로 큰 돈을 벌 수 있다.

시장은 최상의 정원이다

완전경쟁시장

'시장은 최상의 정원이다'는 속담이 있다. 시장이란 여러 가지 상품을 사고파는 장소이고, 정원은 꽃 · 묘목 · 정원수 · 괴석들로 잘 가꾸어 놓은 넓은 뜰이다. 결국 이 속담은 시장에서 생산자가 서로 경쟁하면서 최고의 상품을 내놓으려고 애를 쓰고, 소비자는 자신의 취향에 맞는 상품을 최저의 가격으로 구매하려는 시장상황을 잘 나타내 주고 있다. 이렇게 수요자와 공급자 사이의 경쟁에 따라 이루어지는 시장을 완전경쟁시장이라고 한다. 완전경쟁시장은 독점시장에 대립하여 쓰인다.

시장이란 수요와 공급이 만나서 재화와 용역의 가격이 형성되고, 재화와 용역의 거래가 이루어지는 추상적인 기구이다. 시장에서는 서로 상반된 이해관계를 갖는 집단에 의한 가격기구가 작용한다. 특히 자본주의 시장경제에서는 수요와 공급의 법칙이 작용하며, 이러한 수요와 공급의 법칙에 의하여 어떤 재화의 균형가격과 균형거래량이 자율적으로 결정된다. 이것이 바로 애덤 스미스Adam Smith가 말한 '보이지 않는 손invisible hand'의 작용을 의미하며 '보이지 않는 손'은 시장의 가격기구를 의미한다.

시장경쟁의 네 가지 기준

첫째, 비지니스 데모크라시business democracy 기준이다. 기업가적 재능만 있다면 누구든지 언제나 용이하게 자금을 조달할 수 있는가 하는 점이다. 둘째, 자유진입free entry의 기준이다. 중세의 길드와 같이 동일산업에 속하는 공급자의 수를 제한하는 것 같은 배타적 제도가 존재하지 않고, 자본과 노동이 자유로이 진입進入할 수 있는가 하는 점이다. 셋째, 상품 동질화 기준이다. 동일 산업에 속하는 생산자의 시장에 공급하는 생산물이, 예를 들면 상표라든가 디자인이라든가 품질의 차이라든가 또는 판매조건 등에 따라 서로 생산물 차별화product differentiation를 강조한다. 또 그것에 의하여 적극적으로 자기의 생산물에 구매자의 주의를 환기시키지 않는가 하는 점이다. 넷째, 독점력 배제의 기준이다. 어느 생산자의 손에도 시장 지배력이 장악되지 않을 만큼 동일한 생산물을 공급하는 생산자의 수가 충분히 많은가 하는 점이다. 위의 네 가지 기준을 모두 완전하게 충족시키는 경우를 완전경쟁perfectly competition이라 하고, 세 번째와 네 번째의 조건을 충족시킬 뿐이고 자본과 노동의 참입에 대하여서는 규정하지 않는 경우를 순수경쟁pure competition이라 한다.

완전경쟁시장Perfectly Competitive Market의 다섯 가지 특성

첫째, 수요자와 공급자가 다수이다. 시장에 다수의 수요자와 공급자가 있다는 것은 어느 한 수요자나 공급자가 시장가격에 영향을 줄 수 없다는 것을 뜻한다. 결국 수요자나 공급자는 시장가격이 형성되는 대로 수용하거나 또는 받아들일 수밖에 없다. 이처럼 완전경쟁시장에서는 수요자나 공급자나 모두 개인 혼자서는 시장 전체의 가격에 아무런 영향을 주지 못하며, 시장가격을 주어진 조건으로 인정하고 의사결정을 한다. 이를 가격순응자price-taker라고 한다.

둘째, 상품의 동질성이다. 따라서 어느 곳에서 사든지 물건은 동일하므로, 수요자는 특별히 어느 공급자를 더 좋아할 이유가 없다. 그러나 아직도 조미료를 살 때 대부분의 사람들은 '미원 주세요'라고 한다. 또 식기세척용 세제를 살 때 '퐁퐁 주세요'라고 하고, 셀로판테이프를 살 때도 '스카치테이프 주세요'라고 한다. 이러한 현상은 '미원'이나 '퐁퐁', '스카치테이프'가 이미 동종의 상품들의 대명사로 쓰이고 있음을 보여준다. 이처럼 시장에서 거래되는 상품 중 특정 상품의 질이 더 좋거나, 지명도가 더 높은 경우는 완전경쟁시장이 아니다. 쌀 시장에서도 경기미, 특히 여주나 '이천쌀'을 더 나은 것으로 여기는 것을 보면 쌀 시장도 완벽한 완전경쟁시장은 아니다.

셋째, 생산요소의 자유 이동이다. 생산요소인 노동과 자본이 자유롭게 그 시장에 들어오기도 하고 나가기도 해야 한다는 뜻이다. 원료가 한 기업에 의하여 독점적으로 소유되지 않아야 하며, 노동자는 한 지역에서 다른 지역으로, 또한 한 직업에서 다른 직업으로 자유롭게 이동할 수 있어야 한다. 수요가 많아지면 노동이든 자본이든 마음대로 그 시장에 참여할 수 있고, 반대로 수요가 부족할 때에는 자유로이 그 시장을 떠날 수 있어야 한다.

넷째, 기업의 자유로운 진입 및 탈퇴가 보장되어야 한다. 어떠한 새로운 기업도 원하기만 하면 해당 산업에 자유로이 진입해서 생산에 참여할 수 있으며, 또한 해당 산업에 있는 기존 기업이 원하기만 하면 언제든지 자유로이 그 산업을 떠날 수 있어야 한다. 어떤 산업의 수익성이 높으면 누구든지 그 산업으로 진입할 수 있어야 하고 수익성이 없어질 때 누구든지 원하기만 하면 그 산업으로부터 자유로이 탈퇴할 수 있어야 완전경쟁이 성립될 수 있다.

만일 어떠한 산업에 새로운 기업이 참여하는 데 특허나 법률적인 제한을 받거나 거대한 자본비용이 필요하여 진입에 제한을 받게 된다면 완전경쟁은 성립할 수 없다. 즉, 기업의 진입과 탈퇴에 제약이 존재하게 되면 그 산업에 존재하는 기업의 수가 한정되어, 그중의 한 기업이 시장가격에 영향을 미칠 가능성이 커지게 된다. 워낙 자본이 많이 들어가는 사업이라 일반 기업이 함부로 행동할 수 없는 경우도 마찬가지다.

다섯째, 수요자 · 공급자 모두 시장에 대한 완전한 정보perfect information를 가진다. 또한 새로운 시장정보는 아무런 비용 없이 수요자나 공급자에게 제공될 수 있어야 한다. 완전경쟁시장에서는 수요자와 공급자 모두 시장에 대해서 완전한 정보를 아무런 비용 없이 얻기 때문에 어느 누구도 혼자서 시장가격보다 비싸게 팔거나 싸게 살 수 없다.

결국 이런 특징들 때문에 '시장은 최상의 정원이다'는 속담의 완전경쟁시징에서는 한 상품에 난 하나의 가격만이 있을 수 있는, 이른바 일물일가一物一價의 법칙이 성립된다. 또한 위의 특성 중 첫째와 둘째의 특성 때문에 공급자와 수요자는 시장 전체의 수요와 공급에 의해 결정된 가격을 그대로 받아들이는 가격순응자price-taker이며, 수요량이나 공급량만을 변동시킬 수 있는 수량조정자이다. 이는 완전경쟁시장의 가장 두드러진 특징이다. 완전경쟁시장에서는 소비자들이 가장 저렴한 가격으로 해당 상품을 소비할 수 있고, 기업들도 초과이윤이 없는 정상이윤만을 획득하는 상태가 된다. 초과이윤이란 정상이윤을 초과하는 이윤을 말하며, 정상이윤이란 기업가에게 그 사업을 할 수 있도록 보장해 주는 이윤으로서 생산비로 간주되며, 기업가의 기회비용이다. 따라서 '시장은 최상의 정원이다'는 완전경쟁시장에서는 소비자의 후생이 극대화되고, 자원배분도 효율적으로 이루어진다.

청기와 장수

독점기업

청기와 장수만 아는 비법

어떤 일을 추진하면서 거기서 얻을 수 있는 기대이익이 너무 크면 남에게 그 비법을 알리기를 꺼릴 수 있다. 이때 자신이 불리해질 것을 걱정해 자기만 알고 남에게는 숨긴 채 혼자서 그 이익을 챙기게 된다. 이런 경우를 빗대어 '청기와 장수'라고 한다. '청기와 장수'란 기술 같은 것을 자기만 알고 남에게 알리지 않아 그 이익을 독차지하려는 사람을 이르는 속담이다.

'청기와 장수'를 옛날이야기로 풀어보자. 옛날 한 마을에 청기와 장수가 살고 있었다. 청기와 만드는 방법을 그 혼자만 알고 있었기 때문에 다른 이들은 청기와를 만들 수가 없었다. 일반 서민들은 주로 볏짚으로 지붕을 덮었기 때문에 청기와에 대한 수요는 부자들의 전유물이었다. 그는 마을 사람들이 필요로 하는 청기와의 공급량을 스스로 조절했고, 가격조절자price-setter로서 청기와의 가격도 마음대로 조절할 수 있는 지위에 있었다. 그가 공급하는 청기와의 양은 시장 전체의 공급량이었고, 청기와를 많이 생산하거나 적게 생산하거나, 또 청기와의 가격을 높게 받거나 낮게 받는 것 등이 그의 의지에 달려 있었다. 청기와 장수는 자기역량을 최대한 이용하여 원하는 만큼의 이익을 챙길 수도 있었다. 청기와 시장에서 그의 영향력은 절대적이었으며, 그가 제조비법을 알려주지 않는 한 새로운 경쟁자가 등장할 수 없었다. 그러다 보니 그는 더욱 거만해졌다. 그는 배짱을 부려가며 돈을 벌 수 있었고, 상당한 부자가 될 수 있었다.

가격과 수량 조절자로서의 청기와 장수

이와 같이 청기와 장수는 청기와 시장에서 유일한 공급자였다. 또 청기와의 판매가격 및 수량에 대한 조절자로서, 마음대로 이윤극대화를 추구할 수 있었다. 청기와 장수는 기술과 공간의 독점을 아울러 지니고 있었다. 이때 청기와 장수를 우리는 독점기업이라 하고, 청기와 시장을 독점시장이라 한다. 아울러 청기와 장수 혼자서 시장에서 유일하게 생산하여 공급하는 재화나 용역을 독점상품이라고 한다. 청기와 장수는 청기와 시장 전체에 영향력을 행사하기 때문에, 그가 청기와의 공급량을 늘릴 때 청기와 가격은 하락하고, 공급량을 줄일 때 청기와 가격은 상승했다. 가격과 수량을 어떻게 배합하는가는 청기와 장수의 이윤극대화와 직결되는 셈이다.

'청기와 장수' 관련 사례로는 어떤 것이 있을까? KT&G, 고속도로 휴게소 담배 독점 사례이다. KT&G가 고속도로 휴게소 등에서 자사 제품만 취급하도록 이면계약을 채결해 공정거래위원회로부터 시정명령 및 과징금 25억 원의 행정처분을 받았다. KT&G 측은 공정위 측 행정처분에 대해 겸허히 수용하고 재발방지를 위해 최선의 노력을 다할 것이라고 밝혔다. 공정위에 따르면 KT&G는 고속도로 휴게소와 관공서, 대학, 군부대, 리조트 등의 구내매점과 이면계약을 체결하고 자사 제품만 취급하는 대가로 공급가를 할인해 줬다. 또 콘도 계좌 구입, 현금 지원, 물품 지원(휴지통, 파라솔, TV) 등의 부당이익을 제공한 것으로 드러났다. 뿐만 아니라 편의점 담배 진열장에 자사 제품을 60~75% 이상 채워 경쟁사 제품을 눈에 덜 띄도록 했다.[34] 또 구글의 독점행위 사례이다. 인터넷 검색 기업으로 시작한 구글은 현재 전 세계 PC와 모바일을 손에 쥐고 흔드는 막강한 권력을 행사하고 있다. 전 세계 온라인 검색 시장의 78%를 구글이 장악하고 있고, 스마트폰 등 모바일 운영체제OS 시장에서 구글의 안드로이드는 80%에 달하는 점유율을 가지고 있다. 인터넷을 하거나 모바일 기기를 쓰는 전 세계 사용자 가운데 10명 중 8명은 구글을 이용한다는 뜻이다. 한때 야후나 마이크로소프트 등이 구글의 경쟁기업으로 꼽히기도 했지만, 이제 경쟁은커녕 구글에 도전할 만한 기업을 찾기도 어려울 정도다. 권력이 한곳에 집중되면 반드시 부작용이 생기게 마련이다. 구글의 독주로 인한 문제 역시 수년 전부터 전 세계 정보기술IT 업계에서 공통적으로 제기돼 왔다. 구글이 시장지배자적 권리를 남용해 공정한 경쟁을 저해하고, 소비자들의 선택권을 제한하는 방식으로 막대한 이익을 취해 왔다는 것이다. 전형적인 독점기업의 횡포다.[35]

독점의 특성

독점기업은 완전경쟁시장과는 정반대로 시장 전체에 대해서 유일한 공급자로서 다음의 특성을 갖는다. 첫째, 독점기업의 공급량은 그 상품에 대한 시장의 총공급량과 같다. 즉, 독점기업은 바로 독점산업이 된다. 독점기업의 행동은 시장 전체에 직결되는 영향력을 행사하게 되어, 상품의 매기당 공급량을 증가시키면 상품가격은 하락하며 공급량을 감소시키면 상품가격이 상승하게 된다.

둘째, 독점기업은 강한 시장지배력을 갖는다. 시장지배력이란 가격이나 거래량 등 시장의 결과를 지배하는 힘을 말한다. 완전경쟁기업은 시장가격을 그대로 받아들이는 가격순응자price-taker로서 시장지배력이 전혀 없는 반면에, 독점기업은 가격설정자price-setter로서 스스로 공급량 조절을 통한 가격결정권을 갖게 된다.

셋째, 독점기업은 다른 시장형태와 비교해 볼 때 밀접한 대체재를 생산하는 경쟁상대기업으로부터 도전을 받지 않는다. 완전경쟁하에서는 무수히 많은 기업들이 동질의 상품을 생산하기 때문에 한 기업의 상품은 다른 모든 상품과 완전 대체재의 관계를 이루면서 격렬한 경쟁을 벌인다. 반면에 독점하에서는 시장 내에 동질의 상품이나 밀접한 대체재를 생산하는 다른 기업들이 존재하지 않기 때문에 이러한 경쟁관계를 경험하지 않는다.

그러나 실제 경제에서 어느 독점상품이든지 어느 정도의 대체성을 가지는 상품이 존재하기 때문에 상품시장의 범위를 어떻게 잡느냐에 따라서 독점이 과점으로 분류될 수도 있다. 예컨대 지하철서비스는 서울시가 혼자 공급한다는 뜻에서 독점이지만, 대중교통서비스로 시장범위를 넓히면 시내버스도 있기 때문에 서울시가 더 이상 독점기업이 아니다.

독점의 발생원인

이와 같은 독점은 실제 경제에서 어떤 형태로 나타날까? 첫째, 규모의 경제economies of scale가 있다. 상품의 생산량이 증가할수록 단위당 생산비가 계속 감소하므로 상품을 생산하는 기업은 시장의 지배자가 된다. 이러한 예로는 전력, 수돗물, 전화, 통신, 항만, 댐 등을 들 수 있다. 특히 이러한 경우 기업은 자연스럽게 시장을 독점하므로 이를 자연독점natural monopoly이라고도 한다.

둘째, 범위의 경제economies of scope가 있다. 이는 자연적 공간독점의 경우로 자동차엔진, 차체, 기타 부품의 생산 등 생산범위를 넓히면서 발생한다. 생산범위가 넓어지면 전국의 광고, 유통, 금융, 고객확보, 구매 등의 이점에 따라 생산단위당 비용이 감소한다.

셋째, 진입장벽entry barrier이 있다. 공익사업에 대해 정부가 법으로 제한하는 경우와 특정 기업의 신상품 개발이나 신기술 개발 등에 대한 특허권 인정, 특정 상품 생산에 대한 필수적인 광고물이나 자원을 통제하는 경우다. 우리나라에서는 기술혁신의 유인을 주기 위하여 발명가에게 15년의 특허권을 부여하는데 이 기간 동안 특허권을 사용하여 해당 상품을 독점적으로 공급할 수 있다. 또 기존 기업이 대대적인 광고나 가격인하 등의 방법을 동원해 신규기업의 진입을 방해하는 경우도 이에 해당한다.

넷째, 정부가 특수한 목적을 위하여 직접 독점력을 행사하는 경우이다. 우리나라에서는 재정수입을 목적으로 정부가 담배와 홍삼의 판권을 독점하여 전매하고 있는 것이 그 예이다.

'청기와 장수'처럼 기업이 독점하는 방법으로 가격지배력을 가지게 될 때 그 가격은 당연히 완전경쟁 때보다 높은 수준에서 결정된다. 그러므로 일반 소비자의 경우 독점기업의 이윤만큼 소비자의 후생이 감소하거나 상실된다. 또 청기와 장수처럼 독점상태에 있는 기업의 경우에는 경쟁이 없기 때문에 기술개발이나 원가절감에 대한 필요성을 절감하지 못하며, 소비자에 대한 충분한 서비스 제공도 기대할 수 없게 된다. 따라서 나라마다 독점기업에 대해서는 독점금지법 등의 법률로 규제나 감시를 하는 경우가 많으며, 독점기업도 이를 수용할 수밖에 없다.

그러나 독점기업이라고 해서 반드시 비난의 대상이 되어야만 하는가? 꼭 그렇지만은 않다. 시장규모가 너무 작을 때는 상품의 공급을 독점하는 편이 오히려 생산비가 절감될 수 있어 유리한 면도 있다. 그때는 '청기와 장수' 같은 독점기업이 오히려 권장될 수도 있다. 그리고 한 산업에 영세한 기업이 여러 개 있는 경우보다는 자본력이 막강한 기업 하나가 존재할 때 기술투자나 경제개발 초기에 신규시장을 개척하기 위해서는 청기와 장수 같은 독점기업이 사회나 국가에 오히려 유효할 수도 있다.

그렇다고 하더라도 일반적인 견지에서 볼 때 독점기업은 완전경쟁기업보다 높은 가격에 상품을 판매하고 생산량도 소비자들이 원하는 만큼 공급하지 않는다. 소비자의 후생이 감소될 것이므로 독점기업에 대한 규제를 두어 법률에서 제한하는 편이 올바르다. 독점기업에게 사회에 기여하기를 요구하는 것도 이런 이유에서다.

4. 조절의 경제

원님 덕德에 나팔 분다

외부경제

된장장수 덕에 이익을 본 두부장수

아침마다 '두부 사려' 하고 큰 소리로 외치는 것을 멋쩍어하는 소심한 두부장수가 있었다. 큰 소리로 외치지 못하니 장사가 잘될 리 없었다. 그러다 어느 날 묘안을 짜냈다. 된장찌개에는 반드시 두부가 들어간다는 사실에 착안하여, 목소리가 큰 된장장수 뒤를 졸졸 쫓아다니기로 한 것이다. 그래서 앞에서 '된장 사려' 하고 큰 소리로 외치면, 모기 같은 소리로 '두부도'라고 덩달아 외쳤다. 아마도 몇달 뒤에는 서로 역할을 바꾸었을지도 모른다. 분명한 것은 두 사람 모두 혼자 다닐 때보다 매상이 늘었다는 점이다.

우리 속담에 '원님 덕德에 나팔 분다'는 말이 있다. 이는 원님의 행차와는 전혀 관계가 없는 어떤 사람이 행차가 지나는 길목에 서 있다가 뜻밖의 나팔을 불 수 있는 분에 넘치는 영광을 입었다는 말이다. 나팔을 부는 영광을 입은 그 사람이 원님에게 어떠한 대가를 지불할 의무는 전혀 없다. 유사 속담으로 '사또 덕분에 나팔 분다', '남의 돌팔매에 밤 주워 먹기'가 있다.

이와 같이 정상적인 거래활동인 시장기구를 통하지 않고 개인 혹은 기업의 어떤 활동이 자기 자신뿐만 아니라 다른 기업이나 개인에게 혜택을 주는 것을 외부경제external economy라고 한다. 이러한 혜택은 다른 기업이나 개인이 활용하지 못하도록 배제할 수 없기 때문에 대가를 받을 수 없으며 따라서 가격체계에 대해 외부적인 것이 된다.

외부경제는 이웃에게 혜택을 주지만, 그 혜택에 대한 보상을 받지 못하는 경우가 대부분이다. 따라서 외부경제를 일으키는 당사자에게는 자신의 투자비용을 모두 회수하지 못하는 결과를 가져온다. 곧 100을 투자하여 150의 성과를 거두었지만, 자신에게 돌아온 몫은 90이고 60은 제3자에게 분배된다. 이렇게 되면 누가 큰 소리를 외칠 된장장수가 되겠다고 나서겠는가. 아마 된장장수는 적어지고, 편하게 이익을 보려는 두부장수만 많아질 것이다. 그 경우 외부경제는 사회 전체적으로 바람직한 수량보다 적게 공급될 것이다.

이웃집이 뿌린 소독약으로 우리 집의 해충까지 제거된다면?

외부경제로 생산비를 절감하는 전형적인 사례로는 과수원 주인과 양봉업자의 상호관계를 들 수 있다. 과수원 근처에 양봉을 하는 사람이 있다고 하자. 봄이 되어 과수원에 꽃이 활짝 피었을 때, 주변에 있는 벌들이 꽃으로 모여들면 양봉업자는 벌이 꿀을 채취할 수 있어서 좋고, 과수원 주인은 과일나무가 수정이 잘 이루어져 더 많은 과일을 얻을 수 있어서 좋다. 이것은 전형적인 외부경제의 미담이다. 다른 예로 어떤 사람이 자기 집 주위에 화단을 잘 가꾸어 이웃에게 좋은 경관을 제공할 수도 있고, 민들레 씨를 미리 뽑아서 씨가 날리지 못하게 함으로써 자신은 물론 이웃의 정원에 잡초가 나는 것을 막아줄 수도 있다. 또 이웃집에서 뿌린 소독약 덕분에 우리 집의 해충까지 없어졌다든지, 전염병 예방접종을 함으로써 나뿐만 아니라 다른 사람에게 병이 옮아갈 가능성을 줄였다면 이 또한 외부경제다. 더 나아가 전력생산을 위해 댐을 건설하면 홍수조절과 함께 경관이 좋은 관광지를 얻을 수 있는 것, 어떤 지역의 주변에 도로가 건설되면 땅값이 상승하는 것도 이와 같이 외부경제 효과를 얻는 것이다. 급격한 개방화 사회가 전개되면서 교육을 많이 받은 사람과 자주 교류를 하면서 생활수준도 높이고 높아진 문화생활을 누릴 수 있게 된 것, 또 인터넷이 발달한 요즘에는 무료 인터넷 서비스로 외부효과가 발생하는 것도 마찬가지다.

이 외에도 외부경제 사례로, 첫째, 꽃재배의 외부효과를 이용한 원예치료사 사례가 있다. 꽃, 식물, 채소 등 식물을 이용해 육체적 재활과 정신적 회복을 추구하는 활동을 원예치료라 하고 이러한 치료를 하는 사람들이 원예치료사다. 정원 가꾸기, 식물 재배하기, 꽃을 이용한 작품활동 등을 통해서 정신적인 부분에 대한 치유뿐만 아니라 운동능력을 향상시키는 치료효과까지 얻고자 한다. 나무나 꽃 등 식물을 심는 행위는 우리가 인지하는 수준을 넘어 전혀 예측하지 못한 다양한 긍정적 외부효과를 유발하는 듯하다. 산림과학원은 2010년에 숲의 공익적 기능이 연간 110조 원에 달한다는 분석자료를 내놓기도 했다.[36) 또 정부의 정책변화에 따라 뜻밖의 이익을 얻는 사례이다. 정부의 새로운 정책집행이나 환경변화 등에 따라 매출증대 및 큰 수익을 올린 각 경제주체들이 그들의 예다. 정부의 안전띠 미착용 집중단속과 '교통법규위반자 신고보상금제'가 본격적으로 실시되면서 손해보험사들은 손해율 하락에 따라 큰 이익을 얻은 사례, 검찰의 소프트웨어 불법복

제 특별단속이 한글과컴퓨터 · 다우데이터시스템 · 나모인터랙시브 등 정품 소프트웨어 개발, 유통업체의 매출증대 및 주가상승에 큰 몫을 한 사례, 정부가 신용카드 사용 확대를 위해 소득공제와 신용카드 영수증 복권제를 도입하자 신용카드 매출액이 늘어남으로써 카드업체의 수익증가와 주가가 상승한 사례, 구제역과 광우병, 조류독감이 전 세계적인 문제로 부각되면서 수산업체의 수입이 크게 늘어난 사례, '사스(SARS : 중증급성호흡기증후군) 공포'가 확산되면서 동남아국가들의 의약 · 건강식품 · 마스크 · 소독제 매출이 크게 늘어난 사례 등을 예로 들 수 있다. 이들 모두는 각 기업들이 본업에 충실했을 뿐이었는데 외부적 영향 때문에 뜻밖의 큰 이익을 얻은 외부경제의 좋은 사례들이다.

외부경제에 대한 정부의 역할

일반적으로 시장경제에서는 가격을 신호로 삼아 소비자의 효용극대화와 생산자의 이윤극대화의 자발적인 교환과 경쟁을 통해 효율적인 자원배분이 일어난다. 그러나 실제 경제에서는 이와 같은 완전경쟁에 가까운 상태가 존재하는 것이 아니며, 위의 예에서 볼 수 있듯이 외부경제 등의 문제가 발생하여 시장이 고유의 기능을 수행하지 못한다.

이러한 상황에서 경제활동을 자유시장경제에 그대로 맡길 경우 효율적인 자원배분 및 공평한 소득분배를 실현하지 못하고, 공공의 이익을 해칠 수도 있다. 따라서 외부경제를 늘리기 위한 대책과 정부의 적절한 조절이 필요하다.

사촌이 땅을 사면 배가 아프다

외부불경제

사촌이 논을 샀는데 왜 내 배가 아플까?

시장경제에서는 가격을 신호로 삼아 소비자와 생산자들 간에 자발적인 교환과 경쟁을 통한 효율적인 자원배분이 일어난다. 그러나 실제 경제에서는 경제활동을 자유시장경제에 그대로 맡길 경우 효율적인 자원배분 및 공정한 소득분배를 실현하지 못하며, 공공의 이익을 해칠 수도 있다. 여기서는 그 원인 가운데 하나인 외부불경제에 대해 알아보자.

우리 속담에 '사촌이 땅을 사면 배가 아프다Feel envious of neighbor's success.'가 있다. 사촌이 땅을 사는 행위는 사촌과 나 둘 사이에 일어난 일이 아니다. 사촌과 땅 주인 사이에서 일어난 경제활동이다. 그러나 사촌이 땅을 샀다는 말을 들으면 괜스레 질투심이 일어나고, 거래와는 전혀 관계가 없는 나의 배가 아프게 된다. 이처럼 개인 혹은 기업의 어떠한 활동이 시장기구를 통하지 않고 그 거래와는 전혀 관계가 없는 다른 개인이나 기업에게 손해를 끼치는 것을 외부불경제external diseconomy라고 한다.

외부불경제의 예

외부불경제의 예로서 공장에서 흘러나오는 폐수를 보자. 공장에서 정화되지 않은 폐수를 흘려보내면 그 공장과는 전혀 거래활동이 없는 이웃주민들이 폐수로 인한 피해를 입는 경우가 있는데, 그렇다고 그 공장에서 개인이 피해비용을 전액 보상받기란 거의 불가능하다. 자동차에서 매연을 뿜어내는 경우 그 자동차의 소유나 승차와는 전혀 관계가 없는 일반 보행자들이 매연을 마시면서 기관지에 피해를 입는 경우도 마찬가지다. 비행장의 소음, 고속도로의 교통체증, 무료낚시터의 무료공공자원의 과다사용, 나아가 밀폐된 버스 안에서 담배를 피우면서 옆 사람에게 피해를 주는 행위, 극장에서 껌을 씹거나 수업시간에 떠드는 행위, 또 강의실이나 조용한 차내에서 휴대폰 수신음을 크게 울리면서 주위 사람들에게 피해를 주는 행위도 외부불경제의 전형적인 예이다. 각각의 경우에서 피해를 일으킨 폐수방류자, 자동차운전자, 낚시꾼은 자신이 추가적으로 얻는 한계편익과 자신이 추가적으로 잃는 한계비용을 일치시킬 뿐이고 다른 사람에게 주는 비용은 무시하게 되므로 자원의 효율적인 배분이 이루어지지 못한다.

이 외에도 미세먼지의 사례가 있다. 공해에는 국경이 없는 만큼 미세먼지가 몰고 오는 외부효과에 대해 국제적인 공동 해결 노력이 필요하다. 매년 봄이 되면 중국에서 날아온 미세먼지 때문에 하늘이 안개 낀 듯 뿌연 날이 점점 늘고 있다. 미세먼지는 지름 0.01㎜ 이하의 작은 먼지 입자이다. 지름이 0.0025㎜ 이하면 초미세먼지로 분류한다. 미세먼지가 얼마나 작은가 하면, 설탕 알갱이 하나에 미세먼지 수백만 개가 들어갈 정도이다. 미세먼지는 질 낮은 석탄, 석유를 태울 때나 자동차 배기가스에서 발생한다. 중국은 겨울철 난방의 70%를 석탄에 의존

하는 데다 빠르게 산업화가 진행되고 있어서 앞으로도 미세먼지는 계속 생겨날 것이다.[37)]

재산권이 불확실할 경우 외부불경제가 발생한다!

외부불경제가 발생하는 근본 원인은 재산권이 명확하지 않아서다. 이럴 경우 사회적인 관점에서 계산된 비용과 개인적인 관점에서 계산된 비용이 서로 다르기 때문에 시장은 자원을 효율적으로 배분하지 못한다. 생산과정에서 오염물질을 많이 방출하는 종이공장을 예로 들어 보자. 종이 1톤당 생산비용이 5,000원이라면 생산업자의 개인적인 관점에서 본 비용은 5,000원이다. 그러나 여기에는 그가 방출한 오염물질이 환경을 더럽히는 행위, 곧 외부불경제와 관련된 비용이 포함되어 있지 않다. 만약 종이 1톤을 생산하기 위해 방출해야만 하는 오염물질을 제거하기 위해 사회 전체가 3,000원의 비용을 써야만 한다면 사회적인 관점에서 본 종이 1톤의 생산비는 8,000원이 된다. 자원의 효율적인 배분이란 사회적 관점에서 본 비용에 입각한 배분이어야 한다. 그런데 사적이윤을 추구하는 종이 생산업자는 훨씬 낮은 수준인 5,000원의 비용만을 고려해 생산량을 늘리며 비효율적인 자원배분을 한다. 이와 같이 시장의 거래활동과 전혀 관계가 없는 제3자, 다시 말하면 땅을 사는 일과 전혀 관계가 없는 내 배가 아프게 되는 일, 곧 손실을 입는 것이다.

'보이는 손'이 필요한 이유

지금까지 살펴본 생산과 소비에서 생기는 외부불경제의 공통된 특징은 어느 누군가가 의사결정과정에서 그들의 행위가 다른 사람에게 미칠 영향을 간과하고 있다는 사실이다. 다시 말하면, 피해 배출자인 사촌, 공장주인, 자동차주인, 비행기회사, 종이회사 등은 자신의 한계 편익과 한계비용을 일치시킬 뿐이고, 다른 사람에게 주는 비용을 무시한다. 그러므로 자원의 비효율적인 배분이 일어난다. 오늘날 공해문제가 점점 심각성을 더해가는 것만 보아도 시장은 제대로 기능을 발휘할 수 없음을 알 수 있다. 남에게 해를 끼치면서도 이에 대해 대가를 치르도록 요구받지 않을 때 사람들은 마음 놓고 그 일을 계속하기 마련이다. 자기에게 이득이 되는 것은 늘리려 하고, 손해가 되는 것은 줄이려 하는 것이 사람의 속성이다. 그렇기 때문에 외부불경제가 발생하면 시장기능으로는 효율적인 배분을 기대하기가 어렵다.

따라서 대기오염, 소음, 공장의 매연 등 외부불경제는 제3자의 후생을 감소시키기 때문에 정부의 개입이 필요하다. 가장 대표적인 정부개입으로는 조세부과를 통해 부정적 외부효과에 대한 사회비용을 직접 세금으로 부과하여 생산자들이 이를 사적비용으로 감안하도록 할 수 있다. 이와 관련한 과세는 최초의 주창자인 피구의 이름을 따서 '피구세Pigouvian tax'라고도 한다. 이와는 달리 정부의 개입하에 이루어지는 내부화를 반대하는 '코즈의 정리(Coase theorem, 코즈의 법칙)'가 있는데 이는 외부효과로 인해 초래되는 비효율성을 자원의 배분과정에서 아무런 비용을 치르지 않고 협상을 통해 민간경제의 주체들이 시장에서 그들 스스로 해결하게 하는 것으로, 이것은 외부성에 대한 가격기구를 형성하는 '외부성의 내부화'라고 말할 수 있다. 코즈의 정리에 따르면, 기업은 내부에서 추가 거래를 처리할 때에 드는 비용과 외부시장에서 처리하는 비용을 비교해 이 두 비용이 같아질 때까지 조직을 확대하는 경향을 띤다. 내부적으로 처리하는 비용이 더 낮으면 조직은 유지되거나 확대될 수 있다. 따라서 기본적으로는 개인이 1 : 1로 거래할 때 드는 비용보다 기업을 조직하고 유지하는 데 드는 비용이 더 저렴하기 때문에 기업이 본질적 가치를 갖게 된다. 코즈의 정리는 현대의 정부 규제를 경제적으로 분석하기 위한 중요한 바탕이 됐다. 사람들에게는 도덕심이란 것이 있지만 이는 몇 푼 안 되는 돈 앞에서 눈 녹듯 사라지는 경우가 허다하므로, 이들에 대한 '보이지 않는 손'의 시장기구는 그 기능을 발휘하지 못하고, '보이는 손visible hand'의 정부통제가 요구되는 것이다.

신작로 닦아놓으니 왕-서방이 먼저 지나간다

공공재

시장기구 작동 부실하면 실패한다고?

시장경제에서는 가격을 기준으로 소비자와 생산자들 사이에 자발적인 교환이 이루어진다. 이러한 교환은 경쟁을 통해 효율적인 자원배분을 이룬다. 그러나 실제 경제에서는 여러 가지 원인으로 인해 시장의 자동조절기능이 잘 작동하지 못하는 경우가 생긴다. 이 경우 효율적인 자원배분 및 공정한 소득분배를 실현하지 못하고, 공공의 이익을 해칠 수도 있다. 이와 같이 시장기구의 자동조절기능이 제대로 작동하지 못할 때 시장의 기능은 실패한다.

우리 속담에 '신작로 닦아놓으니 왕-서방이 먼저 지나간다'는 말이 있다. 신작로는 모든 사람들이 볼일을 보기 위해 지나가던 길이다. 신작로의 필요성은 누구나 인정하지만, 신작로를 닦는 일에 왕-서방이 적극적으로 참여해서 일을 하나 일을 하지 않거나 자신에게 일한 만큼의 성과가 돌아오지 않는다. 이 속담은 왕-서방이 굳이 자기의 노력과 시간을 들여가며 일할 유인이 발생하지 않기 때문에 일하려 들지 않음을 잘 꼬집고 있다. 유사 속담으로 '거둥길 닦아 놓으니까 깍쟁이가 먼저 지나간다', '치도治道하여 놓으니까 거지가 먼저 지나간다'가 있다. 치도란 도로를 새로 내거나 관리하는 것을 말한다.

사적재와 공공재, 차별할 수도 배제할 수도 아리송……

대부분 편익이 그 재화를 보유하는 경제주체에게 돌아가는 사적재 private goods의 경우 각 경제주체들은 그 경제행위에서 적극성을 띠게 된다. 그렇지만 그 편익이 특정한 경제주체에만 귀속될 수 없고 상당히 광범위한 경제주체에 영향을 미치는 재화의 경우 각 경제주체들의 경제행위는 소극적으로 나타난다. 이와 같은 경제주체들의 그 재화에 대한 소극적 작용에 의해 자원배분의 비효율성이 발생하는 재화를 공공재public goods라고 한다. 이러한 성격을 가진 재화에는 국방, 치안, 구급(119), 도로, 가로등, 소방, 등대, 공원, 인터넷 등이 있다.

왜 신작로와 같은 공공재의 발생은 시장기능을 실패하게 만들까?

신작로를 닦는 데 기여한 사람과 전혀 기여하지 않은 왕-서방을 차별화하여 재화를 공급할 수 없기 때문이다. 시장에서 거래되는 사과나 옷과 같은 사적재는 재화를 구매하는 사람에게 편익이 돌아가도록 하고, 다른 사람이 그것을 소비할 수 없도록 하는 수익자 부담 원칙이 적용된다. 그러나 신작로는 일단 공급되면 특정 소비자에게만 소비가 허용되는 것은 아니다. 차별을 두어 재화를 공급할 수 없고, 왕-서방을 재화소비에서 배제할 수도 없다.

무임승차자 문제

신작로는 경쟁을 해서 얻는 재화가 아니기 때문이다. 신작로라는 재화는 소비주체가 편리한 시간에 언제든지 소비할 수 있으며, 다른 사람과 경쟁하지 않아도 된다. 별다른 노력이 필요 없기 때문에 사람들은 다른 이의 부담에 의해 생산된 공공재에 편승하려고 한다. 왕-서방처럼 비용을 부담하지 않으려 하는 무임승차자 문제free-rider problems가 발생한다. 신작로와 같은 공공재는 일단 공급되면 왕-서방을 비롯한 각 개인이 공짜로 이용될 수 있기 때문에 아무도 실제로 비용을 부담하려 들지 않는다. 따라서 신작로와 같은 공공재는 왕-서방 같은 무임승차자를 배제할 수도 없고, 이윤을 추구하는 기업의 경우 생산비용을 충분히 회수할 수 없기 때문에 경쟁적으로 생산할 의욕도 생기지 않는다.

무임승차자가 소수를 넘어서 다수가 되어 사회적 불만이 형성된다면 어느 누구도 비용을 부담하려 들지 않을 것이다. 공급했다 하더라도 정부와 달리 어떠한 강제력을 갖고 있지 않아 사용요금을 강제로 징수할 방법이 없는 기업에게는 그러한 유인이 사라진다. 이에 따라 시장 전체에 나타나는 신작로의 공급량은 사회 전체에서 필요한 것보다 부족해지므로 소득분배와 자원의 효율적 배분이 실패한다. 그러므로 공공재의 생산은 정부에게 맡겨지며, 과세 등을 통한 공공재의 공급은 정당성을 가진다.

염불에는 맘이 없고 젯밥에만 관심이 간다

도덕적 해이

정보를 독점한 주체의 기회주의적 행위를 경계하라

우리 속담에 '염불에는 맘이 없고 젯밥에만 관심이 간다', '조상弔喪에는 관심이 없고 팥죽에만 정신이 간다'는 말이 있다. 정부공무원, 금융기관의 간부, 언론 및 기타 직업의 요직에 있는 사람들은 일반인에 비해 경제사안에 대해 훨씬 많고 완전한 정보를 가지고 있다.

반면에 국민이나 일반 소비자들은 거의 알지 못하거나 불완전한 정보를 가지므로 불리한 위치에 서 있는 비대칭적 정보asymmetric information 상태가 존재한다. 이럴 경우에는 완전한 정보를 가진 주체가 '염불'과 '조상'에는 마음이 없고 '젯밥'과 '팥죽'에만 관심을 둔다면 문제가 발생하기 마련이다. 다시 말하면, 완전한 정보를 가지고 있는 주체가 그 자리에 상응하는 '책임'은 소홀히 하면서 오히려 주어진 자리를 이용해 '이권'을 챙기려는 현상으로서, 이를 도덕적 해이moral hazard라 한다. 이럴 때일수록 시장은 자동조절기능을 제대로 발휘하지 못한다. 도덕적 해이란 원래 보험에서 쓰기 시작한 말인데, 자기가 맡은 일에 최선을 다하지 않으려는 마음가짐이나 행동, 또는 다른 사람들의 이익을 희생하고 그 대가로 자신만의 이익을 추구하는 기회주의적 행위를 말한다.

문제의 핵심은 제도에 있다!

왜 '염불'이나 '조상'에는 맘이 없고, '젯밥'이나 '팥죽'에만 관심을 가질까? 이 문제의 핵심은 제도에 있다. 인간은 자신의 삶 속에서 고도의 도덕성을 요구하지만 경제적 이득이 눈앞에 놓여질 경우 그 도덕성은 큰 힘을 발휘하지 못한다. 예를 들어, 보험에 가입하기 전에는 화재경보기나 소화기를 구입하고 불조심을 하여 화재예방에 단단히 주의를 기울이던 사람도 일단 화재보험에 가입하고 나면 사고가 발생할 때 손실액을 보상받을 수 있다는 생각에 사고를 막으려는 노력을 게을리 한다. 이 경우 비도덕적인 생각이지만 개인에게는 더 이익이 될 수 있기 때문이다. 또 중고차를 파는 사람이 살 사람에게 자기 차의 결함을 감추려는 것도, 남의 아이를 돌보는 사람이 아이가 지나치게 TV를 봐도 내버려 두는 것도, 시골 마을 할아버지 할머니에게 만병통치약이라 속여 가짜 약을 파는 것도, 전국을 떠들썩하게 했던 중국산 꽃게에 납덩어리를 넣어 파는 것도 도덕적 해이의 예라고 할 수 있다. 의료보험 수가가 너무 낮기 때문에 과잉진료를 받으려는 환자의 행위, 자살할 의도를 갖고 생명보험에 가입하는 보험가입자의 행위, 병원 수입을 위해 과잉진료를 하는 의사의 행위 역시 정보의 비대칭성을 이용한 '젯밥'이나 '팥죽'에만 관심을 두는 도덕적 해이의 예다.

공공성을 그르친다면 사회의 제재를 받아야 할까? 답은 'Yes'다

시장경제에서 생산자나 소비자가 각각의 효용극대화와 이윤극대화를 쫓아 물질적 인센티브를 극대화할 수 있는 쪽으로 행동을 결정하는 것은 당연하다. 그러나 시장의 주고받기가 효율적 자원배분을 그르치게 하거나 공익에 위반하거나 공공성을 그르치는 경우라면 당연히 사회의 제재를 받아야 한다.

그 대표적인 경우가 앞에서 살펴본 예들과 함께 증시의 내부자 거래를 들 수 있다. 공개되지 않은 정보를 이용하여 주식을 거래하고 부당이득을 얻는 사례는 어느 나라에서나 엄격한 규제대상이다. 관련 회사 임직원이든 증권회사 거래소 관계자든, 해당 회사나 증권업무에 관련 있는 금융인이든 공무원이든, 심지어는 취재언론인이든 공개되지 않은 정보를 이용하는 모든 주식거래가 불법이 되는 것은 당연하다. 내부자 거래금지의 연장선에서 보면 고위공직자나 정치인들의 주식투자에도 기준선이 필요하다. 미국에서는 고위공직자가 되면 공직에 있는 기간에는 모든 주식거래는 동결되며, 그 결과는 해마다 공개하도록 되어 있다.

도덕적 해이의 사례들

우리나라의 경제위기에는 넓은 의미의 도덕적 해이라 할 수 있는 현상이 경제시스템 곳곳에서 동시다발적으로 나타났다. 정부의 지급보증과 공적자금에 대한 남용, 각종 세금의 신설과 채권발행 만능주의, 대형 정부사업의 부실과 낭비, 연금기금의 투자 실패와 대규모 적자 등이 우리나라 경제시스템에 구조화한 도덕적 해이의 단면들이다. 이 외 국책연구원의 연구윤리 위반 사례로, 정부 출연기관 연구원들이 참여하지도 않은 논문에 이름을 올리는 등 연구윤리 위반 행태가 심각한 것으로 드러났다. 성과급이나 승진 평가에서 가산점을 얻기 위해 공공연히 부정행위가 벌어지고 있는 것인데, 감사원이 그 실태를 공개했다. 2012년 한국화학연구원이 고지혈증이나 당뇨, 비만 부작용을 줄이는 효능제 개발에 착수했다. 2014년까지 3년간 총 604억 원의 연구비가 투입돼 수백 편의 논문이 쏟아졌다. 이 과정에서 논문작업에 참여하지 않은 연구원들이 버젓이 이름을 올려 무임승차했던 것으로 조사됐다고 감사원이 밝혔다. 화학연구원 신물질기반센터 연구원 A 씨는 자신이 관여한 적 없는 논문에 주 저자로 이름을 올렸나. B 연구원의 경우 이미 발표했던 성과를 재탕해 다른 논문의 저자가 됐다. 모두 연구윤리 위반이다.[38] 실손보험 사례도 있다. 정부가 보험사기와 과잉진료로 멍들고 있는 실손보험제도를 대대적으로 개선하기로 했다. 실손보험은 현재 약 3,200만 명의 국민이 가입하는 등 '제2의 건강보험'으로 불리고 있지만, 제도의 허점을 악용해 보험금을 타내는 등 도덕적 해이가 빈발한다는 지적을 받아왔다. 이로 인해 보험사들의 손해율이 급증해 보험료 인상으로 이어지는 악순환의 고리가 형성됐다. 정부는 더는 이 상황을 방치할 수 없다고 판단하고 범정부 협의체를 만들어 실손보험 제도를 개선하겠다고 나섰다.[39]

도덕적 해이의 부작용은 사회의 비효율성을 극대화한다

도덕적 해이는 사회의 비효율로 직결된다는 데 커다란 문제가 있다. 병원의 의료행위를 보면, 중증환자를 수술하지 않고 진통제만을 주사하는 의료진의 책임회피로 수술시기를 놓친 환자가 얼마 후 사망하는 일이 종종 있다. 또 의료행위에 관한 정보가 없는 환자를 상대로 과잉진료하여 치료비를 비싸게 받으려는 행위, 그리고 약간의 부상으로 고급진료를 받으려는 보험가입자의 행위 등은 결국 사회적 자원 낭비와 비효율을 가져온다.

그러므로 사회적 자원 낭비와 비효율을 방지하고, 사회의 건강과 발전을 위해서는 사회의 투명성 확보가 필수다. 염불을 외는 사람은 염불 자체에 최선을 다하고, 젯밥에 관심을 가지지 않도록 해야 한다. 본업에 최선을 다하는 사람에게는 충분한 인센티브가 주어지고, 본업을 이용하여 이권을 챙기려는 사람은 지위고하를 불문하고 문책하는 것이 제도화돼야 한다. 분명한 경쟁과 책임논리는 시장경제를 더욱 튼튼히 한다. 실적이나 기여도에 따른 공정한 보상과 과오나 실책에 상응하는 책임부과는 자원배분을 극대화하고, 더욱 효율적인 시장기구를 만들어 줄 것이다.

선무당이 사람 잡는다

불완전한 지식과 정보

내가 사는 사회는 과연 정상적인가? NO!

오늘날 우리가 살고 있는 사회는 수요와 공급의 합의점에서 가격이 형성되는 시장경제사회이다. 곧 생산자는 이윤극대화를 위해 남보다 싸게 더 잘 만들 수 있는 상품을 골라 최선을 다해 생산하고, 소비자는 주어진 가격과 개인의 소득범위 내에서 필요한 상품을 골라 만족을 극대화하는 등 자원이 효율적으로 배분되는 사회이다.

그러나 우리가 살고 있는 사회가 과연 순리대로만 돌아가는 것일까? 그렇지는 않다. 독과점, 공공재, 외부경제, 외부불경제, 도덕적 해이 등과 같이 시장이 불완전하여 자원이 효율적으로 배분되지 않는 경우가 생기기 마련이다. 그러므로 정부는 이를 극복하기 위해 시장을 규제하기 시작한다. 정부가 규제를 실시할 때는 독과점 등의 폐해를 막고 시장을 좀 더 활성화하려는 데 목적이 있다. 그러나 모든 일이 원하는 대로 이루어지지만은 않듯 정부의 정책이 원래의 좋은 뜻과는 다르게 어긋나는 경우도 발생한다.

불완전한 '지식'과 '정보'로 인한 정부의 실패

우리 속담에 '선무당이 사람 잡는다'는 말이 있다. 이는 미숙한 사람이 잘하는 체하다가 일을 그르친다는 뜻으로, 능력이 없어서 제구실도 못하는 사람이 함부로 일을 추진하다가 큰일을 저지르게 됨을 비유적으로 이르는 속담이다. 유사 속담으로는 '반풍수 집안 망친다', '사공이 많으면 배가 산으로 올라간다', '너무 많은 요리사는 음식을 망친다Too many cooks spoil the stew.'가 있다. 이들 속담은 완전하지 못한 지식이나 정보로 일을 도와주기는커녕 오히려 더 어려운 지경에 빠뜨린 경우를 잘 지적한다. 이를 불완전한 지식과 정보imperfect knowledge and information에 의한 정부의 실패라고 한다.

실제 경제생활에서는 이와 같은 일이 매우 흔하게 일어난다. 특히 자본주의 초기단계에서 정부는 경제주체 중 가장 많은 정보를 가지고 국민경제에 대한 조정자 구실을 충실히 수행해 왔다. 그렇지만 오늘날은 자본주의가 고도로 발달하고 사회가 복잡 · 다양하여 개인이나 기업이 정부보다 더 많은 정보를 가지고 있는 경우가 허다하다. 정부에서 업무를 수행하는 사람들도 법이나 제도의 테두리 안에서 일을 비효율적으로 처리하기가 일쑤다. 형편이 이러다 보니 일을 도와주는 것이 아니라 오히려 그르치게 되는 경우가 다반사다.

정부의 국민경제에 대한 개입은 국민경제를 활성화하기 위한 전제하에서 가능하다. 어차피 시장이란 대단히 복잡하고 여러 이해관계가 서로 얽혀 있으므로 어떤 한 개인이나 개별기업 차원에서 시장에 대해 정확하게 파악하기란 거의 불가능하다. 그러므로 상대적으로 정보나 지식을 많이 가지고 있는 정부가 국민경제에 개입하여 조정자 구실을 잘 수행함으로써 시장의 자원배분기능을 가장 이상적인 상태로 만들어 놓는 것이다. 그 결과 소비자인 국민들은 큰 수혜를 입게 된다. 그렇지만 복잡다양화한 오늘날의 시장경제에서 정부는 더 이상 국민경제에 대한 조정자 구실을 수행하지 못하는 단계에 이르렀다.

공적자금이 공짜자금으로 둔갑한다고?

불완전한 지식과 정보로 '선무당이 사람 잡는' 경우에는 어떤 것들이 있을까? 민간분양 아파트 가격규제 사례이다. 과거의 낡은 지식과 법령으로는 변화한 사회에서 민간분양의 아파트 가격을 규제한다는 것은 대단히 무리다. 오히려 국민경제에 대한 자원배분을 왜곡하거나 곤란하게 만들 수 있기 때문이다. 이전까지 신뢰의 대상이었던 정부가 일반 민간경제 주체인 개인이나 기업보다 더 부족한 정보나 불완전한 지식을 가지고 있으면서 국민경제에 개입하여 오히려 자원배분을 왜곡하거나 더 곤란하게 만드는 경우가 종종 있기 때문이다. 또 구조조정 · 성과연봉제 이슈에 정치권 개입논란 사례를 들 수 있다. 정치권 관여가 원활한 구조조정 진행 및 성과연봉제 확대 도입의 발목을 잡을 것이란 우려가 나오는 한편, 정부의 잘못된 대처가 정치권의 개입을 자초한 것이란 비판이 동시에 나오고 있다.[40]

작은 정부론

이상에서 본 바와 같이 정부가 국민경제에 개입한 까닭은 시장의 자동조절기구를 복구하여 국민경제를 활성화하기 위한 것이었지만, 오히려 '선무당이 사람 잡는다'가 현실화한 경우가 많았다. 이를 해결하기 위해 다시 작은 정부론이 대두되기도 했다. 정부의 실패가 큰 국가에서는 정부의 규모나 기능을 가능한 줄이는 것이 효율적이다. 정부의 기능이 지나치게 줄어들 경우에는 또 다시 사회불안정을 일으킬 수도 있으므로, 정부는 경제활동을 지나치게 간섭하지 않으면서 독과점이나 외부효과의 규제, 국방, 환경, 사회질서 유지 등 반드시 필요한 기능에 규제를 국한하는 것이 효율적일 것이다.

현대사회는 정부와 시장의 실패를 동시에 해결해야 하는 과제를 안고 있다. 곧 정부는 시장이 활성화할 수 있도록 노력하는 한편, 환경과 보건, 산재예방, 공중의 안전과 공익에 관련된 사회적 규제 같이 시장 기능에 맡길 수 없는 부분에 대해서는 오히려 규제를 강화해야 할 것이다. 가능한 개방적이고 경쟁적인 여건을 강화하여 특정 이익집단에게 특혜가 돌아가지 않도록 노력하는 것이 필요하다. 경제를 운용하며 객관성이나 공정성을 띠는 규제를 확립하는 것 못지않게 이를 엄격히 집행하는 관료의 자세도 중요하다. '선무당'에서 벗어나려면 완전한 지식과 정보가 필수적이다. 이러한 이유 때문에 오늘날 대다수의 국가에서는 작고 효율적인 정부를 추구하고 있다.

행랑이 몸채 노릇한다

주인과 대리인의 문제

요즘 공무원들 적반하장이라고?

공무원의 복무지침 속에는 스스로를 '공복公僕', 곧 '국민의 하인'으로 생각하고 행동하라는 말이 있다. 과연 공무원이 국민을 옛날의 하인이 주인 대하듯이 하고 있는가? 국민을 주인처럼 떠받들기는커녕 오히려 국민 위에서 군림하고 있지는 않은지? 동사무소, 면사무소, 구청, 군청, 도청, 시청, 경찰서, 검찰청, 법원, 교육청, 중앙부서 등에 근무하는 공무원의 자세가 과연 하인이 주인 대하는 자세인가? 이 질문에 대해 얼마나 많은 사람이 동의하겠는가?

현대의 복지국가는 국민경제를 위한 조정자 구실을 하기 위해 큰 정부를 지향하고 있다. 그러다 보니 정부가 국민경제에 개입하는 일이 더욱 많아졌다. 본래는 주인인 국민의 생활을 잘 보살펴 주기 위해 심부름하는 구실을 좀 더 많이 부여했을 따름인데, 그것을 기회로 국민을 불편하게 만들어 불편비용을 챙기고, 끝내 이권까지 개입하여 주인 국민에게 엄청난 부담을 주고 있으니 말이나 될 법한 이야기인가. 그야말로 도둑이 오히려 매를 들고 있고, 잘못한 사람이 도리어

잘한 사람을 나무라고 있으니, 이를 두고 적반하장賊反荷杖이라고 하지 않는가.

주인 · 대리인Principal-agent의 문제

우리 속담에 '행랑이 몸채 노릇 한다'는 말이 있다. 신분이 천한 아랫사람이 일에 간섭하고 주인 행세를 한다는 뜻이다. 옛날 전통식 한옥에서는 대문 양쪽이나 문간 옆에 딸린 작은 방을 행랑이라 했다. 행랑에서는 대부분 노비들이 거주했다. 몸채란 여러 채로 된 살림집에서 주가 되는 집채를 뜻한다. 노비들이나 거주하는 행랑이 큰 집의 몸채 노릇을 한다는 말은 밑에 있는 사람이 주인이 자리를 비운 사이에 주인의 지위를 이용해 나쁜 행위를 저지른다는 뜻이다. 유사 속담으로는 '나그네가 주인 노릇 한다', '주객전도主客颠倒'가 있다. 오늘날 경제상황에 비춰보면, 국민을 위해 봉사해야 할 공무원이 오히려 자신의 승진이나 소속부서의 이해관계에 따라 행동하는 경우를 말한다.

이는 정부실패의 한 요인으로서 주인 · 대리인 문제principal-agent problem라고 한다. 계약관계에서 권한을 위임하는 사람을 '주인'이라고 하며 권한을 위임받는 사람을 '대리인'이라고 한다. 이때 주인은 대리인에게 자신의 권한을 위임하면서 주인을 위해 노력해 줄 것을 약속받고 그에 따른 보상을 해주기로 계약을 맺는다. 하지만 경제적 이해관계를 가진 당사자 간에 정보가 한쪽에만 존재하고 다른 한쪽에는 존재하지 않는 상황인 정보의 비대칭성으로 인해 대리인이 최선의 노력을 다하지 않는 '도덕적 해이'가 발생하면서 주인의 경제적 효율성이 달성되지 않거나 피해를 입을 수도 있는데 이러한 상황을 가리켜 대리인 문제라고 한다.

정보의 비대칭성은 경영자의 능력에 대한 정보를 갖지 못한 감추어진 특성hidden characteristic 형태와 주인이 대리인의 행동을 관찰할 수 없는 감추어진 행동hidden action 형태로 나타난다. 1976년 젠센M. Jensen과 매클링W. Meckling에 의해 처음 제기된 이 이론은 주인과 대리인 간의 정보의 불균형, 감시의 불완전성 등으로 도덕적 해이나 무임승차 문제, 역선택의 문제가 발생할 소지가 있으며, 이러한 제반 문제점을 극소화하기 위해 대리인 비용이 수반된다고 주장한다. 이 같은 상황은 보험회사와 보험가입자 사이뿐 아니라, 주주와 경영자 사이, 고용주와 피고용인 사이 등 여러 유형의 관계에서 발견할 수 있다. 우리가 흔히 보는 상품의 거래에서도 이런 상황이 존재할 수 있는데, 경우에 따라서 판매자만이 정보를 가질 때도 있고 구매자만이 정보를 가질 때도 있다.

이처럼 정보가 비대칭적으로 존재하는 상황에서 우리의 흥미를 끄는 여러 가지 독특한 경제현상이 나타나고 있다. 인구가 급격하게 증가하면서 국민 모두가 직접 나라 살림살이와 운영에 참여할 수 없어서 대리인으로 공무원을 선출해 일을 맡겼다. 직접 나라 일을 맡은 공무원은 국민에 비해 많은 정보를 갖게 되었다. 일반 국민보다 더 많은 정보를 갖게 된 공무원은 자신의 본 임무에 충실하기보다는 각자 또는 자신이 포함된 집단의 이익을 챙기기에 바빠지면서 주인-대리인 문제가 발생한다.

내 욕심만 채운다면 '고양이에게 생선가게를 맡긴 격'

이처럼 '행랑이 몸채 노릇' 하는 예로는 어떤 것들이 있을까? 첫째, 정부서비스가 독점적으로 공급되는 경우다. 정부기구를 국민에게 서비스하는 기업이라 생각한다면 정부기구와 경쟁을 하는 다른 기업이 없는 셈이다. 서비스라는 상품을 국민에게 독점적으로 제공하기 때문에 여느 독점기업과 마찬가지의 행패를 부리게 되는 것이다.

흔히들 '딸의 굿에 가도 전대가 셋이다'는 속담을 인용한다. 자기 딸을 위해 벌리는 굿판에 가서도 자기 주머니를 채운다는 말로서 아무리 남을 위해 하는 일이라도 결국에는 자기 욕심을 챙긴다는 뜻이다. 정부기구라면 마땅히 자기 주머니를 불리는 일보다는 국민에게 더 많은 서비스를 제공하는 데 중점을 두어야 한다. 그러나 국민을 위해 베풀어져야 할 서비스가 독점적이다 보니 각종 규제들을 까다롭게 하여 국민에게 돌아가야 할 서비스를 줄이고 자신의 밥그릇을 챙기는 꼴이 되었다. 또한 경쟁자가 없기 때문에 서비스에 대한 공급비용을 줄이려고 하지 않는다. 왜냐하면 아무리 많은 비용을 사용하고 또 낭비하더라도 정부가 망하지 않는 이상 정부기구도 망하지 않기 때문이다. 그냥 필요한 대로 정부에서 타 쓰면 그만이다.

둘째, 공급이 제한된 생산요소에 돌아가는 수익인 렌트 추구rent-seeking를 들 수 있다. '제 논에 물대기'란 말처럼 공급이 제한된 물이라는 생산요소를 끌어들이면서 자신이 얻는 이익을 위해 행동을 한다는 뜻이다. 대도시의 대형 유흥업소들이 로비를 펼쳐 정부로 하여금 신규업소 설립을 금지하여 프리미엄을 붙게 하는 경우라든지, 택시업자들이 로비를 하여 증차를 막고 권리금을 높이는 경우가 있다. 이러한 점을 이용해 주인인 국민의 편의를 돌봐주고 도움이 되도록 해야 할 의무가 있는 공무원이 오히려 국민을 불편하게 하고, 그로 인해 이권을 챙기고 있으니 주인과 대리인이 뒤바뀐 것이다.

셋째, 정책이 국민의 이익이 아닌 정책자 자신의 이익을 위한 판단에서 이루어지는 경우다. '몸채를 위해 일을 해야 할 행랑'들이 오히려 자신의 승진이나 소속부서의 이해관계에 따라 행동하는 경우다. 최근 들어서 각 금융기관에서 일어나고 있는 각종 사고에서 알 수 있듯이 고객의 비밀자료를 이용하거나, 또는 고객에게 명확하지 않은 지식과 정보를 흘려 고객의 이익과는 무관한 자신의 이익추구에 열을 올리는 현상이 발생하고 있다. 고객에게 이익은커녕 오히려 손해를 끼치면서 자신의 이익을 챙기기에만 혈안이 되어 있으니 '고양이에게 생선가게를 맡긴 격'인 셈이다.

경제의 효율적 운영이 핵심

대통령을 비롯한 공직자는 국민이 심부름을 잘할 수 있도록 뽑은 심부름꾼이다. 공직자는 국민이라는 몸채를 대신한 행랑이다. 몸채와 행랑의 문제는 경제의 효율적 운영에 핵심이 있다. 경제는 비용을 극소화하고 이익을 극대화하는 방향으로 운영되어야 한다. 나그네가 주인을 위해 일해준다는 명분으로 경제운영의 틈새를 이용해 이권을 챙기는 것은 철저하게 차단되어야 한다. 빈부격차의 조정, 독과점 규제, 환경오염 방지, 공공재의 공급 등의 정책에서는 작지만 강력한 정부의 역할 수행이 필요하다. 그렇지만 효율성을 높이기 위해서는 민간주도의 경제운용이 필수적이다. 행랑은 자신의 위치를 철저하게 인식하고 분수를 지켜야 하며, 몸채 또한 자신의 위치에서 최선을 다할 때 경제의 효율성을 극대화할 수 있다.

빈대 잡으려다
초가삼간 다 태운다

정부 규제

지나친 집착은 큰 손해를 본다

우리 속담에 '빈대 잡으려다 초가삼간草家三間 다 태운다'는 말이 있다. 이는 큰 손해를 볼 것을 생각하지 않고, 자기에게 마땅하지 않은 것을 없애기 위해 널리 생각하지 않고 한곳만 집착하여 일을 처리하다가 큰 손해를 입게 된다는 뜻이다. 빈대는 사람이나 짐승들의 피를 빨아먹고 사는 곤충이다. 이 하잘 것 없는 빈대를 없애기 위하여 빈대가 있는 곳만 불을 붙여 죽여 없애버리려다가 그만 불 관리를 잘못하여 자신의 삶의 터전인 집 전체를 몽땅 태워버리는 실수를 저지른다면 얼마나 어리석은 일이겠는가. 조상들의 이러한 예지에도 불구하고 오늘날의 실제 생활 속에서도 빈대 잡으려다 자신의 삶의 터전인 초가삼간을 다 태우는 경우가 있으니 정말 안타깝다.

정부는 공익을 목적으로 경제활동을 수행하는 경제주체로서, 국민의 안녕과 행복을 위하여 최선을 다할 의무를 진다. 그러나 경제를 온전히 시장의 논리와 흐름에만 맡길 경우 여러 가지 사회경제적 문제가 발생할 수 있다. 사회 곳곳에서 '빈대'가 들끓을 경우 '정부'는 그 '빈대'

를 잡아 사회를 안정시킬 의무가 있는데, 이것이 바로 정부 규제이다. 정부 규제란 바람직한 경제 · 사회질서의 구현을 위해 정부가 민간활동에 개입하여 기업과 개인의 행위를 제약하는 것을 말한다. 정부 규제는 그 대상영역을 기준으로 하여 기업 및 개인의 경제활동을 규제하는 경제직 규제economic regulation와 사회적 활동을 규제하는 사회적 규제social regulation가 있다.

뭐? 지나친 정부 규제는 기업활동의 장애요소가 된다고?

우리나라 정부의 시장 개입 및 규제의 강도는 점차 확대되면서 정부의 성격은 적극적으로 분류되고 있지만, 정작 수행 역량은 평균에도 미치지 못함으로써 정부 실패를 초래하고 있다. 하나의 예로 중소기업의 규제를 들 수 있다. 중소기업을 하는 사람들은 정부의 규제가 여전하다고 말한다. 최근 3년 전만 해도 중소기업의 등록규제가 7,246개나 되는 것으로 나타났다. 이들 규제가 워낙 까다롭고 복잡하기 때문에 규정대로 지켜 모두 처리하다가 보면 제품생산은 물론, 기업경영 자체가 어렵다는 게 중소기업자들의 공통된 목소리다. 중소기업은 필요한 산업이나 물자공급에 대한 민첩한 대응, 의사결정의 간소화, 시의적절성, 소자본경영 등이 중요하다. 이를 통해 기업의 제품개발 성공, 시장개척, 이윤극대화 등으로 이어질 수 있는데, 까다롭고 지나친 기업 규제는 이들에 대한 장애요소가 될 수 있다.

정부 규제 사례로는 어떤 것들이 있을까? 첫째, 갈라파고스 규제 사례이다. 우리나라에만 있거나 국제 기준보다 유별나게 강한 규제들을 개혁하면 64조 원의 부가가치와 92만 개의 일자리를 창출할 수 있다는 분석이 제기됐다. 전국경제인연합회는 10일 수도권 규제, 투자개방형 의료법인 제한, 지주회사 규제, 중소기업 적합업종, 게임 셧다운제, 금산분리, 택배증차규제 등을 '7대 갈라파고스 규제'라고 지적한 뒤 이를 제거하면 막대한 경제적 부가가치와 일자리를 만들 수 있다며 이 같이 주장했다. 갈라파고스 규제란 다른 나라에는 없고 우리나라에만 있거나 극소수 국가에만 있는 규제 또는 국제 기준보다 강한 규제를 말한다. 전경련은 7대 갈라파고스 규제는 글로벌 기준에 부합하지 않고, 규제개혁의 경제적 효과를 계량화할 수 있으면서, 규제개혁의 경제적 효과가 크지만, 이해당사자의 반발이나 정치 · 사회적 이유 등으로 개혁추진이 어려운 과제를 대상으로 선정했다고 설명했다. 그러면서 이와 같은 7대 갈라파고스 규제를 모두 개혁하면 63조 5,000억 원의 부가가치가 생기고 92만 3,000개의 일자리가 창출된다고 분석했다. 새로 생기는 일자리는 2014년 청년실업자 수 38만 5,000명의 2.4배에 달하는 규모다.[41] 둘째, 규제 덫에 빠진 게임산업 사례이다. '온라인게임 종주국'으로 불리던 한국의 게임산업이 무너지고 있다. 문을 닫는 게임업체가 잇따르는 등 게임업체 및 게임업계 종사자가 갈수록 줄고 있다. 청소년의 게임 이용 시간을 제한한 '셧다운제' 등 각종 규제가 성장을 가로막고 있다는 지적이 나온다. 한국콘텐츠진흥원이 최근 발간한 '2015 게임백서'에 따르면, 2010년 2만 658개던 국내 게임업체 수는 지난해 1만 4,440개로 4년 새 30% 정도 급감했다. 게임업계 종사자 수도 2012년 5만 2,466명이었으나 작년엔 3만 9,221명으로 줄었다. 이 같은 현상은 2년 전 도입한 셧다운제가 게임산업에 대한 부정적인 인식을 확산시키면서 시장 자체를 위축시킨 결과라는 분석이다. 셧다운제는 여성가족부와 국회, 시민단체 등의 요구로 청소년은 밤 12시부터 오전 6시까지 온라인게임을 할 수 없도록 한 조치다. 한국경제연구원은 셧다

운제 도입으로 지금까지 1조 1,600억 원의 시장 위축 결과를 가져왔다고 분석했다.[42]

경제개발 초기단계에서 국민경제에 대한 정부의 적절한 개입은 경제를 더욱 유리하게 이끌 수 있었다. 그러나 경제규모가 더욱 커지고 복잡·다양해짐에 따라 정부의 국민경제에 대한 간섭은 발전을 유도하기는커녕 경우에 따라서는 오히려 불편한 존재로 작용하게 되었다. 정확하지 못한 정보, 시대에 맞지 않는 지식 등에 의한 정부정책들은 사태를 오히려 악화시키는 경우도 있기 때문이다. 미국의 자율주행차 규제 완화가 기업가정신을 샘솟게 하고, 민간투자와 기술개발을 적극 자극하여 창업과 투자에 대한 물꼬를 터준 것은 이를 잘 입증한다. 효율성의 극대화가 가장 존중되는 21세기의 지구촌 경제에서 국민 전체의 안전과 공공의 이익에 관련된 분야인 환경, 보건, 위생, 산업재해 예방, 시설관리 등에는 적절한 규제야 당연히 있어야겠지만, 그 정도를 넘는 지나친 규제는 '빈대 잡으려다 초가삼간 다 태워버리는' 불행을 초래할 수도 있으므로 주의할 필요가 있다.

숲의 경제

CHAPTER

3

1. 국가의 경제

나라는 백성이 근본이다

GDP

나라 없는 백성은 상갓집 개만도 못하다

'나라는 백성이 근본이다'라는 속담이 있다. 이는 국민이 있어야 나라가 있고 국가는 국민이 기본이 된다는 것으로 백성을 소중히 여겨 나라를 다스리는 근본根本으로 삼는다는 뜻이다. 유사 속담으로 '나라 없는 백성은 상갓집 개만도 못하다', '나라 없는 백성은 금수만도 못하다', '백성의 소리는 신의 소리다The voice of the people is the voice of God.'가 있다. 이 속담들은 침략자들에게 나라를 빼앗긴 국민들은 식민지 노예로서 온갖 압박과 착취, 천대와 수모를 다 받는다는 뜻이다.

국가 간 국력을 비교할 수 있는 지표, GDP

국가 간에 국력을 비교할 수 있는 지표로 GDP(Gross Domestic Product, 국내총생산)와 GNP(Gross National Product, 국민총생산)가 있다. 한 나라의 경제가 얼마나 잘 운영되고 있는지를 판단하려면 당연히 그 경제 모든 구성원의 총소득, 즉 GDP와 GNP를 살펴보아야 한다.

GDP란 일정 기간 동안 한 나라의 국경 안에서 생산된 최종생산물의 시장가치의 합계다. GDP에는 구체적으로 어떤 의미가 내포되어 있는가를 살펴보자. 먼저 '일정 기간'이란 보통 1년이나 1분기(3개월)를 말한다. GDP는 이 기간 동안에 발생한 소득과 지출의 흐름을 나타낸다. 정부가 어느 분기의 GDP를 보고할 때에는 연간 GDP 수치를 함께 제시한다. 이렇게 함으로써 연간 GDP와 분기 GDP 자료를 쉽게 비교하여 사용하도록 한다.

'국내에서 생산된'이란 자기 나라의 국민과 외국인을 구별하지 않고 국경 내에서 생산한 모든 생산물을 의미한다. 지구촌 시대가 가속화되면서 국가 간 노동력의 이동, 자본의 이동 및 기술이전이 활발해지면서 GNP의 개념보다는 GDP의 개념이 더 많이 활용되고 있다. 또 GDP에는 그해에 '생산된' 재화와 서비스만 포함되며 과거에 생산된 물건의 거래는 포함되지 않는다. 예를 들어, 현대자동차에서 새 차를 만들어 팔면 그 금액은 GDP에 포함되지만 어떤 사람이 중고차를 사고팔 때 그 중고차의 가치는 GDP에 포함되지 않는다.

또 '재화나 서비스'란 정의에서 알 수 있듯이 GDP에는 눈에 드러나는 옷, 음식, 집, 자동차, 전자제품 등의 물건은 물론 보이지 않는 교사나 교수의 강의, 이발, 청소, 의사의 진료, 가수의 음악활동, 탤런트의 TV 출연 등의 서비스도 포함된다.

'최종생산물'이란 재화나 서비스가 최종적인 사용자에게 도달하였을 때를 기준으로 한 것으로서 중간생산물과는 구별된다. 예를 들어, 어떤 종이 제조회사의 종이를 카드 제조회사가 구입하여 카드를 제작한다면 이때 종이는 중간재가 되고 카드는 최종재가 된다. 또 다른 예로 밀가루 300원어치로 1,000원짜리 빵을 만들었다고 할 경우 소비자에게 최종적으로 판매된 빵의 가격 1,000원은 GDP에 포함되지만 밀가루 가격 300원은 제외된다. 물론 빵을 만드는 데 들어간 다른 재료들, 달걀·설탕·우유 등도 다시 계산할 필요가 없다. 결국 중간재의 가격은 최종재의 가격에 포함되기 때문에 GDP는 최종재의 가치만을 계산한다.

'시장가치'란 GDP를 여러 가지 다른 재화를 시장가격을 기준으로 합하여 하나의 경제활동 지표를 계산해 낸 것을 말한다. 시장가격은 소비자들이 여러 가지 재화에 지불하려는 금액을 나타내므로 이들 재화의 가치로 볼 수 있다. 예를 들어, 배 한 개의 가격이 사과 가격의 세 배라면 배 한 개는 사과의 세 배만큼 GDP를 증가시킨다.

GNP와 GDP의 비교

GNP란 한 나라의 국민이 일정 기간 동안에 생산한 재화와 서비스의 가치를 모두 더한 것이다. 여기에서 '한 나라의 국민'이란 우리나라의 국민들만을 의미한다. 따라서 외국인이 우리나라에 와서 생산한 것은 포함되지 않는다. 반대로 우리나라 국민이라면 미국에 가서 생산한 것이든, 중국에 가서 생산한 것이든 우리나라의 국민총생산에 포함된다.

소득이 많은 사람은 높은 생활수준을 누린다. 좋은 집에 살면서 맛있고 영양가 높은 음식을 먹으며 많은 의료혜택을 누리고 멋진 승용차를 타며 풍요로운 여가를 즐길 수 있다. 국가경제도 마찬가지다. 한 나라의 경제가 잘 돌아가고 있는지 판단하려면 모든 구성원들의 총소득, 즉 GDP를 살펴보면 된다. GDP와 GNP가 증가했다는 것은 1인당 국민소득이 증가했다는 뜻이다. 1인당 국민소득은 GDP, GNP를 그 나라의 인구수로 나눈 것으로, 국민 개개인의 소득을 알 수 있다. 1인당 국민소득이 증가했다는 것은 바로 경제가 그만큼 성장했다는 뜻이고, 그만큼 국민들의 생활수준 또한 높아졌다는 말이다.

나라별 GDP 순위

나라별로 잘 살고 못 사는 정도를 비교하는 데는 GDP를 사용한다. 2015년 한국의 GDP는 1,435억 달러이고, 인구는 51,555,409명이다. 따라서 1인당 GDP는 25,990달러로 세계 28위이고, 세계 GDP 순위는 세계 11위이다.

〈표 3-1〉 **세계 국가별 GDP 순위**

순 위	나 라	GDP
1	미국	185,581억 달러
2	중국	113,830억 달러
3	일본	44,126억 달러
4	독일	34,678억 달러
5	영국	27,610억 달러
6	프랑스	24,648억 달러
≀	≀	≀
11	한국	1,435억 달러

출처 : International Monetary Fund, 2016.

〈표 3-2〉 **세계 1인당 GDP 순위**

순 위	국 가	1인당 GDP
1	룩셈부르크	10만 4,359달러
2	스위스	7만 8,179달러
3	노르웨이	6만 9,712달러
4	카타르	6만 6,265달러
5	미국	5만 7,220달러
≀	≀	≀
17	영국	4만 2,106달러
18	독일	4만 1,895달러
24	일본	3만 4,871달러
28	한국	2만 5,990달러

출처 : International Monetary Fund, 2016.

위의 〈표 3-1〉, 〈표 3-2〉를 통해서 볼 때 세계 나라별 GDP 순위에서 미국은 우리나라보다 경제규모가 129배 크고, 중국은 79배, 일본은 31배, 독일은 24배, 영국은 19배만큼 크다는 것을 알 수 있다. 1인당 GDP 순위에서 보면 룩셈부르크는 우리나라보다 4.08배 생활수준이 높고, 스위스는 3배, 미국은 우리나라보다 2.2배만큼 생활수준이 높다는 것을 알 수 있다.

재산을 잘 운영하면 빈천에 대한 근심이 없다

재정

재정의 의미

IMF 외환위기, 2008년 글로벌 금융위기, 2010년 유럽발 재정위기는 국민 모두에게 경제에 대한 관심을 불러일으켰다. 국가경제가 어려워지면서 국민들의 경제생활에 부정적인 영향을 미쳤기 때문이다. 많은 사람이 소득이 줄거나 일자리를 잃었고, 그로 인해 이혼하거나 가정이 파탄나기도 했으며, 부도난 기업도 많았다.

우리 속담에 '재산을 잘 운영하면 빈천에 대한 걱정이 없다'는 말이 있다. 여기서 재산이란 간단히 말해 가정에서는 임금, 기업에서는 이윤, 정부에서는 세금으로 생각할 수 있다.

한 가정에서 남편이 벌어오는 돈을 아내가 효율적으로 소비, 저축, 투자를 하면 그 가정은 가난에 대해 별걱정 없이 잘살게 되지만, 아내가 가계를 잘못 운영하면 먹고살기가 힘들어진다. 국민에게 거둔 세금으로 국가재정을 잘 운영하면 국민은 먹고사는 걱정 없이 잘살 수 있다. 재정이란 정부의 수입인 세입과 지출인 세출에 관련된 모든 경제활동으로서 나라의 살림살이다. 정부는 해마다 국민에게 거둔 세금으로 재원을 마련하여 치안, 국방, 외교, 교육, 보건 등의 공공서비스를 국민에게 제공하며, 교통, 통신, 상하수도 등의 각종 공공사업을 벌인다. 또한 정부는 완전고용, 물가안정, 경제성장, 국제수지균형 등을 이루기 위해 노력하는데, 이들 지표를 직접적으로 조절할 수 없기 때문에 이것에 영향을 미치는 중간목표를 여러 가지 설정하여, 이를 통해 의도하는 수준의 지표를 달성하려 한다.

위 속담에서 '재산을 잘 운영하면'이란 말을 정부에 적용하면 나라의 살림살이를 올바르게 운영하여, 곧 세출과 세입을 같게 하여 균형재정을 이룬다는 말이다. 결산결과 세출이 더 크면 적자재정이라 하고, 세입이 더 크면 흑자재정이라 한다. 적자재정이 되면 정부는 부족한 돈을 한국은행이나 시중은행 또는 외국은행에서 빌려와 적자를 메우곤 한다. 한국은행이 정부에 돈을 빌려준다는 것은 결국 한국은행이 화폐를 더 발행한다는 얘기다.

정부가 한국은행에서 돈을 빌리면 결국 정부를 통해 시중에 풀려나가는 돈이 많아져, 화폐가치가 떨어지고 물가가 올라가는 인플레이션이 일어나게 된다. 또 적자를 메우려고 외국에서 돈을 빌려오면 외채가 늘어나므로 원금과 이자부담 때문에 나라살림이 어려워진다.

우리나라 재정의 실태

2017년 정부예산은 400조 7천억 원이다. 나랏빚은 38조 증가하고, GDP 대비 40% 돌파한다. 정부예산이 400조 원을 넘는 것은 이번이 처음이다. 정부는 청년 실업 문제 해결 등을 위해 일자리 예산을 대폭 늘리기로 했다. 하지만 나라살림이 늘어나면서 나랏빚도 증가한다. 400조 7,000억 원의 예산안은 전년(386조 4,000억 원) 대비 3.7%(14조 3,000억 원)

증가한 것이다. 총지출 증가율은 2013년 5.1%, 2014년 4%, 2015년 5.5% 등이었다. 내년 예산은 올해 추가경정예산(추경)안을 포함한 총지출(395조 3,000억 원)에 비해서는 1.4% 늘어나는 수준이다. 우리 재정규모는 김대중 정부 시절인 2001년 100조 원, 참여정부 때인 2005년 200조원, 이명박 정부 때인 2011년 300조 원을 돌파한 데 이어 박근혜 정부 기간에 400조 원 시대를 열게 됐다.[43)]

향후 재정수요는 인구고령화와 복지수요 확대 등으로 사회보장 및 보건 분야의 지출이 증가할 것으로 예상되기 때문에 늘어나는 재원은 SOC, 산업 등 경제분야에 대한 축소 등과 같은 분야별 재원배분 조정을 통해서도 일정 부분 흡수해야 할 것이다. 재정위기에 선제적으로 대비하고 재정건전성을 높이기 위해서는 경기변동에 대한 유연성과 운용의 강제성을 두루 갖춘 페이고PAYGO 원칙을 포함한 재정준칙fiscal rule을 도입할 필요가 있다. 페이고PAYGO는 'Pay As You GO', 즉 '번만큼 쓴다'의 첫 글자를 딴 것으로 의무지출을 수반하는 새로운 입법을 하고자 할 때는 이에 상응하는 세입 증가나 법정지출 감소 등 재원조달 방안이 동시에 입법화되도록 의무화하는 것을 말한다. 이는 새로운 정부 지출 항목이 추가됨으로써 재정수지에 미칠 수 있는 영향을 상쇄시키기 위한 것이다. 늘어나는 복지재원 수요를 충족시키기 위해서는 조세부담률과 국민부담률을 지금보다 높여야 한다. 조세구조의 국제비교, 세목별 효율비용 등을 감안할 때 성장잠재력에 직접적인 영향을 주는 법인세보다는 부가가치세와 개인소득세를 중심으로 세수확보 방안이 우선 검토될 필요가 있다. 이는 정부가 재정을 잘 운영하지 못해 국민에게 부담을 전가시킨 경우라고 할 수 있다.

얼마가 아니라 어떻게 관리하느냐가 더 중요하다

'재산을 잘 운영하면 빈천에 대한 근심이 없다'는 조상의 예지는 오늘날에도 중요한 교훈이 된다. 재산을 얼마나 가지고 있느냐보다는 어떻게 관리하느냐가 더 중요한 문제다. 아무리 많이 가지고 있어도 허술하게 관리하면 손가락 사이로 모래 빠져나가듯이 없어져 버릴 것이고, 적게 가지고 있다 하더라도 잘 꾸려나간다면 별걱정 없이 살아갈 수 있다. 어려운 경제현실에서 정부는 무조건 국민에게 세금을 많이 거둬서 예산을 늘리려고만 할 것이 아니라, 짜임새 있는 재정운영으로 모든 국민이 빈천에 대한 근심 없이 살아갈 수 있도록 해야 한다.

구멍 봐가며 쐐기 깎는다

조세

구멍에 알맞게 쐐기를 깎아야……

우리 속담에 '구멍 봐가며 쐐기 깎는다'는 말이 있다. 쐐기란 각도가 작고 단면이 'V'자가 되게 나무나 쇠붙이를 깎아 만든 물건이다. 쐐기는 십을 짓거나 각종 가구를 만들 때 물건 사이나 틈새에 박아 상자 등의 네 모퉁이를 요철형으로 만들어 끼워 맞춘 부분이 물러나지 못하게 할 때 사용한다. '쐐기를 박다', '쐐기를 치다'란 말은 '쐐기를 두들겨 박아 넣다'는 뜻으로, 여기에서 비롯된 말이다. 따라서 '구멍 봐가며 쐐기 깎는다'는 속담에서 구멍은 작은데 쐐기가 크면 들어가지 못하고, 거꾸로 쐐기는 작은데 구멍이 너무 크면 구멍 속에 쑥 빠져버리므로, 어느 쪽도 쐐기가 제구실을 하지 못하게 되어 쓸모가 없어진다. 그러므로 구멍의 크기에 꼭 맞게 쐐기를 깎아야 하고, 또 쐐기의 크기에 알맞게 구멍을 깎아야 한다. 쐐기의 크기와 구멍의 크기가 꼭 맞을 때 쐐기와 구멍 모두 본래의 기능을 다하는 것이다. 국민경제에서도 마찬가지다. 국가는 국민의 경제력에 알맞게 세금을 부과해야 한다. 조세란 국가 또는 공공단체가 일반경비를 지출할 목적으로 국민에게 강제적으로 징수하는 금전 또는 재화이다. 국가가 국민의 형편은 고려하지 않고 세금을 지나치게 거둬들이면 가정살림은 어려워지고, 기업은 붕괴되며 국가재정도 파탄에 이르게 된다. 유사 속담으로 '조세와 세금은 피할 수 없다', '세상에서 분명한 것은 단 두 가지뿐이다. 하나는 죽음이고 하나는 세금이다', '가혹한 세금이 호랑이보다 더 무섭다'가 있다. 이 속담들 모두는 세금이 얼마나 중요하고 무서운 것인가를 역설하고 있다.

직접세와 간접세

일반적으로 조세는 조세부담자가 누구냐에 따라 직접세와 간접세로 나뉜다. 직접세는 세금을 최종적으로 부담하는 담세자가 세금을 납부하는 납세의무자와 같은 경우를 말한다. 이것은 수입과 담세 능력에 따라 공평하게 과세할 수 있으며, 누진과세에 의한 소득재분배를 통해 빈부격차를 해소할 수 있다는 장점이 있다.

직접세에는 국세와 지방세가 있다. 국세에는 소득세, 법인세, 상속세, 등록세, 자산재평가세, 부당이득세 등이 있고, 지방세에는 주민세, 취득세, 자동차세, 도시계획세, 공동시설세, 재산세, 농지세 등이 있다. 우리나라는 소득세를 징수할 때 종합과세법을 채택하고 있다. 그리고 이자소득, 배당소득, 부동산임대소득, 사업소득, 근로소득, 일시재산소득, 연금소득 등은 개인별로 종합하여 과세하고 있다. 다만, 수년에 걸쳐 형성되는 퇴직소득 및 불로소득인 양도소득세에 대해서는 소득별로 과세하고 있다.

간접세는 납세의무자와 담세자가 다른 조세이다. 재화나 서비스를 생산, 구입 또는 사용할 때 생산자에게 부과되는 조세인데, 실제로는 생산자가 이를 생산비에 포함하여 그 부담을 최종 구입자에게 전가한다.

우리나라의 소득세는 최고세율이 38%이고 여기에 주민세 3.8%가 붙는다. 여기에 건강보험료가 부가되는데, 우리나라 건강보험료율은 6.1%이다. 결국 소득세 + 주민세 + 건강보험료가 실제 내는 소득세라고 할 수 있다. 3억 이상에서 1.5억 이상으로 내려온 우리나라 최고 소득세율은 38% + 3.8% + 6.1%해서 47.9%이다. 제일 낮은 구간인 1,200만 원 이하 6%에서도 실효세율은 6% + 0.6% + 6.1% 해서 12.7% 이다. 소득세는 누진이 되는데 구간별로 6%, 15%, 24%, 35%, 38%로 올라간다. 실효세율로 따지면 12.7%, 21.24%, 32.5%, 44.6%, 47.9% 이다.

이와 같은 실효세율이 중산층에게 미치는 영향은 어떠할까? 우리나라의 소득세율은 20년 전이나 지금이나 급간 금액의 차이가 크게 변하지 않았다. 야당의 강력한 요구로 인해 오히려 1억 5,000만 원 이상 소득에 대해 38%라는 고세율을 추가시켰다. 주민세 3.8%가 추가되고 4대 보험을 내면 거의 50%에 육박하니 이 정도면 스웨덴과 차이가 없게 되었다. 90년대에만 해도 1억 이상 소득자는 사람들이 우러러 보는 고소득자였다. 대기업 임원이 되면 1억 정도 연봉을 받고 이 돈으로는 몇 년이면 강남에 아파트를 살 수 있었다. 1억 이하 구간에서는 소득세도 많이 내지 않았다. 즉, 세금을 조금 내니 더 많은 돈을 모을 수 있었고 가난했던 사람들은 열심히 노력하면 부자가 될 수 있는 길이 있었다. 그렇지만 지금은 대기업 임원이 연봉 3억을 받아도 1억 5,000만 원 이상 38% 구간에서 세금으로 다 뜯기니 아무리 돈을 많이 벌어도 실질 소득은 많이 증가하지 못하게 되었다. 물가나 특히 세금을 따져보면 90년대 1억 받는 게 지금 3억보다 훨씬 많이 받는다는 것이다.

즉, 흙수저에서 금수저로 가는 길을 소득세가 가로 막고 있는 것이다. …… 돈 많이 벌어도 세금으로 다 뜯어가면 누가 돈을 벌려고 노력하겠는가? 흙수저들이 금수저로 가는 길을 막고 있으면서 한편으로는 흙수저가 금수저가 될 수 없는 현실을 비판하는 이중성이 여실히 보여지고 있는 것이다.[44]

저소득자에게는 소득분배의 악화를 가져온다고?

이러한 간접세는 세금을 부담한다는 의식이 비교적 미약하기 때문에 조세에 대한 저항이 약하고 납세하기 편리하며, 개인적인 간섭을 피할 수 있을 뿐만 아니라 국고수입을 조달하는 데도 유리하다는 장점을 지닌다. 그러나 소득의 많고 적음을 구분하지 않고 똑같은 비율의 세금을 부과하기 때문에 세부담의 공평성을 해칠 수 있어 조세구조가 역진적으로 되는 한계를 지닌다.

역진逆進적인 조세란 누진적인 조세에 대한 상대개념으로서, 같은 물건을 고소득자와 저소득자가 동시에 소비하는 경우 거기에 포함되어 있는 세금이 고소득자보다는 저소득자에게 더 부담이 되는 결과를 초래하는 것을 말한다. 그러므로 소득분배를 악화시키는 결과를 가져올 수 있기 때문에 이에 대한 주의가 요망된다. 부가가치세, 특별소비세, 주세, 전화세, 인지세, 증권거래세 등의 간접세가 여기에 속한다.

우리나라는 1977년부터 부가가치세Value Added Tax를 시행하고 있는데, 이는 사업자가 영업활동을 하는 과정에서 부가된 가치에 대해 지불하는 세금이다. 부가가치세는 물건을 구입하는 사람, 곧 소비자가 부담하는 세금이므로, 물건을 구입할 때 지불하는 물건값에는 이미 포함되어 있다. 따라서 사실상 소비자가 세금을 부담하는 것이며, 사업자는 소비자가 부담한 세금을 잠시 보관하였다가 국가에 대신 납부해 주는 것이 된다.

예산규모와 조세부담률

예산규모와 조세부담률은 정부가 어떻게 재정을 운영할지 판단하는 데 가장 중요한 자료가 된다. 조세부담률은 국내총생산GDP 중에서 국세 및 지방세 총액이 차지하는 비율이다. 또 국민부담률은 조세 외에 준조세와 사회보장성 기여금을 합한 금액을 GDP로 나눈 비율을 말한다.

〈표 3-3〉 **우리나라의 조세부담률 및 국민부담률 추이**

	2005	2006	2007	2008	2009	2010	2011	2012	2013
조세부담률	18.9	19.7	21	20.9	20	20.1	20.1	20.4	20.8
국민부담률	23.9	25	26.5	26.6	26.5	26.4	26.8	27.4	28.1

자료 : 1. 조세부담률은 국세+지방세를 합한 금액을 GDP로 나눈 비율
2. 국민부담률은 조세부담률에 사회보장부담률을 더한 금액을 GDP로 나눈 비율
출처 : 통계청(2015). 우리나라의 조세부담률 및 국민부담률 추이.

〈표 3-3〉에서 볼 수 있듯이 조세부담률은 2005년, 2006년엔 20% 이하로 낮다가 2007년 21%로 높아졌으며, 2008년부터는 20.9%, 20%, 20.1%, 20.1%, 20.4%, 20.8%로 20%를 약간 상회한 것으로 나타난다. 또 국민부담률은 2005년 23.9%에서 2006년 25%로 많이 높아졌고, 2007년에는 전년 대비 약간 높아졌으며, 2008년, 2009년, 2010년, 2011년은 비슷한 수준을 유지하다가, 2012년 27.4%, 2013년 28.1%로 다시 더

높아졌음을 알 수 있다.

국민의 경제사정은 전혀 나아지지 않았는데 조세부담은 자꾸 늘어나고 있다. IMF 경제위기, 2008년 글로벌 금융위기, 2010년 유럽발 재정위기로 국민의 경제사정은 최악인데 조세부담은 더욱 늘어나고 있으니, 어차피 국민이야 '울며 겨자 먹기'로 세금을 낼 수밖에 없지만 '구멍 봐가며 쐐기를 깎는' 예지가 어느 때보다 절실히 요구된다. 더욱이 엄청나게 쏟아 부은 공적자금 또한 결국에는 국민의 부담으로 돌아오므로 '호랑이보다 더 무서운 세금'이라는 말을 실감하게 된다.

쐐기는 구멍을 봐가며 깎아야 한다. 재정권을 가지고 있는 국가나 지방자치단체는 국민이 안정적으로 생활할 때 그들의 존재의미가 있다. 따라서 국민의 경제사정을 고려해 세금을 거둬야지 지나칠 경우, 국민은 국가의 경제활동에 대해 의욕을 잃고 비협조적으로 행동하거나 '될 대로 되라' 식으로 생활할 테고, 이로 인해 국가나 지방자치단체는 더 이상 제기능을 수행할 수 없게 된다. '마른 수건도 다시 짜듯이' 경제사정이 어려울 때는 국가가 솔선하여 나라 살림을 알뜰하게 꾸려가고 국민들의 조세부담을 완화해 주는 경제운영 기조가 필요하다.

밑 빠진 독에 물 붓기

공적자금

아무리 노력해도 일한 보람이 없다?!

우리 속담에 '밑 빠진 독에 물 붓기Pour water over a duck's back.'라는 말이 있다. 이 속담은 밑 빠진 독에 아무리 물을 부어도 독이 채워질 수 없다는 뜻으로, 아무리 힘이나 밑천을 들여도 보람 없이 헛된 일이 되는 상태를 비유적으로 이르는 말이다. 유사 속담으로 '미친 여편네 떡 퍼 돌리듯 한다'가 있다.

'밑 빠진 독에 물 붓기' 식의 경제운용에는 어떤 것들이 있을까? 정부의 공적자금 사용을 예로 들 수 있다. 책임 있는 자리에 있는 사람들이 충분한 계산이나 합리성에 입각하여 지출해야 할 정부의 예산을 큰 효과도 없는 곳에 집중적으로 지원했다고 많은 사람들이 지적한다. 그들은 어렵게 마련한 공적자금을 경제원리에 충분히 부합하도록 사용하지 않은 것에 대해 '밑 빠진 독에 물 붓기'라는 속담을 자주 인용한다.

공적자금이란 정부가 기업이나 금융기관의 구조조정을 지원하기 위해 마련한 재정자금을 말한다. 공적자금은 기업부도 등으로 회수가 불가능한 부실채권이 많은 은행으로부터 부실채권을 싼값에 사주고, 정부가 은행에 출자하여 자본금을 늘려줌으로써 건실한 은행으로 새롭게 탄생할 수 있도록 도와주는 데 쓰인다. 우리나라의 경우 공적자금을 정부예산에서 직접 지원하는 것이 아니라 예금보험공사와 자산관리공사가 채권을 발행하여 조달한다. 또 해외차관, 정부 보유 공기업 주식, 공공자금관리기금, 한국은행 등에 의해 우회적으로 투입된 자금도 넓은 의미의 공적자금으로 본다.

공적자금을 투입하는 방법에는 세 가지가 있다. 자산관리공사가 부실채권을 매입하는 방법, 정부가 직접 증자해 지원하는 방법, 예금보험공사를 통해 예금을 대신 지급해 주는 예금대지급이다. 이러한 공적자금의 조성은 대부분 채권형태로 조달된다. 따라서 공적자금을 남발하면 국가재정의 악화를 초래하게 되며, 재정적자는 곧바로 국민의 세금으로 이어진다. 세금은 지금의 세대가 부담하지 않으면 다음 세대가 부담해야 한다. 만일 공적자금을 투입한 효과가 제대로 나타나지 않으면 추가로 공적자금을 쏟아부어야 하므로 국민부담은 더 커지게 된다. 이러한 국민의 피와 같은 돈, 콩나물값을 아끼고 멸칫값을 아껴서 낸 세금이 공적자금으로 충당되어 별효과도 없는 곳에 사용된다면 얼마나 억울하겠는가. 우리나라는 1997년 말 외환위기로 대기업을 비롯한 수많은 기업이 도산하고 금융기관의 부실이 심화되자, 예금자 보호와 금융시장 안정을 위해 공적자금을 조성, 투입하기도 하였다.

'밑 빠진 독에 물 붓기' 실태

정부의 공적자금 집행창구인 예금보험공사가 자금회수에 난항을 겪고 있다. 2016년 3월 18일 금융권에 따르면, 예보는 공적자금 회수 극대화 방안으로 지분 매각보다 배당 확대에 주력하고 있다. 예보 관계자는 "공적자금이 들어간 금융사, 기업의 주가가 너무 낮은 수준이기 때문에 지분 매각을 얘기하기가 현실적으로 어렵다"고 밝혔다. 예보는 과거 우리은행, 한화생명, SGI서울보증, 수협은행 등에 모두 27조 원이 넘는 공적자금을 투입했다. 이 중 13조 5,000억 원 가량을 회수했다. 서울보증은 10조 2,500억 원의 공적자금 중 약 3조 2,000억을 상환했다.[45)]

시장원리에 따라 운용하는 게 바람직하다

공적자금에 대한 시비가 끊이지 않는 것은 정부가 합리적이고 치밀한 계산 없이 '밑 빠진 독에 물 붓기' 식으로 돈을 쏟아부었기 때문이다. 공적자금은 공공기준과 시장원리에 따라 운용하는 것이 바람직하다. 공적자금을 알맞은 때 투입하여 엄정하게 집행, 관리하는 것이 무엇보다 중요하다. 집행과 관리가 불투명하고 무책임할 경우 공적자금 수혜자들도 국민의 귀중한 세금을 공돈처럼 낭비해, 부실문제를 해결하지 못하고도 자구책은커녕 도덕적 책임감조차 못 느끼게 된다.

부실의 책임이 있는 기업주와 금융기관에 대해서는 재산을 철저히 환수하는 한편 보유 중인 금융기관 지분매각을 최대한 앞당겨 이미 투입된 공적자금을 한푼이라도 더 빨리 회수해야 한다. 공적자금은 공공성, 투명성, 책임성, 시장성의 기본 원칙 아래 효율적으로 사용될 때 시비가 수그러들 것이다.

쌀독에서 인심 난다

사회보장

내가 넉넉해야 남을 도울 수 있다

'쌀독에서 인심 난다'는 속담이 있다. 제 살림이 넉넉해야 남을 도울 수 있으며, 쌀독이나 광이 텅 비면 인심이 흉흉해지고 국민의 생활이 어려워진다는 것을 뜻한다. 유사 속담으로 '광에서 인심 난다', '쌀광에서 인심 난다'가 있다.

근대사회 이전에는 개인이 생활하면서 어려움을 겪게 되면 가족이나 이웃의 상호부조로 문제를 해결했다. 그러나 자본주의사회에 들어와 빈부격차, 대량실업, 산업재해사고 등 자본주의사회에 내재하는 모순이 터져 나오면서 국민이 기본적인 생활을 영위할 수 있도록 국가가 책임지고 보장해 주어야 한다는 사회적 요구가 높아졌다. 그리하여 국가에 의한 생활보장제도로서 사회보장이 성립되었다. 사회보장은 국민이 빈곤이나 빈곤의 원인인 실업, 질병, 재해, 노쇠, 사망 등을 겪을 때, 인간다운 생활을 할 수 있도록 국가가 책임지고 구제해 주는 사회안전망이다. 이는 국민의 최저생활을 보호하고, 빈곤에 이를 수 있는 생활상의 사고에 미리 대비하는 사회보험에서 시작되었다.

'공공부조'는 대상자 확인절차가 필수다

공공부조는 소득이 일정한 수준에 미치지 못하는 사람을 대상으로 그들의 부족분을 정부가 보조하여 최저생활을 할 수 있도록 보장해 주는 제도이다. 이 제도는 세금을 재원으로 하기 때문에 소득재분배 효과가 있다. 이 제도를 시행하기 위해서는 어느 정도를 최저생활수준으로 정할 것인지, 대상자의 소득이 얼마나 부족한지 정확히 조사해야 한다. 이처럼 공공부조에서는 대상자를 확인하는 절차가 반드시 필요한데, 이점에서 사회보험과 다르다.

우리나라의 공공부조는 생활보호법과 시행령을 근거로 실시되어 왔다. 그런데 이 법은 1999년에 국민기초생활 보장법이 제정됨에 따라 흡수되었다. 우리나라의 공공부조는 현금 지원, 사회적 지원, 노동시장 복귀의 세 가지 형태로 존재한다. 정부는 근로능력에 따라 그 대상을 거택보호자와 자활보호자로 나누고, 근로능력이 있는 자활보호대상자에게는 현금을 지원하지 않고 교육비, 의료비 등을 지원한다.

외국의 공공부조를 보면 미국은 아동부양부조, 무료식품권 지급, 의료보호 등을 보조하며, 일본은 생계비, 교육비, 주택비를 보조한다. 유럽 국가들도 생계보호, 의료보호, 출산급여, 주택급여, 경로급여 등을 지급하는 경우가 많다.

세계 최초 사회보험은 오스트리아의 강제노령보험이라고?

사회보험은 공공부조와 함께 사회보장에서 중요한 부분을 차지한다. 사회보험은 사회구성원이 노쇠, 질병, 실업, 퇴직, 사망, 재해 등에 처해졌을 때 보험급여를 지급해 구제하는 제도이다. 사회보험은 생명보험이나 화재보험 등의 사적보험과는 달리 일정한 요건을 갖춘 대상에게 보험가입을 의무화하고, 보험급여가 법으로 정해져 있으며, 보통 정부가 보험사업을 한다.

사회보험의 재원도 사적보험의 경우와 달리 정부, 피보험자인 노동자 또는 국민, 사용자가 각각 부담하여 마련한다. 세계 최초의 사회보험은 1854년 오스트리아에서 실시된 강제노령보험이다. 사회보장 선진국들은 대부분 노쇠, 질병, 산업재해 등 사회적 위험을 사회보험 방식으로 보장하고 있다. 우리나라에서는 산재보험, 의료보험, 고용보험, 국민연금 등이 이에 속한다.

'쌀독과 광에서 인심이 나려면', '쌀독'과 '광'이 풍요로워야 한다. '쌀독'과 '광'이 어느 정도 채워져 있느냐는 정부의 재정에서 사회보장비가 얼마나 책정되었느냐로 판단한다. 사회보장비의 비율이 어느 정도냐에 따라 사회보장에 대한 각 나라의 관심과 사회보장 정도를 가늠할 수 있다.

우리나라 쌀독과 광의 사정은 어떠할까?

우리나라의 사회보장은 선진국과 비교할 때 아직 기대에 미치지 못하며, 후진국 수준에 머물러 있는 실정이다. 외형적으로는 사회보장의 틀을 어느 정도 갖췄다고 하지만, 안전행정부와 OECD가 2014년 1월 5일 내놓은 '한눈에 보는 정부' 보고서를 보면, 2011년 기준으로 한국 정부의 사회보장 지출은 전체 지출의 13.1%에 불과해 OECD 회원국 중에서 가장 적었다. 이 보고서는 OECD 회원국 간 정부 운영 현황과 성과를 비교해 격년으로 발간하며 정부 분야에서 유일한 국가 간 비교 자료다. 2011년 사회보장 지출 비중 13.1%는 2000년 9.1%, 2001년 10.8%, 2002년 9.7%, 2003년 10.1%에 비하면 괄목할만한 증가가 분명하다. 그렇지만 OECD 회원국에 비하면 최하위권에 속한다. 덴마크는 전체 지출 중 43.8%를 사회보장에 써 비중이 가장 큰 것으로 조사됐고, 독일43.3%, 룩셈부르크43.2%, 핀란드43.1%, 일본42.7%, 프랑스42.6% 등도 사회보장 지출 비중이 한국의 3배를 넘었다.[46] 그 후 우리나라의 사회보장 관련 예산은 2014년 보건 · 복지 · 고용 예산이 105조 8,726억 원으로 전년 대비 8.7% 증가했고, 2015년에는 115조 6,824억 원으로 전년 대비 8.5% 증가했으며, 2016년에는 122조 8,828억 원으로 전년 대비 6.2% 증가한 것으로 나타나 추후 희망은 밝을 것으로 전망된다.

결국 우리나라는 '쌀독'과 '광'이 풍요롭지 못하기 때문에, 인심을 낼 수 있는 사회보장비 또한 적을 수밖에 없다. 사회보장제도를 공고히 하기 위해서는 이를 위한 재정투자가 필요하며, '쌀독'과 '광'을 지속적으로 풍요롭게 하기 위해 정부와 국민이 적극적으로 노력해야 한다.

이마에 땀을 내고 먹어라

실업

'이태백', '사오정', '오륙도'!

요사이 우리 사회엔 '이태백'이라는 용어가 유행한다. 이십대 태반이 실업자라는 말이다. '사오정'은 45세가 정년, '오륙도'는 56세까지 직장에 붙어 있으면 도둑놈이라는 극단적인 용어가 나돈다. 우리나라의 일자리가 얼마나 어려운가를 반증하는 예다.

사람들은 대개 일을 하면서 살아간다. IMF 경제위기 이후 제2의 경제위기에 대해 우려하는 목소리가 높아지면서 실업은 다시 경제의 핵심문제로 떠오르게 되었다. 실업은 실제로 여러 가지 문제를 일으킨다. 사람을 폐인으로 만들기도 하고, 때로는 가족 간의 갈등을 불러일으키기도 하고 심지어는 부부가 이혼하는 원인으로 작용하기도 한다. 정치 및 사회의 혼란, 나아가 국가체제를 붕괴시킬 수 있는 위험까지도 몰고 올 수 있다.

'이마에 땀을 내고 먹는 것'이 제도화된 사회는 건강한 사회다. 그런데 이 사회에는 이마에 땀을 내지 않고 먹는 사람도 많다. '이마에 땀을 내고 먹어라', '나간 사람 몫은 있어도 자는 사람 몫은 없다', '누운

나무에 열매 안 열린다', '그늘 밑의 매미 신세', '오뉴월 응달 아래 개 팔자', '부잣집 밥벌레', '일하지 않으면 소득을 얻을 수 없다No pains, No gains.' 등은 무엇을 말하는가? 이들 모두는 노력하지 않고 살아가는 사람들에 대해 따갑게 비판하는 속담들이다. 일하지 않고 놀고먹는 사람들은 지탄의 대상이다. 왜냐하면 그들이 일정한 직장에 고용되었더라면 생산량 증가가 가능할 텐데 그렇지 못함에 따라 가용자원이 낭비되거나 산출량이 감소하기 때문이다.

실업률은 흔히 한 시점의 경제활동인구 중에서 일자리가 없는 사람의 비율이다. 여기서 경제활동인구는 일할 의사와 능력을 모두 가진 사람을 말하는데, 우리나라의 경우 15세 이상의 인구 중에서 직업이 있거나 적극적으로 직업을 찾아다니는 사람을 말한다. 이 인구 중에서 노동능력은 있지만 일할 의사가 없는 학생이나 주부 및 일할 능력이 없는 노약자, 환자, 죄수 등은 물론 제외된다. 이러한 경제활동인구는 취업자와 실업자로 나뉜다.

취업자란 주당 한 시간 이상 일하여 수입을 얻거나 별도의 수입이 없더라도 가족의 일을 도와 주당 열여덟 시간 이상 일하는 사람을 말한다. 주부나 학생은 경제활동인구에 포함되지 않지만 부업을 하는 주부나 아르바이트로 학비나 용돈을 버는 학생의 경우에는 경제활동인구에 포함되어 취업자로 간주된다. 경제활동인구에서 취업자의 수를 빼면 실업자의 수가 된다. 이 경우 일자리를 얻을 수는 있지만 자신의 흥미나 자질에 맞는 직업을 선택하기 위해 일자리를 찾고 있는 사람도 실업자에 포함된다. 그들은 아마 자신에게 맞는 직업을 찾으면 즉시 일하려 할 것이다. 대학교육을 받은 고등실업자의 경우에 이런 일이 두드러지게 나타난다.

실업 중에서 임금이나 근로조건이 근로자가 원하는 수준에 맞지 않아서 발생하는 마찰적 실업 및 계절적 실업 등의 자발적 실업은 그나마 심각한 문제는 아니다. 그렇지만 일할 능력과 취업할 의사가 있음에도 불구하고 여러 가지 이유로 직업을 갖지 못해 노동시장에서 배제된 비자발적 실업은 심각한 문제가 된다.

자발적 실업

자발적 실업 중 마찰적 실업은 일자리가 있어도 더 나은 조건의 일자리를 찾기 위해 스스로 실업을 택하고 있는 경우다. 현재 우리나라는 실업자가 131만 명[47]에 이르는 데도 구인난은 여전하다. 실업자가 대부분 더 좋은 조건의 일자리를 찾기 위해 스스로 실업을 택하고 있기 때문이다. 특히 3D 업종의 경우는 심각하다. 섬유, 염색, 목재 부문 등 근무여건이 열악한 중소기업들은 근로자를 구하지 못해 조업을 단축하고 있을 정도다. 섬유공장에는 노령 구직자만 몰려들고, 젊은이들은 임금 및 근로조건이 맞지 않는다는 이유로 대부분 힘든 취업보다는 배고픈 실업을 선택한다.

비자발적 실업

우리 사회는 비자발적 실업으로 몸살을 앓고 있다. IMF 경제위기 이후 많은 기업이 자금부족으로 부도를 내게 되었고, 이에 따라 기업들이 연쇄적으로 도산해 하루에 100여 개의 기업이 도산하면서 실업자 수가 급속히 늘어났다. 근로자는 일을 하고 싶어도 일자리가 없어서 하지 못한다. 이처럼 불경기에 총수요가 부족해져 발생하는 실업을 경기적 실업이라 한다. 총수요가 부족하면 기업은 생산을 감소해야 하고 따라서 근로자를 해고해야 한다. 경기적 실업은 경기후퇴로 인해 발생하기 때문에 총수요가 증가하여 경기가 회복되면 없어진다. 이러한 경기적 실업은 일할 능력과 의사를 가졌음에도 불구하고 전체적으로 일자리가 부족해 생기는 실업이므로 비자발적 실업이라고 할 수 있다. 또 변화하는 사회에서 새로운 분야에 노동의 수요는 증가하나 노동공급이 뒤따르지 못해 발생하는 구조적 실업도 있다. 신발제조 기술자가 신발공장에서 해고된 후 전자회사에 취업하기 어려운 것처럼 새로운 기술을 익히는 데는 오랜 시간이 걸리거나 아예 불가능하기 때문이다. 구조적 실업은 기술의 발전으로 종래의 기술이 쓸모없어지거나 기존의 산업이 사양화하는 경우, 또는 지역적으로 너무 떨어져 일할 기회를 갖지 못하는 경우에 발생한다. 예를 들어, 과거 대구경제의 핵심이었던 섬유산업은 이제 사양화하여 많은 업체들이 문을 닫게 되면서 실업자가 발생했다.

청년실업률 10.3% …… 17년 만에 최대치

통계청이 발표한 6월 취업자 수는 2,655만 9,000명으로 지난해 같은 달보다 35만 4,000명 증가했고, 그리하여 청년층 실업률은 10.3%로 17년 만에 최대치를 기록했다. 지난 4월과 5월에는 각각 25만 2,000명과 26만 1,000명으로 20만 명대였지만 3개월 만에 다시 30만 명대를 회복한 것이다. 경제활동인구는 작년보다 39만 7,000명 늘었다. 경제활동 참가율은 63.5%로 역대 최고치를 보였다. 15~29세의 청년층 고용률은 20대 취업자가 늘면서 1.7%포인트 상승한 43.1%를 기록했다. 그러나 청년층 실업자는 작년 같은 기간과 비교해 1만 8,000명이 늘어 10.3%를 기록했다. 1999년 6월(11.3%) 이후 6월 기준으로 가장 높은 수준이다. 다만, 전체 실업률은 3.6%로 전년 동월 대비 0.3%포인트 감소했다. 20대 실업자가 증가했지만 30~50대가 감소하면서 전체 실업자 수는 4만 6,000명 줄었다. 지역별로는 조선업 구조조정의 영향을 받은 경상남도의 실업률이 3.9%로 지난해 같은 달보다 1.0%포인트 오르며 전체 시·도 중 가장 큰 상승폭을 나타냈다.[48]

실업의 폐해

실업은 당사자뿐 아니라 사회에도 커다란 폐해를 끼친다. 실업의 폐해는 경제적 손실과 주관적 손실로 나눌 수 있다. 실업은 일할 의사와 능력이 있는 사람이 일하지 못하는 상태로서, 실업이 증가한다는 것은 그 사회가 생산할 수 있는 재화와 용역이 생산되지 못한다는 뜻이다. 그러므로 생산은 할 수 있는데 생산하지 못하는 재화와 용역의 양이 바로 실업의 경제적 손실이다. 또 실업은 당사자에게 실의와 좌절감을 안겨주고, 가족에게도 큰 걱정을 안겨준다. 자녀교육에도 문제가 생기고, 심지어 실업의 충격으로 알코올 중독에 빠져 몸을 해치기도 한다. 이것이 바로 실업의 주관적 손실이다.

'금탑산업훈장, 다이소의 고용창출' 사례

다이소는 전국에 1,100여 개 매장이 있다. 지난해 이 회사 매출은 1조 2,490억 원을 넘겼다. 박 회장은 22일 열린 '제2회 중견기업인의 날' 기념식에서 최고상인 금탑산업훈장을 받았다. 빠른 성장 때문만은 아니다. 고용창출에 기여한 공로를 인정받아서다. 이 회사의 고용인원은 8,338명이다. 다이소 매장은 직원 수 성별에 있어서도 남성 15%, 여성 82%로 매장의 인근 지역 주부를 적극 채용하는 대표적 기업으로 알려져 있다. 차별 없는 연령, 성별 대우와 정규직 채용으로 지역사회와 상생의 폭을 확대해 나가며 '성장'을 통한 '고용창출'을 이루고 있다. 특히 여성 인력 고용으로 지역경제 활성화에 동참하는 정책을 펼쳐 매장을 1개 오픈할 때마다 약 15명의 고용을 창출함으로써 타사 대비 2~3배가 되고 있다. 10년 전인 2006년보다 11배 늘었다. 근로자 가운데 취업 취약계층인 30~50대 여성이 80%를 넘는다. "노동시장의 질적 수준 향상을 이끌었다"는 게 중소기업청의 평가다. 다이소아성산업은 국내 최초로 1,000원 균일가를 도입하는 등 중소유통업계 성장에도 기여했다.[49]

일자리 제공이 최고의 복지

실업문제에 대한 해법으로는 '대처리즘'을 들 수 있다. 1979년 총선거에서 보수당의 승리로 집권한 대처수상은 노동당 정부가 고수해 왔던 각종 국유화와 복지정책 등을 포기하고 민간의 자율적인 경세활동을 중시하는 머니터리즘monetarism에 입각한 강력한 경제개혁을 추진했는데, 이러한 대처의 정책을 '대처리즘'이라고 한다. 영국은 한때 복지국가의 전형으로 인식되었다. 전후에 영국은 복지국가를 지향하여 교육, 의료, 주택, 노인 같은 복지문제를 나라에서 뒷바라지하였다. 이에 국가 예산이 급증하였으며 국민의 담세율이 누진적으로 늘어 급기야 고소득층의 경우 소득의 80%를 세금으로 내기에 이르렀다. 그러던 영국이 1970년대에 '영국병', '복지병'에 걸려 희망이 없는 나라로 치부되었다. 영국병이란 영국인들의 무기력, 느린 동작, 방임적인 태도 등을 일컫는 것이다. 1960년대 초에 서독 언론이 영국 노동자의 비능률성을 가리켜 사용한 데서 비롯되었다. 오랜 대영제국의 번영을 뒷받침해 온 중산계급의 쇠퇴가 그 요인이다. 예로부터 영국인은 적극, 과감, 냉철, 끈기, 자기희생, 이기주의를 미덕으로 삼아왔으나, 제2차 세계대전 후

고복지, 고부담 정책과 평등주의가 일반화됨에 따라 부나 특권에 대한 의식이 희박해진 데에도 원인이 있었다. 만성적인 영국병에 시달리게 된 영국은 급기야는 1976년에 IMF의 금융지원을 받는 상황에 이르렀다. 마거렛 대처Margaret Thatcher가 수상으로 당선된 1980년대 초기까지만 해도 영국민은 '요람에서 무덤까지' 국가가 보살펴 주는 보호막에 안주할 수 있었다. 많은 국민들은 일하지 않고도 편히 살 수 있다는 사고에 젖어 있었다. 대처 보수당 정권은 1979년 집권하자마자 저비용·고효율로의 경제구조 전환을 통하여 영국병을 치료하기 위해 시장경제 원리를 중시하고 나태와 안일을 추방하는 경제 전 부문에 걸친 경제개혁, 즉 '대처리즘'을 단행했다. 개혁의 내용은 복지를 위한 공공지출의 삭감과 세금인하, 국영기업의 민영화, 노동조합의 활동규제, 철저한 통화정책에 입각한 인플레이션 억제, 기업과 민간의 자유로운 활동 보장, 외환관리의 전폐와 빅뱅big bang 등을 통한 금융시장의 활성화 등이었다. 그 외에도 대처는 작은 정부의 실현, 산학협동産學協同 중심의 교육정책, 유럽통합 반대 등의 정책을 추진하였다. 경제 전 부문에 시장경제 원리를 적용해 영국민들의 나태와 무사안일을 몰아낸 대처주의는 가난구제 및 일자리 정책에 대한 좋은 교훈이 되고 있다.

이마에 땀을 낼 수 있는 일자리가 있는 데도 놀고 있는 사람이야 개인만의 문제지만, 일을 하고 싶어도 일자리 자체가 없는 것은 사회적·국가적 문제이므로 정부가 나서서 해결해야만 한다. 우리 정부는 실업을 해소하기 위해 여러 가지 정책을 개발, 실행하고 있다. 소극적 실업대책에는 실업보험 등 실업급여를 제공하여 실직자의 최저생계비를 보장해 주는 방식이 있다. 적극적 실업대책에는 직업알선, 직업훈련 및 재취업지원 등이 있다. 실업자를 최소한으로 줄이기 위해, 개인과 사회 모두 일자리를 마련하기 위해 최선을 다해야 한다.

가을 식은 밥이 봄 양식이다

보험

갑작스러운 어려움에 대한 대비

갑자기 내린 폭우로 소중한 생명과 재산을 순식간에 잃어버리기도 하고, 갑작스러운 차량 사고나 선박 · 항공기 사고로 가족과 재산을 잃기도 한다. 그런 사고로 부모를 잃어 졸지에 고아가 된다든지, 소중한 재산을 잃어 형편이 대단히 어려워지게 되면 살아갈 길이 막막하다. 이러한 불행에 대비하여 사람들은 그 사고를 어떻게 마무리하고, 그 후 어떻게 살아갈 것인가에 대해 깊은 고민에 빠지게 된다.

우리 속담에 '가을 식은 밥이 봄 양식이다'라는 말이 있다. 이는 먹을 것이 흔한 가을에는 먹지 않고 내놓은 식은 밥이 봄에 가서는 귀중한 양식이 된다는 뜻으로, 풍족할 때 함부로 낭비하지 않고 절약하면 뒷날의 궁핍함을 면할 수 있음을 비유적으로 이르는 말이다. 긴 겨울 동안에는 농사의 소출이 없기 때문에 봄이면 식량 부족으로 시달리기 일쑤여서 이때를 '보릿고개'라 하였고, 다른 말로는 '춘궁기春窮期'라고 하였다. 보릿고개란 지난 가을에 수확한 양식은 바닥이 나고 햇보리는 미처 여물지 않은 5~6월(음력 4~5월)로, 농가에서는 식량사정이 매우 어려운 고비를 맞게 되는 시기이다. 최근에는 경제성장과 함께 농가소득도 늘어나 보릿고개라는 말이 실감이 나지 않으나, 일제강점기에서는 두말할 나위 없고 8 · 15광복 후 1950년대까지만 하더라도 연례행사처럼 찾아들던 가난한 농촌의 경제적 실상을 잘 나타내는 말이었다. 식량이 부족하므로 이 계절이 무척 길게 느껴진다. 그리하여 '봄떡은 들어앉은 샌님도 먹는다', '봄 사돈은 꿈에 봐도 무섭다'는 속담이 나온 것이다. 춘궁기와 같은 시기에 궁핍함을 면하기 위해서는 수확의 계절인 가을에 곡식이 풍성할 때 살림을 알뜰하게 하여 곤궁한 시기를 잘 대비하는 지혜가 필요하다.

불확실한 미래의 위험에 대한 대처

사회현상이 복잡하고 위험요소가 상존하는 현대에는 사고나 재난이 누구에게나 닥쳐올 수 있기 때문에 경제가 발전하고 사회가 발달할수록 보험의 효용은 더욱 커지고 일반화된다. 불의의 사고나 미래의 어려움에 대처하기 위한 좋은 방안은 무엇일까? 보험이다. 보험이란 자본주의사회에서 같은 종류의 사고를 당할 위험성이 있는 많은 사람이 미리 금전을 갹출하여 공통준비재산을 형성하고, 사고를 당한 사람이 이것으로부터 재산적 급여를 받는 경제제도이다. 다시 말하면, 보험이란 언제 닥칠지 모르는 여러 가지 위험, 즉 사망 · 질병 · 화재 · 교통사고 등으로 생기는 사람의 신체에 관련되는 피해, 또는 개인 · 기업의 재산적 손실을 보상해 주기 위한 만들어진 제도이다.

보험은 보험가입자를 경제적 파멸로부터 보호하고 안전성을 부여하는 제도로서, 각 경제주체의 활동을 촉진시키는 결과를 가져온다. 사람들은 보험을 통해 앞날에 당하게 될 사고에 대비해 미리 약속한 일정 금액을 여러 차례에 걸쳐 내고, 그에 따라 만들어진 금전으로 사고가 발생할 경우 미리 약속한 금액을 받을 수 있다.

보험의 종류는 국가보험(4대 보험)과 민간보험이 있다. 국가보험은 사회적 공익에 초점이 맞춰져 있고, 민간보험이 미치지 못 하는 영역을 메우는 성격도 있으며, 의무가입이다. 국민연금보험, 고용보험(실직이나 휴직에 대한 보험), 건강보험(의료비 보장), 산재보험 등 4대 보험이 그것이다. 국민연금은 죽을 때까지 지급되며 '돈 없이 늙을 위험'에 대비하기 위한 보험상품으로 소득이 있는 국민은 누구나 가입해야 한다. 건강보험은 각종 병원비, 의약품비 등을 보조해 주는 보험이다. 소득에 비례하여 보험료를 납부하지만 혜택은 필요할 때만 받으므로 대표적인 복지제도이다. 산재보험은 직장에서 다치거나 사망 등의 사고가 발생했을 때 각종 치료비와 사망보험금 등을 보상해 주는 보험이다. 사업주가 전액 부담하므로 근로자에게는 부담이 없다. 다음으로 민간보험은 생명보험, 손해보험, 화재보험, 자동차보험 등이 있다. 생명보험은 사고가 사람의 생명 · 신체에 관하여 발생한 경우에 대비하는 보험이고, 손해보험은 재산에 대한 경제적 손실을 보상해 주는 보험이다. 화재보험은 화재로 사람이나 재산상의 손실에 대비하는 보험이고, 자동차보험은 자동차의 운행이나 그와 관련해서 발생하는 사람과 재산에 대해 대비하는 보험이다. 보험은 가계와 기업의 경제활동을 촉진시키고, 사회적 자본을 형성시켜 국민경제의 발전을 도와준다.

'마시멜로 실험'에서 배우는 노후자금 마련하기

삼성생명 은퇴연구소의 올해 조사에 따르면, 우리나라 국민은 노후준비에 관심이 많고 이를 중요한 문제로 인식하고 있다. 반면 실제 노후를 준비하는 수준은 매우 낮은 것으로 나타났다. 행동재무학자 리처드 탈러Richard Thaler는 이런 생각과 행동의 모순을 '계획하는 자아planner'와 '행동하는 자아doer'의 충돌로 설명한다. 계획하는 자아는 미래의 소비를 위해 당장의 욕구를 통제하려고 하지만, 행동하는 자아는 유쾌하지 않은 일은 뒤로 미루고 당장 달콤한 소비를 하도록 우리를 유혹한다. 탈러는 이 둘 사이에서 개인이 어떤 선택을 하는지에 '자기통제self-control'가 중요한 역할을 한다고 봤다. 자기통제는 장기적인 보상을 얻기 위해 자신의 감정, 행동, 욕망을 통제하고 단기적인 만족을 미루는 능력이다. 많은 사람이 의지나 노력이 부족해 노후준비를 잘 못한다고 호소하지만, 행동주의적 관점에서 보면 다양한 방법으로 자기통제능력을 강화할 수 있다. 첫 번째 방법은 욕구를 감소시키는 전략이다. 네 살짜리 아이를 대상으로 한 '마시멜로 실험'에서 눈앞의 마시멜로를 먹지 않고 15분을 참은 아이들은 훗날 더 높은 사회적 성취를 이뤘다. 이들은 노래를 부르거나 눈을 가리는 등 다양한 방법으로 마시멜로를 먹고 싶은 유혹을 피했다. 일례로 봉급이 자신의 손안에 들어오기 전에 저축액을 떼어 다른 계좌로 이동시키는 것은 현재 소비를 회피할 수 있는 효과적인 장치다. 돈이 눈에 보이지 않는 곳에 있을 때 쓰고 싶은 유혹도 줄어들기 때문이다. 두 번째는 의지력을 강화하는 전략이다. 노후 필요자금을 위해 지금부터 얼마씩 저축해야 하는지 계산해 보자. 장래의 목표가 구체적일 때 목표 달성을 위한 의지도 강해지기 때문이다. 또 정보가 너무 복잡하고 무엇을 어떻게 시작해야 할지 모를 경우 쉽게 포기하기 쉬운데, 이런 때는 금융전문가를 통해 단순하고 정확한 정보를 얻는 것도 대안이 될 수 있다.[50)]

경제적 불안으로부터의 구제

개개인들의 생활은 예측할 수 없는 사고 발생으로 끊임없는 위협을 받고 있다. 사고에는 지진 · 풍수해 등과 같이 절대적으로 방지할 수 없는 것도 있고, 교통사고 · 화재 등과 같이 상대적으로 방지할 수 없는 것도 있다. 보험제도는 적극적으로 이러한 사고 발생을 방지하고자 하는 것이 아니라, 소극적으로 사고 발생으로 인한 경제적 수요를 충족시키는 것을 목적으로 한다. 이러한 목적을 달성하기 위하여 동일한 우발적 사고 발생의 위험에 처하고 있는 많은 사람이 보험단체를 구성하고 보험료의 형식으로 미리 금전을 내어서 공통준비재산을 형성하고, 단체의 구성원 중에 우발적 사고가 발생하였을 때에 그것으로부터 보험금의 급여를 받아서 경제적 불안에서 구제를 받을 수 있는 제도이다. 이와 같이 보험은 '가을 식은 밥이 봄 양식'이 되는 것처럼, 여유가 있을 때 함부로 낭비하지 않고 절약하면 뒷날의 궁핍함을 면할 수 있는 것이다.

2. 화폐의 경제

돌고 도는 게 돈이다

화폐의 기능

편리성을 추구하는 인간들의 보물 1호!

많은 사람들이 돈을 벌기 위해 아침부터 저녁까지 정신없이 뛰어다닌다. 무엇을 하든지 돈이 필요하기 때문이다. 돈을 많이 갖고 싶은 욕심에 부정한 방법으로 돈을 벌려고 하다가 감옥에 갇히는 사람도 있고, 돈 때문에 친구를 배반하거나 형제간의 우애를 깨뜨리는 사람도 있다. 그렇다면 돈, 곧 화폐는 우리 생활에서 어떤 기능을 할까?

우리나라에는 '돌고 도는 게 돈이다'라는 말이 있고, 중국과 일본에도 '돈은 날개가 없어도 날고, 발이 없어도 달린다'는 말이 있다. 이것은 모두 돈이 멈춰 있지 않고 떠돌아다닌다는 뜻인데, 교환경제에서 화폐의 중요성을 짐작하게 해주는 말이다. '돈'이라는 단어는 많은 사람의 손을 거쳐 돌고 돈다는 데서 유래했으며, 그래서 '돌고 도는 게 돈이다'라는 속담도 생긴 것이다. 편리성을 추구하는 인간들에게 '돈은 돌고 돌면서' 다음과 같은 기능을 한다.

돈의 기능

첫째, 가치척도measure of value 기능을 한다. 돈이 돌고 도는 데는 '화폐단위'로서의 구실이 가장 중요하다. 길이단위로 길이를 잴 수 있듯이, 돈은 화폐단위로 경제재의 여러 단위를 측정할 수 있다. 화폐경제에서 화폐단위로 여러 재화의 시장가격을 비교하면 재화의 상대적 교환가치를 쉽게 결정할 수 있다.

우리는 물건을 사고팔면서 반드시 그에 상응하는 돈을 지불한다. 어떤 한 재화를 다른 재화와 교환하려면 그 두 재화가 등가관계에 있어야 한다. 이때 등가관계를 추상적으로 표시해 주는 것이 바로 화폐다. 곧 화폐는 가치척도 수단인 가격을 통해 그 물건의 가치가 어느 정도인지 알 수 있게 하는 계산단위로서의 구실을 한다. 예를 들어, 500원짜리 과자와 1,000원짜리 과자가 있을 때, 우리는 1,000원짜리 과자가 500원짜리 과자에 비해 더욱 가치 있는 것이라고 생각하는데, 그것은 가치척도 기능에서 기인한다.

둘째, 교환매개체mediator of exchange 기능을 한다. 내가 펜을 사는 데 지불한 1,000원을 문구점 주인은 시장에 가서 콩나물 사는 데 쓰고, 콩나물가게 주인은 사과를 사는 데 쓰고, 과일가게 주인은 빵을 사는 데 쓴다. 이런 식으로 돈은 계속해서 필요한 물건을 사는 데 쓰이고, 여러 사람의 손을 거치면서 돌고 돈다.

인간생활에서 어떤 물건이 화폐로 기능하기 위해서는 모든 사람들이 그것을 받아들여야 한다. 화폐의 필요성을 인식하게 된 사람들은 처음에는 금, 은, 동을 화폐로 사용했다. 그러나 이런 귀금속은 매우 무겁고 수송하기 불편했다. 이러한 불편을 없애기 위해서 만든 것이 지폐다. 지폐는 도난당할 위험이 크고 운송하는 데 어려움이 있다. 이

단점을 해결한 것이 수표다. 그러나 수표 역시 다른 지방에서 발행한 것일 경우 확인하는 데 시간이 걸리고 발행할 때 비용이 든다는 단점이 있다. 이를 해결하기 위해 고안한 것이 바로 전자화폐다. 오늘날 우리가 일상생활에서 자주 사용하는 각종 카드들이 그것이다. 우리가 동전, 지폐, 수표, 전자화폐 등을 사용하여 필요한 재화와 서비스를 얻을 수 있는 이유는 바로 화폐가 교환매개체 기능을 갖고 있기 때문이다.

셋째, 가치저장storage of value 기능을 한다. 수입과 지출의 시간이 일치하지 않을 때 가치를 저장해 두는 이유는 교환매개체로 쉽고 빠르게 전환될 수 있기 때문이다. 화폐는 일정한 기간 내에 어떤 자산의 가치를 손상하지 않고 그 자산을 화폐의 형태로 전환할 수 있는 능력인 유동성liquidity 기능을 가지고 있다. 화폐는 유동성이 100%지만, 부동산은 유동성이 매우 약하다. 단기간 내에 부동산을 현금화하려면 손해를 보더라도 감수해야 한다. 그래서 돈이 급한 사람은 손해를 보면서도 부동산을 파는 것이다. 그런데 화폐는 그 자체가 100%의 유동성을 가지고 있다. 따라서 화폐는 유동성의 측면에서 돈이란 돌고 돈다는 말을 입증해준다.

넷째, 지불수단means of payment 기능을 한다. 돈은 '천하의 떠돌이'라고 표현할 수 있다. 문자 그대로 돈은 일단 유통되기 시작하면 세상 곳곳을 끝없이 떠돌아다닌다.

예를 들어, 어느 기업이 돈을 가지고 있다고 하자. 이 기업은 생산활동을 위해 원자재를 구입하거나 종업원을 고용하고, 그 대금 또는 임금으로 돈을 지불한다. 그렇게 지불된 대금은 다른 기업의 수입이 되고, 임금은 개인 소득이 된다. 그리고 개인은 소득의 대부분을 생활비로 소비한다. 또한 개인이 소매업자에게 상품을 사는 경우에 소매업자에게 들어간 돈의 일부는 상품구입비로 도매업자에게 넘어가고, 이것이 다시 생산자의 손에 들어간다.

그런데 이처럼 돈이 유통되는 과정에서 중요한 구실을 하고 있는 것이 은행이다. 은행은 자금을 중개하는 구실을 하고 있다. 개인이나 기업이 은행에 예금한 돈은 돈이 필요한 기업이나 개인에게 대출된다. 이러한 과정이 반복되면서 세상의 돈은 돌고 도는 것이다.

돈의 혁명은 전자화폐다

일상생활에서 우리는 여러 가지 상품을 사고판다. 상품을 사고파는 과정에서 일반적인 지불수단으로 통용되는 것이 바로 화폐다. 만약 인간이 화폐라는 편리한 교환매개체를 창조해 내지 못했더라면 지금까지도 우리는 물건과 물건을 맞바꾸는 물물교환 시대의 번거로움과 비효율성을 짊어지고 살아가고 있을 것이다. 화폐는 일상생활에서 여러 가지 재화를 거래하고 채무를 청산하는 일반적인 지불수단이다. 우리는 물품구입비나 집세, 자동차 수리비 또는 월급과 같은 서비스의 대가를 지불하기 위해 화폐를 사용한다. 새로운 돈의 혁명이라고 불리는 전자화폐가 등장하여 지급결제 수단으로 널리 활용되고 있다. 나아가 오늘날엔 '핀테크fintech' 열풍이 불고 있다. 핀테크fintech는 Finance금융와 Technology기술의 합성어로, 금융과 IT의 융합을 통한 금융서비스 및 산업의 변화를 통칭한다. 금융서비스의 변화로는 모바일, SNS, 빅데이터 등 새로운 IT기술 등을 활용하여 기존의 금융기법과는 차별화된 금융서비스를 제공한다. 모바일뱅킹과 앱카드 등이 그 예이다. 산업의 변화로는 혁신적 비금융기업이 보유기술을 활용하여 지급결제와 같은 금융서비스를 이용자에게 직접 제공하는 현상이 있는데 애플페이, 알리페이 등이 그 예이다.

화폐란 이처럼 재화를 거래하는 과정에서 일반적인 지불수단 또는 교환매개체로 사용된다. 화폐가 지불수단 혹은 교환매개체의 기능을 한다는 것은 짧은 시간 동안 가치가 저장된다는 것을 뜻한다. 곧 판매 시점과 그 화폐를 받아서 다시 구매에 이용할 때까지의 시간 동안에 가치저장이 이루어지는 것이다. 이러한 기능 가운데 가치척도기능과 교환매개체기능을 화폐의 본질적 기능이라 한다. 또 가치저장기능과 지불수단기능을 화폐의 파생적 기능이라 한다. 화폐가 이러한 제 기능을 다할 때 경제는 더욱 원활하게 돌아가고 인류의 경제생활은 더욱 윤택해질 것이다.

돈이 돈을 번다

자본

종자돈Seed-money

언젠가 모 방송사에서 제작한 〈줄리엣의 남자〉라는 드라마가 인기리에 방영되었다. 이 드라마에서 장기풍의 할아버지 장삼부와 서찬비의 할머니 백부자가 명동 사채업계의 대부로 나오는데, 이들은 돈이 급히 필요한 사람에게 고금리로 돈을 빌려주고 그 이자로 돈을 번다. 이런 사채업자들은 '돈이 돈을 번다'는 속담을 실제 경제생활에서 여실히 보여준다. 자본주의사회에서 개인은 자본을 사적으로 소유하며 일체의 소득은 개인에게 분배된다. 은행은 이러한 사적 자본을 저축으로 흡수하고 이 저축을 기업이나 증권 등에 투자해 경제가 원활히 돌아가도록 만든다. 각 개인이나 기업은 그들의 소득과 이윤을 벽장 속에 쌓아놓는 것이 아니라 더 많은 이익을 얻기 위해 기꺼이 투자를 한다.

우리 속담에 '돈이 돈을 번다'는 말이 있다. 이 속담은 돈이 많아야 이익을 많이 남길 수 있다는 말이다. 이 경우 돈은, 돈으로 돈을 벌 수 있는 밑천인 종자돈seed-money으로서, 이자 또는 이익을 얻기 위해 쓰이는 자본이라는 말로 통용될 수 있다. 창업자금이나 은행에 예금할 돈이 있어야 더 큰 돈을 벌 수 있다는 의미이다. 자본capital은 사업을 하기 위해 투자한 자금으로 영업의 기본이 된다. 일반적인 의미에서 자본은 인구, 숙련, 능력, 교육 등 비물질적 요소와 토지, 건물, 기계, 장비 등 물질적 요소를 포함한다. 기업과 개인이 보유하는 중간재, 완제품도 포괄적인 의미에서 자본에 속한다. 기업에서 자본은 기업활동을 통해 생산되지 않은 기업 순가치의 일부분을 의미한다.

황금알을 낳는 거위를 잡지 마라

Don't kill the goose with the golden eggs.

사업을 하는 경우 장사밑천, 사업밑천이 되는 돈은 손상시키지 않아야 한다. 사업밑천은 장사나 무슨 일을 하는 데 필요한 재물이고, 영업의 기본이 되는 돈이며, 재화와 용역의 생산에 사용되는 자산으로, 반드시 지켜야 한다. 왜냐하면 사업밑천을 까먹는다는 것은 큰 수확을 기대하는 농부가 곡식의 씨앗을 다 털어먹어서 다음 해의 농사를 포기한 것이고, 큰돈을 벌겠다는 사업가가 밑천인 종자돈을 없애는 것은 사업가이기를 포기한 것이기 때문이다. 따라서 자본가는 '황금 알을 낳는 거위'인 자본을 언제까지고 황금 알을 낳을 수 있도록 소중히 관리해야만 한다. 이를 위해 자본가는 지속적인 이윤추구를 위해 사업에 대한 분명하고 구체적인 목표와 치밀한 실천계획을 세워 위험부담에 대응하고 이윤극대화를 위해 사업을 수행해 나가야 한다. '황금 알을 낳는 거위'를 잡지 않기 위해서는 알로부터 생기는 수익의 50%는 거위를 위해 저축하고, 40%는 자기가 하고 싶은 사업을 위해 쓰며, 나머지 10%는 자기 마음대로 유익한 곳에 사용하는 것도 좋은 방법이다.

종자돈 마련의 비법

첫째, 철저한 금융관리이다. '종잣돈 빨리 마련하기, 통장 쪼개어 관리하기, 체크카드 사용하기, 소모성 대출 최대한 피하기, 복리 생각하기, 노후 준비하기, 자기 계발하기' 등이다. 둘째, 세상에 공짜가 없음을 생활화한다. 주식이나 펀드 투자로 난 수익은 절대 공짜가 아니다. 원금 손실 위험을 무릅쓰고 이뤄낸 소중한 수익이다. 따라서 이 수익은 재투자돼야 나중에 생길 수 있는 손실에 대비할 수 있다. 셋째, 자동이체로 선先 저축, 후後 소비 시스템을 만든다. 자동이체를 활용해 월급날 저축부터 통장에서 빠져나가도록 해야 한다. 사회 초년생은 소득의 50% 이상을 저축하는 것이 바람직하다. 넷째, 빚을 철저히 경계해야 한다. 빚은 복리효과로 인해 시간이 지날수록 눈덩이처럼 불어나므로 최선의 방책은 빨리 갚는 것이다. 신용카드는 한 달 뒤에 갚아야 하는 빚이므로 이에 대한 철저한 관리가 필요하다. 다섯째, 생활습관의 작은 개선으로 쓸데없는 지출을 줄인다. 콘센트는 멀티탭으로 바꾸기, 안 쓰는 전등 끄기, 전기밥솥의 보온기능 사용 자제하기 등과 같은 간단한 생활습관 개선만으로도 월평균 5만 원 가까운 비용을 절약할 수 있다. 여섯째, 소비는 가급적 현금으로 한다. 가급적 현금을 쓰면 자신의 돈이 지갑에서 없어지는 것을 눈으로 확인할 수 있다. 따라서 소비에 더 신중해진다. 일곱째, 필요한 소비인지 아닌지를 따져보고 소비한다. 충동구매를 하지 않기 위해 집안을 수시로 정리한다. 집안 정리가 잘 되어 있으면 불필요한 지출을 피할 수 있다.

돈으로 돈을 버는 방법

최근에는 돈 많은 사람들뿐만 아니라 주부와 샐러리맨 사이에서도 재테크 붐이 일고 있고, 신문과 잡지에도 재테크에 관한 기사가 자주 실리고 있다. 재테크 붐이 일어나게 된 이유는 첫째, 개인의 소득이 늘어나 여유 돈이 많아졌고, 둘째, 주식이나 부동산 가격이 상승해 기업 활동을 통한 이윤보다 재테크 수익이 많아졌기 때문이다. 우리나라의 경우 주식시장이 펀드 중심으로 이루어지는 외국과는 달리 개인 투자가들이 많다. 외국에서는 주로 투자전문기관이 일반인들에게서 돈을 모아 펀드를 형성한 후 주식에 투자하고 여기서 얻은 수익을 투자자에게 나누어 주는 것인데, 우리나라는 펀드 형태보다는 개인이 주식을 사고파는 형태로 이루어진다. 우리나라의 주식시장은 대학생, 아줌마부대, 농자금을 대출받아 돈을 벌려는 농부들, 샐러리맨들로 붐빈다. 이들은 모두 재테크를 통해 돈을 벌려는 사람들이다. IMF 경제위기 직후 예금금리가 25~30%에 이르자 많은 돈은 은행 등의 예금금융기관으로 몰렸다. 그러나 2014년, 2015년, 2016년엔 금리가 2%에서 1.5%까지로 하락하여 물가상승률 대비 실질금리가 마이너스 상태로 접어들었다. 그러자 돈을 벌기 위한 돈들은 다시 주식시장, 부동산시장 등으로 몰리기 시작했다. 또 달러화의 가치가 상승하자 달러를 구매하는 데 많은 돈이 몰리기 시작했다. 돈은 돈이 되는 곳이면 예금이든, 주식이든, 채권이든, 부동산이든, 달러 구매든, 또 국내든, 외국이든, 어떤 인종이든 가리지 않고 찾아다니고 기꺼이 그 목적을 달성하려고 한다.

'돈을 가지고 돈을 버는' 방법은 대단히 많다. 자본을 통해 투자함으로써 더 큰 이익을 얻을 수 있는 경우가 대표적이다. 농업사회에서는 토지가 주요한 자본이었고 그것은 인간이 생산한 것이 아니라 자연에서 주어지는 것이었다. 그러나 산업사회에서는 자본재를 생산해 축적해야만 한다. 자본재를 생산하고 축적하는 것은 화폐적 차원에서는 저축하고 투자하는 과정이다. 여기서 투자하기 전에 고려해야 할 점이 있다. 단순히 눈앞의 이익만을 보고 투자해서는 안 된다. 여러 가지 조건과 앞으로의 상황, 또 이 투자가 장기적인 이익이 될 수 있는지를 꼼꼼하게 따져봐야 한다. 또 어느 정도는 모험을 감행할 수 있는 두둑한 배짱이 있어야 한다. 이런 세심함과 대담성을 가지고 자신이 현재 가지고 있는 자본을 적절한 곳에 적절한 방법으로 투자한다면 자본주의사회에서 경제적으로 성공한 삶을 살 수 있을 것이다.

그런데 돈을 버는 방법은 시간과 장소에 따라 약간씩 차이가 있다. 돈을 더욱 많이 벌려면 돈의 흐름을 파악해 수익성이 높은 곳에 투자해야 하고, 선진국의 투자기법을 잘 익혀두는 것도 중요하다.

오뉴월 품앗이도 먼저 갚으랬다

부채

'오뉴월 품앗이도 먼저 갚으랬다'라는 속담이 있다. 농업사회에서 오뉴월은 눈코 뜰 사이 없이 매우 바쁜 시기이다. '품앗이'는 힘든 일을 서로 거들어 주는 것을 말한다. 품앗이로 이웃집의 논일·밭일 등을 하는 것이 그 예이다. 이 속담이 의미하는 것은 시일이 넉넉하다고 해서 오래 끌고 갈 것이 아니라 남에게 갚을 것은 빨리 갚는 게 가장 좋다는 뜻이다. 유사 속담으로 '고슴도치 외 따 지듯', '대추나무에 연 걸리듯', '온 몸으로 때운다', '빌릴 때는 천사요, 갚을 때는 악마다An angel in borrowing, a devil in repaying.', '빚에서 벗어나면 위험이 없다Out of debt, out of danger.', '돈을 빌리러 가는 것은 자유를 팔러가는 것이다You give an other power over your liberty.'가 있다. 이들 모두는 남에게 진 빚의 무서움을 나타내고 이에 대한 경계를 철저히 할 것을 지적하고 있다.

빚이란 꾸어 쓴 돈이나 외상값 등 남에게 갚아야 할 돈으로 부채이다. 이는 제3자에게 지고 있는 금전상의 의무로 강제성을 가진다. 부채는 기업이 상품이나 원재료를 외상으로 구매할 때, 금전을 차입하였을 때, 기업이 소비한 전력이나 용수用水의 대가를 지불하지 않았을 때, 종업원에 대하여 임금을 지불하지 않았을 때 발생한다.

빚을 갚지 않으면?

개인이나 기업, 국가가 빚을 갚지 않을 경우 어떻게 될까? 그 사람은 믿을 수 없는 사람으로 낙인이 찍혀 어려운 처지에 빠졌을 때 주변으로부터 도움을 받을 수 없게 된다. 금융기관으로부터 빌린 돈을 갚아야 할 날짜에 갚지 않고 계속 미룰 경우 그 사람은 신용불량자로 등록되고, 어떤 금융기관으로부터도 도움을 받지 못하게 된다. 기업의 경우도 금융기관에 예금을 해둔 그 이상의 금액을 어음이나 수표로 발행할 경우 금융기관은 그것에 대해 책임을 지지 않겠다는 표시, 즉 부도처리를 해버린다. 부도가 난 기업은 다른 금융기관으로부터 도움을 받지 못함은 물론 기업이 망하게 된다. 국가도 마찬가지로 큰 어려움에 처하게 된다. IMF 외환위기, 글로벌 금융위기 및 유럽발 재정위기가 그것을 잘 입증해 주고 있다.

학자금 대출로 부채 덫에 빠진 청년들이 심각한 상황에 접어들고 있다. 청년들의 상실감을 표현하는 신조어들도 넘쳐난다. 헬조선, 흙수저, 3포세대까지. 연애와 결혼, 출산을 포기했다는 뜻의 3포세대는 5포세대, 7포세대를 넘어 모든 것을 포기했다는 'N포세대'란 말까지 확장됐다. 7포세대는 연애, 결혼, 출산, 인간관계, 내 집 마련, 희망, 꿈을 포기했다는 뜻이다. 많은 청년들이 높은 등록금과 주거비 부담 등으로 대학 재학 때부터 대출 빚을 지고, 졸업 후에는 비정규직으로 취직해 불안한 일자리에서 낮은 임금을 받는 현실을 마주하게 된다. 학자금 대출을 연체하고 있는 C 씨는 독촉 문자를 받을 때마다 마음이 조급해

지고 "내가 잘못 살아왔나"란 자괴감을 느낀다고 한다.[51)]

나아가 가계 빚이 사상 최대인 것은 심각한 문제이다. 양量도 늘었지만 질質이 나빠진 게 더 문제이다. 작년 가계부채가 사상 최대 규모인 1,344조 3,000억 원을 기록하자, 금융위원회와 금융감독원은 21일 가계부채 급증의 요인인 비은행권 관계자들과 긴급간담회를 개최하고 가계부채 관리방안을 발표하는 등 대응에 나섰다. …… 금융당국은 사상 최대 규모로 커진 가계부채 문제에 '양적 팽창'과 함께 '질적 악화'가 동시에 발생한 것으로 보고 있다. 작년 가계부채는 가구당 7,000만 원 꼴이었다. 증가액(141조 2,000억 원)은 역대 최고였다. 금융당국은 특히 은행이 아닌 저축은행, 신용협동조합, 상호금융, 새마을금고, 우체국 등 비은행 대출이 급증한 점에 주목하고 있다. 은행 대출이 9.5% 증가하는 동안 비은행 대출은 17.1% 급증했기 때문이다.[52)]

현명한 '빚테크'의 비법

초저금리 시대를 맞아 '빚테크(빚+재테크)가' 주목받고 있다. 0.1%포인트의 수익률이 아쉬운 때일수록 효율적으로 빚을 관리하는 게 중요해서다. 빚테크는 빚을 줄이는 재테크와 빚을 내서 하는 재테크라는 의미를 동시에 갖고 있다. 빚테크에 성공하려면 첫째, 가계에 부담을 주는 나쁜 빚과 자산 형성에 도움을 주는 좋은 빚을 잘 구분해야 한다. 갚아야 할 빚의 우선순위를 정해 대출이자를 최대한 줄이면서, 대출이자보다 더 많은 수익을 낼 수 있는 투자처를 꼼꼼하게 살펴야 한다. 자산 형성에 도움을 주는 빚은 대출규모가 자신의 소득에 비해 적정한지도 판단하여 처리해야 한다. 예컨대 주택담보대출은 연소득의 1.5배, 신용대출은 연소득의 20% 이내가 적당하다고 전문가들은 말한다. 반면에 가계부담만 늘리는 빚은 빨리 갚아야 한다. 둘째, 자산과 부채를 정확하게 파악하여 재테크 전략을 수립해야 한다. 빚내기 전에 우선 자신의 자산상태부터 정확히 파악해야 한다. 대출, 예금, 보험 등을 나열해 자산과 부채를 먼저 구분해야 한다. 셋째, 우선순위를 매겨 빚을 갚아야 한다. 고금리, 소액, 만기가 임박한 빚부터 갚아야 우선적으로 갚아야 할 고금리 대출부터 골라내야 한다. 빚을 갚을 때는 금리가 높은 것부터 갚아야 한다. 금리가 같다면 대출금액이 가장 적고, 대출 만기가 가장 빠른 것 순으로 갚는 게 좋다. 일반적으로 2금융권 신용대출, 카드론, 1금융권 신용대출, 주택담보대출 순으로 빚을 갚는 것이 좋다. 넷째, 철저한 신용도 관리이다. 연체가 발생한 대출은 개인 신용도에 부정적인 영향을 미친다. 그러므로 신용등급 관리는 기본이다. 다섯째, 제테크도 발품과 노력이다. 눈으로 보고 귀로 들으며 뛰다 보면 자신에게 맞는 좋은 투자처가 나타나게 마련이다.

'빚진 종이다', '빚진 죄인'이라는 말이 있다. 빚을 지게 된 사람은 돈을 빌려준 사람 앞에서 심기가 불편하여 자연히 죄를 지은 사람처럼 무거운 마음으로 지내게 됨을 일컫는 말이다. 400만여 명에 육박하는 신용불량자는 어떠한가? 그들은 처음엔 돈의 주인이 되어 자신의 욕망을 채울 수 있어서 좋았겠지만 소득수준을 능가하는 소비로 인하여 빌린 부채를 상환하지 못하게 되고, 금융기관 등으로부터 신용을 잃게 되고 낙인까지 찍히는 신세가 되어버린다. 돈의 주인이 되어 만용을 부리다가 그만 돈의 종이 되고 '빚진 죄인'이 된 것이다. 그래서 선인들은 이와 같은 상황에 대해 '빚 없으면 부자다', '빚 없고 병 없으면 산다'는 속담을 만들었다. '오뉴월 품앗이도 먼저 갚으랬다'는 속담의 예지를 명심하고 빚 관리에 철저를 기할 필요가 있다.

꾼 값은 말 닷 되

이자

빌려 쓴 시간은 돈이다

우리 속담에 '꾼 값은 말 닷 되'라는 말이 있다. 이 말은 꾼 물건은 반드시 이자를 쳐서 갚아야 한다는 뜻이다. 다시 말하면, 자신이 필요해서 빌려 쓴 물건은 일정 기간이 지난 후 약속날짜에 갚을 때 원래 빌려 쓴 '한 말'의 원금은 물론 그 기간 동안 빌려 쓴 물건에 대한 감사함의 표시로 덧붙여 주게 되는 '닷 되'의 이자까지 부담해야 한다는 뜻이다. 결국 이자의 중요성을 지적하고 있다. 유사 속담으로 '한 되 주고 한 섬 받는다', '사람이 자지 돈이야 자나', '시간은 돈이다Time is money.', '빚에 대한 이자는 비가 내리지 않아도 자란다Interest on debts grows without rain.'가 있다.

이자interest란 남에게 금전을 꾸어 쓴 대가로 치르는 일정한 비율의 금전이다. 한 말은 열 되다. 이 한 말을 빌려 쓴 대가로 다섯 되를 덧붙여 주어야 한다고 하니 그 이자율은 50%나 된다. 이자를 지불하는 이유는 금전을 빌려준 사람은 그 기간 동안 자신이 사용하고자 하는 곳에 쓰지 못하고 참고 기다려야 하고, 또 꾸어간 사람이 약속한 기간과 날짜에 그 금전을 갚을지, 안 갚을지, 못 갚게 될지도 모른다는 불확실성 때문이다. 그런 기다림에 대한 대가, 위험부담에 대한 대가가 바로 이자이다. 금융기관도 마찬가지다. 은행, 농협 등 금융기관에서는 돈을 예금하는 사람에게는 그 금액과 기간에 따라 예금이자를 주고 돈을 빌리는 개인이나 기업에게서는 대출이자를 받는다.

오늘날 대부분의 사람들은 각종 금융기관을 이용한다. 모든 사람들의 직업이 분화되어 있고, 그들 각자는 거래활동을 통해 자신의 욕망을 충족하며, 또 욕망충족을 위해 돈이 중요한 수단으로 활용된다. 어린이도, 어른도, 신부도, 목사도, 스님도, 수녀도 예외가 될 수 없다. 우리는 금융기관에 돈을 맡기기도 하고 빌려 쓰기도 한다. 금융기관에 돈을 맡길 때나 빌릴 때 시간의 경과에 따라 맡긴 돈에 대해서는 나중에 더 많이 받게 되고, 빌릴 때는 원래 빌린 돈 액수에 일정한 돈을 덧붙여 준다. 쉽게 얘기해 맡긴 돈에 대해서는 현재 내가 사고 싶은 물건을 사지 않았기 때문에 그 욕망에 대한 대가를 금융기관으로부터 받고 빌린 돈에 대해서는 현재 내가 사고 싶은 물건을 참지 않고 샀기 때문에 그 대가만큼을 금융기관에 갚는 것이다. 이때 원금과 차이가 나는 돈이 '시간에 대한 대가' 바로 이자이다.

조삼모사朝三暮四의 고사

조삼모사朝三暮四의 고사에서 사람들은 눈앞에 당장 나타나는 차별만을 알고 그 결과에는 차이가 없음을 모르는 어리석은 원숭이를 비웃는다. 그러나 그것은 원숭이들의 깊은 생각을 모르고 하는 소리이다. 그들은 아침의 한 개의 가치가 저녁의 한 개의 가치보다 더 크다는 것을 알고 있는 것이다. 확실성 및 시간 가치를 계산한 원숭이의 지혜를 배울 필요가 있다. 오스트리아 경제학자 오이겐 폰 뵘-바베르크E. von Böhm-Bawerk의 이자시차설time preference theory은 이를 잘 대변한다. 모든 재화는 현재 자기 손 안에 있을 때 가장 확실성이 있고 또한 유리하다는 관념에서 이자가 존재한다. 다시 말하면, 현재와 과거의 재화 사이의 상대적 긴요한 정도에 관한 심리작용에 따라 현재의 재화와 미래의 재화를 비교할 때 그것이 동일한 종류, 동일한 양이라 할지라도 원칙적으로는 현재의 재화는 미래의 재화보다 높이 평가된다는 것이다. 자본을 빌려주는 것은 현재의 재화를 미래의 재화로 교환하는 것에 지나지 않기 때문에 현재의 재화와 미래의 재화 사이의 시차가 이자 존재의 근거다.

예를 들어, 모 은행에서 현금 10억 원을 예치할 경우 연 12%의 높은 이자를 제공하고 있다고 하자. 매월 이자로 1,000만 원을 받게 될 것이다. 1년이면 이자만 1억 2천만 원이 된다. 만약에 연복리를 적용하면 1년 후에는 11억 2,000만 원에 대한 연 12%의 이자가 발생한다. 만약 1,000만 원 정도의 돈을 연 24퍼센트의 수익을 올릴 수 있는 투자수단을 찾아서 투자할 경우 40년 뒤에는 얼마나 될까? 무려 185억 원을 가진 큰 부자가 된다. 이것이 복리의 마법이다. 이렇게 돈이 돈을 벌고 시간이 경과되면 원금보다 이자가 더 많은 돈을 받는 배보다 배꼽이 더 큰 경우가 생긴다. 복리는 부자의 길을 가는 데 나침반과 같은 기능을 가진 중요한 원리다. 부자들은 이와 같이 복리효과를 극대화하기 위해 종자돈을 빨리 마련하고, 투자를 일찍 시작한 사람들이다.

이자와 관련하여 최근 사례로는 어떤 것이 있을까? '금융사 가혹한 연체이자 물려'가 있다. 금융사들이 대출이자를 연체한 소비자들에게 높은 연체금리를 부과하고 이를 변제할 때는 소비자에게 불리한 약관을 적용하고 있어 현대판 '베니스의 상인'이라는 비판이 나온다. 10일 금융소비자 연맹 등에 따르면, 은행에서 아파트를 담보로 5억 3,700만 원을 대출받은 A 씨는 '이자 폭탄'을 맞게 됐다. A씨는 91일 동안 이자를 납입하지 못하고 연체하다가 이자 896만 원을 납입했다. …… 카드사와 저축은행, 상호금융회사들도 은행처럼 신용대출은 2회, 담보대출은 3회 이상 연속으로 원리금을 내지 않으면 바로 원금에도 연체이자율이 적용된다.[53]

시간이 돈인 경우의 사례

동네 중국음식점들은 대체로 품질과 가격이 비슷하다. 이들의 차별화는 무엇일까? 신속배달이다. 피자, 치킨, 택배도 신속배달을 캐치프레이즈로 사업의 승부를 건다. 모두가 속도와 시간을 요리해야 하는 현대인들의 요구를 충족시켜 주는 비즈니스다. 시간이 돈이 되는 때는 아주 많다. 특히 외국계 패밀리 레스토랑에서 흔히 찾아볼 수 있다. 예를 들어, 베니건스는 주문 후 15분이 지나도 음식이 나오지 않을 경우 음식값이 무료이다. 아웃백은 손님이 기다릴 수 있는 편리한 공간을 만들어서 음료수와 간단한 음식들을 제공한다. 이 모든 것에 '시간이 돈이다'라는 의미가 담겨 있다.

각 기업들은 임원회의를 할 때 그들의 회의시간을 돈으로 환산해서 꼭 필요한 이야기들만 하도록 요구한다. 금융기관은 물론 정부 각 부처들에서도 마찬가지다. 컴퓨터는 속도에 따라 엄청난 가격 차이가 난다. 비행기 요금이 기차 요금보다 비싼 것이, 또 기차도 KTX 요금이 새마을호 요금보다, 새마을호 요금이 무궁화호 요금보다 더 비싼 것이 모두 이에 근거한다. '시간은 돈'이고 '스피드는 생명'이다.

돈만 있으면 귀신도 부릴 수 있다

황금만능주의

돈만 있으면 지옥문도 연다

많은 사람이 돈 때문에 울기도 하고, 웃기도 한다. 돈이 많으면 먹고 싶은 음식을 마음대로 먹을 수 있고, 입고 싶은 옷을 마음대로 입을 수 있으며, 그림 같은 멋진 집에서 살 수도 있다. 황금만능주의로 인해 사회는 갑질이 더욱 심해지고 돈 없는 사람들의 무시당하는 사례는 점점 더 늘고 있다. 돈이 있으면 죽어가는 목숨도 살릴 수 있는 반면에 돈이 없으면 자신의 욕망을 충분히 채울 수 없음은 물론, 목숨을 잃기도 한다. 빅토르 위고Victor Hugo의 소설 『레미제라블』의 주인공 장발장은 돈이 없어 빵을 한 조각 훔친 죄로 19년이라는 긴 세월 동안 감옥살이를 했다. 반면에 돈이 많은 사람들은 용서받을 수 없는 중죄를 지은 경우에도 쉽게 방면되는 것을 종종 볼 수 있다. 그래서 '무전유죄 유전무죄無錢有罪 有錢無罪'라는 말이 생긴 것이다.

우리 속담에 '돈만 있으면 귀신도 부릴 수 있다', '돈만 있으면 지옥문도 연다', '돈이 장사라', '돈에게 복종하지 않는 것은 없다All things are obedient to money.'가 있다. 이들 속담은 돈이 많으면 무엇이든 할 수 있으며, 심지어는 사람의 능력이 미치지 못하는 일도 할 수 있다는 말이다. 돈의 위력이 얼마나 대단한지를 잘 나타내고 있으며, 황금만능주의 사상과 그 세태를 잘 반영하고 있다.

황금만능주의는 인생의 목적 역시 돈을 모으는 데만 몰두하도록 함으로써 이기주의의 팽배, 돈의 신격화, 인간존엄성의 파괴, 도덕성의 상실, 생명경시의 풍조에까지 이르게 한다. 황금만능주의는 일화, 소설, 영화 속에서도 자주 등장한다. 윈스턴 처칠Winston Churchill의 일화이다. 어느 날 처칠이 중대한 방송을 하려고 웨스트 엔드에서 택시를 불러 세우고 BBC까지 가자고 했다. 그러자 운전기사는 거절했다. 처칠이 그 이유를 물은, 즉 운전기사는 "1시간 후면 처칠 경의 방송이 있기 때문에 그것을 꼭 들어야 한다"는 것이었다. 처칠은 그 말에 기분이 좋아서 1파운드를 집어주었다. 그랬더니 운전기사는 "아저씨, 어서 타세요, 처칠인지 개떡인지 돈부터 벌고 봐야겠소" 하고는 시동을 걸었고 목적지까지 내려주더라는 것이다. 계용묵의 소설 『백치 아다다』에도 황금만능주의 사상이 여실히 드러난다. 아다다는 선천적으로 타고난 천치이며 벙어리다. 그녀는 결혼하여 남편으로부터 사랑을 받고 살다가 남편이 돈이 생긴 뒤로 구박을 받고 친정으로 쫓겨 온다. 어머니의 매를 피해 수롱이와 선미도로 도망을 치나 그가 돈을 가진 것을 보고 본능적으로 불길한 생각에 빠져 돈을 바다에 버린다. 이 이야기에서 수롱이는 경제적 이유 때문에 아다다를 아내로 맞아들이나 그로 인해 물질적 여유가 생기자 다른 여자를 아내로 다시 들이는 몰염치한 금전만능적 사고에 빠져들어 은인인 아다다를 내쫓고 만다. 결국 이 소설은 물질과 돈이 인간을 지배하는 황폐화된 현실적 상황을 사실적으로 잘 묘사하여 황금만능주의를 경고하면서 아이들에게 어른이 되는 과정에서 보다 올바른 판단을 할 수 있도록 해주는 작품이다. 나아가 피츠제럴드Fitzgerald 원작 『위대한 개츠비』에서는 황금만능주의의 극치를 이룬다. 이 소설의 줄거리는 신분을 넘어서는 사랑에 대한 열망이지만, 그 이면에는 대공황 직전 황금만능주의가 극을 달리던 1920년대 미국 시대상에 대한 작가의 허탈한 시선이 담겨 있다. 가난한 중서부 출신 개츠비는 부잣집 딸 데이지를 사랑했다. 하지만 1차 대전에 참전하면서 데이지와 연락이 끊기고, 데이지는 부자인 톰 뷰캐넌과 결혼하게 된다. 주류 밀수로 돈을 번 개츠비는 데이지의 저택 건너편에 집을 얻고 화려한 파티를 열며 데이지와의 만남을 기다린다. 데이지 역시 개츠비에게 흔들린다. 결국 개츠비는 수단과 방법을 가리지 않고 부를 늘려 성공하는 듯했고, 사람들도 그에게 찬사를 보냈다. 그렇지만 개츠비가 죽자 개츠비가 주최한 파티에 참석하며 쾌락을 즐겼던 수많은 이들은 그의 장례식에 아무도 오지 않는 쓸쓸한 최후를 맞이한다.

황금만능주의의 수많은 사례들

돈에 얽혀 황금만능주의에 젖어 있는 사람은 어디서든 흔히 볼 수 있다. 돈만 주면 성적이 부진한 학생들에게 '쪽집게 과외'로 시험을 잘 보게 해주는 사람, 돈만 주면 자신의 몸을 상하면서까지 술을 대신 마셔주는 사람, 돈만 주면 엄청 위험부담이 되는 일이라도 기꺼이 뛰어드는 사람, 카드빚 때문에 일가족이 집단자살한 사건들, 심지어는 돈만 주면 하나뿐인 목숨까지도 내거는 사람이 있으니 돈의 위력을 실감하게 된다. 또한 돈은 사람들을 몸서리치게 한다. 돈 때문에 부모를 살인한 박한상 사건, 이른바 살인공장까지 차려놓고 사람들을 무자비하게 살해한 지존파 사건, 부유해 보이는 사람들을 무차별적으로 선정해 돈을 빼앗고 살해한 막가파 사건, 보험금을 타기 위해 친아버지가 어린 아들의 손가락을 자른 사건, 보험금을 타내기 위해 자신의 두 발목을 자른 사건, 보험금에 눈이 멀어 남편을 살해한 사건 등 모두 돈 때문에 일어난 사건이다. 황금만능주의로 인간의 존엄성이 상실되고 있고 패륜행동으로까지 이어지는 경우도 많다. 이렇게 반인륜적이고 잔인한 사건들은 사회에 큰 충격을 안겨주었고 많은 이에게 돈에 대해 환멸을 느끼게 했다. 이쯤 되면 이미 돈은 사람들의 생활에 편리를 주기 위한 필요물必要物이 아니라, 요물妖物이고 악물惡物이 된다.

돈의 주인인가, 돈의 노예인가?

돈은 인간생활을 편리하게 하기 위해 인간이 만들어 낸 발명품이다. 그런데 많은 사람들은 자신들이 만들어 낸 발명품의 주인이 되지 못하고 노예가 되어 크나큰 불행을 겪고 있다. 사람이 있고 돈이 있는 것이지 돈이 있고 사람이 있는 것은 아니다. 같은 칼이라도 음식을 만들기 위해 사용하면 생활도구가 되지만, 그 칼로 사람을 해치면 무기가 된다.

마찬가지로 같은 돈이라도 무기로 쓰느냐 도구로 쓰느냐는 인간의 손에, 그리고 인간의 의지에 달려 있다. 인간이 자신의 필요에 의해 돈을 벌고 그 돈을 필요한 시기에 필요한 곳에 적절히 사용하면 돈은 인간에게 충실한 하인이 된다. 그렇지만 인간이 돈을 위해 살고, 돈을 위해서라면 인간으로서 차마 할 수 없는 일까지 일삼는다면, 인간은 이미 돈의 주인이기를 포기한 것이며 스스로 돈의 하인이고, 돈의 노예가 된 것이다.

흉년의 떡도
많이 나면 싸다

인플레이션

시장에 가기가 무섭다?

사람들은 물가가 급격히 올라 장바구니가 예전에 비해 한결 가벼워질 경우 '시장에 가기가 겁이 난다'고 한다. 그리고 제자리걸음인 월급과 오르기만 하는 물가에 한숨을 쉬며 정부를 원망한다. 주어진 소득으로 알뜰하게 살림을 꾸려가려니 주부들은 속이 탈 수밖에 없다. 경제상황이 이렇게 된 원인은 무엇이며, 어떻게 대처하는 것이 합리적일까?

우리 속담에 '흉년의 떡도 많이 나면 싸다'는 말이 있다. 흉년이 들면 쌀 수확량이 적을 테고, 따라서 이때 만들어진 떡은 희소성을 가질 수밖에 없다. 그런데도 수요량보다 공급량이 많으면 떡값은 결국 싸질 수밖에 없다. 경제생활에서 화폐공급도 마찬가지다. 돈은 일상생활에서 반드시 필요하고 중요하지만, 그 양이 지나치게 많이 공급될 경우 그것의 가치는 떨어지고 심할 경우 돈의 기능을 제대로 발휘하지 못할 수도 있다.

돈이 고유 기능을 발휘하지 못하는 이유는 따로 있다!

돈이 자신의 가치를 발휘하지 못하게 되는 것은 어떤 원인 때문일까?

첫째, 화폐가 실물수요를 초과해 발행되기 때문이다. 돈이 적을 때는 알뜰구매를 하던 사람도 돈이 많아지면 씀씀이가 헤퍼진다. 특히 과소비풍조가 만연해지면 필요하지도 않은 물건을 사거나 분수에 넘치는 소비를 하게 된다. 단기간에 부동산투기로 엄청난 불로소득을 올려 자신을 과시하기 위해 돈을 물 쓰듯 하는 '졸부형 과소비', 정직하고 성실하게 일해봤자 소용 없다는 생각에 미래를 생각하지 않고 낭비하는 '좌절형 과소비', 남이 장에 가니까 자신도 따라가는 '모방형 과소비' 등이 많아진다.

따라서 통화량이 적정수준 이상으로 많아지면 물건에 대한 수요가 증가하고, 그에 따라 전반적인 물가가 상승하게 된다. 아무리 맛있고 귀한 '흉년의 떡'일지라도 '많이 나면 싸지듯이' 한 나라의 경제에서 통화량이 적정수준을 넘어서게 되면 돈의 가치가 떨어지고, 구매력 또한 감소하게 된다.

둘째, 각종 생산비용이 상승하기 때문이다. 석유생산국들이 계속해서 산유량을 조절해 유류가격이 상승하고, 근로자들의 임금이 생산성을 초과해 인상되는 것 등이 그 원인이다. 생산비용이 상승하면 기업은 적정 이윤을 유지하기 위해 제품가격을 인상한다. 예를 들어, 건설경기가 과열되면 시멘트, 모래, 자갈, 철근 등의 건축자재가 부족해지고, 이로 인하여 자잿값이 오르며, 단기간에 아파트를 대량으로 건축하다 보니 공사에 투입될 인력이 부족해 인건비도 오르게 된다. 따라서 아파트 분양가가 높아질 수밖에 없다. 한 산업의 제품가격이 인상되면 그 영향은 모든 산업으로 파급되어, 산업 전반에 걸쳐 물가가 오르기 시작한다.

셋째, '사촌이 땅을 사면 배가 아프다'는 소득보상 욕구가 분출하기 때문이다. 사람들은 다 같이 배고플 때는 참으려 하지만 자기 혼자만 배고플 때는 절대로 참으려 하지 않는다. 근로자들은 임금인상을 통해 소득을 보상받으려 하고, 기업인들은 제품가격 인상을 통해 소득을 보상받으려 한다. 또 농민들은 농산물가격의 인상을 통해 농업소득을 보상받으려 한다. 이러한 소득보상 욕구가 적정수준 이상으로 과도하게 분출되면 물가는 상승하게 마련이다. 어느 한 부문의 소득보상 욕구가 충족되면 사람들은 상대적으로 자신의 소득이 감소했다고 생각하는데, 이러한 소득보상 욕구가 한꺼번에 분출될 경우 부익부빈익빈 현상은 더욱 심화된다.

넷째, 투기심리가 확산되기 때문이다. 투기란 자본스톡stock의 증가 없이 단순히 구입한 물건을 나중에 높은 가격으로 다시 팔아 시세차익을 챙기려는 목적으로 다량의 상품을 구입하는 행위이다. 1980년대 후반에 아파트 및 단독주택 가격이 하루가 다르게 폭등한 적이 있었다. 이때 아파트를 여러 채 가지고 있던 사람들은 가만히 앉아서 많은 돈을 벌었다. 이른바 '돈이 돈을 번다'는 속담이 현실화한 것이다. 당시에 부동산 가격이 폭등한 이유는 부동산 경기가 과열되어 주택의 수요가 공급을 앞질렀기 때문이다.

또 대선 및 총선 때 선거자금이 시중에 풀리는 경우 통화량 증가가 실물증가를 앞지르게 되어 물가가 오른다. 물가가 오르면 사람들이 소비를 줄이게 되고, 소비가 줄어들면 기업은 재고가 늘어나 생산량을 줄이게 된다. 따라서 생산활동이 위축되고 일자리가 줄며 실업자가 늘어나 경기가 침체된다. 이렇게 인플레이션은 자금을 비생산적인 곳으로 흐르게 해서 국가경제를 불안하게 만든다.

인플레이션의 극단적 사례

인플레이션으로 인해 독일은 1923년에 물가가 무려 1,600만%나 상승했고, 볼리비아는 1985년에 26,000%, 아르헨티나는 1989년에 4,923%, 러시아는 1992년에 2,600%, 브라질은 1993년에 1,586%까지 상승했다. 1923년 당시 독일은 극심한 인플레이션으로 인해 우표 한 장이 90억 마르크, 신문 한 부가 7,000만 마르크, 노동자 한 달 월급이 480조 마르크나 되어, 그들이 평생 저축한 돈이 휴지나 다름없어졌다. 짐바브웨는 2008년 5,000억%에 달했던 하이퍼인플레이션으로 자국 통화가 붕괴되자 이듬해 미국 달러화와 남아프리카공화국 랜드화를 혼용하기 시작했다. 당시 짐바브웨에서는 3경 5,000조 짐바브웨 달러가 미국 1달러로 교환됐다. 2016년 베네수엘라에서는 570%의 인플레이션을 기록하여 100볼리바bolivar 지폐는 휴지조각이 되었고, 2017년엔 IMF에서 베네수엘라 인플레이션을 4,000%로 예상할 정도로 하이퍼인플레이션 문제는 심각하다.

인플레이션은 무조건 나쁜 것일까?

아니다. 오히려 화폐 공급량이 수요량을 적정하게 초과하여 인플레이션이 적당하게 일어나면 국민의 경제활동에 활력을 불어넣어 준다. 물론 이 기간에도 재화와 용역의 가격은 조금씩 오를 것이다. 그러나 임금 등의 생산요소 가격이 산출물의 가격보다 적게 올랐다면, 기업은 지금까지보다 더 많은 이윤을 기대하게 되어, 상품을 더 많이 생산하기 위해 고용을 늘릴 것이다. 또한 새로이 고용된 노동자들은 자신의 소득을 바탕으로 지출을 늘려갈 것이며, 이것은 경제 전체의 총수요 수준을 증가시키고 성장을 촉진할 것이다.

인플레이션은 경제에 어떤 영향을 미칠까?

우선 통화량 증가로 이자율이 하락하고, 투자수요와 명목국민소득을 증가시킨다. 이때 돈을 빌린 채무자는 이익을 보게 된다. 인플레이션이 일어나면 갚을 때의 돈의 가치가 그것을 빌렸을 때보다 작을 것이기 때문이다. 예를 들어, 20평 아파트를 구입하기 위해, 20년 후 상환하는 조건으로 은행에서 1,000만 원을 융자받을 경우, 그 돈은 20평 아파트를 구입하는 데 상당한 몫을 하겠지만, 20년 후 아파트 가격이 열배로 오른다면, 그 돈은 별 게 아닌 것이 되어버린다.

반면에 일정한 봉급을 받는 사람이나 연금생활자는 인플레이션으로 인해 손해를 보게 된다. 한 달에 100만 원을 받는 연금생활자의 경우, 연간 10%의 인플레이션이 일어난다면 지금 100만 원으로 구입할 수 있는 것도 1년 후에는 110만 원이 들게 되므로, 그의 연금 구매력은 그만큼 떨어지게 된다. 은행예금 생활자나 채권자도 마찬가지다. 『허생전』의 허생이 애써 번 돈 100만 냥 중 50만 냥을 바닷물에 내버린 것을 이와 관련해 생각하면 이해하기 쉬울 것이다.

또 인플레이션은 화폐를 수요하는 사람에게서 화폐를 공급하는 사람에게로 재분배가 이루어진다. 제주도로 여행 간 '갑돌이'라는 여행자가 관광지에서 물품을 사고 그 대금을 당좌수표로 지불했을 때, 상점주인은 신원이 확실하다고 판단되어 그가 주는 수표를 받았다. 그리고 상점주인 외에 다른 사람들도 이 여행자를 믿고 그들 간에도 그가 지불한 수표를 가지고 계속 거래를 했다. 결국 아무도 '갑돌이'가 거래하는 은행에 가서 그 수표를 현금으로 바꾸지 않은 것이다.

이 경우 '갑돌이'의 휴가비용은 누가 부담한 것일까? 실제 화폐는 전혀 오고 가지 않았으므로 '갑돌이'는 휴가비용을 부담하지 않은 셈이 된다. 이 여행자가 휴가를 온 것이 제주도의 총생산량에 아무런 영향을 끼치지 않는다면, 그리고 그가 제주도의 생산물 중 일부를 소비한다면, 제주도에 사는 사람들은 여행자가 소비한 만큼의 생산물 없이 생활해야 한다. 그러므로 생산량이 일정하다면 여행자가 소비한 양만큼을 제주도 사람들이 부담한 것이다. 경제논리에 따르면 제주도의 통화공급 증가로 인한 물가상승을 통해 부담이 전가되었음을 알 수 있다. 이 여행자의 수표발행으로 인한 통화공급 증가는 물가상승을 가져와 제주도의 화폐 구매력을 감소시켜, 화폐를 보유하고 있던 사람들이 '갑돌이'의 휴가비용을 부담하게 된 셈이다.

화폐위조가 사회불안 증폭

또 다른 예로 위조지폐가 유통되는 경우를 들 수 있다. 화폐위조자가 국민생산의 일부를 향유하면 화폐를 보유하고 있는 다른 사람들은 위조지폐를 받지 않았다 할지라도 그 대가를 떠안게 되는 것이다. 그리하여 인플레이션은 그로 인한 부담을 타인에게 전가시켜, 정부에 대한 신뢰도를 떨어뜨리며, 사회의 불안감을 조성한다. 또 국민의 경제생활을 어렵게 한다. 인플레이션으로 인한 명목소득의 증가는 조세수입을 GNP(국민총생산, Gross National Product) 성장보다 더 빨리 증가시키기 때문에 정부부문의 규모가 민간부문의 규모에 비해 커지는 문제가 뒤따른다.

따라서 필요 이상으로 돈이 풀릴 경우 돈이 돈을 벌게 해주는 것이 현실화되어, 못 가진 자들에게서 가진 자에게로 부富가 옮겨가는 빈익빈부익부 현상이 심화된다. 더욱이 알뜰파는 경제의욕이 꺾이게 되고 한탕주의파는 더욱 설치게 된다. 뿐만 아니라 국내시장에서 물가가 오르면 국내 상품의 값은 비싸지고 수입품의 값은 상대적으로 싸지므로 수입이 늘어나게 된다. 결국 '흉년의 떡'도 적절한 수요와 공급의 조절이 필요하듯이, 돈 역시 통화량이 적정수준을 유지할 때 제 기능을 발휘할 수 있다.

속 빈 강정이다

거품경제

경기부양책으로 디플레이션을 극복하라

돈이란 많으면 많을수록 좋다. 그렇지만 국가 전체적으로 생산된 재화나 서비스의 양에 비하여 통화량이 지나치게 많으면 자연히 물건이나 서비스의 값은 급격하게 상승하게 되어 돈은 제 가치를 발휘하지 못한다. 반면에 나라 전체에 생산된 재화나 서비스의 양에 비해 발행된 통화의 양이 너무 적으면 상품의 가격이 떨어지고 노동자들의 임금수준이 하락하게 되며 나아가 건물, 주택, 토지, 빌딩 등의 자산가치가 폭락하게 된다. 소위 거품경제bubble economy가 발생한다.

거품경제는 내재가치에 비해 시장가격이 너무 높게 평가된 것이다. 이때는 대체로 '비이성적인 투기행위'가 성행한다. 거품경제의 특징은 일반적인 재화나 서비스는 가격이 안정되어 있는 반면, 주가나 지가와 같은 자산가격만 비정상적으로 급등한다. 거품경제 발생의 가장 큰 이유는 금융규제의 완화, 주식시장의 활발 등으로 인한 금융자율화이다. 금융자율화로 자금의 흐름이 생산적 설비투자보다는 투기적 용도로 사용되어 실물경제에는 큰 변동이 없음에도 전반적 경기가 팽창하여 마치 경제가 전반적으로 거품만 부풀어 오른 양상을 띠게 된다.

'속 빈 강정'이라는 속담이 있다. 강정은 쌀가루나 쌀을 튀겨서 실제 크기보다 훨씬 크게 보이게 만든 과자이니, 이 속담이 뜻하는 바는 겉은 그럴듯한데 속은 텅 비어 실속이 전혀 없다는 말이다. 유사 속담으로 '빛 좋은 개살구', '빈 수레가 요란하다', '소문난 잔치에 먹을 것이 없다'가 있다. 이들 속담 모두 어떤 것이 실제에 비해 과대평가되었다는 공통된 의미를 지닌다.

경제에도 이와 같은 현상이 발생한다. 일반적으로 경제상황이 좋아지면 기업이나 소비자들은 투자 증가→생산 증가→소득 증가→소비 증가로 행동한다. 그러다가 경제상황이 나빠지게 되면 통화량 감소→소비 감소→생산 과잉→재고 증가→실업 증가→고용 감소→자산가치 폭락 등으로 이어지는 경제현상이 발생한다. 이를 디플레이션deflation이라고 한다. 디플레이션은 주로 불황기에 물가의 하락으로 나타난다. 디플레이션의 측정은 일반적으로 소비자물가를 기준으로 하지만, 실제로 디플레이션이 발생할 경우에는 상품과 서비스 품목만 포함하는 소비자물가뿐 아니라 증권, 부동산 등 자산가격과 노동력의 가격인 임금 등도 함께 하락하는 것이 일반적이다.

디플레이션의 역사적 사례

1930년대 대공황이다. 주식과 부동산 등 자산가격의 폭락과 함께 시작된 대공황기에 미국의 소비자물가지수는 수년간 연평균 10% 가까이 하락하고 실업이 급증하는 등 최악의 경제상황이 지속됐다. 또 일본의 잃어버린 20년 사례이다. 1990년부터 일본 경제는 20여 년간 디플레이션 상황에 빠져듦으로써 주식가격과 부동산가격 급락으로 수많은 기업과 은행이 도산하였고 그로 인해 일본은 20년 넘게 0%의 성장률을 기록하였다. 대공황과 일본의 경험에서 알 수 있듯이 디플레이션은 자산가격의 폭락 이후에 상품가격이 하락하면서 전개된다. 또한 디플레이션 기간 중에는 극심한 경기불황을 겪는 것이 일반적이기 때문에 인플레이션보다 피해가 더 크다고 볼 수 있다.

우리 경제 역시 외환위기 이후 극심한 경기침체가 지속되면서 주식이나 부동산 등의 자산가격이 폭락세를 보였고, 명목임금도 사상 처음으로 감소세를 나타냈다. 상품가격은 급등세를 보였지만 이는 환율 상승에 따른 공급 측 요인 때문이었다. 환율이 하향 안정세를 보이면서 물가는 하락세로 반전했고 현재와 같은 내수침체가 지속되는 한 기업들은 제품 판매를 위해 가격을 계속 인하할 가능성이 크다. 이처럼 본격적인 디플레이션이 시작될 경우 우리 경제는 물가 하락에 따른 기업 수익성 악화 및 부도 증가로 실업이 증가하고 임금이 하락해 결국 국내 수요 및 판매가 더욱 위축돼 가격이 다시 하락하는 악순환이 발생할 수 있다.

그나마 다행인 것은 디플레이션 상황에서 벗어나는 것은 인플레이션에 비해 상대적으로 쉽다는 것이다. 이는 몸무게를 줄이기는 힘들지만 늘리는 것은 별로 어렵지 않은 것과 마찬가지다. 인플레이션이 화폐에 비해 상품의 양이 적어서 발생하는 현상이라면, 디플레이션은 상품에 비해 화폐가 적어서 발생하는 현상이라고 볼 수 있다. 상품의 공급을 늘리는 것보다는 화폐 공급을 늘리는 것이 쉬운 것은 자명한 이치다. 1930년대 대공황 당시 상황이 악화됐던 것은 통화 당국이 디플레이션 상황에서 오히려 통화 공급을 줄였기 때문이다.

디플레이션은 경제에 어떤 영향을 미칠까? 첫째, 실질금리의 상승 효과를 들 수 있다. 물가가 하락하더라도 명목금리는 마이너스로 떨어질 수 없으므로 실질금리의 상승이 투자 위축과 생산 감소를 초래한다. 둘째, 실질임금의 상승효과를 들 수 있다. 명목임금의 하방경직성downward-rigidity으로 임금이 물가하락보다 작게 떨어져 실질임금 상승과 고용 및 생산 감소를 초래한다. 셋째, 실질 채무부담의 증가효과를 들 수 있다. 명목부채의 실질 상환부담 증가로 채무불이행 위험 증가, 은행 위기, 신용경색 등 디플레이션의 악순환을 야기한다. 넷째, 디플레이션은 비효율적인 기업을 도태시키고 생산요소를 보다 효율적인 부문으로 재배치하는 긍정적 효과가 있다.

디플레이션에 대한 대책으로는 어떤 것들이 있을까? 첫째, 물가안정 목표를 지나치게 낮게 설정하지 않는다. 왜냐하면 물가상승률이 제로에 근접할 경우 디플레이션 위험이 상승하기 때문이다. 금리도 디플레이션 위험이 현저해질 경우에 대비하여 상당 폭의 인하 여력을 확보하는 것이 중요하다.

둘째, 재정건전성 유지이다. 재정수지가 취약하고 정부 부채 수준이 높을 경우 디플레이션 위험에 대응한 대폭적인 확대재정 정책의 실시가 어렵기 때문이다.

셋째, 가계 및 기업의 과다부채 억제이다. 가계 및 기업의 부채수준이 높을 경우 물가하락은 전형적인 부채 디플레이션을 유발하여 경제에 악영향을 증폭시키기 때문이다.

넷째, 금융기관의 건전성 확보이다. 디플레이션의 가장 큰 위험은 부실채권 급증에 의한 금융기관 부실화로 금융 중개 기능이 마비된다는 것이다. 디플레이션에 따른 부실화를 금융기관이 감내하여 신용위기를 피할 수 있도록 금융기관의 건전성을 강화해야 한다.

다섯째, 디플레이션에 관한 해외동향을 면밀히 주시해야 한다. 미국 등 주요국이 디플레이션 위험에 빠질 경우 이는 무역, 외국인 직접투자, 자본시장, 소비 및 기업 투자심리 등 다각적인 경로를 통해 국제적으로 파급될 수 있다. 따라서 주요국의 디플레이션 동향을 보다 세심히 주시하는 한편 통화 당국 간 정보 및 의견 교환을 확대할 필요가 있다.

거품경제는 지나친 금융자율화와 자금의 흐름에 대한 규제가 제 기능을 발휘하지 못했기 때문에 생긴 것이다. 그리하여 일본 전체가 막대한 돈을 날리게 되었고, 그것이 지금까지 일본 경제에 악영향을 끼치고 있는 장기불황의 원인이 된 것이다. 과거 외환위기를 경험한 나라들이 대부분 극심한 인플레이션을 경험했다는 사실 때문에 사람들이 아직은 디플레이션보다는 인플레이션에 대해 더 많은 우려를 하고 있는 게 사실이다. 그러나 현재 우리 경제는 대공황 직전과 유사한 특징들을 적지 않게 보여주고 있고, 일본과 같은 복합 불황의 징후가 곳곳에서 나타나고 있다. 일본의 경우에서 알 수 있듯이 일단 복합 불황에 빠지게 되면 벗어나기가 쉽지 않기 때문에 사전에 이를 억제할 필요가 있다. 긴축적 통화정책을 완화함과 동시에 국내 수요 위축이 더 이상 계속되지 않도록 적극적인 경기부양정책을 고려할 필요가 있다.

엎친 데 덮친 격

스태그플레이션

'엎친 데 덮친다'라는 속담이 있다. 불행한 일을 겪는 중에 또 불행이 덮치는 경우를 말하는 것으로, 어려운 일이 한꺼번에 닥친다는 뜻이다. 유사 속담으로 '엎친 데 덮친 격', '설상가상雪上加霜', '불행은 결코 홀로 오지 않는다Misfortunes never come singly.', '나쁜 것은 흔히 더 나쁜 것의 등을 타고 온다Ill comes often on the back of worse.', '고통에 고통을 더하기Adding insult to injury.', '하나의 불행은 다른 불행을 부른다One misfortune calls another.', '비가 억수같이 내리지 않으면 아예 내리지 않는다It never rains but it pours.'가 있다.

경제에도 이런 일이 나타나고 있다. 스태그플레이션stagflation이 그것이다. 이는 경기침체stagnation와 지속적인 물가상승inflation을 합친 말로 두 가지 악재惡材가 동시에 닥치는 것이다. 제2차 세계대전 전까지 불황기에는 물가가 하락하고 호황기에는 물가가 상승하는 것이 일반적이었다. 그러나 1970년대에 접어들면서 세계 경제는 침체상황에 빠져 있음에도 물가가 천정부지로 계속 상승하는 스태그플레이션이 나타나게 되어, 경제학자들을 당혹스럽게 만든 것이다. 경제학자들은 스태그플레이션을 당뇨병과 간장병의 합병증에 걸린 것과 마찬가지여서 처방을 내리기 힘든 난치병이라고 한다. 영국의 경제학자 존 로빈슨John Robinson은 이를 '경제학의 제2의 위기'라고까지 표현했다.

일반적인 경제상황에선 통화량이 늘어나면 사람들의 씀씀이가 늘어나 소비 촉진→투자 증가→생산 증가→고용 확대→소득 증가로 이어져 좋은 경제상황이 펼쳐진다. 하지만 스태그플레이션은 '엎친 데 덮친 경제상황', 즉 불경기에다 물가가 지속적으로 오르는 곤란한 두 가지 일이 겹쳐 상식을 뒤엎는다. 일반적으로 경기가 좋아지면 사람들은 호주머니가 두둑해져 소비를 늘리게 되므로 물가가 오른다. 반대로 경기가 나빠지면 지출을 줄여 물가가 떨어지게 되어 있다. 그래서 물가가 지속적으로 오르면 시중에 풀린 돈을 거두어들이든가 이자율을 높여 물가를 잡는 게 보통이다. 시중에 돈이 줄어들고 이자율이 오르면 기업들은 투자를 줄이고 사람들도 소비보다는 저축을 늘려 수요가 줄어들기 때문이다.

그러나 경기가 침체하고 물가가 지속적으로 오르는 스태그플레이션이 닥치면 이런 처방이 효과가 없다. 정부가 돈을 풀어 경기를 부양해도 실업은 줄어들겠지만 물가는 더욱 불안해지기 때문이다. 반대로 허리띠를 졸라 매는 긴축정책을 시행하면 물가는 잠잠해지지만 경기는 더욱 얼어붙고 실업자도 늘어나게 된다. 결국 정부는 이러지도 저러지도 못한 채 엉거주춤하게 되고 국민들은 인플레이션과 실업 증가라는 이중고에 시달려야 한다.

스태그플레이션의 발생원인은 무엇일까? 첫째, 국제 원유가격 등 수입물가의 급격한 상승이다. 수입물가가 오르면 기업들은 이익이 줄어들고, 손해를 보지 않으려고 제품값은 높이게 된다. 그러나 가격이 올라가면 소비자들은 수요를 줄이게 돼 결국 경기침체와 실업 증가로 연결되는 것이다. 이러한 현상은 중동 전쟁으로 유가가 치솟으면서 일어난 1973년의 제1차 석유파동을 들 수 있다. 당시 유가는 1973년 10월부터 불과 넉 달 사이 네 배가 올랐다. 유가가 치솟자 각종 제품값도 덩달아 올랐고 채산성이 약화된 기업들의 도산이 줄을 이었다. 많은 노동자들이 일자리를 잃었는데 물가까지 올라 더욱 힘든 생활을 이어가야 했다. 미국의 경우 석유파동 직후인 1974년 물가는 15%나 올랐고 경제성장률은 마이너스(예전에는 연평균 4%)로 뚝 떨어져 버렸다. 우리나라는 땅값과 물가가 하루가 다르게 올라 부동산 투기와 생필품 사재기 소동까지 벌어졌다.

둘째, 생산자의 관리가격 인상과 노동자들의 생산성을 초과하는 임금인상 요구이다. 경기과열 현상 때문에 사람들이 앞으로 물가가 계속 오를 것이라고 믿는 경우, 기업들은 물가가 상승할 것이란 기대감 때문에 제품가격을 계속 올리고, 노동자들도 물가가 상승하는 만큼 임금인상을 요구하게 된다. 경기가 마냥 좋을 수는 없어 어느 순간 내리막길로 돌아서는데 물가 오름세 심리는 일정 기간 그대로 남게 마련이다. 이 경우 물가가 오르면서 경기는 침체하는 스태그플레이션이 나타나는 것이다. 1990년대 초 우리나라가 스태그플레이션에 빠졌던 이유도 낮은 유가, 낮은 금리, 낮게 평가된 원화가치라는 이른바 '3저 호황'이 끝났음에도 호황이 계속될 것이라는 기대 때문에 기업은 부동산 투기에 매달리고 노동자는 임금 인상을 요구하는 바람에 경기침체와 물가 상승이 겹치는 스태그플레이션을 경험했다. 2000년대 초반에도 비슷한 현상이 전개되었다.

경제학자들은 유가 등 수입물가가 오르는 것은 단기간 고생으로 그치지만 인플레 기대심리로 임금과 땅값 등 기업들의 생산비용이 높아질 경우 고통이 오래갈 수 있다고 경고하고 있다. 특히 우리나라는 물가가 오르면 부동산 투자가 최고라는 인식이 남아 있어 스태그플레이션의 위험성이 높다고 보는 전문가들이 적지 않다.

스태그플레이션의 극복방안은 없을까? 그 대표적 사례로는 1979년 2차 석유파동에 따른 스태그플레이션을 이겨낸 미국과 영국의 경우를 들 수 있다. 당시의 미국의 레이건 대통령과 영국의 대처 총리는 정부 지출을 줄이고 시장의 돈줄을 죄는 강력한 긴축정책을 폈다. 많은 기업들이 문을 닫고 실업자가 늘어나더라도 일단 물가를 잡아야 한다고 판단했기 때문이다. 물론 두 나라는 기업 파산과 실업이 예전보다 두 배로 늘어나는 끔찍한 고통을 치르기도 했다. 그러나 대처 총리는 유명 경제학자 300여 명이 보낸 "예산 삭감이 사회적 안정을 해칠 수 있다"는 편지를 받고도 예산을 더 깎았다. 그러면서 대처 총리는 "지금의 고통을 이겨내야 우리 경제에 미래가 있다"고 국민을 설득했다. 미국과 영국은 이와 함께 세금을 깎는 방법으로 기업들의 생산과 투자를 부추기는 방법을 썼다. 소득이 높은 사람들은 세금을 적게 내는 만큼 소비를 늘렸다. 이 때문에 레이건 대통령과 대처 총리는 부자와 빈곤층의 소득 격차를 더 벌였다는 비난도 받고 있지만 미국과 영국은 스태그플레이션을 겪는 동안 경제의 체질을 강화시켜 오늘날 몰라보게 건강한 경제를 갖게 되었다.

이러한 스태그플레이션 문제에 대해 그동안 우리나라는 유가급등에 대한 대체에너지 개발로의 대처, 고환율 충격에 대한 수출증대정책으로의 대처, 노동조합의 임금인상 자제, 기업의 기술개발 및 유통단계의 개선을 통한 가격인상요인의 제거 등으로 스태그플레이션에 대처해 왔다. 그러나 스태그플레이션에는 사실 만병통치약이 없다. 국민 모두가 고통을 나누고 참고 견디겠다는 마음을 먹으면 스태그플레이션도 보약補藥이 될 수 있지만 단순하게 치료할 처방책은 아직 과제로 남아 있다.

입에 겨우 풀칠만 한다

절대적 빈곤

절대적 빈곤은 사회적 문제

'이 설윾, 저 설움 해도 배고픈 설움이 제일', '입에 겨우 풀칠만 한다'라는 표현에서 드러나는 빈곤문제는 어제오늘의 일이 아니다. 한 사회에서 최소한의 생계를 유지하기 위해 필요한 재화와 서비스를 구입하는 데 소득수준이 미치지 못하는 경우를 '절대적 빈곤absolute poverty'이라고 한다. 이것은 인류의 역사와 함께 시작된 기나긴 문제다. 우리나라에서는 가구 총소득이 국민기초생활보장제도에서 사용하는 최저생계비에 미치지 못하는 계층을 '절대 빈곤층'이라 하며, 최저생계비도 없는 이들의 생활상태는 심각한 사회문제로 대두되기도 한다.

'입에 겨우 풀칠만 한다'는 속담에서 풀칠이란 겨우 끼니를 이어간다는 뜻이다. 굶어죽지 않을 정도로 먹고산다는 말이다. 유사 속담으로 '목구멍에 거미줄 쓴다', '밥 먹기를 돌다리 뛰어넘듯 한다', '밥을 금강산 바라보듯 한다', '보릿고개가 산보다 높다', '보릿고개를 넘기지 못한다', '보릿고개에 죽는다', '가난 구제는 나라(나라님/ 임금)도 못한다'가 있다. 이 외에도 '가난이 대문으로 들어오면 사랑이 창밖으로 나간다When poverty comes in at the doors, love flies out at the windows.', '가난은 싸움을 낳는다Poverty breeds strife.', '거지가 찬밥, 더운밥 가리랴Beggars must not be choosers.', '가난은 범죄의 어머니다Poverty is the mother of crime.', '교회의 쥐만큼 가난하다As poor as a church mouse.'가 있다.

절대적 빈곤 판소리 <흥보가>

절대적 빈곤의 상태에서는 인간이 생존에 대한 위협을 느끼고, 물론 육체적 · 정신적 능력 발휘는 기대할 수도 없다. 판소리 〈흥보가〉 중에 나오는 흥부 처의 '가난타령'에 다음과 같은 구절이 나온다.

(진양조) "가난이야, 가난이야. 원수년의 가난이야. 복이라 허는 것은 어이하면 잘 타는고. 북두칠성北斗七星님이 점지點指를 허시난가. 삼신제왕三神帝王님이 복 마련을 허시난가. 승금乘金 상수相水 혈토穴土 인목印木 묘墓 쓰기에 마련을 허나. 이목구비耳目口鼻 오행으로 향부귀享富貴에 마련을 허나. 어이 허면 잘 사난고. 나는 시상世上으 삼겨 나서 불의행사不義行事 헌 일 없이, 밤낮으로 벌었어도 삼순구식三旬九食을 헐 수 없고, 일년사절四節 헌 옷이라. 내 몸은 고사姑捨를 허고, 가장家長은 부황浮黃 나고, 자식들은 아사지경餓死之境이 되니, 내가 차라리 재결自決허여 이런 꼴을 안보고자." 소매 끈을 부여잡고, 목을 메어 죽기로 작정허니, 흥보가 울며 만류挽留를 헌다.

위 노래에서 알 수 있듯이 사람들이 살아가는 데 가장 필요한 최소한의 의식주마저 갖춰지지 않은 처절한 '절대적 빈곤' 상황에 놓여있음을 알 수 있다. 21세기의 한국사회에도 '송파 세 모녀 자살 사건' 같은 절대적 빈곤이 있으니 정말 안타깝다.

세 모녀는 26일 오전 8시 30분경 허름한 자택 침실에서 싸늘한 시신으로 발견됐다. 침실 서랍장 위에 하얀 봉투가 놓여 있었다. 봉투 앞면에는 검은색 사인펜으로 "주인 아주머니께…… 죄송합니다. 마지막 집세와 공과금입니다. 정말 죄송합니다"라고 적혀 있었다. 봉투 안에는 현금 5만 원짜리 14장으로 70만 원이 들어 있었다. …… 두 딸은 신용카드 대금이 밀려 신용불량자 상태였다. 27일 찾은 세 모녀의 침실은 사람 셋이 겨우 들어갈 정도로 비좁았다. 벽지가 낡고 해져 구석마다 콘크리트 벽이 흉물스럽게 드러나 있었다. 두 딸이 썼던 방에 나란히 설치된 컴퓨터 모니터 2대는 노랗게 변색돼 있을 만큼 심하게 낡아 있었다. 우편함에는 이달 가스요금으로 12만 9,000원이 적힌 고지서가 꽂혀 있었다.[54)]

전 세계 절대빈곤 인구

전 세계에서 절대빈곤 상태에 있거나 차상위계층에 속한 '가난한 사람들'이 22억 명에 이르는 것으로 집계됐다. 유엔개발계획UNDP의 '2013년도 인간개발보고서'에 따르면, 지난해 91개 개발도상국에서 건강과 교육, 삶의 질 등 다양한 부문에서 빈곤상태에 있는 인구를 모두 합치면 15억 명에 육박했다. 또한 다시 빈곤상태에 빠질 위험을 안은 차상위계층은 8억 명에 가까운 것으로 집계됐다. UNDP는 이 같은 빈곤층과 차상위계층을 합쳐 전 세계에서 22억 명 이상이 가난에 시달리는 것으로 파악했다. 소득만을 기준으로 했을 때 하루 소득이 미화 1.25달러(1천 290원가량) 이하인 절대빈곤층 인구는 12억 명으로 조사됐다.

개도국 어린이 5명 중의 1명은 절대 빈곤층이었다. 개도국에서는 또 어린이 100명 가운데 7명은 5세 이전에 사망하고, 50명은 출생신고도 하지 못했다. 또 68명은 취학 전 조기교육을, 17명은 초등교육을 받지 못하는 것으로 조사됐다. 보고서는 이 밖에 전 세계 빈곤층의 4분의 3이 농촌지역에 사는 것으로 나타났으며, 전 세계 인구의 5%에 그친 토착민이 빈곤층의 15%를 차지하는 등 사회구조적 요인이 가난에 대한 취약성을 결정한다고 진단했다.[55] FAO가 식량 부족 국가로 지목한 나라들은 북한을 비롯해 짐바브웨와 부르키나파소, 차드, 지부티, 에리트레아, 기니, 라이베리아, 말라위, 말리, 모리타니, 니제르, 시에라리온, 부룬디, 콩고공화국, 에티오피아, 케냐, 레소토, 마다가스카르, 모잠비크, 남수단, 수단, 스와질랜드, 우간다, 아프가니스탄, 미얀마, 네팔 등이다. 이 중 약 80%는 아프리카 국가들이다.[56]

이상에서 보듯이 '입에 겨우 풀칠만 하는' 절대적 빈곤상태에 처해있는 나라들의 경우, 취약한 토지소유 구조, 비료와 농기구의 부족, 만성적인 에너지 위기로 인해 곡물생산량이 최저생계비선에도 미치지 못하고 있다. 더욱이 기상이변과 환경재앙으로 인한 식량생산의 절대 감소와 더불어 인구 증가 또한 미래를 더욱 어둡게 하고 있다.

남의 떡이 더 커 보인다

상대적 빈곤

다른 사람들과의 비교를 통한 가난

사회적 동물로서의 인간은 다른 사람과의 비교를 통하여 행복을 느끼기도 하고 불행을 느끼기도 한다. 현 수준에서 안분지족安分知足하고 살 것인가, 좀 더 여유 있고 풍요로운 생활을 위해 더욱 경쟁하고 노력을 할 것인가는 자기 자신에게 기인하다기보다는 다른 사람, 다른 나라들과의 비교를 통해서 이루어진다.

'남의 떡이 더 커 보인다The grass is greener on the other side of the fence.'는 속담이 있다. 똑같은 크기로 자른 떡인데 어떻게 자신이 가지고 있는 떡은 작게 보이고 다른 사람이 가지고 있는 떡은 더 크게 보일까?

유사 속담으로 '풍년 거지가 더 서럽다', '제 논의 모가 큰 것을 모른다', '남의 밥에 든 콩이 더 굵어 보인다', '남의 밥그릇은 높아 보이고, 자기 밥그릇은 낮아 보인다', '못 잡은 범이 더 크다', '남의 꽃은 붉게 보인다'가 있다. 이들 속담 모두는 인간의 끝없는 욕심과 다른 사람과 비교한 가난(상대적 빈곤)이 어떤 것인지를 잘 나타내 주고 있다.

상대적 빈곤relative poverty은 한 사회의 기본적인 생활수준과 자신을 직접 비교해 나타낼 수 있다. 이는 사회 · 문화 · 경제생활의 향상과 발전 및 풍부한 생활에서도 보여지는 상대적 불평등 또는 상대적 박탈이라는 시각에서 빈곤을 파악한 개념이다. 그러므로 빈곤의 기준이 특정 사회구성원 대다수가 누리는 생활수준에 못 미치는 수준으로 설정되기 때문에 특정 사회의 사회적 습관과 생활수준에 따라 매우 다르다. 보통 가구 총소득이 평균소득의 40~50% 이하에 속하는 계층은 상대적 빈곤 계층이라고 한다. 이는 동일 사회 내의 다른 사람과 비교하여 적게 소유하는 것으로 경제, 사회의 발전에 따라 정책적으로 중시된다.

상대적 빈곤 사례

'서초 세 모녀 살인 사건' 사례이다. 중산층 가장은 왜 가족을 죽여야 했을까. 6일 부인과 두 딸을 목 졸라 살해하고 검거된 '서초 세 모녀 살인 사건'의 피의자 강모(48) 씨에게 드는 의문이다. …… 강 씨는 서울 강남 한 복판에 146㎡(44평형) 크기의 중대형 아파트를 소유했다. 도주할 때 이용한 차량은 일제 중형차였고, 국산차도 한 대 더 갖고 있는 것으로 알려졌다. 실직 뒤에도 씀씀이는 줄지 않아 아내에게 매달 생활비로 400만 원씩 대출금에서 빼서 줬다. 게다가 대출금 중 수중에 남아 있는 돈도 1억 3,000만 원이나 됐다. 시가 11억 원 상당의 아파트를 처분하면 대출을 전부 갚고도 얼마든지 생활을 이어갈 수 있었던 셈이다. …… 실제 강 씨는 경찰 조사에서 "유복하게 살아온 내 입장에선 견딜 수 없는 힘든 상황"이라고 진술한 것으로 전해졌다.[57] 이 기사에서 범인 강 씨는 명문대 졸업, 고급차와 11억 상당의 아파트라는 보통 이상 규모의 재산이 있었지만 동료집단 이탈이라는 상대적 박탈감을 견디지 못해 극단적인 범행을 저지르고 말았던 것이다.

경제적 불평등도不平等度를 측정하는 것으로는 지니계수Gini coefficient를 주로 활용한다. 이 계수는 우리나라의 도시근로자 가구를 대상으로 소득불평등 상태를 측정한 것으로, 0~1의 값을 가지는데, 국민 모두가 동일한 소득을 갖고 있을 경우 지니계수는 0이고, 특정인이 국민 전체의 소득을 모두 가질 경우 지니계수는 1의 값을 갖는다. 대체로 0.5 이상이면 높은 불균등 분배, 0.4 이하이면 낮은 불균등 분배, 0.4~0.5 이면 중간 불균등 분배 상태라고 여긴다. 0에 가까울수록 평등하고, 1에 가까울수록 불평등함을 뜻한다.

〈표 3-4〉 한국의 소득분배지표 추이

	2006	2007	2008	2009	2010	2011	2012	2013	2014	2015
지니계수	0.306	0.312	0.314	0.314	0.310	0.311	0.307	0.302	0.302	0.295
소득 5분위 배율	5.38	5.60	5.71	5.75	5.66	5.73	5.54	5.43	5.41	5.11
상대적 빈곤율(%)	14.3	14.8	15.2	15.3	14.9	15.2	14.6	14.6	14.4	13.8

출처 : 통계청(2016.5.27). 2016년 1/4분기 가계동향.

〈표 3-4〉에서 보듯이 우리나라의 지니계수는 2006년 0.306에서 2007년 0.312, 2008년 0.314, 2009년 0.314로 악화됐다. 이는 2008년 미국발 금융위기가 반영된 것으로 판단된다. 그러다가 2010년 0.310, 2011년 0.311로 약간 개선, 2012년 0.307, 2013년 0.302, 2014년 0.302, 2015년엔 0.295로 급격하게 개선됐다. 이는 글로벌 금융위기가 어느 정도 해소되고 경제상황이 점차 나아졌음을 반영한 것이라고 할 수 있다.

요즘 부모들 사이에서는 '엄친아', '엄친딸'이라는 용어가 유행이다. '엄친아'는 '엄마 친구의 아들'의 준말이고, '엄친딸'은 '엄마 친구의 딸'

의 준말이다. 엄마는 자기의 아들, 딸들을 야단칠 때마다 "내 친구 아들 누구는 공부도 잘하고, 착하고, 예의 바르고, 일류대학에, 좋은 직장에, 승진도 빠르고, 결혼도 잘하고……." 엄마들은 자식들에게 마음을 비웠다고 하면서도 은근한 기대로 자식을 닦달한다. 엄마들은 자녀의 학업과 진로에 도움을 주기 위한 자극제로서 '엄친아', '엄친딸'을 활용하지만 자식들은 비교당하는 것에 대한 거부감으로 발칵하며 대체로 기대와는 반대로 행동한다. 상대적 빈곤의 또 다른 예라 할 수 있다.

자본주의사회란 능력의 원리가 적용되는 사회로서, 능력에 따라 일하고 능력에 따라 자기 몫을 받아가는 것이 당연하다. 그렇지만 제도적인 모순 때문에 노력과는 상관없이 부의 상속이 세습화된다면 사람들의 근로의욕 감퇴는 물론 사회계층 간 대립을 가져오고 나아가 사회적 불안을 야기할 수 있다. 이러한 문제점에 대해 "이 세상에 있는 물건들은 모든 사람의 필요를 만족시켜 줄 수 있는 만큼 넉넉하다. 그러나 모든 사람의 탐욕을 채워줄 수 있을 만큼 넉넉하지는 않다"는 마하트마 간디Mohandas Karamchand Gandhi의 말은 빈곤의 이면에는 반드시 부의 불평등이 그 원인으로 작용하고 있음을 잘 나타내고 있다.

콩 심은 데 콩 나고 팥 심은 데 팥 난다

공정분배

뿌린 대로 거두는 사회

사람들은 각자 자신의 소득으로 삶을 살아간다. 개개인에 따라 소득이 많은 사람도 있고 적은 사람도 있다. 사람에 따라 소득의 차이가 나타나는 이유는 여러 가지가 있겠지만, 가장 큰 이유는 각자가 가지고 있는 생산요소의 양과 질의 차이에 기인한다. 예를 들어, 가진 게 노동력밖에 없는 사람과 공장, 빌딩 등 수십억 원의 돈을 소유하고 있는 사람이 있다면 후자의 소득이 많은 것은 당연하다. 각자가 가지고 있는 생산요소의 양 차이에 따라 개개인의 소득격차가 나기 마련이다. 생산요소의 양뿐만 아니라 질에서도 소득은 좌우된다. 단순작업을 하는 공사판 인부와 영어회화가 유창하고 컴퓨터를 능숙하게 다룰 줄 아는 사람이 있다면 당연히 후자의 소득이 많을 수밖에 없다. 이 경우는 생산요소의 질이 소득 차이에 기인한 경우다. 이처럼 생산요소의 양과 질의 차이에 의해 개개인의 소득격차가 발생하고, 삶의 질이나 수준에서도 상당한 차이를 보인다.

우리 속담에 '콩 심은 데 콩 나고 팥 심은 데 팥 난다'는 말이 있다.

이는 자신의 능력 · 노력 · 자격 · 기술 등의 기여에 따른 공정분배를 강조한 것으로, 세상 일이 모두 뿌린 대로 거두어질 때 사람들은 자기가 가지고 있는 능력을 최대한 발휘하려고 한다는 뜻이다. 자신이 생산에 기여한 만큼 보수를 받는다고 생각한다면 좋은 결과든 나쁜 결과든 어디까지나 원인은 자신에게 있으니 주어진 일에 최선을 다하려고 할 것이다. 유사 속담으로 '뿌린 대로 거둔다You reap what you sow.', '잘 먹고 못 먹는 것은 제 탓', '가시나무에 가시가 난다', '대나무 그루에선 대나무가 난다', '배나무에 배 열리지 감 안 열린다', '양파를 기르면 장미가 나오지는 않는다An onion will not produce a rose.', '인과응보因果應報'가 있다.

단지 노동시간이 같다는 이유로?

만약 결과가 기대보다 못하고 열심히 노력하는 데 대한 대가가 없다면, 과연 어느 누가 정열을 불태워 자신의 일에 신명을 다하겠는가. 능력이 다르고 노력까지 다른 사람들이 모두 동일한 소득을 얻을 경우 대다수의 사람들은 그와 같은 불공정한 소득분배에 강하게 반발하며 시정을 요구할 것이다. 왜냐하면 노동시간이 같다는 이유로 일의 효율성이나 성격을 무시한 채 동일한 액수의 급여를 받는다면 불공평하기 때문이다. 어떤 사람은 건성으로 일했을 수도 있고 어떤 사람은 그 시간 동안 정말로 열심히 일했을 수도 있다. 또 어떤 사람들은 그 일에 대한 높은 숙련도와 전문성을 갖추고 있고, 어떤 사람들은 단순노동 정도에 전문성을 갖추지 못했을 경우가 있다. 이들 양자에 대한 동일한 대우는 능력이 우월한 집단에서 강력한 불만을 불러올 수 있다. 이와 같은 관점에서 볼 때 공정한 분배란 생산과 사회에 대한 기여에 따른 비례적 평등분배가 될 수 있다.

불만이 없는 공정분배란?

삶의 과정에서 '콩 심은 데 콩 나고 팥 심은 데 팥 나는' 경우, 사람들은 이에 대해 어떤 불만이나 이의를 달지는 않을 것이다. 기회는 평등하고 과정은 공정하며 결과는 정의로워야 한다. '금수저'나 '흙수저'의 '수저'가 아니라 노력이 대접받는 사회, '개천에서 용이 나는 사회'가 되어야 한다. 그렇다면 불만이 없는 공정분배를 위해서는 어떤 요건들을 갖추어야 할까?

첫째, 모든 사람에게 정당한 권리가 보장되어야 한다. 만약 어떤 사람의 정당한 권리가 무시된 상태에서 각자의 몫이 결정된다면 그것은 결코 정의로운 분배가 되지 못한다. 예를 들어, 남의 재산을 빼앗아 부자가 되고, 남에게 자신의 재산을 빼앗겼기 때문에 가난해지는 분배질서는 정당성을 인정받을 수 없다.

둘째, 모든 사람에게 공정한 규칙이 적용되어야 한다. 어떤 사람은 무슨 일을 하더라도 눈감아 주는 반면, 다른 사람은 조금만 트집잡힐 일을 해도 벌을 내리는 불공정한 사회질서를 정의롭다고 할 사람은 아무도 없다. 모든 경기자에게 공정하게 규칙을 적용시킨 게임의 결과에는 승복할 수 있지만 편파적인 운영을 한 게임의 결과에는 아무도 승복하지 않는다. 분배상태가 정당성을 인정받으려면 공정한 게임의 결과여야만 한다.

셋째, 모든 사람이 자신의 자격에 합당한 몫을 차지하는 분배가 되어야 한다. 어떤 사람이 그럴 만한 자격도 없으면서 남들보다 수천 배나 더 큰 몫을 차지하고 있다면 그것은 공정한 분배라고 하기 어렵다. 자격을 결정하는 요인으로는 우선 능력이나 노력을 생각해 볼 수 있고, 또한 필요라는 것도 자격의 결정요인이 될 수 있다.

이러한 발상은 루소J. J. Rousseau의 『사회계약론』과 롤즈J. Rawls의 『정의론』에서 그 근거를 찾을 수 있다. 오늘날 대부분의 선진국에서는 일정한 최저소득수준을 모두에게 보장하면서 그 이상부터는 부존자원 기준 중, 특히 경쟁시장 아래에서 능력에 따라 소득을 획득하도록 하는 기준적용을 공정한 분배기준으로 생각하고 있다.

이때 공정한 소득분배란 현재 사회 내에서 차지하는 사회구성원의 위치에 관계없이 사회구성원의 합의consensus로 이루어지는 소득분배로서, 어느 정도의 소득불평등을 인정하면서 극빈자들의 소득분배를 개선하도록 하는 분배정책이라고 할 수 있다.

불공정한 분배는 정치불안을 초래한다!

그러나 우리 사회는 도덕적 해이가 만연되어 있다. 1997년 외환위기 직전, 부자와 빈자의 비율이 40 대 60에서 20 대 80, 그리고 10 대 90의 구조로 전환된 것에 대해 우려의 소리가 높다. 이는 곧 부동산, 주식, 저축 등의 자산격차의 심각성과 기득권층의 도덕불감증 때문에 중산층의 붕괴가 더욱 가속화되었다.

오늘날 우리 사회에서 많은 사람들은 자기가 심은 콩보다 남이 심은 콩에 더 관심을 가지고 있다. 이는 사회의 불신풍조가 극에 달했다는 증거다. 각 경제주체들은 성장의 기여와 성장의 과실이 일치할 때 자기의 모든 능력을 발휘하려 할 것이다. 노동자들이 일에 대한 정당한 보상을 받지 못한다면 노동생산성은 하락할 것이다. 공정하지 못한 분배는 정치불안을 초래함은 물론, 경제성장의 원동력마저 흔들리게 된다. 꾸준한 성장을 위한 국민의 자발적 참여는 공정한 분배가 전제조건임을 명심할 필요가 있다.

재주는 곰이 부리고 돈은 왕-서방이 가져간다

불공정분배

사람의 욕구는 지구상 어디든지 같게 마련이다. 사람들이 불공정하다고 느끼는 데는 그만한 이유가 있다. 분배상태의 정당성을 평가하기 위해서는 누가 어떤 과정을 거쳐 얼마나 큰 부를 축적하였는가를 알 수 있어야 한다.

우리 속담에 '재주는 곰이 부리고 돈은 왕-서방이 가져간다'는 말이 있다. 이는 일을 직접 수행한 경제행위의 주체와 그 일에 대한 대가를 받아가는 주체가 서로 다른 경우 발생하는 잘못된 소득분배를 빗대어 한 말이다. 유사 속담으로 '개가 쥐 잡고 고양이가 먹는다', '닭 길러 족제비 좋은 일 시킨다', '한 사람이 숲을 헤치면 다른 사람이 새를 잡는다One beats the bush, and another catches the birds.', '한 사람은 씨를 뿌리고 다른 사람은 수확한다One man sows and another man reaps.'가 있다. 이들 속담에서 살필 수 있듯이 경제행위의 주체가 그의 노력 · 능력 · 자격 · 기술 등의 발휘에 대한 정당한 몫을 가지지 못하는 경우를 불공정분배unfair distribution라고 한다.

경제적 격차가 생기는 이유

인간사회에서 사유재산의 개념이 생긴 이래 완전한 경제적 평등을 이룬 사회는 없었다. 그렇다면 그러한 경제적 격차가 생기는 이유는 무엇인가?

첫째, 개인의 자유로운 선택에 의한 것이 될 수 있다. 어떤 사람은 열심히 일하여 많이 벌겠다는 선택을 하고 어떤 사람은 놀기를 좋아해 조금만 일하고 더 적게 벌기로 마음먹기 때문이다.

둘째, 각자의 능력 차이에 따른 소득격차가 원인이 될 수 있다. 어떤 사회에서든 능력이 뛰어난 사람은 그 분야에서 인정을 받기 마련이며 보수도 그에 준하여 지급되는 것이 당연하기 때문이다. 타고난 재능을 생각해 보면 정신적·육체적 능력의 차이가 경제적 성패를 좌우하는 중요한 요인이 될 수 있는데, 마이크로소프트사의 빌 게이츠나 스티브 잡스처럼 머리가 좋은 사람은 바로 그 머리 하나만으로 수십억 달러에 이르는 큰돈을 벌 수 있었다. 또 슈퍼스타로 알려진 운동선수들, 예를 들면 김연아, 손연재, 박인비, 이승엽, 박찬호 등을 보면 육체적 능력을 가지고도 큰돈을 벌 수 있다는 것을 알 수 있다.

셋째, 부모나 남에게서 물려받은 재산의 차이가 있다. 그 사람이 속한 사회의 상속세 제도에 따라 다르겠지만, 많은 유산을 물려받은 사람은 그렇지 못한 사람보다 유리한 곳에서 시작하는 것은 틀림없다.

넷째, 운이 좋고 나쁨에 따라 성패가 갈리는 경우다. 최선의 노력을 다하고서도 운이 나빠서 사업에 실패하는 경우가 있을 수 있고, 준비를 불성실하게 했는데도 주위 여건이 좋아져서 덩달아 사업에 성공하는 경우도 있다.

그 외의 요인으로 정부의 정책, 사회의 인식, 차별 등의 '사회요인'이 경제적 지위에 차이를 가져올 수 있다. 지난날 우리나라는 경제의 외형적 성장을 극대화하는 데만 주력한 나머지 몇 개 부문에 정부의 지원을 집중하는 정책을 펴, 부의 편중이 심화되는 원인을 제공하였다. 이러한 성장제일주의는 우리 사회에 불평등의 씨앗을 뿌렸고 그 후유증은 아직도 완전히 치유되지 못하고 있다. 물론 이러한 경제적 차이가 무조건 없어져야 하는 것은 아니다. 어떤 불평등은 해소시키는 것이 바람직하지만, 개인의 능력 차이나 선택의 결과로 나타나는 경제적 격차를 없애는 일은 바람직하지도 않을 뿐더러 아예 불가능하기 때문이다.

그렇다면 이러한 요건만 해결된다고 해서 공정한 분배가 이루어질 수 있을까? 우리가 알고 있는 한 완전하게 경제적 평등을 이룩한 사회는 예전에도 없었고 지금도 없다. 특히 자본주의 경제에서 시장기구를 통하여 이루어지는 소득분배 상태가 적지 않은 불평등을 일으키는 것은 불가피한 일이다. 곧 시장경제에서 개개인의 소득은 기본적으로 각자가 소유하는 경제자원의 양과 시장의 평가에 의해 결정되지만, 각자가 소유하는 자원의 종류와 양, 질에는 차이가 있어 그에 따라 가격도 다르기 때문에, 개인 간의 소득에는 격차가 생길 수밖에 없다.

내가 한 일을 남이 가로챈다면?

'일은 내가 해주고 절은 사돈이 받는다', '돈 버는 사람 있고, 돈 쓰는 사람 따로 있다', '죽 쑤어 개 좋은 일 했다'는 속담처럼, 자신이 애써서 한 일을 남이 가로채 가는 것을 좋아하는 사람은 아무도 없다. 자신의 노동의 대가를 지불받지 못하는 것을 좋아할 사람은 없다는 말이다.

문제는 사회에서 자연스럽게 발생하는 경제적 격차가 아니라 사회구성원들이 불공정하다고 생각하는 부의 분배에 있다. 그러므로 불공정 분배는 경제구성원들의 정당한 권리가 보장되지 않은 상태에 근본 문제가 있다. 이런 사회에서는 힘이 곧 법이다. 힘이 센 자는 수단과 방법을 가리지 않고 다른 사람의 부를 빼앗으려고 할 것이다. 예를 들면, 도덕심이 낮은 사람들이 불법적인 방법으로 큰 부를 축적하는 경우가 이에 해당한다. 불필요한 경제 관련 법규를 만들어 놓고 그 법을 이용해 특권을 주는 대가로 기업인들에게서 '지대rent'를 받는 관료들이 그에 속한다. 또한 모든 사람들이 똑같은 경제규칙을 적용받지 못하는 상태라든지, 각자의 몫을 그에 걸맞게 갖지 못하는 경우가 있다. 생활보호대상자에게 지급되어야 할 보조금이 중간에서 빼돌려지고, 정작 필요한 사람은 받지 못하는 것도 마찬가지다. 또 부모의 유산을 물려받아 경제활동을 시작하는 사람에 비해 상대적으로 불리한 위치에서 경쟁을 시작하는 사람들이 불만을 가지는 것은 당연한 일이다. 불공정 분배가 만연할 경우 사회구성원들은 이에 대해 불만을 품고 부자들에 대해 적대감까지 품을 수 있다. 사회의 화합을 방해할 뿐 아니라 안정과 발전마저 위협한다.

파이가 작을 때 어떻게 나눌까?

공정분배는 경제발전의 초석이다. 불공정분배가 팽배한 사회에서 못 가진 계층은 극한적 투쟁 없이 구조적 불평등을 바로잡을 수 없다고 생각하고, 가진 계층은 밟을 수 있을 때 철저하게 밟아놓지 않으면 언젠가는 당할 것이라는 불신을 갖고 있기 때문에 나누어 가지려고 하지 않는다. 이러한 사회에서는 아무도 자기가 속한 사회 내에서 아끼고 사랑할 만한 특징을 발견하지 못하며, 따라서 자기를 포함한 전체에 대한 충성심을 갖지 못한다. 이러한 불공정분배를 시정하는 것이 정부의 중요한 역할이다.

주도권을 쥔 기업이나 부자들이 부당하게 얻은 이익을 자신의 도덕적 판단에 의해 사회에 환원하기를 기대하는 것은 무리이다. 불필요한 경제규정을 삭제하여 정경유착 같은 부패를 방지하는 것이 필수이다.

이러한 불평등 요인 가운데 개인의 능력이나 선택의 차이에서 오는 경제적 불평등은 없애고 싶어도 없앨 수 없을 뿐 아니라 그렇게 하는 것이 반드시 바람직한 것도 아니다. 그렇지만 상속이나 정부의 정책 등 사회적 요인으로 인한 것은 마땅히 해소해 나가야 한다.

만약 소득분배의 불평등을 방치하여 공정한 소득분배가 이루어지지 않는다면 계층 간의 소득격차는 점차 심화될 것이다. 이것은 저소득층 대다수에게 소외감을 가져오며 사회구성원의 공동체적 연대의식을 와해함으로써 사회적 통합을 저해한다. 나아가 불평등의 정도가 극심한 경우에는 사회적 위기를 가져올 수도 있다. 따라서 공정한 분배를 실현하여 국민의 복지를 향상시키기 위해서는 정부가 소득을 재분배해 바람직한 분배상태를 이룰 수 있는 조치들을 취해야 한다.

소득재분배 방법의 노하우

이러한 소득재분배 방법으로는 누진세율을 적용하거나 과세최저액을 설정하여 고소득층의 조세부담을 늘리고 거꾸로 저소득층의 조세부담을 줄여주는 방법도 있다. 또 상속세와 증여세 등을 높여 경제활동의 출발점을 비슷하게 만들기 위해 노력해야 한다. 사회보장제도와 공공서비스에 대해 정부지출을 통해 공정분배에 기여하는 방법도 있다. 조세와 함께 소득재분배의 직접적이고 효과적인 수단을 구성하는 보조금도 있다. 소득재분배를 위한 보조금에는 저소득층을 주된 대상으로 하여 소득 · 식품 · 의료 · 주택 등 기본 생활을 보장할 수 있도록 지원하는 소득이전적 보조금income-tested subsidy과 중산층을 대상으로 소득과 무관하게 질병 · 실업 · 산업재해 · 노령 등의 위험으로부터 개인을 보호하는 사회보험social insurance이 있다. 공정분배는 한마디로 규정하기는 어렵지만, 최소한 '재주는 곰이 부리고 돈은 왕-서방이 가져가는', '개가 쥐 잡고 고양이가 먹는' 분배방식은 지양되어야 할 것이다. 불공정분배가 고쳐질 때 사회구성원들의 경제의욕이 더욱 높아질 수 있음은 말할 필요도 없다.

개천에서 용 난다

사회적 이동

개천에서 용이 나는 사회

열심히 노력하는 사회, 능력을 최대한 발휘하는 사회, 그것을 받아들이고 인정하는 사회는 건강한 사회이고 발전적인 사회이다. 그리하여 역동적이고 계층이동의 기회가 확보되는 사회에서는 경제사회의 발전은 물론 문화가 꽃피고 발전하게 마련이다.

우리 속담에 '개천에서 용 난다'는 말이 있다. 이는 변변치 못한 집안에서도 훌륭한 인물이 나온다는 말이다. 유사 속담으로 '미꾸라지 용됐다', '개천에서 나도 제 날 탓이다'가 있다. 이들 속담 역시 미천하고 보잘 것 없는 사람이 크게 잘 되었다, 미천한 집안에 태어났더라도 저만 잘 나면 훌륭한 사람이 될 수 있다는 뜻으로 사회적 이동을 잘 나타낸다. 사회적 이동social mobility이란 개인 또는 집단이 어떤 사회적 위치에서 다른 사회적 위치로 이동 또는 변화하는 현상으로, 이 중 수평적 이동은 사회적 지위와 역할은 바뀌지만 사회계층은 바뀌지 않는 것이고, 수직적 이동은 상하로 다른 사회계층 간의 이동을 말한다.

사회적 이동의 제한

과거의 사회보다 현재 사회에서 계층이동이 활발해지는 것은 사실이지만 최근 들어서는 금수저, 흙수저, 낙하산 등의 말이 생겨난 만큼 계층이동이 어려워지고 있다. 이 현상의 원인에는 어떤 것이 있을까? 첫째, 급속한 고령화와 정규직·비정규직 간 임금격차, 직업 관련 성차별 때문이다. 한국은 소득 상위 10%가 전체 소득의 45%를 차지해, 아시아 국가들 중 소득분배 정도가 최악인 것으로 나타났다. 국제통화기금IMF이 발표한 '아시아의 불평등 분석' 보고서에 따르면, 한국의 상위 10%의 소득 점유율은 45%로, 싱가포르42%, 일본41%, 뉴질랜드32% 등 조사대상 아시아 22개 국가 중 가장 높은 것으로 나타났다. 보고서에 따르면, 한국의 소득 상위 10% 국민이 전체 소득에서 차지하는 비중은 1995년 29%에서 2013년 45%로 급증했다. 한국의 소득 상위 국민 10%의 소득 점유율이 18년간 무려 16%포인트나 증가한 것이다. IMF는 고령화, 비정규직과 정규직으로 양분된 고용시장, 여성의 저조한 경제활동 참여 등이 한국의 소득분배 구조를 악화시켰다고 분석했다.[58] 둘째, 계층 간 이동이 낮아지기 때문이다. '흙수저', '헬조선' 논란이 불거지게 된 토양이다. 사회 전반에 대한 이런 부정적 인식은 사회통합을 저해하는 요인이 될 수 있다. 통계청이 발표한 '한국의 사회동향' 자료에 따르면, 지난해 기준으로 소득, 직업, 교육, 재산 등을 고려한 사회경제적 지위에 대해 자신이 '중간층'이라고 답한 국민은 전체의 53.0%로 집계됐다. 1994년60.8%에 비해 10.8%포인트 떨어진 것이다. 같은 기간 '하층'이라고 답한 비율은 37.9%에서 44.6%로 높아지며 사라진 중간층의 거의 대부분을 흡수했다. 중간층 감소는 계층 사다리에 대한 부정적 인식으로 이어졌다. 계층 간 이동 가능성을 묻는 질문에 '높다'

고 응답한 비율은 같은 기간 60.1%에서 21.8%로 급락했다. '가능성이 낮다'는 비율은 5.2%에서 62.2%로 뛰었다. 10명 중 6명가량은 '계층 사다리'가 거의 끊어졌다고 보는 셈이다.[59] 셋째, 교육의 불평등이다. 교육을 받음으로써 자신의 역량을 개발하고 그만큼 계층 확보에 더 유리한 조건을 갖출 수 있게 된다. 하지만 불평등 해소의 수단인 교육마저 지역 간, 계층 간 불평등이 심화되어 계층이동의 기회가 박탈되고 있다. 이러한 풍조는 사회의 계층 간 활발한 상호작용을 막고 사람들의 의욕을 감퇴시켜 사회의 변화와 발전을 저해할 수 있다.

'미국의 사회적 이동성에 대한 인식조사'

아메리칸 대학의 톰 허츠Tom Hertz가 6,273가족을 32년 이상(1968~2000년) 관찰한 자료를 바탕으로 한 연구에 의하면, 사회적 이동성이 아주 가난하거나 아주 부자인 계층에서 특히 낮았다. 만약 부모가 상위 소득 10%에 속해 있었다면 그들의 자녀가 최상위 소득 계층에 속할 확률은 29.5%인 것으로 나타났다. …… 반대로 소득 최하 10% 계층의 부모에게서 태어난 아이가 최하위 계층에 머물게 될 확률은 31.5%였으며, 하위 30% 계층에 머물 확률이 67%, 자수성가할 확률은 1.3%밖에 안 되는 것으로 나타났다. 결국 부모와 자녀의 소득 간에는 높은 상관관계가 있으며, 사실상 부는 대물림되고 있다는 것이다.[60]

영국 속담에 '은수저를 물고 태어나다Born with a silver spoon in one's mouth.'는 말이 있다. 이 속담은 부모를 잘 만나 별다른 노력 없이 좋은 삶을 사는 운 좋은 사람을 잘 나타내고 있다. 은수저a silver spoon라는 표현을 사용한 이유는 17~18세기에 농부나 중산층의 가장 사치스러운 집기가 은수저였기 때문이다. 최근 우리 사회에도 '수저계급론'을 자주 들

먹인다. 가진 것이 없어 슬픈 '흙수저', 그나마 조금 나은 '동수저', 그리고 부모를 잘 만나 호강하는 '은수저', '금수저'! 사회적 계층의 대물림을 빗댄 자조적인 이야기이다. 흙수저는 자산 5천만 원 미만 혹은 가구 연수입 2천만 원 미만이다. 동수저는 자산 5억 원 이상 혹은 가구 연수입 5천 5백만 원 이상으로 상위 7.5%이다. 은수저는 자산 10억 원 이상 혹은 가구 연수입 8천만 원 이상으로 상위 3%이다. 금수저는 자산 20억 원 이상 혹은 가구 연수입 2억 원 이상으로 상위 1%이다. 다이아수저는 자산 30억 원 이상 혹은 가구 연수입 3억 원 이상으로 상위 0.1%이다. 유독 한국에서 이 말들이 유행하는 이유는 동아시아의 다른 나라보다 주로 음식을 먹을 때 숟가락을 많이 써왔고 그만큼 역사와 그 상징적 의미가 크고 오래되었기 때문이다. 지난 수천 년간 우리에게 수저는 이웃과 가족에 대한 사랑이었다. 하지만 현재에는 고착화된 불평등한 계층구조를 나타내는 의미를 가지게 되었다.[61)]

최근 블로그나 SNS를 통해 한 해 동안 가장 많이 쓴 키워드가 '수저계급론'과 '헬조선'이 각각 9, 10위를 차지한 것은 우리 사회의 단면을 잘 보여주고 있다. 조선시대의 신분제처럼 요즘 계층이 고착화, 대물림되는 현상이 점차 더 퍼지고 있어 '헬조선'이라는 표현과 함께 '수저계급론'을 사용함으로써 우리나라의 현재 모습을 자조적으로 잘 나타내고 있는 것이라 할 수 있다.

돈벼락 맞다

행복

'돈벼락 맞다'라는 속담이 있다. 벼락은 구름과 땅 위에 있는 물건 사이에 방전放電되는 현상이다. 엄청난 전압의 전기에너지가 직접 사람의 몸이나 땅 위의 물건에 닿으면 사람이 죽거나 크게 다치고 파괴되며, 화재 등이 발생한다. 사실 '벼락을 맞다'라는 건 못된 짓을 하여 벌을 받는 것을 이른다. 그런데 거기에 돈이 들어가면 뜻밖의 많은 돈이나 재물을 얻게 되는, 억세게 운 좋은 일을 겪게 된다는 뜻이 된다.

몇 백억 원의 로또복권 당첨! 생각만 해도 가슴이 두근거리고 신나는 일이다. 몇 십만 원 혹은 백만 원 안팎의 생활비로 근근이 살아가는 사람에게 그런 일이 현실로 벌어졌다고 할 경우 어떻게 되겠는가. 꿈인가 생시인가? 내 팔자에 웬 이런 큰돈이! 웃다가 너무 흥분해 울기까지 한다. 이럴 경우 소위 돈벼락의 기쁨은 곧 행복이다. '돈 앞에는 웃음이 한 말', '돈이 없으면 적막강산이요, 돈이 있으면 금수강산이라'는 속담 역시 경제적으로 넉넉하여야 삶을 즐길 수 있고 행복해질 수 있음을 잘 나타낸다.

행복지수

신고전학파 종합이론을 집대성해 노벨 경제학상을 수상한 폴 사무엘슨Paul Samuelson은 행복을 다음과 같이 공식화하여 나타냈다.

'행복지수Happiness Index = 재화소비량(소유)/ 욕망'

인간이 행복해지려면 더 많이 소유하고 더 많이 소비하든지, 욕망을 절제하든지, 아니면 둘 다를 동시에 해결하든지. 이렇게 할 경우 행복지수가 높아짐을 이 공식은 잘 나타내주고 있다. 결국 돈은 행복과 밀접한 상관관계를 가지며, 많은 사람들은 '돈이 얼마나 많은가?'를 성공의 기준으로 생각함을 지적한다. 이 공식에 의하면 부의 성공은 행복과 정비례하므로, 재력은 행복과 비례한다고 할 수 있다. 사회에서 '돈'은 생계유지와 더불어 '경험의 폭'을 넓혀주는 역할도 한다. 돈이 많을수록 다양한 경험을 할 수 있으며, 이로 인해 삶의 질이 향상되니 돈이 행복감을 상승시키는 데 큰 역할을 함을 잘 지적한다.

유엔이 정한 행복지수이다. '유엔의 세계행복지수 2016' 보고서에 따르면, 한국인이 느끼는 행복지수는 10점 만점에 5.835점으로 조사대상 157개국 중 58위다. 국력이나 경제규모에 비해 낮은 편이다. 지난해 47위보다 11단계나 하락했다. 올해 보고서의 핵심내용은 '평등할수록 행복하다'이다. 보고서는 지니계수로 측정한 소득 불평등이 행복지수에 매우 부정적인 영향을 끼친다는 점을 근거로 내세웠다. 행복지수 평가는 국내총생산(GDP), 건강수명, 사회적 지원, 사회적 신뢰, 선택의 자유, 관대함의 여섯 가지 지표가 기준이 됐다. 객관적 지표 이외에 주관적 평가는 갤럽이 실시한 여론조사 응답을 기반으로 했다. 보고서는 '인간은 더 많은 기회와 소득이 있을 때 행복하다'는 점을 강조했다.[62]

행복의 열쇠

행복의 열쇠를 찾기 위해 실험이 이루어졌다. 하버드대학교 학생과 빈민가 출신 대학생을 두 그룹으로 나누고 2년마다 만나서 심층 인터뷰를 하며 건강상태를 체크했다. 연구자들은 당연히 학력이나 사회적 지위 등이 행복한 삶의 큰 영향을 준다고 생각했지만 행복한 삶과 학력 등의 상관관계는 생각보다 크게 나타나지 않았다. 그 대신 다른 요소가 하나 발견되었다. 질병이나 정신 질환 혹은 기억력 감퇴 없이 행복하게 나이가 든 사람들의 공통적 특징은 딱 하나! 바로 그 사람들에게는 '내가 힘이 들 때 의지할 수 있는 사람들'이 있었다. 의지할 수 있는 사람이 있는 사람들! 그들이 왜 행복하게 사는지 그 원인은 아직도 정확히 모르지만 오랫동안 관찰한 결과 확실히 말할 수 있는 것은 "힘들 때 의지할 수 있는 가족과 친구가 있는 사람은 행복하게 산다는 것이 사실이다"라고 실험을 주관한 박사는 말한다.[63] 이와 관련해서는 '이스털린의 역설'도 한몫한다. 돈이 많으면 무한히 행복도 비례적으로 증가할까? 이에 대해 미국 경제학자 리처드 이스털린Richard Easterlin이 반론을 제기했다. 그것이 바로 이스털린의 역설Easterlin's paradox이다. 이는 소득이 일정 수준에 도달하고 기본적 욕구가 충족되면 소득이 증가해도 행복에는 큰 영향을 끼치지 않는다는 이론으로, 미국의 경제사학자 리처드 이스털린이 1974년 주장한 개념이다. 행복경제학의 창시자로 일컬어지는 이스털린은 1974년 '소득이 높아져도 꼭 행복으로 연결되지 않는다'는 논문을 발표했다. 그는 1946년부터 빈곤국과 부유한 국가, 그리고 사회주의와 자본주의 국가 등 30개 국가의 행복도를 연구했는데, 소득이 어느 일정 시점에서 지나면 행복도가 그와 비례하지 않는다는 현상을 발견했다. 이스털린은 당시 논문을 통해 비누아투,

방글라데시와 같은 가난한 국가에서 오히려 국민의 행복지수가 높게 나타나고, 미국이나 프랑스 같은 선진국에서는 오히려 행복지수가 낮다는 연구결과를 주장의 근거로 제시했다.[64] 나아가 '부탄의 사례'도 같은 맥락이다. 세계에서 가장 행복지수가 높은 부탄은 히말라야 동부에 위치한 인구 70만의 소국이다. 1972년 17세의 나이로 제4대 왕위에 오른 지그메 싱예 왕추크Jigme Singye Wangchuck 국왕은 국민총생산이 아닌 국민들의 행복을 통치기준으로 삼고 GNH(Gross National Happiness, 국민총행복) 개념을 만들어 입법화했다. 그에 따라 산업의 발전보다 자연환경을 우선하고, 생활 속 전통문화를 계승하고, 남의 것을 탐하지 않고 거짓말을 하지 않으며, 나의 행복보다 우리들의 행복을 위해 땅이 없는 국민에게 자신 소유의 땅을 나눠줌으로써 자립할 수 있도록 지원하여 국민의 97%가 행복하다고 하는 나라가 됐다.[65]

이상에서 살폈듯이 돈을 많이 번다고 해서 반드시 삶의 만족도가 높아지는 것은 아니겠지만 비중 있는 요인임은 틀림없다. 아메리칸 익스프레스American Express의 재정고문단이 실시한 한 조사에서 미국인의 66% 정도가 성이나 건강 또는 인간관계보다 돈과 직업을 위해 더 많은 시간을 사용한다[66]고 밝힌 것은 이를 잘 입증한다. 그렇지만 인간의 삶에 있어서 일정 수준까지는 돈이 절대적 비중을 차지하지만, 그 이상의 수준에 있어서 돈과 행복의 관계는 정비례 관계가 아님을 알 수 있다. 이는 외형적인 물질적 풍요 속에 정신적 빈곤과 미래에 대한 불안, 상대적 박탈감이 사회적 현상으로 표출되는 기저에는 양극화, 청년실업, 저성장, 구조조정 등 경제적 배경이 자리하고 있기 때문이다.

작은 도토리가 큰 참나무로 자란다

경제성장

'작은 도토리가 큰 참나무로 자란다Great oaks from tiny acorns grow.'는 속담이 있다. 이는 처음에는 그 존재가 매우 미약하여 보잘 것 없지만 시간이 지남에 따라 그것이 점점 크게 자라 나중에는 큰 성취를 이룬다는 뜻이다. 유사 속담으로 '낙락장송도 근본은 종자', '초라한 망아지가 자라서 훌륭한 말이 된다A ragged colt may make a good horse.'가 있다. 이들 속담은 경제성장을 잘 함축한다. 경제성장economic growth이란 재화 및 서비스의 생산이 지속적으로 증가·확대되는 일, 즉 시간이 지남에 따라 국민소득·국민총생산 같은 국민의 경제규모가 점점 확대되는 일을 말한다. 경제성장률을 측정하는 척도로는 국내총생산GDP 내지 국민총생산GNP이 사용된다. 경제성장을 1인당 실질국민총생산의 증가로 나타내는 일도 있는데, 이것은 국민 1인당 소득수준에 주목하는 것이며, 이 경우 1인당 실질국민소득으로 나타내는 것이 일반적이다. 1인당 실질소득의 성장을 경제진보經濟進步라고 한다. 이 경제진보가 가능하기 위해서는 기술혁신이나 생산조직의 변화 등의 구조적인 변화가 필요하다. 경제성장은 그것이 경제진보를 포함하는 한, 단순한 양적量的 변화가 아니라 동시에 질적質的 변화의 과정이기도 하다.

경제성장의 네 가지 요인

시장이 확대되어야만 해마다의 생산을 결정하는 유효수요有效需要를 늘릴 수 있기 때문에 경제성장을 실현하기 위해서는 생산력의 증대와 함께 시장의 확대도 필요하다. 경제성장에는 다음의 네 가지 요인이 고려된다. 첫째, 인구증가이다. 이는 노동력을 증가시켜 생산력을 증대시키는 동시에 소비수요와 거기에 따르는 투자의 증대를 가져와 시장을 확대시킨다. 둘째, 기술혁신이다. 기술혁신에 의거한 새 산업의 생성生成이나 새 생산방법의 채택은 투자의 가장 기본적인 성장의 원인이다. 동시에 기술혁신은 또한 노동생산성을 높여 생산력을 증대시킨다. 셋째, 자본축적이다. 고용량을 증대시킬 뿐만 아니라 노동력 1인당 자본량資本量, 즉 자본집약도를 높여 노동생산성을 올린다. 넷째, 산업구조의 고도화이다. 공업화가 진척되고 중화학 공업화가 진전될수록 그 나라의 노동생산성의 평균치가 높아지고 생산력이 증대한다. 제2차 세계대전 후의 세계는 전자공업과 석유화학공업을 중심으로 하는 기술혁신 시기에 접어들어 선진공업국의 경제성장률은 전쟁 전에 비하여 훨씬 높아졌지만, 개발도상국에서는 여전히 낮은 성장률을 면하지 못하고 있다.

경제성장의 5단계

미국의 경제학자 로스토우W. W. Rostow는 그의 저서 『경제성장의 제단계(1960)』에서 경제발전은 전통적 사회Tradional Society, 도약을 위한 선행

조건 단계Precondition for Take-Off, 도약단계Take-Off, 성숙단계Drive to Maturity, 고도 대중소비단계High Mass-Consumption의 5단계로 설명하고 있다. 이러한 단계를 구분하는 기준으로 생산기술, 소비수준, 자본의 축적도, 산업구조의 고도화, 국민소득 중 저축비율 등을 들었다. 이 중 특히 '도약단계'에 중점을 두었다. 각 나라는 이러한 발전단계를 거치게 되는데, 경제성장이 결정적인 전환기를 맞는 상태를 도약기라고 주장했다. 즉, 후진국이 경제사회적인 발전을 시작할 때의 상황을 비행기의 이륙에 비유한 것이다. 그는 도약의 선행조건으로 투자율의 증대, 노동생산성의 비약적 상승, 새로운 공업의 발전 등을 들고 있다. 특히 미국형 대량소비를 궁극적 목적으로 하는 전략적 성격이 짙고, 도약의 지표 등의 수량적 파악에 그 특징이 있다. 이 이론은 50여 년 전에 주장한 이론으로서 현재 적용하기에는 다소 무리가 있지만 이 이론이 우리나라가 1960년대 경제개발 5개년계획을 수립하고, 수출 제일주의와 공업입국으로 발돋움하는 데 도움을 준 것은 사실이다. 로스토우는 우리나라가 1960년대 중반에 도약단계에 진입했다고 말함으로써 우리에게 도약의 용기를 심어줬다.

최근 한국의 경제성장률

국제통화기금IMF는 우리나라의 2016년 경제성장률 전망치를 2.9%에서 2.7%로 0.2%p 하향조정했다. 정부의 목표치인 3.1%와 한국은행이 전망한 3.0%보다도 낮은 것으로 IMF는 내년 우리나라의 경제성장률 전망치도 2.9%를 예상했다. 이에 따라 2%대 저성장이 고착화되는 것 아니냐는 우려 섞인 목소리가 나오고 있다. 이는 정부가 예상하는 3.1%와 한국은행이 내놓은 3.0%보다 각각 0.4%p, 0.3%p 차이가 나는 것으로, 만약 올해도 3%대 경제성장을 이루지 못하면 3년 연속 2%대 성장을 기록하는 게 된다. 2%대 저성장이 고착화되는 것이 아니냐는 우려가 나오는 이유이다.

한편 IMF는 금융불안이 증가하고, 자산 가격과 원자재 가격 하락 등으로 세계경제 회복세가 약화되고 있다면서 세계 경제성장률 전망치도 종전보다 0.2%p 내린 3.2%로 예상했다. 선진국에 대해서는 전년과 유사한 완만한 성장이 예상되나 고령화, 생산성 감소, 양적 완화에 따른 부채 증가 등으로 잠재성장률이 저하될 것으로 봤고, 신흥국은 원자재 수출국과 중국의 성장둔화 등으로 완만한 성장을 기록할 것이라고 전망했다. 지역별로는 미국의 경우 1월 전망보다 0.2%p 내린 2.4%를 예상해 작년과 비슷한 수준의 경제성장을 할 것이라고 예상했고, 유로존 역시 0.2%p 내린 1.5%의 경제성장을 이룰 것으로 내다봤다. 일본은 올해 종전보다 0.5%p 내린 0.5% 수준의 성장을 이룰 것으로 봤고 내년에는 마이너스 성장(△0.1%)을 할 것으로 예상했다.[67)]

최근 북한의 경제성장률

한국은행은 지난해 북한의 실질국내총생산 GDP가 전년 대비 1.1% 감소한 것으로 추정된다고 22일 밝혔다. 이는 2012년 김정은 정권이 들어선 뒤 북한 경제가 처음으로 뒷걸음질 친 것이다. 1.1% 마이너스 성장률은 2007년 마이너스 1.2%를 기록한 이후 8년 만에 최저치이다. 북한 경제는 지난 2009년과 2010년 각각 마이너스 0.9%와 마이너스 0.5%를 기록했지만 2011년부터 2014년까지 4년 연속 1% 안팎의 플러스 성장을 보인 것으로 추정됐다. 한국은행은 이 같은 결과가 지난해 북한의 건설업이 성장세가 확대됐지만 농림어업과 광공업, 전기가스수도업 등이 부진한 때문이라고 설명했다. …… 지난해 북한의 명목국민총소득, GNI는 미화로 약 303억 달러로 한국의 2.2% 수준으로 집계됐다. 1인당 GNI는 1천 220달러 정도로 한국의 4.5% 수준에 그쳤다. 북한과 한국의 1인당 GNI를 비교하면 2014년에는 한국이 북한의 21.3배 수준이었지만 작년에는 그 비율이 22.2배로 높아졌다. 지난해 북한의 상품 수출과 수입을 합한 대외교역 규모는 남북교역을 제외하고 62억 5천만 달러로 전년보다 18%나 줄었다. 이는 국제적으로 철광석 등의 광물 가격이 하락하고 중국의 무연탄 수입 등이 줄어든 것 때문으로 분석됐다. 이에 따라 남북한의 대외무역 규모 격차도 지난해 154.1배로 144.3배였던 2014년보다 더 벌어졌다.[68)]

압축경제성장의 명암

한국은 1960년대에 들어서면서, 과감한 경제개발계획의 추진으로 '한강의 기적'이라 일컬어지는 고도의 경제성장을 이룩하면서 세계의 이목을 끌었는데, 그 요인으로는 첫째, 경제개발계획 추진세력의 출현, 즉 정치적 리더십의 확립이다. 둘째, 국민의 강인한 생활의지, 즉 사회 전체로서의 가치관의 개선, 국가적 당면과제의 변화이다. 셋째, 저렴한 노동력이다. 넷째, 국제정세의 호전이다. 이 밖에도 1960년대의 많은 기술혁신, 새로운 시장의 형성, 새로운 자원의 발견, 국내 정치의 안정, 원조정책의 전환, 교육발전에 따른 전문인력의 향상 등이 경제성장에 기여했다고 볼 수 있다.

그러나 이와 같은 급격한 경제성장의 이면에는 많은 부작용도 제기된다. 빈부격차의 심화, 물질만능주의 사상으로 인한 사회정의의 타락, 도시인구의 과밀화와 농촌인력의 부족, 환경오염 등과 같은 심각한 문제들이 그들이다. 따라서 이러한 제반 문제에 대처할 새로운 정책과 경제구조의 전환이 중요한 과제라 하겠다.

날로 새롭고 또 날로 새롭다

경제발전

속담에 '날로 새롭고 또 날로 새롭다(일신우일신 : 日新又日新)'는 말이 있다. 이는 날로 새롭게 하며, 나날이 새롭게 하며, 또 날로 새롭게 함을 의미한다. 이것은 국민들의 생활이 나날이 개선되고 윤택해지는 경제발전economic development으로 이해할 수 있다. 경제발전의 주된 요인으로서는 기술진보 · 자본축적 · 인구증가의 세 가지가 있다. 이들은 여러 경로를 통하여 경제발전에 영향을 끼친다. 1인당 소득의 증가에서 뺄 수 없는 노동생산성의 상승에 대한 영향에 대하여 살펴보면, 기술진보는 생산기술의 혁신을 통하여, 자본축적은 근로자 1인당의 자본량을 증가시키거나 신기술 도입을 촉진시키거나 하여 각각의 노동생산성을 높인다. 인구증가는 근본적으로 생산요소로서의 노동력을 증가시키지만, 이 요인의 경제발전에 대한 영향은 인구증가의 유형이나 자본의 증가율에 의존한다. 예컨대 인구증가율이 자본축적률을 웃돌면 근로자 1인당 자본량이 감소하고, 따라서 노동생산성의 저하를 초래한다. 이와 같은 인구증가라는 요인은 경제발전에서 항상 플러스가 되는 것은 아니다. 인구 1인당 소득이 매우 낮은 수준의 저개발경제의 경제발전에서는 도약단계take-off stage가 매우 중요하다. 이 단계는 농업중심의 전통적 사회에 존재하는 발전의 장애요소와 저항이 최종적으로 극복되어 지속적 성장의 단계로 옮겨가는 것을 뜻한다.

'소용돌이치는 물에서 고기가 더욱 잘 잡힌다'는 속담이 있는데, 이는 경제적 진보를 강력하게 추구하는 힘이 사회를 지배하여 성장이 지속적이고 정상적인 상태로 된다는 말이다. 이 단계에서 공업은 성장을 주도하는 부문으로 크게 성장하게 되고, 정치적 · 사회적 · 제도적 기틀이 새로이 형성되어 현재 부문의 확장에 큰 기여를 한다. 아울러 변화와 성장이 지속적으로 이루어지며, 선도산업이 나타나게 되는데 그 구체적인 형태는 국가마다 다양하게 나타난다. 영국은 면직공업이, 미국 · 프랑스 · 캐나다 · 러시아는 철도산업이, 일본 · 독일은 군비산업이 선도산업이었다. 도약단계는 단순히 경제적 측면의 변화만을 의미하는 것이 아니며, 경제적 근대화와 기술발달을 우선적으로 추구해야 한다.

최근의 경제발전 사례로는 다음을 들 수 있다. 첫째, 미래 자동차 혁명이다. 미국 테슬라는 2017년 말 전기차 '모델3'를 출시할 예정이다. 가격은 3만 5,000달러(약 4,100만 원), 1회 충전 시 주행거리는 약 350㎞다. 대량생산에 성공한다면 향후 자동차 시장의 판도가 바뀔 수 있다. 1908년 출시돼 내연기관 자동차 보급을 극적으로 늘린 포드자동차의 '모델T'와 비교된다. 파이낸셜타임스FT는 이 같은 자동차 업계의 변화에 대해 "진화evolution가 아니라 혁명revolution"이라고 표현했다. 엔진을 개선하고 디자인을 바꾸는 수준의 변화에서 벗어나 전기차, 자율주행차, 차량공유 등 시장판도를 완전히 바꿀 새로운 자동차와 서비스가 등장하고 있다는 이유에서다.[69]

둘째, 로봇이다. 세계로봇연맹IFR은 지난해 세계 로봇시장 규모를 185억 달러(약 22조 원)로 추산했다. 보스턴컨설팅그룹BCG에 따르면, 로봇시장 규모는 2025년 669억 달러 규모로 성장할 전망이다. 적극적으로 활용되고 있는 분야는 산업용 로봇이다. 동남아의 신발·의류 생산기지로 유명한 태국의 산업용 로봇 가동 대수는 2015년 2만 7,900대에서 2018년 4만 1,600대로 늘어난다. 2012년 중국의 로봇 도입 대수는 2만 2,987대였지만 지난해 7만 대를 넘어섰다. 인간을 닮은 휴머노이드 로봇의 성장세도 빨라지고 있다. 19개 언어를 구사하고 인간 감정을 읽는 일본 소프트뱅크의 '페퍼'는 지난해 초기 공급물량 1,000대가 1분 만에 모두 팔렸고 지금까지 기업대상 7,000대 이상 팔렸다.[70)]

셋째, 드론이다. '하늘의 산업혁명'이라 불리는 무인항공기(드론)의 진가가 운송·건설 등 다방면으로 확산되고 있다. 미국 방위산업 컨설팅업체인 틸그룹은 지난해 세계 드론(민간용·군사용)시장 규모가 76억 달러로 연평균 8% 성장해 2023년에는 115억 달러에 달할 것으로 예측했다. 프라이스워터하우스쿠퍼스PwC에 따르면, 드론이 만들어 낼 수 있는 경제적 부가가치는 총 127억 달러에 이른다. 드론이 가장 먼저 상용화될 분야로는 운송산업이 꼽힌다. 아마존은 미국 내 50개 물류센터를 활용해 주문한 지 30분 안에 배달이 가능한 드론 시제품을 선보였다. 구글도 2017년부터 드론 택배사업을 시작할 계획이다. 중국 웨더항공기술개발사는 지난 4월 드론으로 15kg의 화물을 80km 떨어진 지역에 성공적으로 배송하면서 상용화 가능성을 높였다. 의학분야도 주목하고 있다.[71)]

넷째, '빅데이터 활용한 스마트 공장'이다. 공장이 빅데이터를 활용해 스스로 효율성을 높이는 스마트 공장 시대가 열리고 있다. 미국 제너럴일렉트릭GE은 산업용 소프트웨어회사로 변신을 꾀하고 있고 지멘스 등 유럽 기업도 앞다퉈 세계 곳곳에 스마트 공장을 설립하고 있다. …… 컴퓨터는 매일 쌓이는 데이터를 분석해 기계를 언제 가동해야 하고, 언제 작동을 멈춰야 하는지, 에너지 효율을 높이는 최적의 공정은 무엇인지 등을 초 단위로 진단한다. 슈테판 리첼 암베르크공장 생산엔지니어링 부장은 "빅데이터를 활용한 공장 자동화 시스템을 구축하기 위해 2억 유로(약 2,331억 원)를 투자했다"며 "생산공정 개선으로 불량률은 제품 100만 개 가운데 11.5개 수준으로 줄었고 생산성은 여덟 배 증가했다"고 강조했다. 불량률은 25년 전의 40분의 1 수준이다. 스마트 공장 기술 표준을 선점하기 위한 제조업 강국의 경쟁에도 불이 붙었다. 다른 국가 및 기업의 기술이 국제 표준으로 정해지면 지금까지 개발하거나 사용해 온 기술은 무용지물이 되기 때문이다. 독일은 정부 차원에서 2011년 11월 정보통신기술ICT 융합을 통한 제조업 혁신 전략으로 '인더스트리 4.0'을 채택했다. 고성능 산업기계와 물류, 생산설비에 사물인터넷IoT, 센서 등을 접목해 최적화된 제조·생산체계를 구축하겠다는 게 골자다.[72]

님도 보고 뽕도 딴다

지속가능한 성장

성장의 한계

18세기 영국에서 시작되어 세계적으로 확산된 산업혁명으로 인해 인류는 물질적 풍요를 누리게 되었다. 그렇지만 무분별한 개발과 자원의 대량소모를 통한 대량생산 · 대량소비 과정에서 심각한 환경문제가 발생하였다. 지구 곳곳에서는 각종 질병으로 인해 사람들이 죽어가고, 생태계 파괴로 인해 광범위한 환경위기가 닥치게 되었다. 이에 1972년 로마클럽에서는 「성장의 한계」라는 보고서를 통해 환경과 개발에 관한 문제를 제기하였는데, 바로 이때 '지속가능성'에 대한 개념이 등장하게 되었다. 이 보고서는 사람들에게 생태학적인 관점에서 환경의식을 일깨워 주는 매우 중요한 계기가 되었다. 성장의 한계라는 보고서에서는 현재의 인구 증가나 환경 악화 등의 경향이 이대로 계속되면 100년 이내에 지구상의 성장은 한계에 달할 것이라고 경종을 울리고 있다. 또한 지구의 파국을 막기 위해서는 적극적인 성장억제정책과 인구안정화정책을 취할 필요가 있으며, 조기에 인구와 자본의 안정화 정책을 실시하여 세계를 균형상태로 유도해야 한다는 내용을 담고 있다. 이후

1992년 6월 브라질의 리우데자네이루에서 개최된 유엔환경개발회의에서는 지속가능한 발전의 목표달성을 위해 기본 원칙을 담은 '리우 선언 Rio Declaration'을 발표하였다.

우리 속담에 '님도 보고 뽕도 딴다'는 말이 있다. 이는 한 가지 일에서 두 가지 이상의 이익을 본다는 뜻으로 일의 효과가 크다는 말이다. 그렇게도 그리던 님을 만나 데이트를 즐기고 돌아오는 길에 뽕을 따서 집으로 돌아오니 마냥 즐겁고 신난다. 두 가지 일을 동시에 달성했으니 생산성도 높아지고 삶의 질도 높아진 것이다. 유사 속담으로 '도랑 치고 가재 잡는다', '마당 쓸고 돈 줍는다', '꿩 먹고 알 먹는다', '일석이조一石二鳥, To kill two birds with one sling.', '콩 하나로 비둘기 두 마리를 잡는다To catch two pigeons with one bean.', '소도 팔고 우유도 마신다To sell the cow and sup the milk.'가 있다.

21세기를 맞이하면서 우리 인류는 한 가지 일에서 두 가지 이상의 성과를 얻을 것인가, 아니면 어느 한 가지를 포기할 것인가의 선택의 기로에 서 있다. 그것은 다름 아닌 기본적인 의식주 및 삶의 풍요를 위한 경제성장에 치중할 것인가, 아니면 깨끗한 물 · 맑은 공기 · 쾌적한 환경을 포기할 것인가의 문제이다. 이제 환경문제는 경제개발이냐 환경보전이냐 하는 선택의 문제를 넘어서 생존이냐 멸망이냐의 절박한 문제가 되어가고 있다. 환경문제는 한 지역 또는 한 국가에 한정된 문제가 아니고 인류 전체의 사활이 걸린 문제이다. 이처럼 환경이 우리 인류의 생존을 위협하는 절박한 문제가 되어가고 있으나 폭발적으로 증가하는 인류의 다양한 경제적 욕구를 충족시켜야 하는 과제에도 직면해 있다. 따라서 '환경적으로 건전하고 지속가능한 개발' 또는 '지속가능한 경제성장'은 경제개발과 환경보전이라는 두 마리의 토끼를 동시에 잡겠다는 중대한 목표를 가진 과제이다.

지속가능한 경제성장이란 환경에 대하여 적절한 가치를 부여하고, 미래지향적 시각을 강조하며, 현 세대뿐 아니라 세대 간의 형평도 추구하며 경제성장을 이루는 것을 말한다. 한마디로 생태학과 경제학의 융합을 시도하는 것으로, 지구의 환경자원을 하나의 도구로 보는 시각에 반대하고 하나의 유기적 생명체로 보려는 시각을 추구한다.

이를 위해서 재생자원의 소비는 자원의 재생능력 이하로 억제되고, 자원의 사용에 따른 사회적·기술적 폐기물에 대한 처리에도 각별한 주의를 촉구한다. 특히 자연과 조화를 이루어 흡수될 수 없는 인위적인 기술적 폐기물은 그 발생을 최소화시킨다. 소비로 인해 절대량이 감소하는 재생되지 않는 자원의 경우에는 다음 세대를 위해 소비의 효율화를 기하는 것은 물론, 언젠가는 고갈될 경우에 대비하여 대체자원의 개발을 서두른다. 이와 같은 지속가능한 경제성장의 배경, 즉 경제성장이냐 자연환경 보호냐의 문제는 경제 발전의 진행상태에 따라 달라진다. 과거 우리나라는 보릿고개와 배고픔을 벗어나기 위해서 경제성장이 필요했고 성장 위주의 정책을 펼 수밖에 없었다. 그러나 소득이 3만 달러 수준에 이르는 오늘날에는 쾌적한 생활을 위한 자연환경 보호에 눈을 돌리지 않을 수 없다.

녹색성장 전략

대량생산과 대량소비는 어쩔 수 없이 대량의 환경오염물을 배출하고 환경오염을 일으킨다. 그 피해는 사회적 비용을 증가시켜 경제발전의 효과를 상쇄하는 결과를 가져오는 경우가 있다. 이에 대하여 지속가능한 개발전략은 그 대안으로 제시되어 왔다. 국민들의 소득수준도 높이고 쾌적한 자연환경도 유지할 수 있는 방법은 없을까? 그 해결방안이 바로 환경오염을 감소시키면서 기업 성과를 증진시키는 녹색성장 전략green growth strategy이다. 이는 기존의 자원투입 의존적이고 환경 파괴적인 성장패턴과는 다른 환경친화적이고 기술집약적인 성장패턴을 추구하는 발전전략이다. 공동체 또는 지역환경의 개발과의 관련성을 포함하는 토지 이용 계획으로, 현장 특유의 녹색건물의 개념과 밀접한 관련이 있다. 도시 계획, 환경 계획, 건축, 공동체 건물 등이 여기에 포함된다. 본 전략은 에너지 · 환경 관련 기술과 산업 등에서 미래 유망품목과 신기술을 개발하고, 기존 산업과 융합하면서 새로운 성장 동력과 일자리를 얻는 것을 목표로 한다.

구체적인 예로는, 첫째, 생산녹색 전략이다. 생산결과에 따라 발생하는 부산물이나 정화된 물을 다시 순환 사용하여 환경오염을 감소시키면서 원가절감을 달성하는 방법, 에너지의 사용을 효율화하여 자원을 절감함과 동시에 원가절감을 달성하는 방법, 기업이 생산과정에서 유발되는 폐수 · 대기오염 · 폐기물 · 소음 · 진동 등의 환경오염 수준을 법적 규제에 부합하게 하거나 그 이하로 감소시키면서 생산원가를 절감하는 방법 등이 있다. 둘째, 제품녹색 전략이다. 경쟁기업에 비해 소비과정이나 폐기과정에서 일어날 수 있는 환경오염이 보다 적게 유발되는 특성을 가진 차별화된 제품을 생산, 판매하는 것이 그것이다. 매연이 없는 전기자동차나 수질오염이 적은 세제, 과대포장이 되어 있지 않은 제품의 생산이 그 예이다. 셋째, 재활용 전략이다. 각종 재화의 폐기품을 수거해 생산과정에 재투입함으로써 자원고갈과 폐기품의 환경오염을 해결함과 동시에 생산원가를 절감하는 것이다.

지속가능한 경제성장의 해법

환경정책으로 오염물질의 회수처리와 청정기술clean technology의 개발 및 활용을 유도하는 것, 또 폐기물의 재활용이나 재이용을 촉진하는 것은 환경보호나 환경개선은 물론 경제 활성화에도 기여할 수 있다. 구체적 방안으로는 어떤 것이 있을까? 친환경 에너지의 개발이다. 폐기물 등 바이오가스를 활용해 전력을 생산하는 기술도 주목할 만하다. 대표적으로는 2012년 런던올림픽 당시 폐기물을 연료로 사용해 전력을 공급한 GE의 옌바허Jenbacher 가스엔진이 있다.[73] 천적곤충사업이다. 혐오대상으로 여겼던 곤충이 미래 산업으로 빠르게 성장하고 있다. …… 농림축산식품부는 곤충산업 시장 규모가 2011년 1,680억 원에서 2015년 2,980억 원으로 4년 만에 2배 가까이 성장할 것으로 추정하고 있다.[74] 쓰레기 재활용 사업이다. 버려진 페트병으로 인해 생기는 환경문제를 해결하기 위해 시작한 이 사업은 '자원의 순환'을 선도하고 있다. 과거에는 3D산업으로 여겨졌지만, 재활용을 통해 연간 3만 톤 이상의 이산화탄소를 줄이는 효과를 얻고 있기에 재활용 산업은 미래의 친환경 산업에서 기대가 되는 사업이라 할 수 있다.[75]

환경정책이나 환경개선 투자도 자원이용의 효율을 극대화할 수 있는 상태에서 보다 큰 성과를 거둘 수 있다. 환경정책에 의한 환경자원의 이용에 따르는 사회적 비용의 내재화the internalization of social costs 조치는 민간 부문이 가지는 활력과 창의력을 존중하는 맥락에서 형성되고 집행되어야 한다. 환경보전에 대한 주민운동은 매우 중요한 역할을 한다. 자연환경의 질과 경제활동의 관계는 인간활동과 자연환경과의 상호작용 관계를 표현해 주는 기술양태와 경제활동의 공간적 배치에 의해 영향을 받는다. 그러므로 꾸준한 기술혁신으로 환경과 경제에 대한 관계의 재정립을 통하여 '님도 보고 뽕도 따는' 지속가능한 성장방안을 강구해 나가야 할 것이다.

오르막이 있으면 내리막도 있다

경제변동

호경기와 불경기는 반복된다

세상 모든 만물은 끊임없이 변하고 있으며, 그 변화는 일정한 리듬을 가지고 움직인다. 무더운 폭염이 맹위를 떨치다가도 어느새 낙엽 지는 가을이 오며 동장군도 기세등등한가 싶다가도 때가 되면 물러나고 따뜻한 봄이 온다. 자연의 이치가 이러한데 자연의 일부분인 인간은 말할 것도 없다. 희로애락, 생로병사를 겪는 인간의 삶은 무수한 변화와 역경 속에서 성장 · 발전한다. 자본주의 경제라고 하는 사회현상도 일정한 변화가 있다. 즉, 경제가 항상 평탄하고 순조롭게 이루어지는 것이 아니라 어느 정도 규칙성을 가지고 불황과 호황이 반복적으로 일어난다. 이러한 점에서 보면 경제현상은 인간의 삶과 무척 닮았다고 볼 수 있다.

우리 속담에 '오르막이 있으면 내리막도 있다'는 말이 있다. 이는 최저점의 계곡에서 오르막으로 올라가려는 경제상황이 힘든 불경기가 있는가 하면 또 최고점의 정상에서 내리막으로 내려가려는 호경기가 있다는 의미로 이해할 수 있다. 유사 속담으로 '오르는 것은 내려오기 마련이다Everything that goes up must come down./ All that goes up is bound to come down.', '좋은 일이 있으면 나쁜 일도 있다You have to take the good with the bad.', '모든 것에는 플러스가 있으면 마이너스가 있다For every plus, there is a minus.', '길흉화복吉凶禍福', '새옹지마塞翁之馬'가 있다.

세상살이란 변화무쌍하여 복이 재앙이 되기도 하고 재앙이 복이 되기도 한다. 경제상황 역시 좋은 일의 호경기와 나쁜 일의 불경기가 반복된다. | 그림 3-1 | 에서 보듯이 경기가 좋아지게 되면 가계는 소득이 늘어 소비를 늘리고, 기업은 투자를 늘리게 된다. 상품이 잘 팔리므로 투자를 늘리고 생산을 늘리게 되어 일자리도 늘어나 대부분 경제주체들의 주머니가 넉넉해진다. 그러나 상품이 잘 팔린다고 지나치게 생산을 늘리면 공장에 재고가 쌓여 점점 상품이 팔리지 않게 되고 경기가 나빠진다. 그러면 기업은 투자를 꺼리고 각종 경비를 줄이게 되며 임금 또한 내릴 수밖에 없다. 일자리도 줄어든다. 그렇게 되면 물가나 금리가 내리기 때문에 소비가 늘고 저축이 줄어 다시 경기는 회복된다.

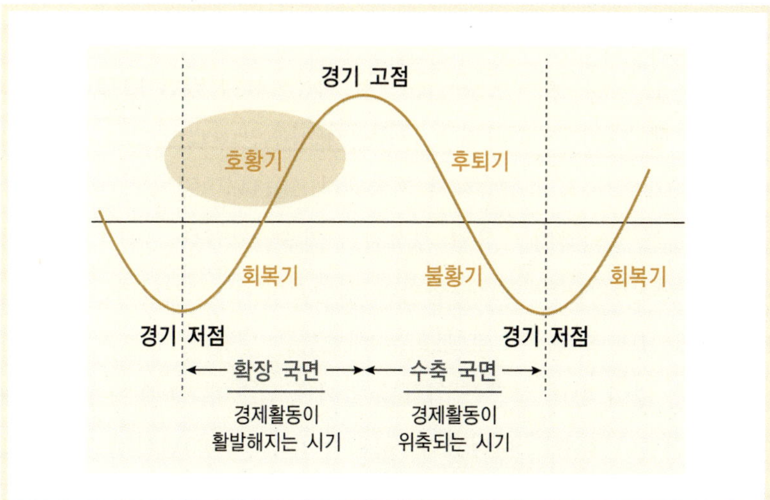

| 그림 3-1 | 경기변동의 4국면

이와 같이 경제에서 소비, 투자, 생산 및 고용이 활기를 찾기 시작하는 회복기, 경제활동이 가장 활발한 호경기, 최고점을 지나면서 투자와 생산 및 고용이 위축되기 시작하는 후퇴기, 모든 경제활동이 가장 침체되는 불경기 등이 반복해서 일어나는 현상을 우리는 경기변동 혹은 경기순환business cycle이라고 한다. 회복기에는 경제가 나아지고는 있지만 아직 경제의 생산여력을 충분히 활용하지 못하는 상태이고, 호경기는 경제가 호황인 상태로서 물가 상승을 걱정해야 하는 국면이다. 경제가 호경기에 들어서면 자본과 노동 등 생산요소가 완전고용에 근접하게 되나 사람들의 소득이 늘어나고 지출이 증가하여 물가가 상승하는 현상이 나타난다. 반대로 불경기가 되면 물가는 안정되나 고용이 감소하고, 불황이 더 심화되면 물가도 하락하는 현상을 보이기도 한다.

통계청이 발표한 우리나라의 경기동향에 따르면, "경기순환표상 지금이 속한 제11순환기의 경기 저점을 2013년 3월로 잠정 설정했다"고 발표했다. 통계청은 경기동행지수(순환변동치)와 생산 · 소비 등 주요 경기지표, 경제성장률 등을 종합 검토해 국면이 전환되는 시점을 기준으로 순환기를 나눈다. 제1순환기는 1차 석유파동이 있던 1972년 3월~1975년 6월이다. 제10순환기는 금융위기 직후인 2009년 2월 저점에서 시작해 30개월간 경기 상승세가 지속됐다. 2011년 8월 정점 이후 19개월간 경기가 후퇴하면서 유럽 재정위기 이후인 2013년 3월 다시 저점이 형성됐다. 지금은 제11순환기의 상승기다.[76] 우리나라는 1976~1978년에 일명 중동 특수로 불리는 대호황을 누렸다. 규모가 큰 공사의 수주를 많이 따내 상당한 외화를 벌어 들였으며, 그 영향으로 국내 아파트 건설의 호황도 나타났다. 하지만 1979~1980년까지 제2차 오일쇼크로 인한 불경기로 경제는 심각한 타격을 받았다. 이후로 1986~1988년의 3저 호황기(저금리, 저유가, 저달러), 1996~1997년 반도체 호황기에 이어 1998년에는 외환위기로 불황기를 맞았다. 대체로 경기가 한 번 순환하는 데 약 4.5년이 걸렸으며, 이 중에서 경기 확장기는 3년, 경기 수축기는 1.5년 정도가 지속되었다.

이상에서 살폈듯이 '오르막이 있으면 내리막도 있다'는 속담처럼 경제는 호경기와 불경기를 순환·반복한다. 경제활동에서 소비, 투자, 정부지출, 순수출 등 총수요가 증가하여 경기가 좋아지면 관련 산업의 생산·고용·투자도 증가하고 경제활동이 활기를 띠게 되어 국민경제 규모도 그에 따라 증가추세를 띠게 되고 경기의 정점인 정상peak에 이르게 된다. 반대로 경제활동에서 소비, 투자, 정부지출, 순수출 등 총수요가 감소하여 경기가 나빠지면 관련 산업의 생산·고용·투자도 감소하고 경제활동이 활기를 잃게 되어 국민경제 규모도 그에 따라 감소추세를 띠게 되고, 전반적인 경제상태가 침체상태에 빠지게 되고 종국적으로는 경기의 저점인 계곡trough에 이르게 된다. 경기상황은 국민들의 생활에 크게 영향을 미치므로 국민경제를 총괄하는 정책입안자들은 경기상태에 최대한 주의를 기울여 그 충격을 최소화하도록 여러 가지 방책을 내놓기도 한다.

신용이 자본이다

신뢰성

신용이 머니Money?

IMF 외환위기 이후 우리나라는 국제사회에서 신용도가 하락함에 따라 경제적으로 어려움을 겪었다. IMF 수석부총재인 스티글리츠J. A. Stiglitz는 한국이 경제위기를 맞은 원인을 '신뢰성 상실loss of confidence'이라고 진단했다. 잘못된 규제, 국제수준에 미달하는 기업공시제도와 불투명성, 기업이 잘못한 것까지 정부가 나서서 구제해 주는 바람에 경제 전체에 도덕적 해이 현상이 팽배해졌고, 이로 인한 신용도 하락은 한국경제에 커다란 손실을 안겨주었다는 것이다.

'신용이 자본이다'라는 말이 있다. 신용信用이란 믿고 임용하는 것으로 현재의 행위에서 미루어 보아 앞으로도 약속이나 의무를 충실히 이행할 것으로 믿는다는 뜻이다. 이러한 신용으로 꽉 차 있는 사람은 주변 사람들이 서로 도와주려고 애를 쓴다. 이러한 분위기가 확산될 경우 개인은 물론 사회 전체가 화목해지고 심리적·경제적 풍요를 얻을 수 있다. 신용은 어떤 공동체 내에서 다른 구성원들이 보편적인 규범에 기초해 규칙적이고 정직하며 협동적인 행동을 할 것이라는 기대로서, 경제생활에서 매매나 고용 등 계약이 필요한 경우 지급일을 뒷날로 정하는 신용거래가 가능해진다. 따라서 불필요하게 서류를 작성하는 수고를 덜고 거래비용을 절감하는 것은 물론, 대단히 큰 경제적 거래도 어렵지 않게 이루어질 수가 있다. 이처럼 신용이 우리 사회에 정착될 경우 그 사람이 하는 말이나 행동들은 엄청난 금전적 가치를 가지게 되므로 신용은 곧 자본이 된다.

'개성상인'과 '신용'의 상관관계

'신용이 자본이다'라는 말과 관련한 상황을 우리의 역사 속에서 찾아보자. 이 경우 가장 적합한 예가 개성상인이 아닐까? 개성상인은 고려와 조선시대에 걸쳐 개성을 중심으로 사업활동을 벌인 상인으로서, 그들은 투철한 상혼商魂과 사개다리 치부四介-置簿로 유명하다. 사개다리 치부란 옛날부터 개성에서 발달한 복식부기複式簿記의 일종으로 장부에 과목科目을 정해놓고 대변貸邊과 차변借邊을 구별해 금전이나 물품의 출납을 기록하는 것이다. 또 복식부기란 거래를 할 때마다 대변과 차변을 분개分介하여 재산 및 자본의 증가와 감소를 빠짐없이 치부할 수 있도록 과목을 나누어 각각의 계좌計座를 설정해 조직적으로 장부를 기록하는 방법이다.

이렇게 하면 자산의 이동은 물론, 손실과 이익을 정확히 알 수 있고, 또 어디에서 잘못된 부분이 발생했는지 자동적으로 찾아낼 수 있다. 개성상인이 오늘날 더욱 중요한 의미를 가지는 이유는 다른 상인들이 생각조차 하지 못했던 그들 고유의 개성부기開城簿記를 만들어 투명성에 입각해 사업을 전개했다는 점이다. 개성부기란 고려 때 개성의 상인들 사이에 통용된 사개다리 치부법이다.

불행하게도 우리 사회는 '믿는 도끼에 발등 찍힌다', '고양이에게 반찬단지 맡긴 격이다', '콩으로 메주를 쑨다고 해도 곧이 안 듣는다' 등 배신이 비일비재하고 신용상실이 심각한 상태이다. 종금사, 파이낸스사, 새마을금고, 각종 협동조합, 증권회사, 은행 등의 임원들이 고객의 돈을 개인 목적으로 사용하고, 심지어는 돈을 해외로 빼돌린 후 도주했다는 보도를 자주 접한다. 또 많은 기업들이 실제 존재하지도 않는 공장을 허위 가동하거나 공사실적을 부풀리고, 회계장부를 조작하는 분식회계粉飾會計 등으로 이득을 보았다는 보도들도 심심찮게 접한다. 이러한 예들은 우리의 신용수준이 어느 정도인지 말해준다.

'고양이에게 반찬단지 맡긴 격이다', '믿는 도끼에 발등 찍힌 격이다'라는 속담은 믿고 맡길 만한 곳이 마땅치 않음을 나타내는 말이다. 그럴 경우 불필요한 감시비용이 들어간다. 상대방을 신뢰하지 않는 사람들은 형식화한 규범이나 규제를 통해서만 협력하려 한다. 따라서 때에 따라 강압적인 수단까지 동원해 교섭을 성사시키고 동의를 얻어내며, 소송을 통해 갈등을 해결한다. 이러한 법적 장치를 이용하면 이른바 '업무추진비'라는 것이 소요된다. 한 사회에서 불신이 팽배해지면, 신뢰가 높은 사회에서는 부담할 필요가 없는 비용이 부가되며, 그 액수는 신뢰성이 떨어질수록 많아진다. 어떤 직업이든 사업이든 그 사람을 가장 확실한 부자로 만들어 주는 것은 정직이다.

신용이 자본

신용은 제도분야와 함께 사회발전에 중요한 영향을 준다. 신용은 경제거래에서 거래자의 신용 정도가 높으면 거래를 진행하는 데 있어서의 비용과 시간을 줄일 수 있다. 신용은 다양한 경제분야에서 여러 가지 모습으로 찾아볼 수 있다. 국가가 정책을 이행하는 데 있어서 국민의 정부신뢰도는 국가가 원하는 방향으로 경기가 조정되느냐 되지 않느냐의 문제로 직결될 수 있다. 예를 들어, 불경기를 겪고 있는 국가가 시장에 돈을 풀어 경제를 부양시키기 위하여 금리를 인하하는 조치를 취했지만, 국민들이 국가의 정책을 신용하지 못하여 소비에 큰 변화가 없을 경우, 그 국가의 경기는 낮은 신용도에 의한 정책의 실패가 야기된다. 무역에 있어서도 신용도는 큰 영향을 미친다. 상대 거래국가가 국제적으로 안정적인 경제를 가지고, 물품생산에 있어서 뛰어난 기술을 보유하고 있을 경우, 많은 국가들이 그 국가와 기꺼이 거래를 하려고 할 것이다. 왜냐하면 자연히 소비자들이 그 국가의 제품을 선호할 것이고, 많은 수요가 발생하기에 그 국가와의 원활한 거래를 위해서 무역의 장벽을 낮추는 등의 활동을 추구할 것이다. 반면 그렇지 않을 경우, 오히려 상대 국가와의 거래에서 수요가 낮거나, 그 국가와의 거래를 꺼리기에 높은 무역장벽을 설정할 수도 있다.

나아가 신용은 사회적 자본social capital을 형성한다. 사람과 사람 사이에 굳은 믿음이 생기면 무슨 일이라도 추진할 수 있는 무서운 힘이 생긴다. 믿음이 확산돼 사회 전체가 상호 신뢰하는 공동체로 발전하면 갈등과 대립이 사라지고 거래비용이 감소해 경제 성장에도 큰 도움이 된다. 사회적 자본은 거래비용을 절감시켜 물적·인적 자원의 생산성을 높이며, 구성원 간 신뢰관계를 구축해 사회안정에도 크게 기여한다.

최근에는 대한민국의 국격을 높이기 위한 방안으로 사회적 자본에 대한 관심이 높아지고 있다. 사회적 자본은 신뢰, 규범, 네트워크 등 사회적 관계에서 발생하는 무형자산이다. 사회적 자본은 상호이익을 위한 협력과 조정을 더욱 수월하게 하는 사회적 특성을 지닌다. 국가의 경쟁력 강화, 성숙한 사회로의 진입을 위해서 사회적 자본의 역할이 중요해지고 있다.

카드거래의 활성화는 신용사회로 가는 증거

지구촌 시대의 정보사회에서는 신용이 경쟁력의 요체일 수밖에 없다. 도장문화에서 사인문화로, 서류문화에서 통신문화로 대체되고 있고, 현금거래보다는 카드거래가 일반화하고 있는 것 등은 우리 사회가 이미 신용사회로 가고 있다는 징표다. 경제에서 과정을 중시하고 투명성을 강화하는 것은 신용의 기본 조건이다. 상호주의에 입각해 모든 일을 처리하고 국제적 기준에 입각해 자료를 정리해 투명성을 확보하는 것은 신용의 필수요건이다. 신용경제에서 재화의 유통은 전적으로 신용에 의해 이루어지고, 상거래에서는 수표나 어음, 전자화폐의 유통이 일반화한다. 반면에 불신경제에서는 현금거래나 물물교환 위주로 거래가 이루어지므로 불편한 점이 많고, 지체비용이 수반되는 것은 물론 경제적으로 퇴행하게 된다. 민주주의와 자본주의의 제도가 제대로 실현되려면 문화적 관습이 병행되어야 한다. 법률, 계약, 경제적 합리성 등은 후기 산업사회의 안정과 번영을 위한 필요조건이기는 하지만 충분조건은 아니다. 그 밖에도 관습에 바탕을 둔 호혜성, 도덕률, 공동체에 대한 의무, 신뢰 등이 가미되어야 한다. 후자는 현대사회에서 시대에 뒤떨어지는 요소가 아니며 도리어 필수조건이다.

프랜시스 후쿠야마F. Fukuyama는 『트러스트(Trust)』에서 물질이 풍부한 나라보다 국민의 도덕성이나 문화가 우수한 나라가 번영을 누릴 것이며 21세기는 이러한 사회적 자본이 경쟁력의 요체라고 강조했다. 이는 '신용이 자본이다'라는 말과 일치하는 사상이다. 결국 21세기 경제 발전의 요체는 신뢰성이며, 객관화한 자료정리와 투명한 일 처리 등을 통해 사회적 자본을 축적하는 것이 한국경제의 필수과제이다.

한 우물을 파라

전문화

한 가지로 경쟁력을 확보하라

우리 속담에 '우물을 파도 한 우물만 파라'는 말이 있다. 이 속담은 여러 가지 기능을 습득하려고 애쓰기보다 한 가지 기능을 전문적으로 익혀 경쟁력을 확보하라는 뜻이다. 유사한 속담으로 무슨 일을 재치 있게 잘하거나 또는 공 같은 것을 재간 있게 놀림을 표현한다는 '고양이 달걀 굴리듯', 어떤 사물이나 사람이 적임자와 연결되어 능력이나 기능을 제대로 발휘할 수 있게 된다는 '임자를 만나다'가 있고, 전문성도 없이 이리저리 덤비다가 일을 그르치는 것을 비판하는 '팔방미인 치고 무엇 하나 제대로 하는 경우가 없다', '무엇이든지 다 할 수 있는 사람은 뛰어난 재주가 없다Jack of all trades and master of none.'가 있다.

과거 우리나라는 물적 기반이 취약했기 때문에 경제개발 과정에서 IMF나 IBRD에서 장기차관을 얻을 수밖에 없었고, 때문에 대기업 위주의 불균형 성장전략에 입각한 양적 팽창을 그 기조로 삼았다. 그러한 전략은 단기간에 경제적으로 큰 성과를 거두었고, 한강의 기적을 이루었다는 평가를 받아, 한때 한국은 개발도상국의 모델이 되기도 했다.

단기적 성과를 지켜본 국민 대다수는 대기업의 백화점식 확장전략을 당연한 것으로 받아들였다. 그러나 IMF 외환위기를 전후해 외국의 학계 및 언론계는 우리나라 대기업의 백화점식 경영을 경제위기의 주된 원인으로 지적하면서 정실자본주의crony capitalism에 대해 강하게 비판했다. 특히 다각화 경영은 경영 초점의 분산으로 총수owner에게 성공적인 기업경영을 기대하기가 어렵고, 사업규모의 확대와 내용의 다양화로 인적자원 · 재무능력 · 기술능력 등 각종 내부능력이 강하게 요구되는데, 이를 내부에서 충족시키기가 쉽지 않다. 또 조직이 크기 때문에 정보전달 및 의사결정에 시간이 많이 걸리고 시너지 효과가 크지 않으며, 내부거래 등의 문제로 무한경쟁 · 무국경의 지구촌 시대에는 잘 부합하지 않는 것으로 지적된다.

전문기업 육성

외국은 거의 전문업종 중심이다. 전문업종의 육성으로 성공한 사례로는 스포츠업계의 '나이키'사와 '리복'사, 컴퓨터업계의 '마이크로 소프트'사와 'IBM'사, 자동차업계의 '제너럴 모터스'사와 'BMW'사가 있다. 이들은 방만한 확장을 하기보다는 기업의 이윤을 전문업종의 육성에 재투자함으로써 현재의 브랜드 파워를 가진 전문기업이 되었다. 미국 '제너럴 밀즈사'의 경우도 1980년대 중반까지는 가정소비재 분야에서 사업 확장을 거듭한 '문어발식 기업'의 대표 주자였다. 그러다 1985년에 위기에 직면했다. 회사 생존마저 위협받게 되자 밀즈는 '식품분야'를 주력업종으로 선정하고 전체매출의 3분의 1에 해당하는 야외용품, 완구, 의류사업을 정리했다. 이 회사는 1995년 투자전문가들로부터 회생에 성공했다는 평가를 받았다. 또 미국 제1의 우량기업인 제너럴 일렉트릭GE의 경우 1981년 호황시기에 일찌감치 사업부문 축소작업을 벌여 성공한 케이스다. 당시 잭 웰치Jack Welch 회장은 무분별한 기업 확장이 위기를 부른다는 판단에서 100개가 넘는 사업분야를 10여 개로 크게 줄였다. 이후 지금까지 GE가 팔아넘긴 사업이나 생산라인만 해도 400여 개에 이른다.

오늘날 국내기업들은 경쟁국가의 기업들에 비해 기술력은 물론이고 경영능력과 관리능력 등 모든 분야에서 뒤떨어지는 것으로 지적된다. 더욱이 우리 기업들이 경쟁상대로 생각하고 있는 미국과 일본의 기업들과는 규모 면에서 비교가 되지 않을 정도로 영세성을 면치 못하고 있다. 선진국의 기업들은 대체로 특정 업종에만 종사하고 있다. 그런 기업의 최고 경영자들은 경쟁력이 이미 세계적인 수준에 도달했음에도 불구하고 경쟁력을 더욱 강화하기 위해 다양한 전략을 구사하고 있다. 그들은 다른 일에 한눈을 파는 일이 거의 없으며 전문업종에 대해서는 한시도 마음을 놓지 않는다. 반면에 국내기업들은 전문업종에 정열을 쏟기보다는 위험을 분산하기 위한 다각화 경영에 초점을 두어왔다.

아웃소싱으로 전문화의 효율성

그런데 최근 들어 국내기업들에 새로운 변화의 징후가 나타나고 있다. 주방가구 회사인 한샘의 경우 토탈 인테리어 분야를 주력 사업으로 삼고 있다. 이제까지 가구를 구입할 때 침대는 에이스, 장롱은 보루네오 하는 식으로 소비자가 개별적으로 구입해 부분적으로 인테리어를 해왔다.

그러나 한샘의 경우에는 거실, 서재, 욕실, 베란다 등 집안 전체의 인테리어를 해주고 있다. 그렇다고 한샘이 침대까지 만드는 것은 아니다. 한샘이 잘 만드는 주방가구와 장롱 이외에는 아웃소싱(outsourcing, 기업이 생산·유통·포장·용역 등 업무의 일부분을 외부에서 조달하는 것)으로 제품을 선별적으로 구매해 공급하는 유통부분에 뛰어들어 효율적으로 전문화를 추구하고 있다. 과거에 모든 분야의 가구를 만들다가 경쟁력이 없어서 망한 대형 가구업체들의 전철을 되풀이하지 않고, 외부에서 구매해 파는 전략을 채택한 것이다. 이렇듯 잘 만들 수 있는 분야만을 전문적으로 생산함으로써 경쟁력을 더욱 높일 수 있다.

독일 자동화기업 훼스토는 기존의 전통적인 공장자동화 설비에 머물지 않고 다양한 종류의 로봇을 개발하고 있다. 잠자리로봇, 로봇새, 캥거루로봇, 개미로봇 등을 제작해 활용분야를 넓히고 있다. 이른바 '생체공학적 로봇bionic robot'이다. …… 훼스토는 지멘스 등과 협력해 멀티캐리어시스템multi carrier system도 개발했다. 유연하고 빠른 통합물류를 위한 시스템이다. 탄탄한 기술력, 국제표준 선도, 산·학·연과 정부의 협업 속에서 독일은 미래 먹거리 개발의 주역이 되겠다는 의지를 다지고 있다.77)

경제가 발전한다고 모든 기업이 발전하는 것은 아니다. 급변하는 경제환경에 맞추어 경쟁력이 떨어지는 비교열위의 업종이나 기업은 과감하게 정리해 비교우위의 기업으로 전환할 필요가 있다. 이처럼 경쟁력 있는 산업을 중심으로 경제구조를 변화시켜 나가는 것이 바로 구조조정이다.

다각화 경영의 문제점

그러나 지구촌 시대에 다각화 경영은 긍정적인 면보다는 문제점이 더 많은 것으로 지적된다. 왜냐하면 효율지향적 경영전략으로서의 한계를 지니고 있기 때문이다. 다각화 경영의 문제점 가운데 두드러진 것들을 살펴보자.

첫째, 경영초점의 분산으로 총수owner에게 성공적인 기업경영을 기대하기가 어렵다. 둘째, 사업규모가 확대되고 그 내용이 다양해지면서 인적자원, 재무능력, 기술능력 등 각종 내부능력은 강하게 요구되는데, 이를 내부에서 충족시키기가 쉽지 않다. 셋째, 조직이 크기 때문에 정보를 전달하거나 의사를 결정하는 데 시간이 오래 걸리고 시너지 효과가 크지 않으며, 내부거래 등으로 문제가 생긴다.

다각화 전략은 이제 그만!

기업은 이윤추구의 주체이다. 이윤을 내지 못하는 기업이나 금융기관은 더이상 존재할 의미가 없다. 그러므로 규모를 줄이거나 부서를 없애거나 아예 기업 자체를 폐쇄하는 방안을 강구해야 한다. 기업이 살아남기 위해서는 전문화를 통해 경쟁력을 강화하고 이를 위해 구조조정이 따라야 한다. 산업구조 조정에서는 비교열위의 산업을 비교우위의 고부가가치산업으로 전환시키고 이에 걸맞은 조세 및 금융제도, 기업의 경영원리와 행정처리 관행, 노동제도 등을 새로운 환경에 맞추어 변화시켜 나가야 한다. 그리고 기업구조 조정에서는 기업의 핵심역량을 하나로 모아 집중화, 전문화를 추구해야 한다. 과거처럼 차입 위주로 자금을 조달하는 대신 한층 투명한 재무전략과 수익경영으로 기업의 운영방식을 전환해야 한다. 위기를 맞고 있는 한국기업들은 전문분야를 육성해 지구촌 시대에 맞는 생존전략을 세워나가야 할 것이다.

석 새 베에 열 새 바느질

기술진보

사람들은 누구나 잘살기를 원한다. 잘살기 위해서는 소득증가가 필수적이다. 또 소득증가는 생산성 향상을 통해 가능하고, 생산성 향상은 기술진보를 통해 이루어진다. 생산성 향상과 기술진보는 경제성장과 경제발전의 요체다. 경제가 성장 혹은 발전한다는 것은 국민소득수준이나 소비수준이 높아진다는 뜻이며, 특히 총국민소득보다 1인당 국민소득과 1인당 소비수준의 증가를 가리키는 경우가 많다.

우리 속담에 '석 새 베에 열 새 바느질'이라는 말이 있다. '새'는 무명이나 비단과 같은 피륙의 날을 헤아리는 단위로, '석 새 베'란 240올의 날실로 짠 성기고 굵은 삼베를 일컫는다. 옷감을 짤 때 섬세하게 짜여져야 고운 옷감을 만들 수 있으므로 '새'에 따라 등급이 매겨진다. '석 새 베'란 엉성하게 짜여서 그만큼 베의 품질이 좋지 않다는 뜻인 반면, '열 새 바느질'은 아주 정교한 바느질로 우수한 품질의 상품을 만들어 낸다는 의미다. 곧 바탕이 좋지 않더라도 기술이 훌륭하다면 좋은 제품을 만들어 낼 수 있고, 베 짜는 기술이 정교하면 원료를 적게 들이고도 우수한 제품을 많이 만들어 낼 수 있다는 말이다. 베를 짤 때 베 짜는 사람의 숙련도와 컨디션 및 베틀의 성능 등이 베의 품질을 좌우

한다. 그러므로 적은 원료로 많은 제품을 생산하려면 그 제품을 생산하는 노동자가 자신의 능력을 최대한 살려 가장 효율적인 방법으로 제품을 생산해야 한다. 이와 유사한 속담으로 독일의 '좋은 기술을 가진 것은 금광을 가진 것과 같다'는 말이 있다. 독일의 히든 챔피언(글로벌 강소기업)이 많은 것도 결국 이러한 기술 중시 문화에서 비롯됐음을 알 수 있다. 영국이 1차 산업혁명 이후 해가지지 않는 나라를 구축한 것도, 미국이 2차 산업혁명을 주도함으로써 세계 유일의 강대국 지위를 유지하고 있는 것도 마찬가지이다.

경제발전의 요체, 기술진보!

급격한 기술환경의 변화가 세계 경제 전반에 걸쳐 산업혁신을 주도하고 있다. 최근 다보스 포럼에서는 4차 산업혁명이 주요 의제로 다뤄졌고, 세계 주요국들도 자본집약적 3차 산업에서 기술집약적 4차 산업으로 성장 패러다임 전환을 적극 모색하고 있다. 제조 생산기반을 자국으로 불러들이는 미국의 리쇼어링reshoring, 중국의 '제조 2025', 독일의 '인더스트리 4.0', 일본의 '산업재흥플랜' 등도 산업구조 재편을 위한 경제운영정책이다. 스마트 공장, 사물인터넷IoT, 스마트 로봇, 인공지능AI, 자율주행 등 멀고도 가까운 기술융합의 진화가 디지털 경제 진입을 재촉하고 있다. 이제 세계는 '경쟁의 시대'를 넘어서 융합convergence, 공동창조co-creation, 디자인 사고design thinking 등 '공동의 시대'로 접어들고 있다. 공동 협력체제는 IoB(두뇌인터넷 : Internet of Brains) 시대 인류의 현명한 생존전략으로서, 컴퓨터를 넘어선 인류의 새로운 감성과 지성의 공동체 네트워크를 강력히 요구한다.

기술진보의 사례

사물인터넷IoT, 드론(무인항공기), 자율주행차 등 새로운 성장동력에 대한 관심이 뜨겁다. …… 한국 정부는 노동 · 공공 · 금융 · 교육 등 4대 부문에 산업을 추가한 '4+1 개혁안'을 추진하고 있다. 산업개혁의 핵심은 신산업 육성이다. IoT, 드론, 빅데이터, 바이오헬스 등 신산업에 대한 연구개발R&D, 세액 공제율 확대 등의 각종 세제 혜택과 재정 지원도 강화할 방침이다.[78] 빅데이터 제조업 활용이 한창이다. …… 최근에는 제조를 넘어 무인자동차, 로봇 기술에 지속적으로 투자하고 있다. 사물인터넷은 각 업체의 설비 간 데이터를 공유하며 인터넷을 통해 제어되는 최첨단 공장으로 미래를 앞당기고 있다. 최근에는 소셜네트워크서비스SNS, 사물인터넷의 센서 로그, 폐쇄회로TVCCTV 영상 등 데이터 종류도 다양해지고 있다.[79]

기술혁신Innovation

오늘날 우리는 기술을 가장 중요시하는 시대에 살고 있다. 한 나라의 경쟁력은 그 나라의 기술수준에 달려 있다고 말할 만큼 기술의 중요성이 절대적인 이른바 '기술입국技術立國' 시대에 살고 있다. 윈도우를 개발한 빌 게이츠Bill Gates나 구글을 만든 세르게이 브린Sergey Brin, 아이팟을 내놓은 애플의 스티브 잡스Steve Jobs 같은 천재의 혁신적인 아이디어가 IT분야에서 얼마나 큰 성과를 이뤄냈는지 충분히 잘 목격한다. 탁월한 한 명이 10만 명을 먹여 살릴 수 있다는 이야기가 회자되는 것도 이 때문이다. 기술이란 물건을 취급하거나 일을 처리하는 방법, 수단 및 솜씨이고, 과학을 응용해 인간생활에 유용하도록 인류가 자연을 새롭게 고치거나 가공하는 재주다. 이러한 기술이 인류의 경제생활에 획기적으로 기여하게 된 것은 기술혁신innovation을 통해서다. 18세기 후반부터 19세기까지 영국을 중심으로 일어난 산업혁명은 인류를 혁신적으로 발전시켰다. 이 변혁의 직접적 계기가 된 방직기계의 발명과 증기기관의 출현은 영국을 산업자본주의사회로 이끌었다. 19세기 말부터 20세기 초에 새로운 에너지로서 전기가 등장하자 모든 생산분야에서 증기기관이 전동기電動機로 대체되는 원동기 혁명이 일어났다. 이것을 제2차 산업혁명이라고 한다. 이때 새로운 기계와 재료, 동력과 기술이 등장해 생산량을 비약적으로 늘렸다. 그리고 기차와 기선의 발명으로 세계지리상 거리가 단축되고, 이로 인해 시장이 넓어지고 무역이 발달했다. 이처럼 경제가 급속히 성장하자 사회가 획기적으로 변동했다. 분업과 기계화를 통한 생산능력의 향상과 공장제 생산의 발달은 경영기술의 발전에 기인한 것이라 볼 수 있다. 미국의 유명한 자동차 회사 포드가 나타나기 전까지 자동차는 타사 제품과 교환할 수 없는 부품으로 구성되었으며, 수리와 공급이 쉽지 않았다. 하지만 포드사가 모든 부품을 규격화함으로써 교환이 가능해졌다. 또한 경영기술을 통해 자동차를 대량생산함으로써 당시 자동차 업계에서 절대적인 위치를 차지하게 되었다. 기술진보는 노동생산성 증가로 나타나며, 그에 따라 효율성이 증가하고 1인당 산출량 역시 늘어나고, 1인당 산출량의 성장뿐만 아니라 궁극적으로 국가의 경제성장에도 기여한다.

창의적인 선도자First Mover

과거 우리는 빈약한 부존자원, 열악한 경제환경을 극복하고 압축경제성장을 이루었다. 한 세대만에 1인당 실질소득이 다섯 배 증가해 동아시아의 호랑이들은 빈국에서 부국으로 급성장했다. 이들의 성공요인은 바로 선진외국에서 기술을 습득해 온 데 있다. 즉, 따라잡기 모델catch-up model이 압축경제성장을 가능하게 했던 것이다. 이 국가들은 해외에서 개발된 기술을 채택해 생산능력을 크게 향상시킬 수 있었고 그로 인해 고도의 경제성장이 가능했다. 그런데 중국, 인도, 베트남 등 맹렬한 추격이 우리 경제를 끊임없이 위협하고 있다.

이제 우리는 새로운 제품이나 기술을 빠르게 따라가는 패스트팔로어fast follower의 자리를 내던지고 산업의 변화를 주도하고 새로운 분야를 개척하는 창의적인 선도자first mover로 자리매김하지 않으면 안 된다. 아울러 경쟁의 시대를 넘어서 융합convergence, 공동창조co-creation, 디자인 사고design thinking 등 공동의 시대에 대비한 철저한 준비와 실천이 요구된다. 결국 바탕이 좋지 않은 '석 새 베'일지라도 우수하고 진보된 기술 등을 통해 '열 새 바느질'이 가능할 경우 시간과 공간을 초월해 개인, 사회, 국가, 인류를 풍요롭게 해주고 있음을 알 수 있다. 자원이 풍만한 나라는 일시적으로 잘살 수 있겠지만, 아이디어와 기술이 풍부한 나라는 영원히 잘살 수 있다. 기술진보는 생산성 향상과 함께 소득증가를 가져오고, 또 소득증가를 통한 기술개발 투자는 지속적인 경제성장을 가능하게 한다. 요즘처럼 경제위기로 몸살을 앓는 이때 '석 새 베에 열 새 바느질'이라는 속담에 담긴 예지가 더욱 필요하다.

돈 물려줄 생각 말고 자식에게 글 가르쳐라

인적자본투자

교육은 경제발전의 원동력

우리나라가 성공적인 경제발전을 할 수 있었던 것은 교육을 통한 인적자원 개발이 잘 이루어졌기 때문에 가능하다고 하는 것이 일반적인 평가이다. 교육은 사람에게 지식과 기술을 습득하게 하고 적응력을 키워줌으로써 지적이며 생산적인 사람을 양성하고, 노동력의 질적 향상을 통해 생산성을 증가시키고 기술혁신을 촉진시킴으로써 경제발전에 기여한다. 어떤 나라는 성공하고 다른 어떤 나라는 실패한 이유를 둘러싸고 벌어졌던 논쟁의 상당 부분은 교육수준에 대한 이해를 통해 해결되어 가고 있다. 질 높은 교육 없이는 장기적인 경제성장을 달성할 수 없기 때문이다. 이러한 의미에서 교육을 받은 노동력은 기계나 건물과 같은 물적자본physical capital에 비유되는 인적자본human capital이라고 하며 교육이 경제발전에서 중시되는 이유도 여기에 있다. 인적자본은 조직에서 문제를 해결할 수 있는 개개인 능력이나 역량의 합으로, 개인적인 능력, 지식, 기술, 경험 등이 포함되며, 조직의 창조성과 혁신성의 원천이 된다. 인적자본을 늘릴 수 있는 투자에는 학교교육 · 현장

훈련 · 이민 · 건강 · 노동시장정보 등이 있는데, 이 중 가장 중요한 것이 교육이다. 사람을 고용하는 기업의 입장에선 교육수준이 높은 근로자의 한계생산이 크기 때문에 더 높은 임금을 지급하고자 한다.

세계적 교육열!

우리 속담에 '돈 물려줄 생각 말고 자식에게 글 가르쳐라'는 말이 있다. 이 속담은 자식을 위해 재산을 물려주는 것보다 공부를 가르쳐 지식을 물려주는 것이 더 중요하다는 뜻이다. 이는 인적자본의 중요성이 개인에게는 물론 가정과 사회와 국가에서 물적자본을 훨씬 능가하는 가치가 있다는 말로, 우리 민족의 교육열이 얼마나 높은지 잘 보여준다. 이러한 사고방식은 우리나라의 압축성장 시기에 여지없이 나타났다. 교육받은 인력들은 사회에서 신분상승은 물론, 경제적 풍요까지 누렸다. 이에 따라 '돈 때문에 못다 배운 한'을 지닌 우리나라의 대다수 부모들은 자식교육에 집착하게 되었다. 유사 속담으로는 '황금 천 냥이 자식 교육만 못하다', '뒤에 볼 나무는 그루를 돋우어라', '귀한 자식 매 한 대 더 때려라', '물고기를 잡아주는 대신 물고기 잡는 법을 가르쳐라'가 있다.

교육열이 높은 이유

"2016년 OECD 교육지표EAG : Education At a Glance 조사결과"에 따르면, 한국의 경우 교육의 경제적 효과를 나타내는 25~64세 성인인구의 교육단계별 상대적 임금(2014년, 고졸자 임금=100 기준)은 전문대학 112%, 대학 145%, 대학원 196%로 나타났다. 이는 OECD 평균인 전문대학 120%, 대학 148%, 대학원 191%보다는 낮지만 여전히 학력에 따른 임금 격차가 큰 것으로 밝혀졌다.

학력 간 소득격차는 높은 교육열을 뒷받침한다고 할 수 있다. 이는 고학력자의 경우 저학력자보다 노동생산성이 높기 때문에 노동을 수요하는 기업은 고학력자에게 높은 임금을 주려하므로, 교육이 소득을 높이는 요인이 된다. 이것은 교육을 하나의 경제적 재화로 간주하는 것으로, 교육이 경제적 투자대상이 된다. 결국 사람들은 미래에 한층 높은 수익을 기대하여 교육에 드는 비용을 투자하는 것이고, 그 결과 물적자본과 똑같은 종류의 투자가치를 가진 인적자본을 얻게 되는 것이다. 인적자본human capital이란 일반국민의 교육수준 및 숙련도를 말한다. 인적자본론human capital theory에서는 기본적으로 교육이 노동자의 업무수행능력과 노동생산성을 향상시키는 역할을 한다고 보며, 교육을 인간자본을 형성하는 생산적 투자로 취급한다. 그래서 이 이론에서는 인간자본에 대한 투자인 교육은 개인을 보다 생산적으로 만들게 되므로 교육을 받은 노동자는 교육을 덜 받은 노동자에 비해 노동생산성이 더 높게 되고 그 결과 더 높은 소득을 얻게 된다고 설명한다. 따라서 인적자본의 축적, 특히 교육투자는 경제성장의 중요한 밑바탕 가운데 하나임이 실증되었다. 슐츠T. Schultz와 데니슨E. Denison은 인적자본의 증가가 미국 및 서구의 성장에 물적자본인 공장이나 설비의 증가보다 공헌했다고 결론을 내렸다.

인적자본에 투자한 만큼 노동대가가 크다

지식정보화시대에 지식자본은 부가가치가 가장 높은 자본이다. 현대 경영이론의 창시자인 피터 드러커P. F. Drucker는 자본주의 이후에 오는 지식이 유일한 생산수단이 되며, 자본주의사회의 원동력이었던 전통적인 생산요소, 즉 토지, 노동, 자본은 이제 경제발전에 오히려 제약이 되는 사회를 지식사회라고 칭하였다. 이러한 지식사회에서는 부를 창조하는 중심적 활동도 자본의 배분이나 노동의 투입이 아닌, 지식을 배분하고 적용하는 활동으로 바뀌며, 주도적인 사회집단도 지식을 배분하고 적용하는 지식노동자로 바뀌게 된다.

이미 지식사회는 기업경영 등에 적용되어 경영혁명의 형태로 도래하기 시작했다. 지식사회에서 지식이 없을 경우 국가든 사회든 개인이든 '안꼬 없는 찐빵'과 같다. 지식과 관련한 교육투자는 노동의 질을 향상시켜 생산성 증대와 함께 경제성장을 가져오게 된다. 재산을 모아 자식에게 물려주기보다는 글을 가르쳐 지식을 물려주는 것이 개인적으로나 국가적으로나 모두 더 유익하다. 교육은 개인의 자아실현과 인격완성을 이룩해 인간다운 삶을 향유할 수 있게 할 뿐만 아니라, 인적자본을 형성하여 뛰어난 지식과 기술, 적응력 등으로 생산성을 높여준다. 생산성이 높기 때문에 교육받은 인력에게는 높은 임금이 지급되며, 그 여파는 개인에게 소득향상을 가져오고 소득분배에 기여하여 사회적으로 경제성장을 가져온다.

과거에는 부가가치를 창출하는 데 가장 큰 의미가 있었던 노동량, 생산량과 같은 물질적 · 유형적 생산활동이 대부분이었으며, 임금도 시간급 위주였기 때문에 일괄적으로 부여된 근무시간에 따라 임금을 지급했다. 그러나 오늘날에는 인적자본의 가치, 곧 성과를 창출해 내는 근로자 개인의 기본 능력에 따라 보상의 크기가 결정된다. 정보와 신기술의 확산으로 시장규모가 세계화하면서 지식 관련 노동이 생산활동에 더욱 큰 비중을 차지하고 있고, 이와 관련한 인적자원 개발은 경쟁력 제고의 요체가 되고 있다. 이런 관점에서 인적자원 관리의 핵심인 임금(보상) 관리방식의 기본 원칙이 과거와 많이 바뀌어 지식급이나 스톡옵션stock option과 같은 방식이 나오게 된 것이다.

21세기에는 물적자본보다 인적자본이 더 중요하다

21세기 정보화시대에는 물적자본보다 인적자본이 중요시되며, 그중 지식자본이 더욱 강조되고 있다. 지식정보사회에서 노동은 일한 시간에 따라 임금을 받거나 양적으로 지표화할 수 있는 것에 의존하는 단순노동이 아니라, 근로자의 능력 자체의 질적 수준에 의해 차별화하는 전문성을 지닌 노동을 의미한다. 전문성을 지닌 인적자본을 육성하는 것은 개인과 사회, 국가 발전의 요체이며 경쟁력의 관건이다. 이를 위해 국가는 어릴 때부터 국민 개개인이 자신의 소질을 최대한 계발해 어떠한 분야에서 자기 나름의 전문성을 키우기 위한 발판이 될 수 있는 교육의 장을 마련해 주어야 한다. 우리나라가 압축경제성장을 이룩할 수 있었던 것은 열악한 경제사정에도 불구하고 미래를 위해 자식에게 글을 가르친 조상들의 예지와 경제를 하려는 의지the will to economize 때문임을 잊지 말아야 한다.

아는 것이 힘이다

지식자본

자본주의 아니, 지본주의!

21세기 세계 경제는 물적자본物的資本 중시에서 지적자본知的資本 중시의 지식기반경제knowledge based economy가 보편화되고 있다. 지식기반경제란 지식이 개인과 기업, 국가의 부를 창출하는 데 핵심이 되는 것으로 지식의 창출과 확산, 습득과 활용을 통해 경제주체들이 혁신능력을 배양하고 이러한 능력이 성장의 기반이 되는 경제이다. 이 시대에 지식은 핵심자원이며, 국경이 없다. 인류는 도구를 사용한 이래 언제나 새로운 아이디어와 혁신에 의해 진보해 왔으며, 이는 지식에 바탕을 둔 것이었다. 이와 같이 과거에도 지식의 역할이 중요했음에도 불구하고 오늘날 그 중요성이 새삼 강조되는 것은 무슨 이유일까? 그것은 다름 아닌 정보통신기술IT 혁명이 산업사회의 전반적인 변화를 초래했기 때문이다. 정보통신 혁명은 정보의 저장 · 가공 · 처리 · 전달 비용을 혁명적으로 감소시켰다. 산업시대의 특징적 현상인 집중과 통제, 획일성과 중후장대重厚長大의 대량생산 개념은 분산과 자유, 다양성 및 경박단소輕薄短小의 유연생산 패러다임으로 바뀌면서 경제사회 전반의 변화를 유도한다. 이 변화의 핵심적 전략요소가 바로 지식이요, 혁신이다.

'아는 것이 힘이다'라는 말이 있다. 이 속담은 필요한 지식을 가지고 있으면 어떤 일을 능숙하게 처리할 수 있다는 말이다. 현대 자본주의 경제에서 지식은 이미 가장 중요한 전략적 요소가 되었으며, 경제의 지식집약화 추세는 더욱 가속화될 것으로 전망된다. 지식이란 일하는 방법을 개선하거나 새롭게 개발하거나 기존의 틀을 바꾸어 혁신을 단행해서 부가가치를 높이는 것으로서, 경험 · 업무절차 · 기술 · 전문가의 식견 등이 포함된다. 애덤 스미스 시대에는 자본 생산이 중요했고, 프레드릭 테일러Frederick Winslow Taylor는 과학적 관리법으로 생산성을 높였으며, 피터 드러커Peter Ferdinand Drucker는 지식경영으로 생산성을 높였다. 테일러는 미국의 경영학자로 과학적 관리법(테일러 시스템)을 창안하여 공장개혁과 경영합리화에 큰 공적을 남겼다. 테일러 시스템은 노동자의 표준작업량(과업)을 과학적으로 결정하기 위한 시간연구, 과업의 달성을 자극하기 위한 차별적 임금(성과급), 계획 부문과 현장감독 부문을 전문화한 기능별 조직 등을 축으로 한 관리시스템이다. 현대 경영학의 창시자 피터 드러커는 경제적 제원을 잘 활용하고 관리하면 인간생활의 향상과 사회발전을 이룰 수 있다고 생각했으며, 이런 신념을 바탕으로 한 경영관리의 방법을 체계화시켜 현대 경영학을 확립하였다. 그는 특히 『21세기 지식경영(Management challenges for the 21st century)』에서 지식근로자의 생산성 문제를 집중 분석하면서 생산성 향상을 위해서는 개인과 조직의 기본적 태도에서도 변화가 필요하며, 미래 기업경영의 핵심은 지식자본, 지식근로, 지식활용에 있음을 역설한다.

빌 게이츠와 단순노무자의 상관관계?

지식정보시대의 도래는 필연적으로 산업구조와 노동시장의 변화를 수반한다. 전통산업은 상대적으로 퇴조하고 지식산업이 급성장해 인력수요도 변하게 된다. 일반적으로 미숙련 근로자에 대한 노동수요는 감소하고 전문지식과 창의력을 갖춘 지식근로자에 대한 수요가 증대된다. 지식기반시대에는 빌 게이츠처럼 창의력과 모험심 있는 사람은 짧은 기간에 거부가 될 수 있지만, 단순노무자는 상대적 빈곤의 나락으로 떨어질 위험성이 크다. 지식경쟁력을 갖춘 근로자는 고소득자가 되는 반면, 그렇지 못한 근로자는 상대적인 소득격차를 감수해야 한다. 미국의 경우 1997년 전통 산업근로자의 연평균 임금은 3만 달러였지만, IT 산업근로자는 5만 3,000달러였다. 지식정보산업에 관한 한 우리나라는 선두주자로 각광받고 있다. 지식경제 강국의 꿈이 현실로 다가오고 있다. 정보통신부에 따르면, 우리나라는 만 6세 이상 국민의 70.2%인 3,158만 명이 인터넷을 이용하며 국제전기통신연합ITU에 보고된 각국 인구 대비 이용률을 비교할 때 세계 3위 수준이다.

지식기반경제의 과제

오늘날 우리는 지식본위의 지본주의시대를 살아가고 있다. 따라서 지식산업을 주도할 인적자원을 개발하는 것이 국가발전의 핵심전략으로 부각되고 있다. 이러한 21세기의 지식기반경제는 다음과 같은 과제를 안고 있다. 첫째, 개인의 다양성과 독창성에 기반한 지식기반경제를 구축해야 한다. 지식을 확산하는 가장 효과적인 메커니즘은 지식을 가진 사람이 이동하는 것이므로, 노동시장이 유연하게 돌아가야 하며,

산업현장과 대학, 정부 간에 우수한 인력이 활발히 교류해야 한다.

둘째, 지식경영 핵심은 혁신의 축적과 공유이다. 이를 위해서는 '확실한 보상'이 원동력이다. 오늘날 지식경영이라고 불리는 경영기법의 핵심은 개인이 혁신한 지식을 표준화해 조직의 지식으로 축적함으로써 다른 구성원이 공유할 수 있도록 하는 것이다. 다양한 혁신시스템과 혁신기법을 격려하는 보상시스템, 혁신 노하우의 공유를 격려하는 지식경영 시스템의 올바른 설계는 기업발전의 핵심이다.

셋째, 지식기반사회의 핵심인프라로서 지식시장을 활성화하고 교육체계를 재정비해야 한다. 창의적인 인재를 육성하기 위해서는 초·중등교육 과정부터 다양한 현장체험이 가능해야 한다.

넷째, 지식기반경제를 확립하기 위해 국가 차원에서 발전전략을 구상해야 한다. 우리나라는 최근 들어 IT인력을 집중적으로 양성하기 위해 정보기능대학을 신설했으며, 민간훈련기관도 정보교육에 역점을 두고 있다. 마이크로소프트사가 GM, GE 등 기라성 같은 제조업체를 누르고 주식시가 총액 세계 1위 기업으로 발돋움한 사실에서 지식과 기술의 가치에 대한 중요성을 살필 수 있다.

다섯째, 지식기반사회의 특성에 맞게 정부의 역할과 기능, 정책 패러다임이 변해야 한다. 정부는 경제에 대한 규제자 및 공공재의 직접 생산자에서, 지식을 창출하고 확산하기 위해 새로운 제도와 관행을 고안하고 정착시켜 나가는 조성자designer로 바뀌어야 한다. 정부가 먼저 지식정부화해야 하고, 정부가 스스로 내부의 지식을 창출·확산하는 체계를 갖추는 것은 물론 조직 및 행정 방식도 변화해야 한다.

정글의 경제

CHAPTER

4

한치 앞을 모른다

불확실성

불확실성의 세계 경제 상황

오늘날은 뉴노멀New Normal 시대로서 불확실성이 지배하는 시대이다. 뉴노멀의 특징은 글로벌 경제의 모든 나라에 저성장, 저물가, 저금리, 고부채 등의 상태가 정착되어 있고, 이에 대처할 방향은 어떤 나라도 아직 확실하게 잡지 못하고 있다는 점이다.[80] 경영자마다 속수무책이라며 아우성이다. 정말 큰 문제는 이제까지 써온 전략경영방법론들이 더 이상 먹혀들지 않고 있다는 데 있다. 불확실성이 증가했기 때문이다.

우리 속담에 '한치 앞을 못 본다'는 말이 있다. 한 치는 약 3센티미터밖에 안 되는 아주 짧은 거리이다. 결국 이 속담은 아무리 가까운 미래라도 예상할 수 없음을 예리하게 잘 지적하고 있다. 유사 속담으로 '한치 앞이 어둠', '한치 앞을 모른다'가 있고, 굴속에 들어 있는 뱀의 길이가 얼마나 되는지 모르듯이 남의 숨은 재주나 보물은 측량하기 어렵다는 뜻의 '궁게 든 배암이 몇 자인 줄 아나'가 있다. 이들 속담 모두는 사람의 일은 아무리 가까운 미래라도 함부로 예상해서 판단할 수 없다는 불확실성uncertainty을 강조한다. 불확실성이란 확실한 판단의 바탕이 되는 체계적인 지도원리나 철학이 없는 현상으로, 이제까지 경험하지 못한 사건이 일어나기 때문에 확률분포 자체를 모르는 경우이다. 처음 당해보는 사건이기에 경험이 없고, 우리의 '프레임' 밖에 있으며, 상상조차 어렵다. 우리는 어떤 의사결정을 할 때에는 무엇 때문에 그런 결정을 하는가에 대한 목적이 반드시 있다. 기업의 경우에는 장기적인 이윤利潤을 얻는 것을 목적으로 한다. 그 때문에 의사결정자에게 있어서 가장 좋은 결정이란, 그 목적을 달성하거나 목적의 가치를 최대로 하게 하는 결정이다. 그 목적을 이룰 수 있느냐, 없느냐, 또는 어떤 목적의 수치數値가 어느 정도로 될 것인가는 의사결정자의 행동, 사회와 자연의 상태라는 두 가지 요인에 의해서 결정된다. 전자는 의사결정자에게 있어서 통제 가능한 변수變數이고, 후자는 통제가 불가능한 변수이다. 따라서 의사결정자는 후자의 통제가 불가능한 변수를 되도록 정확하게 예상하면서 전자의 결정을 내리게 된다.

불확실성의 시대

존 케네스 갤브레이스John Kenneth Galbraith는 그의 책『불확실성의 시대(The Age of Uncertainty, 1977)』에서 현대를 '사회를 주도하는 지도원리가 사라진 불확실한 시대'라고 규정하였다. 갤브레이스에 의하면, 현대가 '불확실성 시대'라는 것은 경제에서의 철학이나 원리의 유효성이 거의 논박된 데 기인한다. 역사를 돌이켜 보면 사람들은 각 시대마다 각기 확신을 가질 수 있는 지도원리를 신봉하고 그것을 판단력의 지주로 삼았다. 가령 애덤 스미스의 '보이지 않는 손', 마르크스의 '자본주의 붕괴론', 스펜서의 '사회진화론' 등이 그러하다. 그래서 그는 현대를 말하기 전에 역사의 시점에 서서 어떻게 이들 지도원리가 구성되고 일정한 기능을 담당할 수 있었는가를 분석하고, 현대에 보이는 불확실성의 유래를 탐색하려고 한다.

그는 케인스가 금세기에 커다란 영향을 끼친 후 자본주의 경제체제도 크게 변모한 것은 주지의 사실이지만, 1970년도에 이르러 경제에 관한 사실은 일반이론이나 학술논문 혹은 사상에 의해 의사결정이 영향을 받을 뿐만 아니라, 경제적 기득권이나 환경이 규제적 지배를 시작하고, 비합리적 내지 비이성적인 요인으로부터도 간섭을 받는 것이 명백해졌다는 것이다. 동시에 사람이 호흡을 지속하기 위해서는 어떻게든 대기의 오염이 중지되어야 한다는 생존의 문제, 혹은 또 경제운영의 능력을 입증하기 위해서는 실업이나 인플레이션을 무리를 하더라도 멈추게 해야 한다는 과제가 제기되고 있다. 현대 경제의 상황은 가령 사상적으로 진보이든 보수이든, 혹은 자본주의적이든 사회주의적이든, 이념이나 신념과는 별도로 해결해야 한다는 데에는 별로 차이가 없어진 것 같다. 유감스럽게도 경제운영상의 선택의 여지가 거의 없어졌다는 것이다.

브렉시트

대공황에 버금가는 글로벌 경기불황을 맞아 세계는 다시 총체적인 위기에 빠져들고 있다. 브렉시트는 유럽 균열의 종착점이 아니라 새로운 출발점일 가능성이 크다. 도미노처럼 탈퇴가 이어져 EU 붕괴, 나아가 세계의 새로운 위기를 촉발할 수 있다. 벌써부터 프랑스, 스페인, 오스트리아, 네덜란드, 체코 등 각국 극우정당들은 "당선되면 EU 탈퇴 여부를 국민투표에 부치겠다"고 약속하며 바람몰이를 하고 있다. 1958

년 유럽경제공동체EEC로 첫발을 디딘 뒤 59년간 통합의 길을 걸어온 유럽은 빗발치는 분열요구에 힘을 잃을 가능성이 크다. 미국 · 중국 · EU 3개의 축으로 구성된 세계 경제의 한 축이 무너지는 것이다. 경제적으로만이 아니라 정치 · 군사적인 힘의 균형이 깨질 수 있다. 한국도 그 풍랑 속에서 결코 자유로울 수는 없을 것이다.[81]

불확실성에 대한 대비

오늘날 세계 경제는 짙은 안개 속으로 빠져들고 있다. 중국 경제의 경착륙 우려는 여전하고, 트럼프의 미국 우선주의는 혼란을 가중시키고 있으며, 환율, 유가 등 주요 지표가 요동치고 있다. 벨기에 테러는 세계를 경악하게 했고, 영국의 유럽연합EU 탈퇴에 이어 주변 국가에서도 도미노 현상이 우려된다. 알파고의 등장은 디지털 기술의 미래 가능성을 새삼 깨닫게 하고, 애플의 매출 감소는 그 누구도 마음을 놓을 수 없는 초超경쟁상황을 대변해 준다. 주가는 오르락내리락 요동을 치고 있다. 이제 가장 낮은 가격으로 떨어졌겠지 하고 생각하면 그 다음 날에는 더 낮은 가격으로 떨어져 투자자들의 가슴을 쓰리게 한다. 미국 달러화도 원화의 가격에 비해 얼마나 올라갈지 예측하기 어려운 상황이다. 우리나라의 수출이 얼마나 증가하느냐 또는 외국인 투자가들이 우리나라 주식을 얼마나 팔아치워 달러화로 바꾸느냐에 따라 요동치는 주가와 외환 시세를 웬만한 전문가라도 정확하게 예측하기는 어려운 것이다. 무역, 해운, 항공, 여행, 제조, 도소매, 서비스, 건설 등의 실물 경제도 어떻게 될지 모르는 상황으로 전개되고 있다. 그야말로 우리는 불확실성의 시대the age of uncertainty에 살고 있다. '한치 앞을 못 본다'는 속담이 현실화되고 있다. 우리나라와 전 세계의 경제상황을 정확하게 꿰뚫어 보고 해결책을 제시해 줄 방법이나 묘안은 없을까? 불확실성이 높아지고 있는 최근의 경영환경에서 경영자들은 효과적인 전략을 수립하는 것을 날로 어렵게 느낄 수밖에 없다. 문제는 경영자의 습관적인 사고방식이다. 불확실성은 경험해 보지 못한 미래이기 때문에 이제까지의 익숙한 전략계획 수립 방식으로는 잡아낼 수 없다. 전략계획을 하되, 그 한계를 분명히 인식하고 불확실성에 대비한 전략적 사고방식과 방법론을 시급히 보완해야 한다. 불확실성이 가득한 오늘날 미래에 대한 전략적 감수성을 키워나가는 일은 대단히 요긴하다. 전략경영의 '패러다임' 변화가 필요한 때이다.

바람 앞에 등불

위기

위기의 특성

무한경쟁의 지구촌 시대에 있어서 가계, 기업, 정부의 각 경제주체는 종종 개인이나 기업이나 극복하기 어려울 것 같은 난관에 봉착했던 경우가 종종 있다. 불확실성을 먹고사는 '위기'는 항상 예고 없이 찾아와 기존의 가치와 질서를 교란시키며 불신의 벽을 타고 조직에 스며드는 특성을 지니고 있다.

우리 속담에 '바람 앞에 등불'이라는 말이 있다. 이는 언제 불이 꺼질지 모르는 매우 위험한 순간, 위급한 시기에 처해 있다는 뜻이다. 유사 속담으로 '풍전등화風前燈火', '누란지위累卵之危', '백척간두百尺竿頭'가 있다. 1997년 11월 한국 경제는 '바람 앞에 등불'의 위기상태에 놓이게 되었다. 당시 동남아를 휩쓴 외환위기는 한국 경제에도 그 영향을 미쳐 한국 경제는 파산상태에 이르렀다. 정부는 국제통화기금IMF에 긴급구호자금을 요청하게 되었고, IMF에서는 긴급자금 155억 원을 대출해주어 겨우 파산위기를 모면할 수 있었다. 이후 IMF는 한국 정부에게 긴축재정과 고금리, 시장개방, 부실기업의 과감한 퇴출 등 다양한 조건을 제시했고 이러한 변화에 적응하지 못한 많은 기업이 퇴출 내지 도산되었으며 8%의 실업률에 실직 근로자는 극에 달해 200만여 명에 이르렀다. 6 · 25전쟁 이후의 최대의 위기를 맞은 한국 경제는 그야말로 '바람 앞에 등불'의 위기에 처하게 되었다.

그런데 당시 우리를 그렇게까지 호되게 몰아붙였던 미국이 불과 10년도 채 지나지 않아 2008년 글로벌 금융위기를 맞게 되었는데, 처음 우리는 그것을 '강 건너 불'로 지켜보았다. 우리와는 관계없는 일로 무시하고 그저 지켜보며 심지어는 관심도 기울이지 않았다. 그러나 구경하고 있던 그 불이 지구촌 바람을 타고 금세 우리나라, 우리 집, 내 발등으로 번져오는 것이 아닌가. 지금 우리는 세계가 한 마을인 지구촌 시대에 살고 있다. 교통과 통신의 발달은 각 지역, 각 국가 사이의 상호의존성을 더욱 높였다. 비록 거리는 멀리 떨어져 있어도 예전보다 훨씬 가깝게 지내고 있다. 지금은 강 건너 마을에 불이 나거나 물난리가 나면 그들을 도와야 한다. 그래야만 자신이 그러한 불행을 당했을 때 도움을 받을 수 있다. 우리가 미국, 일본, 중국, EU 등 여러 나라의 정치나 경제 정책에 깊은 관심을 기울이는 것은 우리의 가장 큰 무역 상대국으로서 그들의 불이 결코 '강 건너 불', '바다 건너 불'로 끝나지 않을 것이기 때문이다. 서로 상품이나 서비스를 거래하고 있는 지금은 '강 건너 불'에 무관심했다가는 큰 손해를 입게 된다.

과욕과 부실한 위험 관리

세계 경제를 조종하던 월가가 왜 휘청거리게 됐을까? 이유는 월가 자본주의를 상징하던 세계 5대 투자은행 가운데 세 곳, 즉 리먼브러더스 · 메릴린치 · 베어스턴스가 쓰러졌기 때문이다. 투자은행investment bank

은 투자와 관련된 여러 가지 지원이나 서비스 업무를 하는 은행이다. 주식이나 채권을 넘겨받고 판매함으로써 기업에 장기자금을 공급하며 기업 흡수와 합병에 대한 자문, 투자 자문, 파생금융상품 매매 서비스도 제공한다. 미국의 골드먼삭스, 모건스탠리, 리먼브러더스, 메릴린치, 베어스턴스가 이에 해당한다. 100년간 세계 금융시장을 쥐락펴락했던 미국의 투자은행이 쓰러지게 된 이유는 2007년 여름의 1천억 달러 규모 서브프라임 모기지(비우량 주택담보 대출)의 부실이 그 원인이다. 2008년 봄 JP모건에 넘어간 베어스턴스에 이어 158년의 역사를 자랑하던 세계 4위의 리먼브러더스가 파산했고, 94년의 역사를 가진 3위 투자은행 메릴린치도 뱅크오브아메리카BOA에 넘어가 다섯 개 투자은행 중 세 곳이 사라진 것이다. 서브프라임 모기지가 문제가 된 것은 투자은행들이 위험에 대비하지 않고 투자자금의 30배가 넘는 빚으로 지나친 수익률에 집착했기 때문이다. 투자은행의 몰락은 지나친 과욕과 부실한 위험 관리에서 나온다. 즉, 남의 돈을 빌려 투자금액을 몇 배, 몇 십 배로 키우다가 예측이 빗나감으로써 결국엔 감당하지 못하는 상태에 빠져 큰 불행을 초래하고 만 것이다. 게다가 위험을 관리해야 할 이들이 돈을 벌기 위해 오히려 위험을 창출하는 데 앞장서고 경영진은 판매수익을 올려 수백억 달러씩의 스톡옵션으로 자기 배 채우기에 바빴으니 이들의 도덕적 해이가 어느 정도였는가를 짐작할 수 있다.

안일했던 위기의식

일본의 잃어버린 20년은 어떠한가? 과거 일본은 선제적 구조조정 시기를 놓치면서 장기간 신규 채용은 미뤄졌고, 이는 청년층의 경제활동

기회를 제한해 일본 경제 자체의 활력을 저하시키는 근본 원인이 됐다. '과거의 영광'에 취해 시장 트렌드를 바꿀 수 있는 혁신적 기술개발에 소홀했던 것도 문제였다. 샤프는 LCD(액정표시장치) 등 기존 기술에 대한 자신감이 지나쳤다. 2007년 약 3조 원을 투자해 60인치 대형 TV용 LCD 제조공장을 신설했지만 이는 결국 샤프의 몰락을 불렀다. 60인치 TV 수요가 예상보다 없었던 데다 글로벌 금융위기까지 닥쳐 세계적인 불황에 직면했던 탓이다. '워크맨 신화'에 도취됐던 소니 역시 워크맨을 카세트형에서 미니디스크MD로 바꾸는 작업을 하는 등 '혁신형 제품' 대신 '개량형 제품' 개발에만 치중하다 MP3에 시장을 빼앗겼다. 사업 철수나 매각 등에 대한 신속한 결정도 이뤄지지 못했다.[82)]

폭풍우에도 끄떡없는 '성화'로 대처

한국경제는 IMF 외환위기라는 최악의 상태에 놓임으로써 많은 나라들이 한국 경제의 생명이 언제까지 지속될지 지켜보았다. 그렇지만 우리나라 국민은 단합된 힘으로 '금 모으기 운동'에 동참하고, 각 경제주체들은 위기의 경제상황에 적극 대처했다. 식비와 옷값을 줄이고 아이들의 학원비, 남편의 용돈, 외식비도 줄이고 웬만한 가전제품이나 자동차는 고쳐 썼다. 기업에서도 국가에서도 경비절감에 동참했다. 돈 될 만한 것들은 팔고 또 벌어서 급한 빚을 갚았다. 그 결과 IMF 외환위기를 성공적으로 치유한 나라로 칭송받게 되었다. 이는 결코 공짜로 부여받은 선물이 아니라 뼈를 깎는 고통과 한민족의 슬기로 대처하여 솔바람에도 불안해하는 '등불'이 아닌 폭풍우에도 끄떡없는 '성화'의 경제력으로 키웠기에 가능했던 것이다.

산중 놈은 도끼질, 야지 놈은 괭이질

비교우위

교역의 이유

지구촌 시대에 무역은 필수적이다. 우리의 밥상에 외국산 나물과 오렌지주스, 소시지 등 각종 수입식품들이 오르는 것은 이미 일상화됐다. 외국산 제품을 소비하지 않거나 소유한 경험이 없는 사람은 거의 없을 것이다. 우리가 그러하듯이 외국인들 또한 마찬가지다. 이렇게 국가 간 무역이 활발하게 이루어지게 된 것은 다음과 같은 기대이익이 크다는 판단 때문이다. 기후, 환경, 부존자원이 다른 세계 각국의 다양한 재화를 소비할 수 있고, 값이 싼 원자재를 구입할 수 있으며, 기술도입이 쉬워지고, 규모의 경제의 이득을 볼 수 있기 때문이다. 또 초과수요로 물가가 상승해 수입을 늘릴 경우 물가안정에 기여할 수 있고, 수출을 통해 획득한 외화로 자본재를 수입해 시설을 확장하고 투자를 늘림으로써 국가의 경제규모가 확대되고, 무역을 통해 단순재화 교류 및 문화 교류가 확대되는 것 등이다.

비교우위

무한경쟁 · 무국경의 지구촌 시대를 합리적으로 살아가는 일은 여간 어렵지 않다. 우리 속담에 '산중 놈은 도끼질, 야지 놈은 괭이질'이라는 말이 있다. 이 속담은 산에 사는 사람은 나무를 찍는 도끼질에 능숙하고, 들에 사는 사람은 땅을 파는 괭이질에 능숙하듯 사람은 각자 자신의 환경에 따라 하는 일이 다르다는 뜻이다. 다시 말하면, 산에 사는 사람은 나무가 풍부한 곳에 살고 있기 때문에 도끼를 이용해 나무를 하는데, 들에 사는 농부보다 비교우위comparative advantage에 있다는 말이다. 반면에 들에 사는 농부는 들판이라는 환경요소에 적응하기 위해 괭이로 각종 곡식과 야채를 생산하는 데 산에 사는 사람보다 비교우위에 있다는 말이다. 물론 산중에 사는 사람과 야지에 사는 사람 모두 나무도 베고 농사도 지어 자급자족할 수도 있지만 생산비가 상대적으로 적게 드는 쪽을 특화specialization하는 것이 더 경제적이다. 양자가 서로 비교우위 부문에 특화하여 서로의 물품을 교환한다면 둘 모두에게 훨씬 이익이 되기 때문이다. 유사 속담으로는 '뱃일은 뱃사람이, 농사일은 농사꾼이 해야 한다', '길쌈질은 계집종에게 물어서 하랬다', '눈 먹던 토끼, 얼음 먹던 토끼가 다 각각', '굼벵이 구르는 재주 있다', '사람은 제각기 장기가 있는 법Every man for his own trade.'이 있다.

생산성 우위의 상품을 교환한다

좀 더 구체적인 예를 들어보자. 한국 근로자 한 명이 1년에 컴퓨터를 50대 생산해 낼 수 있는 데 비해, 스리랑카 근로자는 10대밖에 생산해 내지 못한다고 하자. 그리고 한국 근로자 한 명이 1년에 옷 100벌을 만드는데, 스리랑카 근로자는 50벌밖에 만들지 못한다고 하자. 이

때 컴퓨터 생산의 경우 한국 근로자의 생산성은 스리랑카 근로자보다 다섯 배나 높다. 그렇지만 옷 생산에서는 생산성이 두 배밖에 안 된다.

여기에서 한국 근로자는 컴퓨터 생산에 비교우위가 있고 스리랑카 근로자는 상대적으로 옷 생산에 비교우위가 있다. 두 나라는 컴퓨터와 옷을 모두 자국에서 생산해 자급자족하는 것이 가능하지만 효율적인 것은 아니다. 그러므로 한국에서 두 물건을 모두 생산하는 것보다는 한국은 컴퓨터 생산에, 스리랑카는 옷 생산을 특화해 무역을 하는 것이 양국 모두에게 이익이 된다. 이와 같이 국제관계에서 각자가 비교우위가 있는 상품을 특화해 생산하고 서로 교환한다면 양국 모두 이익을 얻게 된다. 분업 내지 특화이익은 각 분야의 생산성을 더욱 향상시키는 데 기여해 비교우위에 따른 국제분업과 무역을 가능하게 한다. 더욱이 모든 사람이 각자 비교우위가 있는 물건을 특화해 생산한다면 경제의 총생산량은 증가하게 된다. 이렇게 증가된 총생산량은 사회의 모든 사람을 전보다 잘살 수 있게 해준다.

국제무역 상품들의 인식코드는?

비교우위는 국제무역에서 두드러지게 나타난다. 국제사회에서 '카세트는 일본, 패션은 이탈리아' 하는 식으로 고정관념이 형성되어 있다. 옷가게에서도 같은 원단과 디자인의 옷이 있을 때, 상표가 'made in Italy'인 옷이 'made in Japan'보다 가격이 몇 배 더 높다. 그러나 전자제품 가게에서는 다른 나라 상품보다 일본산이 월등히 소비율이 높고, 제품이 우수하다는 인식 또한 강하게 박혀 있다. 그리고 우리나라에서는 어디에서도 이탈리아산 전자제품은 찾을 수 없다. 오래전부터 전자산업에 주력한 결과 일본은 전자산업의 발달에 필요한 요건들을 고루 갖추게 되어 전자강국이 되었다.

세계적으로 유명한 소니, 아이와, 파나소닉, 산요 등은 모두 일본의 전자회사이다. 일본이 전자제품 분야에서 강한 산중 놈이라면, 이탈리아는 패션에 강한 야지 놈으로 볼 수 있다. 이탈리아는 의류와 섬유 분야에 여전히 세계 최고의 자리에 있다. 이탈리아에서 전자제품을 생산한다면 새로 기반시설을 갖추어야 하므로 기존 의류산업을 특화하는 것보다 생산비가 더 많이 들 뿐더러, 세계시장을 개척해 소비자를 확보하는 것도 무리다. 일본 역시 패션산업이 비교적 활발하지만, 이탈리아에는 미치지 못한다.

만약 두 나라가 두 재화를 생산하는 데 생산력을 투자한다면, 얻을 수 있는 이익은 극히 줄어들 뿐만 아니라 손해를 볼 수도 있기 때문에 두 나라 사이에는 무역이 이루어질 것이다. 이탈리아 사람들은 성능이 뛰어난 일본의 전자제품을 사서 쓸 것이고, 일본 사람들은 고급 원단과 세계적으로 명성이 높은 이탈리아 브랜드의 옷을 구입할 것이다.

우리나라와 스리랑카처럼, 일본과 이탈리아처럼, 뿐만 아니라 미국의 오렌지 수출과 오스트레일리아의 밀 수출처럼 무역관계에 있는 양국이 각기 비교우위에 있는 재화를 특화해 생산한 후 상호교역을 하면 양국 모두 이익을 얻을 수 있다.

경쟁력 강화

지구촌 시대의 생존 요체는 경쟁력 강화다. 경쟁력 강화의 요체는 비교우위의 극대화에 있다. 우리나라의 경우 수출품의 품질이 떨어져 교역조건이 계속 악화되고 있는 것으로 나타났다. 유가하락으로 인해 우리나라의 순상품교역조건지수는 99.84(2010년 100 기준)으로 작년 같은 달보다 11.9% 상승했다.[83] 순상품교역조건지수란 상품 한 단위를 수출해 벌어들인 돈(달러 기준)으로 수입할 수 있는 상품의 양을 보여주는 지표로서, 수출 1단위로 수입할 수 있는 물량을 나타내고, 또 지수가 낮을수록 악화되는 것을 뜻한다. 우리나라는 대부분의 석유를 수입에 의존하고 있는데, 중국의 경기침체로 인해 석유에 대한 수요가 감소하면서 국제유가는 지속적으로 하락하고 있다. 이에 따라 우리나라는 흑자형 경기침체를 보이고 있다. 교역조건이 나빠진 이유는 국산 수출품의 품질이 수입품의 품질에 비해 비교우위 내지 특화이익의 장점을 살리지 못했기 때문이다. 미국, 일본, 중국 등 편중된 교역국을 다변화하는 방안과 환율에 대한 능동적인 대응으로 슬기롭게 풀어나가는 예지가 요구된다.

주어진 비교우위만으로 살아가는 소극적인 자세에서 부가가치가 가장 높은 비교우위 부문을 만들어 낼 필요 또한 절실하다. IMF 외환위기 때 국민 모두가 외채를 갚기 위해 금 모으기 운동을 했는데, 영화 <타이타닉> 한 편이 그 돈을 맞바꿔 간 것이나 다름없다는 사실은 중요한 시사점을 주고 있다.

비교우위라고 하면 부존자원량이나 환경적 요인에 국한해 생각하기 쉬운데, 과학기술 또한 현대사회에서 중요한 비교우위 요소다. 이런 점에서 인구나 자연자원이 부족한 우리나라가 더욱 비교우위를 가지기 위해서는 젊은이들의 독창성과 창의력 등을 신장시키기 위해 정부가 다양한 프로그램을 개발하고 이를 정책적으로 뒷받침해 주어야 한다. '산중 놈은 도끼질, 야지 놈은 괭이질'의 비교우위 원리에 따른 특화이익은 특화를 할 수 있는 능력자의 것이다. 주어진 여건이나 환경요소 및 소질에 맞게 '도끼질'과 '괭이질'을 적절히 특화하는 것은 무한경쟁의 지구촌 시대를 능동적으로 살아가기 위해 필수적으로 해야 할 일이다.

반달 같은 딸 있으면 온달 같은 사위 삼는다

자유무역

개방화, 세계화는 선택이 아니라 필수!

오늘날 우리는 무한경쟁, 무국경의 지구촌 시대를 살아가고 있다. '지구촌'은 각 나라들끼리 서로 긴밀한 관계를 맺으며 공존하고 있다는 뜻에서 지구를 하나의 마을로 비유한 말이다. 경제적 이익을 얻기 위해 국가 간에 상품을 교환하는 무역도 마찬가지여서, 각국은 서로 필요한 상품들을 주고받으며 의존하고 있다. 필요한 물건을 직접 생산해 소비하는 자급자족체제나, 자국 내에서만 상호의존을 허용하는 폐쇄적 경제체제로는 가난과 저발전에서 벗어날 수 없기 때문에 이제 개방화, 세계화는 선택이 아니라 필수다.

우리 속담에 '반달 같은 딸 있으면 온달 같은 사위 삼는다'는 말이 있다. 이 속담은 '반달 같은 딸'로 잘 키워놓을 경우 '온달 같은 훌륭한 사위'를 얻을 수 있다는 말이다. 비교우위에 의한 자유무역free trade을 국가 간의 상품교환이라는 좁은 의미로 생각해 볼 때 '반달 같은 딸'과 교환될 만한 것은 '온달 같은 사위'이다. 이 균형조건이 성립할 경우 거래가 이루어지며, 국가 간에는 이러한 거래활동을 통해 비교우위에 입각한 자유무역이 활발하게 이루어진다. 자유무역은 자발적이며, 상품 구매자와 판매자 사이에 개별적으로 이루어진다. 어느 한쪽은 침략하고 다른 한쪽은 방어하는 것이 아니라 상호 합의와 만족을 통해 이루어진다. 한쪽 상대방이 동의하지 않으면 자유무역은 일어날 수 없다. 정부주도의 유치산업은 경쟁의 기회를 줄인다. 이는 산업들이 오직 이런 방식으로 유지될 수 있게 한다. 노동과 자본을 비효율적으로 사용하게 해 공동체에 손실을 입힌다. 자유무역과 상반되는 보호무역은 공급체인을 약화시킨다. 예를 들어, 철강에 대한 관세 인상은 철강으로 만든 모든 제품의 생산비용을 높인다. 철강산업보다 건설, 교통 등 철강을 활용하는 산업에서 더 많은 일자리를 위태롭게 한다.

'반달 같은 딸'과 '온달 같은 사위'의 주역들

한국무역협회가 집계한 2015년도 무역통계에 의하면, 총수출은 526,757백만 달러, 수입은 436,499백만 달러로서 총 무역규모는 963,256백만 달러를 기록하여 2014년도 1조 달러 초과에서 2015년도에는 1조 달러 미만으로 감소하였다. 총 무역규모 963,256백만 달러 중 수출은 526,757백만 달러이므로 수출비중은 54.7%이고 수입은 436,499백만 달러로서 45.3%를 나타났다. 우리나라의 '반달 같은 딸'은 무엇이고, '온달 같은 사위'는 무엇일까? 2015년도 우리나라의 '반달 같은 딸의 수출품'은 어떤 것일까? 우리나라 산업통산자원부의 품목분류 3단위에 의한 5대 수출품목의 총수출에 대한 비중을 살펴보면, 1위는 반도체로 62,916백만 달러 · 11.9%, 2위는 자동차로 45,794백만 달러 · 8.7%, 3위는 선박 해양 구조물 및 부품으로 40,107백만 달러 · 7.6%, 4위는 무선통신기기로 32,587백만 달러 · 6.2%, 5위는 석유제품 32,002백만 달러 · 6.1%의 비중을 나타냈다. 한편 2015년도 우리나라의 '온달 같은 사위의 수입품'은 무엇일까? 우리나라 산업통산자원부의 품목분류 3단위에 의한 5대 수입품목의 비중을 살펴보면, 1위는 원유로 55,120백만 달러 · 12.6%, 2위는 반도체로 38,278백만 달러 · 8.8%, 3위는 천연가스로 18,779백만 달러 · 4.3%, 4위는 석유제품으로 15,348백만 달러 · 3.5%, 5위는 무선통신기기로 12,365백만 달러 · 2.8%를 기록하였다.

이를 보면 우리나라의 '반달 같은 딸'은 기술이나 고급 노동력을 필요로 하는 반도체나 자동차 등이고, '온달 같은 사위'는 원자재와 자본재 등임을 알 수 있다. 그런데 요즘 우리나라의 '반달 같은 딸'이 '초승달 같은 딸'이 되려 하고 있다. 우리나라의 수출품목 1위 자리를 굳건히 유지하던 반도체는 싱가포르의 반도체 업체에 맹추격당하고 있고, 자동차 역시 중국 등으로부터 맹추격당하고 있다. 또 1960~1970년대의 주요 산업이었던 신발, 전자제품, 섬유, 의류 등은 중국이나 태국 등의 값싼 노동력에 밀려 이제는 주요 수출품목에 포함되지도 못한다.

6 · 25전쟁으로 온 나라가 쑥대밭이 된 우리나라는 수출에서 경제성장의 활로를 찾아 나섰다. 우선 당시 넉넉했던 수산자원을 활용해 한천, 오징어를 외국에 내다 팔기 시작했으며, 철광석, 흑연 등의 광물도 수출했다. 이후 1960~1970년대에 우리 정부는 강력한 수출정책을 펴기 시작했다. 이때에는 주로 풍부한 노동력을 바탕으로 한 의류, 신발, 합판 등 노동집약적인 산업이 수출을 이끌었다. 1970~1980년대에는 중화학공업에 집중투자하고 기술개발에 힘을 쏟았으며, 1990년대 들어서는 섬유 등 경공업 제품의 수출이 급격히 위축되어 반도체, 자동차, 선박 등으로 눈을 돌렸다. 2000년대 수출 1위와 2위는 반도체와 자동차가 차지했고, 무선통신기기, 선박, 석유제품은 3~5위에 올랐다.[84] '반달 같은 딸'이 없다면 '온달 같은 사위'도 얻을 수 없다.

비교우위를 통한 자유무역은 서로에게 이익

그렇다면 우리의 '반달 같은 딸'이 '초승달'이 되려는 위기상황을 어떻게 극복해야 할까? '초승달 같은 딸'을 '반달 같은 딸'로 키우기 위해서는 기술개발이 가장 선행되어야 한다. 중국이나 태국이 버티고 있는 한 값싼 노동력을 바탕으로 한 해외시장 개척은 더 이상 한국 기업의 전략이 될 수 없다. 이제 우리나라는 기술과 품질에 승부를 걸지 않으면 안 된다. 또 국내 기업들은 세계적으로 경쟁이 격화되는 환경에서 주력업종 중심의 구조조정 노력을 한층 강화할 필요가 있다. 초대형 기업이나 초국가적 기업의 탄생에 대응해 국내외 기업 간 협력을 통한 대형화나 전략적 제휴를 강화할 필요가 있다. 정보화에 대한 투자를 확대하고, 전문인력을 양성하며, 경영능률을 향상시키는 일 또한 소홀히 할 수 없는 부분이다. 정부는 국가신용도를 높여 한국의 제품이 믿을만하고 우리나라의 경제환경 또한 건전하다는 인식을 전 세계에 심어주어야 한다. 이러한 노력들이 잘 시행된다면 '반달 같은 딸'로 '온달보다 더 좋은 사위'도 삼을 수 있을 것이다.

지구촌 시대에 비교우위에 입각한 자유무역은 필수적이다. 21세기에는 어떠한 국가도 완전히 외부세계와 고립되어 살아갈 수 없다. 대원군 시대와 같은 쇄국정책으로는 세계 흐름을 따라갈 수 없고, 경제가 완전히 독립적인 체제로 존속할 수도 없다. 서로 의존하고 살아가는 경제체제에서 특히 우리나라와 같이 부존자원이 부족한 나라는 무역을 하지 않으면 경제가 마비된다. '반달 같은 딸 있으면 온달 같은 사위 삼는다'는 조상들의 예지를 되새겨 우리나라의 수출품목을 시장조건에 맞추어 '반달 같은 딸'로 잘 키워야 한다.

팔이 안으로 굽는다

보호무역

왜 팔이 안으로 굽을까?

인간은 누구나 자기보호 본능이 있다. 우리의 신체 역시 마찬가지다. 바람이 세게 불어 먼지가 흩날리면 자기도 모르게 눈을 감고, 위험한 물체가 가까이 다가오면 언제 피했는지도 모르게 몸을 피하는 것 등이 이를 말해준다. 경제생활 역시 나 자신을 중심으로 이루어지고 있다. 자신의 소득에 맞추어 물건을 구매하고, 가계나 기업이나 정부도 같은 원리로 움직이고 있다.

우리 속담에 '팔이 안으로 굽는다Men are blind in their own cause.'는 말이 있다. 이 속담은 팔이 자신의 신체 일부로 붙어 있으므로 불리한 처지에 처했을 때 스스로를 보호하기 마련이라는 뜻이다. 유사 속담으로 '가재는 게 편이요 초록은 동색이라', '검둥개는 돼지 편', '솔개는 매 편', '피부가 셔츠보다 가깝다The skin is nearer than the skirt.'가 있다. 이들 모두는 모양이나 형편이 서로 비슷하고 인연이 있는 것끼리 서로 잘 어울리고, 사정을 보아주며 감싸주기 쉬움을 비유적으로 이르는 말이다.

경제에서도 '팔이 안으로 굽는다'는 원리는 그대로 나타나고 있는데,

보호무역protective trade이 바로 그것이다. 보호무역이란 중요 산업을 중심으로 한 국내 산업을 보호·육성하기 위해 국가가 자기 나라의 기업이나 산업에 대해서는 최대한 온정을 베풀고, 다른 나라의 기업이나 산업에 대해서는 배타적인 태도를 취하여 외국무역에 간섭하는 일을 말한다. 보호무역이야말로 '팔이 안으로 굽는' 상황이 경제생활 속에 구체화한 것이다. '팔이 안으로 굽는' 정책들에는 보호관세, 수출장려금제도, 수입할당제 등이 있다. 보호관세란 국내 산업을 보호·장려할 목적으로 자국의 상품과 경쟁하는 수입상품에 부과하는 관세를 말한다. 수출장려금제도란 특정한 화물의 수출을 장려하기 위해 정부에서 수출상에게 보조금을 주는 제도이다. 수입할당제quota system는 수입관리제도의 하나로 정부가 국내 산업을 보호·육성하기 위해 일정한 상품에 대해 미리 수입총량과 할당량을 결정해 놓고 그 한도 내에서 수입을 승인하는 제도이다. 이러한 수단이 강구되는 것이 바로 '팔이 안으로 굽는' 국제경제상의 구체적인 제도들이다.

보호무역은 봉건시대 말기에 중상주의자들에 의해 사상체계가 확립되었다. 보호무역은 처음에 금, 은 등 귀금속을 얼마나 보유하고 있느냐가 국가의 부富를 결정짓는다고 생각한 중상주의重商主義에서 출발했다. 대내적으로는 상공업을 중요시하고 대외적으로 국가의 보호, 간섭으로 무역 차액을 확대하려 한 중상주의자들은 무역이 부의 유일한 원천이라고 생각했다. 그들은 수입품에 고율의 관세를 부과하고, 수출장려금제도를 실시해 자국의 산업을 강력하게 보호하려 했다.

유치산업의 보호

자국의 유치산업을 보호·육성하려는 데서 비롯된 보호무역주의protectionism는 19세기 중엽에 당시 후진국이었던 독일과 미국에서 주로 주장되었다. 이는 애덤 스미스Adam Smith에 의해 확립된 영국의 자유무역주의에 대한 반발에서 시작된 것이다. 보호무역이 주창된 이유는 자기 나라의 유치산업을 보호하고, 구舊산업을 유지하며, 수출증대를 통한 고용증대를 기하고, 국내 경기의 안정으로 임금을 안정시키며, 덤핑 및 금 유출을 방지하려는 경제적인 이유 외에 군사 및 외교상의 이유도 포함되어 있다. 보호무역주의를 체계화한 사람은 독일의 경제학자 리스트F. List이다. 리스트는 영국의 자유무역주의에 대항하기 위해 관세동맹에 의한 보호무역을 주창했을 뿐만 아니라, 고전학파의 경제학 이론들을 비판하며 새로운 경제학 이론체계를 수립했다. 고전학파의 만민주의萬民主義에 대해서는 국민주의國民主義를, 또 고전학파의 가치 학설에 대해서는 생산력 이론을 수립함으로써 그의 경제학은 보호무역주의의 고전이 되었다.

리스트는 프랑스의 경우 콜베르(J. B. Colbert, 루이 14세 시절 프랑스의 재상)를 위시한 중상주의자들이 산업육성과 수출증대에 의한 외화획득의 중요성을 이해하지 못하고 중농주의重農主義에 의한 자유주의로 너무 일찍 이전함으로써 산업화를 이룩하지 못했고, 그 결과 영국에 비해 경제적으로 뒤떨어지는 국가가 되었다고 지적했다.

보호무역주의 사례

최근 확산되고 있는 반反세계화와 보호무역주의가 세계 증시를 끌어내리는 요인으로 작용할 것이라는 분석이 나왔다. 월스트리트저널은 "지난 30여년간 미국 증시 상승을 이끈 것은 자유무역과 자본의 자유로운 이동이었다"며 "최근 무역량 감소와 반무역주의 득세로 기업 이익이 줄어들고 증시도 추락할 가능성이 있다"고 17일 보도했다.[85] 이러한 문제점의 지적에도 불구하고 보호무역주의는 더욱 확산되고 있다. 첫째, 환율전쟁의 가속화이다. 글로벌 경제 침체 속에 선진국을 중심으로 알게 모르게 자국 통화를 평가절하하면서 수출증대를 꾀하는 통화전쟁이 빚어지고 있다. 2008년 글로벌 금융위기 이후 세계 각국이 경쟁적으로 화폐가치를 떨어뜨리고, 보호무역주의로 돌아가려는 움직임을 보이고 있기 때문이다. 최근 겉으로는 자유무역을 표방하지만 실제로는 자국 경제와 기업의 보호를 위한 조치를 취하는 경우가 늘고 있다. 글로벌 금융위기 이후 전 세계적으로 경제가 침체하자 각국은 수출 증가를 통해 경제를 성장시키기 위해 자국의 화폐가치를 떨어뜨리며 '환율전쟁'을 일으켰다. 미국과 유럽은 중앙은행이 국채를 사들여 시중에 돈을 푸는 양적 완화 정책을 추진했고, 중국은 위안화 가치를 절하하며 환율전쟁에 뛰어들었으며, 일본 역시 마이너스 금리를 도입하며 이에 대응했다. 둘째, 신보호무역주의 심화이다. 종전의 보호무역주의는 후진국이 선진국에 대해 자국의 유치산업 등 어려운 경제형편을 호소하여 자국의 산업이나 자국의 국익을 보호하려는 것이었다. 그러나 오늘날엔 선진국이 후진국과의 경쟁에서 상대적으로 불리한 산업, 고용 및 상대국과의 거래에서 국제수지 악화 등으로 인한 문제를 해소하는 차원에서 자국의 국익을 보호하려는 데서 비롯된 것이다. 미국 대통령 도널드 트럼프Donald Trump는 미국 경제 실패의 원인을 외국 탓으로 돌리며 중국 등 불공정 무역국가와의 교역조건을 바꾸며, 미국 내 일자리 보전을 위해 무역구제조치의 적극적 발동과 환율조작국 지정과 같은 합법적 수단은 물론이고 45%의 관세를 중국제품에 부과하는 식으로 기존의 국제법 질서를 넘어서는 접근방식을 총동원하고 있다. 또 미국 우선주의America first를 내세워 한·미 자유무역협정FTA을 비롯해 FTA를 전면적으로 손질하는 등 신보호무역주의가 날이 갈수록 더욱 심화되고 있다.

이론적으로 고찰해 볼 때 리스트는 경제발전 단계에서는 유치산업을 보호하는 것이 타당하다고 주장했지만, 경제가 성숙한 단계에 이르면 보호주의를 중단해야 한다고 주장했다. 곧 보호를 위한 보호가 아니라 자유주의를 향한 수단으로서 보호를 주장한 것이다. 또 리스트는 산업의 힘power of manufacture을 중요시했는데, 산업의 힘이란 부존자원에 의해서만 결정되는 것이 아니라 국민성, 교육수준, 기술 등에 의해 결정된다고 했다. 그러므로 국가가 교육에 대한 투자를 늘리고 기술개발산업을 육성하기 위해 노력함으로써 그 국가의 산업의 힘을 증대시킬 수 있다고 주장했다.

리스트의 보호무역주의는 유치산업을 보호하는 데 중점을 두고 있으며, 보호된 산업이 경쟁력을 갖게 되면 자유경쟁 원칙에 따라야 한다는 것이 요지다. 따라서 리스트는 국가의 관여에 의한 산업화 과정이 국부國富를 증대시키는 방법이며 산업화가 이루어진 후에는 자유무역 이론을 따르는 것이 타당하다고 주장했다. '팔이 안으로 굽는' 보호무역은 무조건적인 보호가 아니라 더 큰 자유주의를 향한 자기보호 본능에서 비롯되었음을 명심해야 한다.

이불깃 봐가며 발 편다

국제수지

국제수지란?

일정 기간 동안에 한 나라 국민과 다른 나라 국민 사이에 이루어지는 모든 경제적 거래에서 발생하는 수지타산이다. 국제수지는 경상수지와 자본수지로 나뉜다. 경상수지는 비누, 연필 등과 같은 일반적인 상품 및 서비스의 수출과 수입에서 발생한 수지타산인데, 이때 수입한 상품이나 서비스보다 수출한 상품이나 서비스가 많으면 경상수지 흑자라고 한다. 이러한 경상수지는 상품수지, 서비스수지, 소득수지로 나뉜다. 상품수지란 반도체, 자동차, 전자, 섬유 등과 같은 재화의 거래에서 발생한 수지타산이고, 서비스수지는 해외여행이나 보험료, 운송, 통신, 교육, 로열티 등에서 발생한 수지타산이다. 한편 자본수지는 돈만 오고 가는 거래에서 발생한 수지타산인데, 외국으로 나간 돈(해외에 빌려준 돈)보다 들어온 돈(빌려온 돈, 외국인 주식투자 등)이 많으면 자본수지 흑자라고 한다.

왜 이불깃 봐가며 발을 펴야 할까?

우리 속담에 '이불깃 봐가며 발 편다'는 말이 있다. 이 속담은 이불의 크기는 제한되어 있는데 아무렇게나 다리를 뻗으면 발이 드러나 추워지므로, 이불깃을 봐가며 발을 뻗어야 따뜻한 이불 속에서 편안히 잘 수 있다는 말이다. 이를 국제수지와 관련하여 생각해 보면, 국제경제에서 국가는 국제수지를 가급적 균형상태로 유지하거나 흑자로 만들기 위해 노력한다는 것이다. 국가는 국제수지가 흑자냐, 적자냐에 따라 경제정책을 펼치고, 그 정책에 의해 국민의 생활도 많은 영향을 받게 된다. 국제수지의 상황에 따라 국가와 국민은 '이불깃 봐가며 발 펴는' 알뜰한 생활을 해야 한다. 유사 속담으로는 무슨 일이나 분수를 알아서 격에 맞게 하여야 함을 비유적으로 이르는 말인 '꼴 보고 이름 짓고 체수 맞춰 옷 마른다'가 있다.

국제수지가 흑자일 경우에는

수요의 증가와 더불어 국내 생산의 증가로 국민소득 역시 늘어난다. 이 말은 곧 모든 국민이 덮고 잘 이불깃이 충분하므로 넓은 이불 안에서 모두 두 다리 쭉 펴도 이불이 남는 상황으로 볼 수 있다. 그렇다면 남아도는 이불의 한 부분을 잘라내어 베개를 삼으면 좀 더 편안히 잘 수도 있다. 혹은 넓은 이불을 팔아 더 포근하고 적당한 크기의 이불로 바꿀 수도 있다. 이렇게 함으로써 더 따뜻하고 편안하게 잘 수 있다. 곧 흑자에 따른 외화자산의 증가로 국가는 외채가 있다면 외채를 갚을 수도 있고, 산업기반에 필요한 원자재를 안정적으로 확보해 둘 수도 있고, 해외에 직접 투자할 수도 있다는 말이다.

그렇게 된다면 우리의 불안정한 증권시장이 해외에서 날아드는 헤지펀드hedge-fund에 의해 손해를 보는 일을 줄일 수 있을 것이다. 헤지펀드란 국제금융시장에서 100명 미만의 소수 투자자들에게서 자금을 모아 주식, 채권 등의 금융상품뿐만 아니라 원유, 철강 등의 실물자산을 포함한 고위험, 고수익 자산에 공격적으로 투자하는 자본을 가리킨다. 금융시장에서 위험회피형 거래자들은 위험도가 높은 투자행위는 하지 않는 보수적인 투자태도를 보이는 반면, 헤지펀드들은 공격적인 투자행위를 서슴지 않는 것이 보통이다.

국제수지 흑자의 역효과

그러나 국제수지 흑자가 항상 좋은 것만은 아니다. 경상수지 흑자는 국내 통화량을 증가시켜 인플레이션을 일으킬 수도 있으며, 무역상대국의 수입규제를 강화시킬 수도 있다. 이러한 이유로 국가의 경제정책도 자연히 '이불깃 봐가며 발을 펴는' 정책으로 바뀌게 된다. 한 예로 해외여행 규제를 완화할 수도 있는데, 이때 눈치 빠른 사람은 이불깃이 넓다는 것을 감지하고 마음 편하게 해외여행을 다니며 시야를 넓히기도 하고, 평소에 사고 싶었던 루이비통 가방, 코끼리 밥솥, 고급 골프채, 고급 양주 등을 몇 개씩 사서 들어와도 세관에서 걸리지 않을 수 있다.

국제수지의 적자의 결과는?

반면에 국제수지 적자는 우리나라 제품의 수출감소와 외국 제품의 수입증가를 뜻하므로, 국내 생산은 감소하고 국민소득이 줄어들어 실업이 늘어나게 된다. 덮고 자야 하는 사람은 많은데 이불깃이 좁아 그 이불깃을 덮기 위해 경쟁이 치열해지고 이불깃을 덮지 못한 사람들이 속출하게 된다. 곧 국민소득이 감소하고, 실업이 증가하게 된다. 또한 국가는 국제수지 적자인 상황에 알맞은 경제정책을 펴야 하므로, 국제수지 균형을 위해 외화부채를 늘리게 되어 외채에 대한 원리금 상환부담이 증가하고, 이는 결국 국민경제의 안정을 해치게 된다.

국제수지 실태

한국은행이 발표한 '2016년 6월 국제수지(잠정)'에 따르면, 상품수지와 서비스수지 등을 합산한 경상수지는 121억 7,000만 달러 흑자로 사상 최대를 기록했다. 지난해 6월(118억 7,000만 달러)보다 3억 달러나 늘어 역대 최대치를 기록했다. 월 기준으로 경상수지 흑자규모가 120억 달러를 넘은 것은 이번이 처음이다. 세부항목별로 살펴보면 상품수지가 128억 2,000만 달러 흑자로 집계돼 사상 최대치였던 지난해 6월(128억 달러) 기록을 갈아치웠다. 하지만 상품수출은 전년 동기보다 7.4% 줄어든 452억 5,000만 달러, 상품수입 역시 10.4% 감소한 324억 3,000만 달러로, 수출 감소폭보다 수입 감소폭이 확대된 '불황형 흑자'가 이어지고 있다. 서비스수지는 13억 8,000만 달러 적자, 지식재산권 사용료는 4,000만 달러 흑자, 여행수지는 7억 4,000만 달러 적자, 운송수지 2억 8,000만 달러 적자, 건설수지 7억 4,000만 달러 흑자로 분야별 적자와 흑자를 각각 기록했다. 외국인의 국내 증권 투자는 4개월 만에 순유출로 반전됐다. 준비자산(외환보유액)은 7억 7,000만 달러 감소했다.[86)]

외환위기 때 국가경제의 이불깃을 넓힌 주역

지난날 IMF 외환위기 때 우리는 모두 힘을 합쳐 어려움을 이겨내려 했다. 외제차와 중형차의 판매량이 현저히 줄어들고, 중고차와 소형차

시장이 활기를 띠었다. 그리고 장롱 속의 금송아지, 금반지, 금팔찌가 막 쏟아져 나왔다. 다 같이 힘을 모아 작은 이불깃을 덧붙이고 늘려보려고 노력한 것이다. 결국 이러한 노력으로 외환 보유고를 늘려갔고 국제수지 균형을 어느 정도 맞추면서 외환위기를 극복할 수 있었다. 국민 스스로 이불깃 봐가며 발을 펴는 경제활동을 펼치면서 국가경제의 이불깃을 넓힌 것이다.

그러나 IMF 외환위기 시대에도 오히려 가진 자와 정책을 펴는 자는 국가가 어려운 틈을 타 부정한 방법으로 부를 축적하고, 여유롭게 해외여행을 다니고, 외제 물건을 더 많이 사들이기도 했다. 이런 사람들은 정부의 말을 그대로 믿고 따른 국민에게 상대적 박탈감을 안겨주었으며, 치유하지 못할 불신을 심어주기도 했다. 우리나라에 또 다시 IMF와 같은 외환위기가 닥칠 경우 장롱 속의 금송아지, 금반지, 금팔찌가 또 나올까? 만약 그렇게 되지 않는다면 이것은 모두 '이불깃 봐가며 발 편다'는 속담과는 무관하게 경제생활을 하는 사람들 때문이다. 이런 사람들에게는 특별소비세를 부과하거나 세무조사를 실시해 국가의 경제정책을 따르지 않고 개인의 이득만을 쫓은 대가를 치르게 해야 한다.

나아가 국가와 국민은 국제수지를 가급적 균형상태로 유지하거나 흑자로 만들기 위해 노력해야 한다. 모든 사람이 이불깃에 맞춰 자신의 발을 잘 조정하여 잠을 자려 한다면 작은 이불로도 따뜻한 밤을 보낼 수 있을 것이며, 그렇지 못할 때는 이불이 아무리 커도 춥고 불안하게 밤을 지새울 수밖에 없다. 국민 개개인은 물론 국가도 형편에 맞게 국제수지를 잘 조절해 나갈 때 모든 국민은 풍요로운 삶을 살아갈 수 있을 것이다.

팔준마라도 주인을 못 만나면 삯마로 늙는다

환율

환율이란 각 나라 돈의 대외가치로서, 일반적으로 통화의 가치는 그 통화가 가지는 구매력에 의하여 표현된다. 1국 통화의 외국에서의 구매력은 1국 통화와 외국 통화의 교환비율로서 외화와 교환됨으로써 실현된다. 한국의 경우는 달러나 유로화와 같은 외화를 원화와 교환할 때의 비율, 즉 외화를 원화로 매매할 때의 가격이라고 할 수 있다.

환율이 한 나라의 경제에 미치는 효과는 매우 크다. 환율의 변동은 상품이나 서비스의 국제 거래뿐 아니라 주식 등의 유가증권이나 외환 자체의 국제 간 거래에 영향을 줌으로써 무역수지, 무역외수지, 자본수지를 포함하는 국제수지의 변화를 가져온다. 이로써 환율변동은 산업구조의 변화를 초래하며 국내 물가에도 많은 영향을 미친다. 이렇듯 중대한 경제적 효과를 가져오는 환율변동이 어떻게 일어나는가는 매우 중요한 문제다.

우리 속담에 '팔준마라도 주인을 못 만나면 삯말로 늙는다'는 말이 있다. 팔준마란 매우 비싼 값으로 팔리는 속도와 눈치가 빠르고 능력이 뛰어난 말이다. 삯말이란 능력이 상대적으로 떨어져 세를 주고 빌려 쓰는 하찮은 말이다. 이 속담은 아무리 힘이 있고 능력이 있어도 그것을 다룰 사람이 없거나 제 구실을 못 하면 아무런 쓸모도 없게 된다는 뜻이다.

국제경제에서 서로 다른 나라끼리 물건을 사고파는 거래를 하려면 서로 화폐를 바꿔야 하는데, 이때 국력이나 상품경쟁력이 있는 나라의 화폐는 매우 높은 '준마'로 평가될 수 있지만 그 반대의 경우 화폐의 가치가 매우 떨어져 '삯마'로 평가된다. 예를 들어, 우리나라 기업이 미국에서 상품을 수입할 때는 상품금액을 미국 달러로 바꿔야 하고, 달러 얼마로 바꿀지 비율을 정해야 한다. 미국은 한국에 비해 상대적으로 국력이나 상품경쟁력이 높은 편이므로 달러화는 준마로, 반면에 원화는 '삯마'로 평가되어 교환된다. 이때 원화와 달러를 바꾸는 비율이 환율exchange rate이다. 원화와 달러를 바꾸는 비율뿐 아니라 서로 다른 나라 사이에 화폐를 교환하는 비율 모두 환율이다. 세계 여러 나라는 각자 다른 돈을 사용한다. 미국에서는 달러, 일본에서는 엔, 중국에서는 위엔, 영국에서는 파운드, 유럽 여러 나라들이 모여 결성한 유럽연합은 유로를 사용한다.

그렇다면 환율은 어떻게 결정될까? 외국 돈의 가격인 환율은 다른 물건 값과 마찬가지로 기본적으로 외국 돈의 수요와 공급에 의해서 결정된다. |그림 4-1|에서 보듯이 외환의 수요가 증가하면, 환율이 상승하고 원화 가치가 하락한다. 외환의 수요는 외환이 해외로 나가는 것으로, 수입, 자국민의 해외여행, 해외투자와 유학, 외채상환 등이 있다. 또 외환의 공급이 증가하면, 환율이 하락하고 원화 가치가 상승한다. 외환의 공급은 외환이 국내로 들어오는 것으로, 수출, 외국인 관광객 유치, 외국인의 국내 투자, 차관도입 등이 있다. 그리하여 균형 환율은 외환의 수요곡선과 공급곡선이 만나는 점에서 결정된다.

먼저 환율 상승의 영향을 살펴보면, 수출이 증가하고, 수입 및 자국민의 해외여행 감소로 경상수지가 개선된다. 또 수입원자재의 가격이

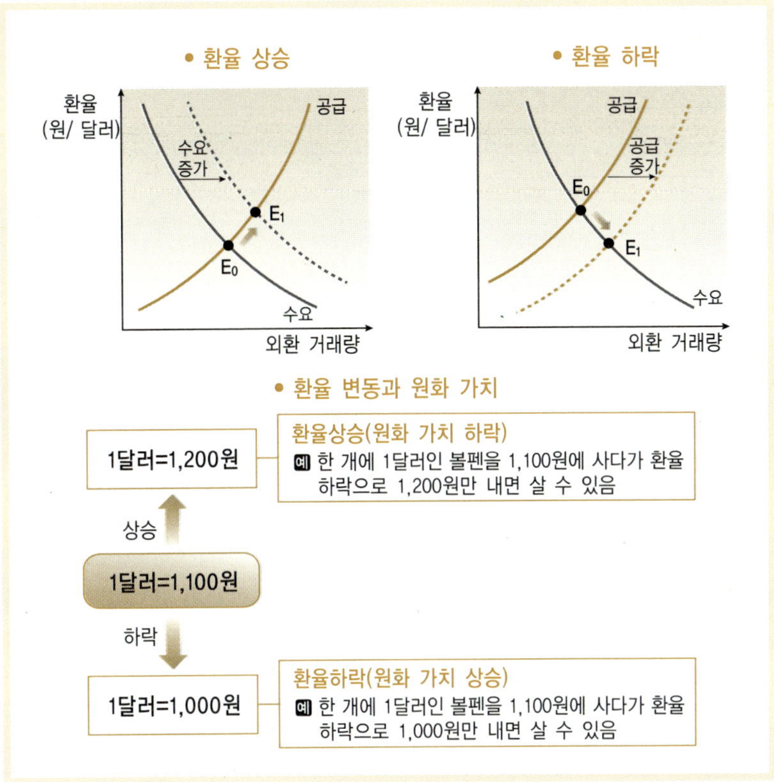

| 그림 4-1 | 균형 환율의 결정

올라 생산비용이 증가하기 때문에 국내물가가 상승하고, 외채상환에 대한 부담이 증가한다. 그리고 환율이 상승하면 수출 증가에 따라 국내 기업의 생산과 고용이 증가하여 경기가 활성화된다. 다음으로 환율 하락 영향을 살펴보면, 수출이 감소하고, 수입 및 자국민의 해외여행 증가로 경상수지가 악화된다. 또 수입원자재의 가격이 하락하여 생산비용이 감소하기 때문에 국내 물가가 안정되고, 외채상환에 대한 부담이 감소한다. 그리고 환율이 하락하면 수입 증가에 따라 국내 기업의 생산과 고용이 위축되어 경제성장을 저해한다.

뭉쳐야 산다

경제통합

과거에는 국가 간 국경 개념을 인정하면서 경제활동이 이루어졌다. 그러나 최근에는 국가 및 지역 간에 존재하던 상품, 서비스, 자본, 노동, 정보 등에 대한 인위적 장벽이 줄어들면서 세계가 거대한 단일 시장으로 통합되고 있다. 지구촌 전체를 하나의 단위로 여기는 세계화 개념이 등장한 것이다. 이와 같은 공간구조의 변화로 사람들은 국경을 낮추고 때론 무너뜨리면서 지구촌을 자유롭게 넘나들고 있다. 교통과 통신의 발달은 이런 이동과 교류의 증대에 촉매제 역할을 하고 있다.

우리 속담에 '뭉치면 살고 흩어지면 죽는다', '뭉쳐야 산다'는 말이 있다. 이는 사회적 동물로서의 인간은 홀로 자급자족의 생활을 하기보다는 이웃이나 지역, 나라끼리 서로 부족하거나 필요한 것에 대해 도움을 주고받으면서 사는 것이 훨씬 낫다는 뜻이다.

오늘날 세계경제는 한편으로는 세계무역기구WTO 체제를 정점으로 하는 세계주의와 다자주의의 다자간 무역질서를 추구하면서 다른 한편으로는 유럽연합EU과 FTAFree Trade Agreement 등으로 인한 배타적인 블록을 형성하는 지역주의의 양면성을 띠고 있다.

제2차 세계대전 이후의 국제통상체제는 미국이 중심이 되어 자유무역 원칙을 기조로 하는 GATT(관세 및 무역에 관한 일반협정)를 축으로 하여 일정한 질서를 유지하여 왔으나 세계 경제권이 EC 통합, 일본 및 ASEAN(동남아시아국가연합 : Association of South-East Asian Nations), 신흥공업국들의 등장, 동구사회주의 국가들의 개방 등으로 다극화되고, 국가 간 이해관계도 다양화됨으로써 지리적 · 역사적 공동체 의식과 경제적 이해관계에 따라 이웃 국가들 간에 결속을 강화하는 경제블록화 추세가 확산되고 있다.

전통적 분석시각에서 보면, 세계주의(다자주의)에 의한 범세계적 자유무역만이 세계 전체의 후생극대화를 보장하는 유일한 길이고 지역주의는 세계주의에 상충하는 개념으로 간주되어 왔다. 그러나 오늘날에는 지역주의와 세계주의가 병존하고 있을 뿐만 아니라 지역주의의 확산을 통한 세계무역의 신장이 이루어지고 있다.

유럽에서는 EU, 북미주에서는 NAFTA가 등장하였다. 아시아 · 태평양 지역에서는 기존의 ASEAN이나 APEC의 기능 강화와 함께 새로운 통합, 예를 들어 동북아경제권 등의 구성이 논의되고 있다. 그러나 최근에는 소수 국가 간의 관세를 인하하고 상호 호혜적 무역을 할 수 있는 FTA가 유행하고 있다.

FTA(Free Trade Agreement)는 특정 국가 간의 상호 무역 증진을 위해 물자나 서비스 이동을 자유화시키는 협정으로, 나라와 나라 사이의 제반 무역장벽을 완화하거나 철폐하여 무역자유화를 실현하기 위한 양국간 또는 지역 사이에 체결하는 특혜무역협정이다. 이 협정은 그동안 대개 유럽연합EU이나 북미자유협정NAFTA처럼 인접국가나 일정한 지역을 중심으로 이루어졌기 때문에 흔히 지역무역협정regional trade agreement이라고도 불린다.

우리나라는 2003년 한국-칠레의 FTA를 시작으로 2013년에는 한-미 FTA, 2015년에는 한-중 FTA 등 10여 개 국가와 FTA가 체결 · 발효되고 있다.

이 FTA는 크게 두 가지 형태가 있다. 하나는 모든 회원국이 자국의 고유한 관세와 수출입제도를 완전히 철폐하고 역내의 단일관세 및 수출입제도를 공동으로 유지하는 유럽연합EU과 같은 방식이 있고, 다른 하나는 회원국이 역내의 단일관세 및 수출입제도를 공동으로 유지하지 않고 자국의 고유관세 및 수출입제도를 그대로 유지하면서 무역장벽을 완화하는 북미자유무역협정NAFTA과 같은 방식이 있다.

이제 한 나라의 경제는 그 나라 안에서의 생산과 소비만으로 이루어지지 않는다. 국가 간에 무역도 하고, 외국인 노동자가 들어와 일을 하기도 하고, 다른 나라에 공장을 지어 현지인을 고용하기도 한다. 이런 현상은 점점 더 확대되고 있다. 상품 하나만 봐도 온전히 한 나라에서 만든 제품이라고 하기 어려운 것이 많다. 휴대전화를 예로 들면, 액정 화면은 한국산, 리튬 배터리는 일본산, 반도체 칩은 미국산이다. 따라서 오늘날에는 지역 간 국제 경제협력의 필요성이 더욱 확대되어 다양한 형태의 경제통합이 이루어지고 있다. 우리나라의 경우도 칠레와의 자유무역협정FTA을 시작으로 싱가포르, 인도, 유럽 경제 협력체, 미국, 아세안, 유럽연합, 중국 등의 국가나 경제지역과 자유무역협정을 맺거나 협정을 진행 중이다.

이상에서 보듯이 지구촌 시대에 각 나라는 경제통합을 통하여 경제력이 비슷한 지위에 있는 나라들끼리 그들의 존속과 발전을 위하여 그들 간에 놓여 있는 최적 경제활동의 인위적인 장애요인을 제거하고, 그들 간의 존속과 발전에 필요한 조정과 통합의 모든 요소를 의식적으로 도입하여 그들에게 가장 바람직한 경제권을 만들어 내고 있다. '뭉치면 강해지고 흩어지면 죽는다'는 속담을 실천하고 있는 것이다. 무한경쟁 · 무국경의 시대에 각 나라는 강대국들의 무역횡포를 막고, 경제적으로 서로 도움을 줄 수 있는 나라끼리 뭉쳐 그들에게 대항하며, 공정하고 자유로운 무역을 통하여 스스로의 이익극대화에 최선의 결합을 하는 것이다. 가까운 나라들 가운데 경제의 규모나 이해가 비슷한 나라끼리 하므로 실현 가능성이 크며, 돈과 사람의 이동이 자유롭다. 우리나라가 많은 다른 나라와 맺는 자유무역협정은 세계적인 자유무역 달성에도 기여하게 된다. 유로라는 단일 화폐를 쓰는 유럽연합EU이 대표적인 경우이다. 지역경제 통합을 하는 이유는 가맹국들의 경제활동 범위를 넓히고, 실업자를 줄여 전반적인 생활수준을 높일 수 있기 때문이다. 또 많은 국가자원을 경제활동에 투입해 규모의 경제가 발생하는 대단위 생산시설을 만들고 운영할 수도 있다.

용어정리

» 갈라파고스 규제Galápagos Regulation

전 세계적으로 쓸 수 있는 제품인데도 자국 시장만 염두에 두고 제품을 만들어 결국엔 글로벌 경쟁에서 뒤처지는 현상을 가리키는 말이다. 다른 나라에는 없고 우리나라에만 있거나 극소수 국가에만 있는 규제 또는 국제 기준보다 강한 규제로서, 수도권 규제, 투자개방형 의료법인 제한, 지주회사 규제, 중소기업 적합업종, 게임 셧다운제, 금산분리, 택배증차규제 등이 그것이다.

» 거시경제학Macroeconomics

인플레이션, 실업, 국민소득, 경제성장 등 국가경제의 전반적인 현상에 관해 연구하는 경제학 분야를 말한다.

» 경기순환Business Cycle

경제에서 소비, 투자, 생산 및 고용이 활기를 찾기 시작하는 회복기, 경제활동이 가장 활발한 호경기, 최고점을 지나면서 투자와 생산 및 고용이 위축되기 시작하는 후퇴기, 모든 경제활동이 가장 침체되는 불경기 등이 반복해서 일어나는 현상을 말한다.

» 경제발전Economic Development

경제발전의 주된 요인으로는 기술진보 · 자본축적 · 인구증가가 있는데, 기술진보는 생산기술의 혁신을 통하여, 자본축적은 근로자 1인당의 자본량의 증가 내지 신기술 도입의 촉진을 통하여 노동생산성을 높이는 등 국민들의 생활에 질적 향상을 도모하는 것을 말한다.

» 경제성장Economic Growth

재화 및 서비스의 생산이 지속적으로 증가 · 확대되는 일, 즉 시간이 지남에 따라 국민소득 · 국민총생산 같은 국민경제의 규모가 점점 확대되는 일을 말한다. 경제성장률을 측정하는 척도로는 국내총생산GDP 내지 국민총생산GNP이 사용된다.

» 공공재Public Goods

정부재정에 의해 공급되어 모든 개인이 공동으로 이용할 수 있는 재화나 서비스. 많은 사람이 동일한 재화와 서비스를 동시에 소비할 수 있다. 국방, 치안, 도로, 가로등, 등대, 공원 등이 공공재에 속한다.

» 공급Supply

판매나 교환을 위하여 상품을 시장에 내놓는 것을 말한다. 수요가 공급을 웃돌면 그 재화의 가격이 올라가게 된다.

» 공급의 법칙Law of Supply

어떤 재화의 가격이 올라가면 공급량이 늘어나고, 가격이 내려가면 공급량이 줄어드는 관계를 말한다.

» 공적자금Public Fund

금융구조조정을 지원하기 위해 동원되는 자금으로, 금융기관이 기업여신을 회수하지 못해 부실해질 경우 정부에 의해 투입된다.

» 국제수지BOP : Balance of Payments

일정 기간 동안에 한 나라의 국민과 다른 나라의 국민 사이에 이루어지는 모든 경제적 거래의 수지타산을 말한다.

» 규모의 경제Economies of Scale

상품의 생산량이 증가함에 따라 장기적인 평균생산비용은 감소하므로 상품을 생산하는 기업은 시장의 지배자가 된다는 개념. 전력, 수돗물, 전화, 통신, 항만, 댐 등이 있다. 이 경우 기업은 자연스럽게 시장을 독점하므로 이를 자연독점natural monopoly이라고 한다.

» 균형가격Equilibrium Price

상품의 수요와 공급이 균형을 이룰 때 성립하는 가격. 수요량이 많으면 균형가격은 높아진다.

» 기술진보Technological Progress

주어진 일정량의 생산요소를 가지고 더 많은 산출량을 생산할 수 있게 하는 생산기술상의 발전을 말한다. 기술진보는 생산함수를 상향 이동시킨다.

» 기술혁신Technological Innovation

새로운 기술이나 과정이 도입되어 기존의 것과 확연하게 달라지는 현상을 말한다. 이 말은 슘페터J. A. Schumpeter가 처음 사용한 용어로 그는 기술혁신을 장기적인 경기변동의 주요한 변수로 파악하였다.

» 기업집중Concentration

대기업이 막강한 자금력과 시장의 독점화를 통해서 영세한 중소기업을 흡수 또는 합병함으로써 독점이윤을 획득하고 대규모 기업으로 성장하는 것을 기업집중 또는 경제력집중이라고 한다.

» 기회비용Opportunity Cost

어떤 하나를 선택하기 위해 기꺼이 포기해야만 하는 것들 중에서 최선의 것의 가치를 말한다. 자원의 희소성으로 인해 우리는 늘 선택의 문제에 직면한다.

» 대체재Substitute Goods

소비자가 원하는 상품이 없을 때 서로 대체할 수 있는 재화를 말한다. 또는 한 재화의 가격이 하락함에 따라 다른 재화의 수요량이 감소하는 경우 두 재화의 관계를 말한다. 커피와 홍차, 짬뽕과 자장면 등이 있다.

» 도덕적 해이Moral Hazard

자기가 맡은 일에 최선을 다하지 않으려는 마음가짐이나 행동, 또는 다른 이들의 이익을 희생하고 자신만의 이익을 추구하는 기회주의적 행동을 말한다.

» 매몰비용Sunk Cost

한번 지불되면 회수할 수 없는 비용. 사람들은 종종 매몰비용 때문에 비합리적 선택을 한다. 매몰비용에 연연하면 의사결정에 오류를 범할 위험이 있다.

» 미시경제학Microeconomics

개별 경제주체들의 경제행위와 그 상호작용을 연구하는 경제학 분야를 말한다.

» 밴드왜건Bandwagon 효과에 의한 소비

한 소비자가 어떤 재화를 소비할 때, 다른 소비자들이 그 재화를 많이 소비하는 데서 영향을 받아 소비하는 경우를 말한다.

» 보완재Complementary Goods

상호보완하여 한 가지 용도로 쓰이는 재화를 말한다. 또는 한 재화의 가격이 상승함에 따라 다른 재화에 대한 수요가 감소하는 경우 두 재화의 관계를 말한다. 커피와 설탕, 연필과 지우개, 바늘과 실 등이 있다.

» 보이지 않는 손Invisible Hand

애덤 스미스Adam Smith의 『국부론』에서 나온 말로 개별 경제주체의 효용추구 및 영리추구 행위가 결과적으로 사회 및 국가 발전에도 기여하게 되는 것은 '보이지 않는 손', 즉 시장기구에 의해 이루어짐을 지적한 말이다.

>> 보호무역Protective Trade

무역수지의 개선이나 국내산업 보호를 목적으로 수입을 제한하는 것. 관세 인상, 수입할당제, 수입과징금제, 수입담보금제 등이 있다.

>> 불확실성Uncertainty

확실한 판단의 바탕이 되는 체계적인 지도원리나 철학이 없는 시대적 현상으로, 이제까지 경험하지 못한 사건이 일어나기 때문에 확률분포 자체를 모르는 경우를 말한다.

>> 불확실성의 시대The Age of Uncertainty

역사를 돌이켜 보면 사람들은 각 시대마다 각기 확신을 가질 수 있는 지도원리를 신봉하고 그것을 판단력의 지주로 삼았지만 현대는 사회를 주도하는 그런 지도원리가 사라졌는바, 이에 대해 존 케네스 갤브레이스John Kenneth Galbraith는 '불확실한 시대'라고 규정하였다.

>> 브렉시트Brexit

영국을 뜻하는 Britain과 탈퇴를 뜻하는 exit의 합성어로 영국의 EU 탈퇴를 의미한다. 브렉시트는 2012년 하순 EU의 재정위기가 심화되자 불거져 나오기 시작했다.

>> 비교우위Comparative Advantage

비교생산비가 유리한 것, 즉 각국은 생산비가 비교적 유리한 상품을 집중적으로 생산하여 수출하고 그 반대의 상품은 수입을 할 경우 두 국가 모두에게 이익이 된다는 것이다. 이리하여 각 국가 간에 분업이 비교우위에 의해 이루어지고 자유무역이 추진된다.

>> 사적재Private Goods

대부분 편익이 그 재화를 보유하는 경제주체에게 돌아가는 재화. 사적재는 다른 사람이 그 재화를 소비할 수 없다.

» 사회보험Social Security

사회구성원이 노쇠, 질병, 실업, 퇴직, 사망, 재해 등에 처해졌을 때 보험급여를 지급해 구제하는 제도를 말한다. 이는 생명보험, 화재보험 등 사적보험과는 달리 일정한 요건을 갖춘 대상에게 가입을 의무화하고, 보험급여가 법으로 정해져 있으며, 정부가 보험사업을 한다.

» 사회적 이동Social Mobility

개인 또는 집단이 어떤 사회적 위치에서 다른 사회적 위치로 이동 또는 변화하는 현상으로, 이 중 수평적 이동은 사회적 지위와 역할은 바뀌지만 사회계층은 바뀌지 않는 것이고, 수직적 이동은 상하로 다른 사회계층 간의 이동을 말한다.

» 상대적 빈곤Relative Poverty

한 사회의 기본적인 생활수준은 어느 정도 충족되어 있는 데도 불구하고 자신을 다른 사람과의 비교를 통해 상대적 불평등 또는 상대적 박탈이라는 시각에서 빈곤을 파악한 개념이다.

» 생산자 균형Producer's Equilibrium

최소 생산요소 투입으로 최대의 산출량을 얻는 상황으로, 경제적 효율과 기술적 효율이 동시에 이루어진 상태를 말한다. 생산자 균형이 달성되었을 때 생산성의 극대화가 이루어진다.

» 세이의 법칙Say's Law

고전파 경제학의 기본 명제인 '공급은 그 스스로의 수요를 창조한다'는 법칙으로, 프랑스 경제학자 세이가 주창했다. '세이의 법칙'에 의하면 생산은 언제나 생산된 것을 사기 위한 소득을 제공하는 것으로 되어 있으며, 구매력 부족은 있을 수 없다는 것이다.

» 소비자 균형Consumer's Equilibrium

최소의 비용이라는 가격조건과 최대의 만족이라는 효용조건을 둘 다 만족시키는 소비경제 상황. 이를 바탕으로 소비자는 경제원칙에 입각한 합리적 경제행위를 한다.

» 수요Demand

어떤 재화의 가격이 싸지면 그 물건을 더 많이 구매하고자 하는 소비자의 욕망을 말한다.

» 수요의 법칙Law of Demand

어떤 재화의 가격이 올라가면 그 재화의 수요량이 줄어들고, 가격이 내려가면 반대의 관계가 이루어지는 현상을 말한다.

» 수저계급론Spoon-and-chopsticks Class Theory

태어나자마자 부모의 직업, 경제력 등으로 본인의 수저가 결정된다는 이론으로, 청년실업, 부익부빈익빈 등의 각종 사회문제와 맞물리면서 큰 공감을 얻고 있다.

사회적 계층의 대물림을 빗댄 것으로, 흙수저는 자산 5천만 원 미만 혹은 가구 연수입 2천만 원 미만, 동수저는 자산 5억 원 이상 혹은 가구 연수입 5천5백만 원 이상으로 상위 7.5%, 은수저는 자산 10억 원 이상 혹은 가구 연수입 8천만 원 이상으로 상위 3%, 금수저는 자산 20억 원 이상 혹은 2억 원 이상으로 상위 1%, 다이아수저는 자산 30억 원 이상 혹은 가구 연수입 3억 원 이상으로 상위 0.1%이다.

» 스놉Snob 효과에 의한 소비

밴드왜건 효과에 의한 소비와 정반대의 소비 효과. 다른 이들이 많이 소비하는 재화는 소비하지 않는 행위를 말한다.

» 스태그플레이션Stagflation

경기침체stagnation와 인플레이션inflation의 합성어로, 경제활동이 침체되고 있음에도 불구하고 지속적으로 물가가 상승되는 상태가 유지되는 저성장 · 고물가 상태를 의미한다. 정도가 심한 것을 슬럼프플레이션slumpflation이라고 한다.

» 스톡옵션Stock Option

신규채용 임직원에게 일정 기간이 지난 후에도 채용 당시의 약정가격으로 주식을 살 수 있는 권한을 인정해 영업이익 확대나 상장 등으로 주가가 오르면 그 차익을 볼 수 있게 하는 보상제도를 말한다.

» 아웃소싱Outsourcing

기업 내부의 프로젝트나 활동을 외부에 위탁해 처리하는 경영전략. 기업은 자신의 전문분야만 담당하고 그 외의 부분은 아웃소싱을 통해 보완함으로써 경쟁력을 더욱 높일 수 있다.

» 압축경제성장Compressed Growth

서구 선진국가들이 200여 년에 걸쳐 이룬 경제성장과는 달리 30여 년의 단기간에 달성하는 경제성장을 말한다. 한국의 경제성장이 전형적인 예라 할 수 있으며, '한강의 기적'이라고 일컬어지기도 한다.

» 외부경제 효과External Economics Effect

생산자나 소비자의 경제활동이 시장거래에 의하지 않고 직접적으로, 또는 부수적으로 제3자의 경제활동이나 생활에 영향을 미치는 것을 외부경제 효과라고 한다.

» 위기Crisis

정치, 경제, 사회, 환경 등의 측면에서 개인, 조직, 지역사회, 사회 전체에 불안정하고 위험한 상황을 초래하거나 초래할 수 있는 돌발적인 사건을 말한다. 우리나라는 1997년 11월 IMF외환위기를 맞으면서 큰 충격을 받았고, 오히려 그것을 새로운 발전의 계기로 삼기도 했다.

» 윈윈Win-win

경쟁이나 전투에서 지는 쪽이 없이 서로 이기는 원리. 기업이 발전하려면 주변 이해당사자인 소비자와 근로자, 주주, 협력업체, 정부 등 각 주체들과 윈윈의 우호적 관계를 유지해야 한다.

» 유효수요Effective Demand 이론

산출량의 크기와 총고용량은 투자와 소비로 이루어지는 유효수요의 크기에 의해 결정된다는 이론. 유효수요란 물건을 살 수 있는 확실한 구매력이 뒷받침되는 수요를 말한다.

» 이스털린의 역설Easterlin's Paradox

소득이 일정 수준에 도달하고 기본적 욕구가 충족되면 소득이 증가해도 행복에는 큰 영향을 끼치지 않는다는 이론으로, 미국의 경제사학자 리처드 이스털린이 1974년 주장한 개념이다.

» 인적자본Human Capital

근로자들이 교육, 훈련, 경험을 통해 체득하는 지식과 기술을 뜻한다. 생산에 투입되는 장비나 건축물을 지칭하는 물적자본과는 달리 눈에 보이지는 않지만 투자를 통해 물적자본이 축적되듯이 이것도 학교교육, 직업훈련을 통해 축적된다는 점에서 자본의 특성을 지닌다.

» 자본축적Accumulation of Capital

이윤의 일부 또는 전부를 소비하지 않고 다음 생산을 위한 자본으로 사용할 때를 말한다. 자본주의 경제의 확대재생산은 자본의 축적으로 가능해진다. 자본축적은 생산설비에 투입하거나 적립금이나 자본금 등의 형태를 취한다.

» 자유무역Free Trade

외국에서 수입되는 재화에 제한을 가하지 않고 자유롭게 거래하는 것. 각국 간의 교역을 자유롭게 하여 무역을 확대하는 것이 자유주의 경제의 기반이 된다는 생각이다. 영국이 산업혁명기에 우월한 생산력을 무기로 내세운 통상정책이었다.

» 절대적 빈곤Absolute Poverty

한 사회에서 최소한의 생계를 유지하기 위해 필요한 재화와 서비스를 구입하는 데 소득수준이 미치지 못하는 경우를 말한다.

» 정부의 실패Government Failure

시장의 실패를 교정하기 위한 정부 개입이 오히려 효율적인 자원배분을 저해하는 상황을 가리킨다. 독과점기업의 존재, 공공재, 외부성, 도덕적 해이 등이 그 예이다.

» 제4차 산업혁명The Fourth Industrial Revolution

인공지능, 사물인터넷, 빅데이터, 모바일 등 첨단 정보통신기술이 경제 · 사회 전반에 융합되어 혁신적인 변화가 나타나는 차세대 산업혁명이다. 이는 초연결hyper-connectivity과 초지능super-intelligence을 특징으로 하기 때문에 기존 산업혁명에 비해 더 넓은 범위scope에 더 빠른 속도velocity로 크게 영향impact을 끼친다.

» 제로섬Zero-sum

경제정책의 운영과정에서 합하면 영이 되어 처음의 상태로 돌아가는 원리. 제로섬 상황을 타파하기 위해서는 저축을 투자에 결부시켜 경제성장률을 높여야 한다.

» 지속가능한 성장Sustainable Development

미래 세대의 욕구를 충족시킬 능력을 손상시키지 않으면서 우리 세대의 욕구를 충족시키는 개발로, 경제성장과 환경보전을 상호보완 관계로 보며, 진정한 성장은 환경보전과 병행해서 이루어지는 것이 바람직하며 장기적으로는 환경 · 자연자원을 보호하는 것이 뒷받침될 때 경제성장도 가능하다는 견해이다.

>> 페이고PAYGO 원칙

'Pay As You GO', 즉 '번만큼 쓴다'의 첫 글자를 딴 것으로 의무지출을 수반하는 새로운 입법을 하고자 할 때는 이에 상응하는 세입 증가나 법정지출 감소 등 재원조달 방안이 동시에 입법화되도록 의무화하는 것을 말함

>> 한계효용Marginal Utility

재화의 한 단위를 추가적으로 소비한 결과 얻어지는 추가적인 만족도. 재화의 소비량이 증가하면 필요도는 작아지므로 한계효용은 감소하는데 이를 한계효용체감의 법칙law of diminishing marginal utility이라 한다.

>> 행복지수Happiness Index

자신이 얼마나 행복한가를 스스로 측정하는 지수로, 부탄에서는 국민총행복지수(GNH : Gross National Happiness)를 만들었다.

'유엔의 세계행복지수 2016' 보고서는 국내총생산(GDP), 건강수명, 사회적 지원, 사회적 신뢰, 선택의 자유, 관대함의 여섯 가지 지표를 기준으로, '인간은 더 많은 기회와 소득이 있을 때 행복하다'는 점을 강조했다.

>> 헤지펀드Hedge-fund

개인이나 기관 투자가들에게서 모은 자금의 이윤을 극대화하기 위한 일종의 투자신탁 형태. 헤지펀드는 주식, 채권 등의 금융상품뿐만 아니라 원유, 철강 등의 실물자산까지 포함하는 고위험, 고수익 자산에 공격적으로 투자한다.

>> 희소성Scarcity

사회구성원들의 욕망에 비해 그 욕망을 충족시켜 줄 수단인 자원이 상대적으로 부족한 현상을 말한다.

미주

1) "기회비용 아끼려다 '쇠퇴의 길' 걷는 코닥", 한국경제, 2015.06.12.
2) "사동차 리스로 얻는 기회비용은", 머니투데이, 2015.06.29.
3) 앵거스 디턴 지음, 이현정 · 최윤희 옮김, 『위대한 탈출』, 한국경제신문, 2015. 10, p. 22.
4) 『현안과 과제-2015년 북한 1인당 명목 GDP 추정-』, 제16권 제40호, 현대경제연구원, 2016.09.28, p. 6.
5) 孟子 曰, 天時 不如地利 地利 不如人和, 『孟子』, 〈공손추 상〉. 人和의 '和'에서 그 의미를 가져왔음.
6) "새로 시작하는 브랜드, 성공의 열쇠는 디자인", 이데일리, 2015.08.24.
7) "갈수록 얇아지는 지갑, '2+1'으로 손이 간다.", 헤럴드경제, 2015.05.12.
8) Adam Smith, *An inquiry into the Nature and Causes of the Wealth of Nations*, Clarendon Press · Oxford, 1776, p. 23.
9) Stephen R. Covey 저(1989), 김경섭 · 김원석 역(1996), 『성공하는 사람들의 7가지 습관 : The Habits of Highly Effective People』, 김영사.
10) "부동산 열기 속, 얼리버드 효과 누려볼까", 서울경제신문, 2015.11.18.
11) "'대륙의 실수' 샤오미의 역습", 중소기업뉴스 2048호, 2015.11.18.
12) 子日, 己所不欲 勿施於人, 『論語』, 안연편.
13) 매일경제신문, 2015.10.02.
14) "韓 스마트폰 보급률 세계 1위", 「아시아경제」, 네이버뉴스, 2016.03.28.
15) "신혼부부 결혼비용 2억 7천만 원", 신아일보, 2016.02.01.
16) "울산 북구, 오토밸리복지센터 에너지 절약 절감 모범 사례", 울산매일신문, 2015.12.03.
17) "TV 시청시간 관련뉴스", 경향신문, 2016.06.29.
18) 박제가(1778), 『북학의(北學議)』, 市井.
19) 박제가(1778), 『북학의(北學議)』, 市井.
20) "돈 있어도 '꽉 닫은 지갑'", 한국경제신문, 2016.08.20.
21) "아마존 들어오고 7년", 한국경제신문, 2017.09.09.
22) J. A. Schumpeter, *Capitalism, Socialism and Democracy*, Harper& Row, Publishers, 1950, p. 83.

23) "'작업 표준시간' 정해 생산성 평가 …… 노사 모두 만족시켰다", 한국경제신문, 2016.05.13.
24) "OECD 가입 20년 …… 아직 머나먼 선진국", 한국경제신문, 2016.10.26.
25) "증권업계엔 영원히 먼 당신 '핀테크'", 뉴스웨이, 2015.02.12.
26) 전자신문, "길어지는 노후의 경제적 대비, 연금보험, 연금저축보험으로 준비하자", 2015.09.02.
27) "장기집합투자증권저축 소득공제", 〈연말정산의 이해 11-11〉, 2016.01.06.
28) 이데일리, 2009.02.18.
29) "세금 들이부어 만든 조형물 '애물단지' 논란", 일요서울, 2016.05.30.
30) "한국동서발전 애물단지 온배수, 난방용 에너지원 활용", 중앙일보, 2016.05.31.
31) "글로벌 100대 브랜드 주요 기업 순위", 인터브랜드, 2016.01.02.
32) "휴가철 숙박 '부르는게 값' …… 피서지 '바가지요금' 기승", 브릿지 경제, 2015.08.05.
33) "디젤차 수요 뚝→경유 공급 과잉→수익성 악화 …… 울상 짓는 정유사들", 서울경제, 2016.05.25.
34) "KT&G, 고속도로 휴게소 담배 독점으로 과징금 25억 원", 더팩트, 2015.02.16.
35) "구글 독점 행위, 누가 막을 수 있나", 주간경향, 1183호, 2016.05.10.
36) 박정호, "꽃재배의 외부효과를 이용한 직업, 원예치료사", 한국경제신문, 2015.08.14.
37) "미세먼지와 외부효과", 한국경제신문, 2015.07.10.
38) "논문은 쓰지도 않고 …… 국책연구원 '도덕적 해이' 심각", JTBC, 2016.05.03.
39) "과잉진료 · 사기로 중병 앓는 실손보험 수술대 오른다", chosunBiz, 2016.07.04.
40) "구조조정 · 성과연봉제 이슈에 정치권 개입 논란", 연합뉴스, 2016.05.24.
41) "갈라파고스 규제 없애면 일자리 92만 개 생긴다", 헤럴드경제, 2016.05.10.
42) "규제 덫에 빠진 게임산업 …… 6200개 업체 문 닫았다", 한국경제신문, 2015.10.27.
43) "내년 나라살림 400조 7천억 원", 서울신문, 2016.08.31.
44) "흙수저, 금수저?", Naver, 2016.03.13.
45) "공적자금 회수해야 하는데……", 경기일보, 2016.03.18.
46) "정부 지출 중 사회보장비 비중 OECD 최하위", 경향신문, 2014.01.05.
47) 통계청, 『한국의 고용동향』, 2016.03.21.
48) "청년 실업률 10.3% …… 17년 만에 최대치", 한국경제신문, 2016.07.13.
49) "금탑산업훈장에 다이소 …… 1000원숍으로 매출 1조", 한국경제신문, 2016.07.23.

50) '마시멜로 실험'에서 배우는 노후자금 마련하기, 한국경제신문, 2016.08.16.
51) "학자금 대출로 부채 덫에 빠진 청년 어떻게 할까요?", 민중의 소리, 2016.04.22.
52) "가계 빚 사상 최대…… 量도 늘었지만 質 나빠진 게 더 문제", 조선경제, 2017.02.22.
53) "현대판 '베니스의 상인' …… 금융사 가혹한 연체이자 물려", 건설경제신문, 2016.05.10.
54) "송파 세 모녀 자살 사건", 동아일보, 2014.02.28.
55) "세계 12억 명 절대빈곤층…… 하루 소득 1천 290원↓", 연합뉴스, 2014.07.25.
56) "2020년 곡물생산 20% 감소…… 식량 '빈익빈부익부'", 아주경제, 2016.03.28.
57) "서초 세 모녀 살인사건", 한국일보, 2015.01.08.
58) "한국, 소득 분배 구조 아시아 최악…… 상위 10%가 전체 소득 45% 차지", 조선비즈, 2016.03.16.
59) "끊어지는 '사다리'…… 계층이동 가능 60% → 22%", 한국경제신문, 2016.12.12.
60) 김상규(2013), "부와 빈곤의 원인 분석 및 대안", 『행복한 부자연구』, 제2권 제2호, 행복한 부자학회, p. 37.
61) "흙수저와 동수저", 네이버 매거진 캐스트, 2016.02.18.
62) 『세계행복지수 2016』, UN, 2016.
63) "행복의 열쇠" 행쇼, 2016.05.25, www.hangshow.net/332852
64) 네이버 지식백과, 이스털린의 역설.
65) "절제된 자기만족이 행복지수를 높인다", 경상일보, 2016.05.24.
66) Olson, D. H., & Olson, A. K., *Empowering Couples: Building on your strength*, 2000, 21세기 가족문화연구소 역, 『건강한 부부관계 만들기』, 서울 : 양서원, 2003, p. 95.
67) "IMF, 한국 경제성장률 0.2%p 하향조정", 파이낸셜신문, 2016.04.14.
68) 한국은행, "북한, 작년 GDP 소폭 감소…… 5년 만에 마이너스 성장", VOA, 2016.07.22.
69) "친환경 전기·수소차부터 자율주행까지…… 미래차 '가속페달'", 한경 Issue & Focus, 2016.06.02.
70) "'제조업 일꾼'으로 거듭난 로봇…… 기업들 개발 서두른다", 한경 Issue & Focus, 2016.06.02.
71) "택배에서 건설까지 '드론 시대'", 한경 Issue & Focus, 2016.06.02.
72) "빅데이터 활용한 '스마트 공장 시대' 활짝", 한경 Issue & Focus, 2016.06.02.

73) "친환경 발전 기술, 전세계 도입 확산", 조선일보, 2016.06.20.

74) "농가 곤충 사육, 미래산업으로 급성장", 경향신문, 2014.12.15.

75) "블루칩으로 떠오르는 쓰레기 재활용 사업", 한국환경공단, 2015.06.30.

76) "정부, 경기 2013년 바닥 찍고 회복 중", 한국경제신문, 2016.07.01.

77) "4차 산업혁명 이끄는 독일 자동화기업 훼스토", 한국경제신문, 2016.07.05.

78) "드론 · IoT · 자율주행차…… '신산업혁명' 빅뱅", 한경 Issue & Focus, 2016.06.02.

79) 김성현, "빅데이터가 제품 개발비용 절반까지 줄여", 한경 BIZ School, 2016.06.03.

80) 조순, "우리의 뉴노멀(New Normal)–그 본질과 처방–", 『한국경제포럼』, 제9권 제1호, 한국경제학회, 2016년 봄, pp. 17-18.

81) "쪼개지는 EU…… 신 고립주의, 세계 경제질서 흔든다", 한국경제신문, 2016.06.25.

82) "20년 불황 부른 일본 구조조정 '4대 패착'", 한국경제신문, 2016.06.01.

83) "유가하락으로 우리나라 순상품교역조건지수 지속적으로 개선", 2015.08.24.

84) 연합뉴스, 2016.07.11.

85) "보호무역, 미국 증시 17% 끌어내릴 것", 한국경제신문, 2016.10.18.

86) "6월 중 경상수지 흑자규모폭 121억 7천만 달러 사상 최대", BreakNews, 2016.08.01.

참고문헌

강철규 외(1993). **현대경제학**. 서울 : 법문사.

갤브레이스 J. K. 저, 조규하 역(1994). **경제사 여행**. 서울 : 고려원.

갤브레이스 J. K. 저, 김성숙 역(1992). **하버드 경제학 교수**. 서울 : 한국경제신문사.

계용묵(1993). **백치 아다다**. 서울 : 범우사.

곽해선(2000). **경제기사 300문 300답**. 서울 : 동아일보사.

교학사출판부(1996). **겨레의 슬기 속담 3000**. 서울 : 교학사.

국세청(2004.12). 국세통계연보 2004년판.

권오익(1986). **경제학 대사전**. 서울 : 박영사.

권오철(1993). **살아가는 경제이야기**. 서울 : 성훈출판사.

기획재정부(2015). 경제백서 2014년판.

______(2016). 경제백서 2015년판.

김대식 · 노영기 · 안국신(2007). **현대 경제학원론**. 서울 : 박영사.

김상규(1996). **세계경제질서와 경제교육**. 서울 : 학문사.

______(1997.12). 속담을 통해서 풀어본 한국인의 경제의식. **경제교육**, 6(2). 한국개발연구원부설 국민경제교육연구소.

______(2001.7). 속담 활용의 경제학 개념 교육. **경제교육**, 9(2). KDI 경제정보센터.

______(2004.12). 박제가의 '우물론'과 절약의 역설. **경제교육연구**, 11(2). 한국경제교육학회.

______(2005.4). **속담으로 풀어보는 이야기 경제학**. 서울 : 오늘의책.

______(2005.6). 속담을 통한 돈의 속성 분석 및 금융경제교육. **경제교육연구**, 12(1). 한국경제교육학회.

______(2009.5). **속풀이 경제학 – 경제, 속담에서 길을 찾다–**. 서울 : 오늘의책.

______(2012.6). 십이지(十二支) 동물 관련 속담을 활용한 효과적인 경제교육. **경제교육연구**, 19(1). 한국경제교육학회.

______(2013). 부와 빈곤의 원인 분석 및 대안. **행복한 부자연구**, 2(2).

______(2013.4). 곤충 관련 속담을 활용한 효과적인 경제교육. **경제교육연구**, 20(1). 한국경제교육학회.

______(2013.12). 계절 관련 속담을 통한 경제교육 활용방안. **경제교육연구**, 20(5). 한국경제교육학회.

______(2015.8). 생산자와 소비자 행태 관련 속담의 경제적 함의 탐색. 경제교육연구, 22(2). 한국경제교육학회.
______(2016.11). 캥거루족, 주머니에서 탈출. 대구 : 그루.
______(2017.2). 민요와 경제학의 만남. 서울 : 이모션북스.
______(2017.12). 공자와 묵자로 만나는 군자의 경제. 대구 : 그루.
김상규 외(2016.3). 생활 속의 경제 원리. 경기 : 형설출판사.
김정헌 역(2012). 속담속닥 속담풀이. 서울 : 예림미디어.
김정화 · 최은규(2002). 한국어 속담 100. 서울 : 국제교육진흥원.
김종선(2000). 길거리 경제. 서울 : 동아일보사.
김형규(1994). 모래 돈과 바늘 돈. 서울 : 문이당.
네이 마사히로 편, 이 균 역(1997). 세계를 움직인 경제학 명저 88. 서울 : 한국경제신문사.
논어(論語), 안연편.
다윈 C. 저, 박만규 역(1988). 종의 기원. 서울 : 삼성출판사.
드러커 P. 저, 이재규 역(1999). 21세기 지식경영. 서울 : 한국경제신문사.
디포 D. 저, 윤혜준 역(2008). 로빈슨 크루소. 서울 : 을유문화사.
디턴 A. 저, 이현정 · 최윤희 역(2015). 위대한 탈출 – 건강, 부 그리고 불평등의 기원. 서울 : 한국경제신문사.
롤즈 저, 황경식 역(2003). 정의론(A Theory of Justice). 서울 : 이학사.
루소 저, 박세준 역(2012). 사회계약론. 서울 : 예림당.
리처드 칼슨 저, 강 정 역(2005). 사소한 것에 목숨을 걸지 마라. 서울 : 도솔.
리처드 탈러 · 캐스 선스타인 저, 안진환 역(2009). 넛지(Nudge). 서울 : 웅진씽크빅.
리카도 D. 저, 정윤형 역(1991). 정치경제학 및 과세의 원리. 서울 : 비봉출판사.
맹자(孟子), 공손추 상.
모리스 H. 돕 저, 이선근 역(1980). 자본주의 발전연구. 서울 : 동녘.
박제가(1778). 북학의(北學議). 市井.
박홍립(1990). 경제학원론. 서울 : 박영사.
베버 M. 저, 강명규 · 권세원 역(1985). 프로테스탄티즘의 윤리와 자본주의 정신. 서울 : 일조각.
베버 M. 저, 조기준 역(1988). 사회경제사. 서울 : 삼성출판사.
베블런 T. 저, 김성균 역(2012). 유한계급론. 서울 : 우물이있는집.
브라이언 아서 외 공저, 김웅철 역(1997.11). 복잡계 경제학 Ⅰ. 서울 : 평범사.

사마천(1975). 사기(史記).
사마천 저, 홍석보 역(1977). **사기열전**. 서울 : 삼성출판사.
삭스 J. 저, 김현구 옮김(2012.9). **문명의 대가**. 서울 : 21세기북스.
손인수(1995). **한국교육의 뿌리**. 서울 : 배영사.
손정식(1998). **생활 속의 경제원리**. 서울 : 사계절출판사.
송병락(1990). **한국경제론**. 서울 : 박영사.
송재선(1996). **우리말 속담 큰 사전**. 서울 : 교학사.
슘페터 J. A. 저, 이상구 역(1988). **자본주의 사회주의 민주주의**. 서울 : 삼성출판사.
안국신(1991). **신경제학개론**. 서울 : 율곡.
애덤 스미스 저, 박세일 · 민경국 역(1996). **도덕감정론**. 서울 : 비봉출판사.
앤 시튼 · 로위나 녹스 저, 김 현 편(2005). **영어 속담 쓰는 재미를 알게 되는 책**. 서울 : 랜덤하우스중앙.
엄병섭 외 공저(1994). **조선속담집**. 서울 : 한국문화사.
오영수(2003). **오 교수와 함께 떠나는 경제여행**. 서울 : 사계절출판사.
______(2016.9). **역전의 경제학**. 서울 : 이담.
이 근(2015). **한국인을 위한 경제학**. 서울 : 박영사.
이기문 편(1969). **속담사전**. 서울 : 민중서관.
이을환 감수(1993). **고사성어 · 속담사전**. 서울 : 성문사.
이종호(1993). **조선시대의 경제사상**. 서울 : 민속원.
이주명 · 김소연 · 박기학(2000). **손바닥 경제용어**. 서울 : 사계절출판사.
이지순(2000.6). 경제학, 무엇이 문제인가?. 한국의 경제학교육, 이대로 좋은가?. 한국경제학회.
이학용(1999). **생활경제학**. 서울 : 다산출판사.
이희승 편저(1988). **국어대사전**. 서울 : 민중서림.
임동권(2002). **속담사전**. 서울 : 민속원.
정승모(1993). **시장의 사회사**. 서울 : 웅진출판.
조 순(2016). 우리의 뉴노멀(New Normal)－그 본질과 처방－. **한국경제포럼**, 9(1), 한국경제학회.
조 순 · 정운찬(1990). 경제학원론. 서울 : 법문사.
조희천 · 박정양 · 김철환 편(1994). **중국고대명언명구집**. 서울 : 한국문화사.
진 왕 편(2001.1). **세계의 영어 속담**. 서울 : 예성출판사.
채사장(2017). **지적 대화를 위한 넓고 얕은 지식**－역사, 경제, 정치, 사회, 윤리 편－. 서울 : 한빛비즈.

최 광(1989). 현대경제학의 이해-사회문제의 경제학적 분석. 서울 : 비봉출판사.
최래옥(1993). 되는 집안은 가지나무에 수박 열린다. 서울 : 미투.
최윤재(2000). 한비자가 나라를 살린다. 서울 : 청년사.
최창열(1999). 우리 속담 연구. 서울 : 일지사.
칼 마르크스 저, 김수행 역(1991). 자본론 Ⅰ, Ⅱ, Ⅲ, Ⅳ, Ⅴ. 서울 : 비봉출판사.
KDI 경제정보센터 편(2001). 디지털 경제용어. 서울 : 매일경제신문사.
KDI 경제정보센터. 경제교육 1992~2013년판.
코비 S. 저, 김경섭 · 김원석 역(1996). 성공하는 사람들의 7가지 습관. 서울 : 김영사.
토플러 A. 저, 이규행 감역(1994). 전쟁과 반전쟁. 서울 : 한국경제신문사.
토플러 A. 저, 함희준 역(1987). 제3의 물결. 서울 : 배재서관.
통계청(1998). 대한민국 50년의 경제사회상 변화.
______(2004). 국제통계연감.
______(2004). 한국의 사회지표.
______(2015). 우리나라의 조세부담률 및 국민부담률 추이.
______(2016). 사회통계조사보고서.
______(2016.3). 한국의 고용동향.
______(2016.5.27). 2016년 1/4분기 가계동향.
페르낭 브로델 저, 주경철 역(1995). 물질문명과 자본주의 Ⅰ-1, Ⅰ-2. 서울 : 까치.
편집부 편(1988). 고사성어. 서울 : 민성사.
편집부 편(1996). 옛 어른의 가르침이 담겨 있는 고사성어사전. 서울 : 교학사.
프레이저 저, 김상일 역(1988). 황금의 가지(상), (하). 서울 : 을유문화사.
피게티 T. 저, 장경덕 · 유엔제이 역(2014.9). 21세기 자본. 경기 : 글항아리.
피츠제럴드 S. 저, 김영하 역(2009). 위대한 개츠비(The Great Gatsby). 경기 : 문학동네.
한국민속학회 편(1972). 한국속담집. 서울 : 서문당.
헌팅턴 S. 저, 이희재 역(1997). 문명의 충돌. 서울 : 김영사.
호킹 S. 저, 현정준 역(1993). 시간의 역사. 서울 : 삼성출판사.
홍기현 · 조영달 공저(1993). 경제학산책. 서울 : 김영사.
후쿠야마 F. 저, 이상훈 역(1997). 역사의 종말. 서울 : 한마음사.

Adam Smith(1776). *An Inquiry into the Nature and Causes of the Wealth of Nations*. Clarendon Press : Oxford.

Banks, J. A.(1990). *Teaching Strategies for the Social Studies-Inquiry, Valuing, and Decision-Making*(4th edition). Longman.

Blaug, M.(1980). *The methodology of economics*. Cambridge University Press.

Buchholz, T. G.(1989). *New Ideas from Dead Economists*. A Plume Book.

Deaton, A.(2013). *The Great Escape - health, wealth, and the origins of inequality -*. Princeton University Press.

Fukuyama, F.(1995). *TRUST-The Social Virtues and the Creation of Prosperity-*. New York : A Free Press Paperbacks Book.

Fusfeld, D. R.(1986). *The Age of the Economist*(5th ed.). Tower Press.

Galbraith J. K.(1978). *The Age of Uncertainty*. Boston : Houghton Mifflin.

Gross D. C.(Ed.)(1977). *Dictionary of 1000 Jewish Proverbs*. Hippocrence.

Gross, R. E., & Dynneson, T. L.(Eds.).(1991). *Social Science Perspectives on Citizenship Education*. Teachers College Press.

Heilbroner R.(1996). *Teachings from the Worldly Philosophy*. W. W. Norton & Company. 김정수 · 이연숙 옮김(2001). 고전으로 읽는 경제사상. 서울 : 민음사.

Heyne, P.(2003). *The Way of Economic Thinking*(10th edition). Science Research Association, Inc.

Jennifer Speake(edition)(2004). *Oxford Dictionary of Proverbs*. Oxford University Press.

Jonathan, L.(Ed.)(2000). *Dictionary of Proverbs*. Penguin Reference.

Judd, Kenneth L., & Young Ki Lee(2000). *An Agenda for Economic Reform in Korea-International Perspectives*. Hoover Institution Press.

Keynes, J. M.(1936). *The General Theory of Employment, Interest and Money*. London : Mallian and Company Limited.

King, S.(1997). *Year 10 Economics*. ESA Publications(NZ) Ltd.

Leitaer B. A.(2000). *Mysterium Geld-Emotionale Bedutungsweise eines Tabus-*. INK Agency. 강남규 옮김(2004). 돈 그 영혼과 진실. 서울 : 참솔.

Levi, M.(1985). *Thinking Economically : How Economic Principles Can Contribute to Clear Thinking*. Basic Books.

Marshall, A.(1890). *Principles of Economics*. London : Macmillan & Co Ltd.

Mankiw, N. G.(2013). *Principles of Economics*(Asian Edition). Cengage Learning.

Olson, D. H., & Olson, A. K.(2003). *Empowering Couples : Building on Your*

Strength. 21세기 가족문화연구소 역(2003). 건강한 부부관계 만들기. 서울 : 양서원.

Rawls, J.(1971). *A Theory of Justice*. Harvard University Press.

Samuelson, P.(1980). *Economics*. McGRAW-Hill.

Sang-Kyu Kim(2004). 'Theory of the Well' and the Value of Balanced Consumption. *Korea Focus*, *12*(2). Korea Foundation, Mar-Apr.

Schumpeter, J. A.(1950). *Capitalism, Socialism and Democracy*. Harper & Row, Publishers.

Shaftel, F. R.(1970.5). Role Playing : An Approach to Meaningful Social Learning. *Social Education, 34*.

Speake J.(Ed.)(2004). *The Oxford Dictionary of Proverbs*. Oxford University Press.

Stephen Buckles(1991). *Guidelines for Economic Content in School Programs in Effective Economic Education*. Washington : National Education Association.

Symmes, S.(Eds.)(1981). *Economic Education : Links to the Social Studies*. National Council For The social Studies.

UN(2016). 세계행복지수 2016.

Walstad, W. B.(Eds.)(1994). *International Perspective on Economic Education*. London : Kluer Academic Publishers.

Walstad, W. B., & Soper, C.(Eds.)(1991). Effective Economic Education, National Education, Association of the United States Joint Council on Economic Education.

Watts, M.(1994). *Economists Ideological Conflicts and Consensus on Economic Issues, and Their Implications for Economic Education*. in An International Perspective on Economic Education. Kluwer Academic Publishers.

http://www.hangshow.net/332852

찾아보기

[ㅎ]

[A~W]

저/자/약/력

■ **김상규**

한국경제교육학회 회장, KDI 경제모니터전문가위원, 중등임용 고시 출제위원, 관세직 시험 출제위원, 교과용 도서 검정위원, 국정도서 심의위원, 고용노동부 지역일자리 컨설팅 위원이며 등을 맡아왔으며, 현재 대구교육대학교 사회교육과 교수(경제학박사), 교과용 도서 검정심의회 심의위원장(고등학교 통합사회), 수필가로 활동하고 있다. 다년간 텔레비전(KBS, MBC, EBS, TBC) 및 라디오(KBS, SBS, CBS, 국립국악원, 서울 · 대구교통 방송)에 출연하여 〈책, 내게로 오다!〉, 〈속담으로 풀어본 생활경제〉, 〈우리 아이 경제교육 어떻게 하면 좋을까?〉 등의 주제로 방송을 해왔다.

지은 책으로는『민요와 경제학의 만남』(한국연구재단 인문저술지원도서),『군자의 경제』(한국출판진흥원 2017년 우수출판선정작),『캥거루족, 주머니에서 탈출』(한국출판진흥원 2016년 우수출판선정작, 청소년추천도서),『속담으로 풀어보는 이야기 경제학 : 일본어 번역 출간』,『왜 세상에는 가난한 사람과 부자가 있을까요』,『생각학교 초등 경제 교과서, 1~5권 : 중국어 번역 출간』 등이 있고, 주요 논문으로는「우리나라 민요를 이용한 경제교육방안」,「박제가의 '우물론'과 절약의 역설」,「패러다임의 변화와 퓨전형 경제교육」,「계절 관련 속담을 통한 경제교육 활용방안」 등이 있다.

속담 먹고 경제 잡고

|저자| 김상규

|1판 1쇄| 발행 2018년 1월 10일

|발행인| 김 동 훈
|발행처| 공 동 체

|주소| 경기도 고양시 일산동구 호수로 358-39 동문타워 I 905호(백석동)
|전화| 031) 920-8305(대표)
|팩스| 031) 920-8308
|e-mail| compub@naver.com
|출판등록| 2005년 10월 6일
|등록번호| 제396-2005-36호

|ISBN| 979-11-6105-226-7
정가 18,000원